"十二五"国家重点图书出版规划项目

2014年度国家出版基金项目

周洪宇 总主编

申国昌 副总主编

张亚群 主编

中国教育活动通史

第三卷 隋唐五代

山东教育出版社

图书在版编目(CIP)数据

中国教育活动通史. 第 3 卷, 隋唐五代/周洪宇总主编;
张亚群分册主编. —济南:山东教育出版社,2016
ISBN 978－7－5328－9270－9

Ⅰ. ①中… Ⅱ. ①周… ②张… Ⅲ. ①教育史—中国
—隋唐时代 ②教育史—中国—五代十国时期 Ⅳ. ①G529

中国版本图书馆 CIP 数据核字(2016)第 034037 号

中国教育活动通史

周洪宇 总主编 申国昌 副总主编

第三卷 隋唐五代

张亚群 主编

主　管:山东出版传媒股份有限公司
出版者:山东教育出版社
　　　(济南市纬一路 321 号 邮编:250001)
电　话:(0531)82092664 传真:(0531)82092625
网　址:www.sjs.com.cn
发行者:山东教育出版社
印　刷:山东临沂新华印刷物流集团有限责任公司
版　次:2016 年 12 月第 1 版第 1 次印刷
规　格:787mm×1092mm 16 开本
印　张:28.5 印张
字　数:410 千字
书　号:ISBN 978－7－5328－9270－9
定　价:60.00 元

(如印装质量有问题,请与印刷厂联系调换)
印厂电话:0539—2925659

总　序

　　教育历史犹如一条由无数支流汇集而成的长河，蜿蜒曲折，绵延不断，奔腾不息，真可谓"千古兴亡多少事，悠悠，不尽长江滚滚流"。汇聚成教育历史大河的支流是多种多样的，既有充满智慧火花的教育思想与办学理念，又有规约办学行为的教育制度与管理规章，也有生动具体鲜活的办学行为与教育活动，这是客观的教育历史展现给我们的真实历史场景。然而，在日后记录的教育史与研究的教育史当中，由于精英教育思想与官方教育制度在历史上留下丰富的史料，后人在研究过程中可以信手拈来，教育史学便只停留在教育思想史与教育制度史这两大领域。因此，在百余年的中国教育史学发展历程中，尽管取得了丰硕的研究成果，如《中国教育通史》《中国教育思想通史》《中国教育制度通史》《中外教育比较史纲》等几套大部头通史以及各种专题史相继面世，但就总体而言，研究重点主要集中在教育思想史和教育制度史两个方面，在长期的研究实践中形成了思维定式，仿佛教育史只包括这两大领域。殊不知，还有更为基础、更为重要的一块研究内容，那就是教育活动史，而长期以来置于被人遗忘的角落。我们意欲本着"史论结合""古为今用"的原则，重点研究教育活动史，以补过往研究之缺失。试图通过大量第一手史料来构筑不同历史时期各类教育活动的轮廓，梳理教育活动历史脉络，力求生动再现活动层面的教育历史，总结不同时期教育活动的特点与规律，找寻历代教育思想和制度的基点与源泉，重塑教育历史的完整图景，重构教育史学的学科格局，并为当今教育教学改革与发展提供重要历史借鉴。

一

所谓教育活动史，是教育者与受教育者以各种方式参与教育过程并进行互动的微观、具体、日常的活动历史，是对教育历史实况的微观回溯与具体展现。通过回归历史现场进而实现对教育历史活动的原生态研究，可以真正体现人的活动是教育的中心这一本旨。从教育学研究来看，最能充分体现教育本质的是人的"教育活动"。究其原因，主要有二：第一，教育活动是教育现象得以存在的基本形式。正如苏联学者休金娜所说："人的活动是社会及其全部价值存在与发展的本原，是人的生命以及人作为个性的发展与形成的源泉。教育学离开了活动问题就不可能解决任何一项教育、教学、发展的任务。"[1] 第二，教育活动是影响人发展的决定性因素。教育是培养人的活动，人是教育的最基本的出发点和归宿，培养人是教育所指向的最高目标。人的活动是教育的中心问题，也是教育最基本的着眼点，促进人的自由、全面发展是教育的最高鹄的。人的发展是主客体相互作用即活动的结果。个体的活动是个体发展的决定性因素。确定教育活动是影响人发展的决定性因素，不仅不排斥教育在人

---

[1] 瞿葆奎主编，吴慧珠等选编：《教育学文集·课外校外活动》，人民教育出版社1991年版，第3页。

的发展中所起的主导作用，而且为教育在人的发展中的主导作用的发挥指明了努力方向。任何国家的教育学研究，都把对教育活动的研究放在极为重要的地位。

同样道理，教育活动史理应成为教育史学研究的一项极为重要的内容。从某种意义上说，教育活动史既是教育思想史和教育制度史的起源，又是教育思想史和教育制度史存在的前提和基础，还是连接教育思想史与教育制度史的中介和桥梁。教育活动史与教育思想史、教育制度史构成一种倒三角关系，教育活动史是起源、前提和基础，教育思想史和教育制度史是派生物和结果。可以说，教育活动史、教育思想史与教育制度史，三者相辅相成，三足鼎立，缺一不可。如同教育学不研究人们的教育活动就无法进行一样，教育史学不研究教育活动史，仅研究教育思想史和教育制度史，将会缺失其前提和基础，只能是一门"见事不见人""见人不见行"的教育史学。因此，开展教育活动史研究十分必要且非常重要。只有教育活动史、教育思想史与教育制度史三者并存，才有可能构筑完整意义上的教育史学体系。

其实，早在 20 世纪二三十年代，我国第一代教育史学家群体中有不少人已认识到研究教育活动史的重要性，或直接倡导研究教育活动史。王凤喈在其被教育部列为统编大学教材的《中国教育史》"绪论"中明确指出"教育史为记载教育活动之历史"①，研究教育史，不能孤立地研究历史上的教育活动，而是应与政治制度、社会思想乃至社会之全部相联系、比照来进行，应将教育史放到广阔的社会背景中去研究。陈青之在其被商务印书馆列为大学丛书的《中国教育史》中也写道：教育史之内容，包括实际与理论两方面，教育制度、教育实施状况及教育者生活等属于实际方面，政府的教育宗旨、学者的教育学说及时代的教育思潮等属于理论方面。② 雷通群在其《西洋教育通史》中也强调，教育事实"包有两种要素，其一为教育之理论方面，其二为教育之实际方面。前者是关于教育之理想或方案等一种思想或学说，此乃构成教育事实之奥柢者，

① 王凤喈：《中国教育史》，国立编译馆 1945 年版。
② 陈青之：《中国教育史》，上海商务印书馆 1936 年版，第 1 页。

后者是根据上述的思想或学说而使其具体化与特殊化者，例如实地教学、教材、设备、制度等均是。……此种理论或实际，若为某教育家所倡导或实施时，须将其人的生活、人格、事迹等，与教育事实一并考究"①。杨贤江在《教育史ABC》中也说道："详尽的教育史书，必要对于教育事实之变迁发达分为教育的事实、教育者的活动与教育制度法规等等。"②显而易见，陈青之、雷通群所讲"教育实际"，不仅包括教育制度，而且包括教育实施状况与教育者生活以及人的生活、人格、事迹等，而这些正是典型的人的教育活动，也就是杨贤江所讲"教育者的活动"。对其做历史的研究，正是教育活动史研究的范畴。

也许是早期教育史学家在表述时，习惯于采用源于传统"知与行"范畴的"教育理论与教育实际"的两分法，而且对"教育实际"的表述又多用于教育制度，而少用于教育实施状况与教育者生活以及人的生活、人格、事迹等，因此，后继的教育史学者渐渐在无形中将"教育实际"的内涵逐步狭窄化，最后趋于混淆和消解。久而久之，沿袭下来，以至于习焉不察，司空见惯，因而教育史学界通常认为，教育史就是研究教育思想史与教育制度史，而不包括教育活动史。教育活动史不是独立的研究对象，而是被囊括在教育思想史与教育制度史之中。这样就无形中导致教育活动史长期被学术界忽略与轻视，成为一个被人们长期遗忘的角落和无人开垦的处女地。这个长期未受人关注的学术领地，恰恰是当今教育史最基本的组成部分，也是最核心的研究内容。研究教育活动史，有利于进一步丰富教育史研究内容，拓展研究领域，丰富和完善已有的教育史学科格局；有助于促进教育史学理论与方法的创新，促进学术视野下移；有利于生动展现教育历史的活动图景。研究教育活动史，不仅十分必要，而且非常重要。一方面，有助于形成"以人为本"的教育理念，使人们更加关注教师与学生的生活状况，从而在全社会形成尊师重教的氛围，营造更有利于学生成长与发展的教育环境；另一方面，有助于进一步关注教育活动与实践，关注具体的教育行为和微观的教学活动，

---

① 雷通群：《西洋教育通史》，上海商务印书馆1934年版，第2页。
② 杨贤江：《教育史ABC》，见《杨贤江教育文集》，教育科学出版社1982年版，第321页。

进而更好地激励广大师生投身于教育与教学改革实践当中，以实际行动推动我国教育教学改革向纵深发展。《中国教育活动通史》的编撰与问世，正是顺应这一学术需求和社会需要所做出的实践呼应。

应该看到，教育活动史是与教育思想史、教育制度史并列的，与教育思想史、教育制度史共同构成教育史学研究的三大领域。以往将教育活动史融化在教育思想史和教育制度史中的理解和做法，是不妥当的。那不是重视教育活动史，而是忽视教育活动史，消解教育活动史。对于教育活动史的研究，应该作为一个相对独立的研究领域来予以重视和关注。

教育活动史主要以历史上教育者和受教育者日常的、微观的、感性的、实在的、具体的教育活动的发展及演变历史为研究对象，重点研究人类历史上各种直接以促进人的有价值发展为目的的具体活动以及教育者与受教育者参与教育过程、进行互动的各种方式的发展与演变的历史。具体包括：分析教育史上教师、学生、教育行政管理人员等在教育过程中的内外部活动及其表现形式和特征，探索这些活动发生、发展的规律及作用；研究家庭教育活动、社会教育活动的内容、形式的演变历史及其规律，等等。主要研究各类教育行为史、教育生活史、学校办学史、教学活动史、教师活动史、校长活动史、家庭教育活动史、社会教化活动史、民间教育活动史、教育社团活动史、科技教育活动史、宗教教育活动史、文化教育传播史、海外教育活动史等。教育制度史则主要研究有组织的教育和教学机构体系，包括学校教育制度和教育行政制度的历史发展与变迁，也包括对教育政策和法规产生、发展及演变历史的研究。主要是研究学校教育制度史、教育行政制度史、教育管理史、教育宗旨史、教育政策史、教育法规史、教育立法史等。而教育思想史主要以教育历史上的教育理论思维为对象，研究教育思想形成、发展的历史过程及其主要内容，兼及对教育历史人物评价以及对社会阶层、学术流派、社会团体的教育主张和思想进行研究，并在此基础上，把握教育思想、教育思潮、教育流派发展的特点和规律。主要研究教育概念史、教育范畴史、教育主张史、教育思潮史、教育流派史等。

教育活动史的研究重点在于人的微观、具体和日常活动。教育是培养人的活动，人是教育的出发点，也是教育最直接、最基本的着眼点。①因此，要着重研究教育历史上学校教师和学生的日常活动，包括探究教师教学实况、教师生活状况、学生学习生活、校长治校活动等日常的微观的教育情节；探究历史上的家庭家族教育活动，包括家庭发蒙活动、家庭品行教育、家法惩戒活动等家庭教育的一般场景；探究历史上社会教化活动，如乡规民约教育活动、宗教礼仪教育活动、民风民俗传承活动等。

具体而言，教育活动史研究重点包括以下几个方面：一是研究学校教育教学活动。主要分析教育史上教师、学生、教育行政管理人员等在教育过程中的内外部活动及其表现形式和特征，探索这些活动发生、发展的轨迹及影响。重点研究教育政策制定活动、官方教育改革活动、学校经费筹集活动、学校日常教学活动、校长日常管理活动、教师日常生活状况、教师选聘考核活动、师生交往互动活动、学生日常学习生活、学生课余生活、学生应试活动、学生教学实习活动、学潮学运活动、学校后勤服务活动等。这些都是基层教育的日常活动，看起来平淡无奇，恰恰能够真实反映不同历史时期的教育教学活动实况。二是研究家庭教育活动。主要挖掘不同历史时期家庭教育活动的内容、形式的演变历史，从中总结出家庭教育活动的规律，从而为当今独生子女家庭提高教育效率提供历史借鉴与启示。重点研究家庭家族教育活动、宗族宗派教育活动、家庭启蒙教育活动、家族家法教育活动、家庭礼仪教育活动、家庭艺术教育活动、家庭婚姻教育活动等，力求展示真实生动的家庭教育历史情景。三是研究社会与民间教化活动。主要研究不同历史时期的社会教化活动、民间教育活动的演变历程，总结不同时期的表现形式与特征，探究社会教育活动的影响及规律。重点挖掘乡规民约教育活动、民风民俗教育活动、宗教礼仪教育活动、民间科技教育活动、民间文艺教育活动、民间武术教育活动、民间社团教育活动、社会各界助学活动、民间

---

① 扈中平：《人是教育的出发点》，载《教育研究》1989 年第 8 期。

女子教育活动、民间教育交流活动等。四是研究历代文教政策的形成及其实施过程。主要研究先秦、秦汉魏晋南北朝、隋唐、宋辽金元、明清、晚清、民国、共和国等不同历史时期，重大文教政策的酝酿、制定、出台、颁布过程，以及历代文教政策在学校教育、家庭教育及社会教育中的实施与落实情况。重点从活动的视角，去审视历代文教政策的制定与实施。不同于教育制度史只注重于描述历代教育制度的内容与文本，我们重在研究制度生成之前，教育家与民众的呼吁、官方的重视、制度制定过程、颁布后的反映以及对教育活动的影响等。以上这些就是教育活动史研究的基本思路与主要内容。

二

教育活动，是有目的的人的活动，是教育者与受教育者双向互动的活动，也是一种发展性与基础性活动。教育活动是以人为中心的活动，是基础的实践活动，也是彰显人的个性与自由的活动。自由的有意识的活动，是人性的本真展现。人之所以能够成为现实的、社会历史性的存在，就是因为他是从事实际活动的人，而之所以是从事实际活动的人，就在于他具有自由的有意识的本性，在于他的实践性生存方式，这是人的发展理论的立论基础。① 人性的自由的有意识的活动，就是人的实践活动，也是理想和本真意义上的实践。因此，教育活动史主要展示人的活动，其理论基础是实践唯物主义。实践唯物主义是以科学的实践观为其首要和基本观点的唯物主义，是以实践为基础反映时代精神的唯物主义哲学。② 因为实践是以一定知识和创造性思维能力为基础，被一定欲望和情感所驱动，受一定意志所支配的主体的有计划、有目的的改造客观的活动，实践本身就体现了主体角色与功能。因此，教育活动史的基本特征是主体性、目的性、互动性。主体性，即教育活动史时刻围绕教育的主体——人的活动，研究历史上人的活动是教育活动史的基本任务。目

① 陈新夏：《人性与人的本质及人的发展》，载《哲学研究》2010 年第 10 期。
② 肖前、李淮春、杨耕主编：《实践唯物主义研究》，中国人民大学出版社 1996 年版，第 1 页。

的性，是事物活动有利于自身生存的意向性特征，世界万物中只有人才具有自觉的有意识的目的性活动特征，而教育活动的最基本特征就是目的性和意向性，呈现历史上促进人有价值发展的有目的活动正是教育活动史的指归。互动性，是指教育活动中主体与客体之间存在着双向、互动、共生的关系，教育活动是教育者与受教育者之间的一种互动与双向活动。教育活动史的基本特征，往往渗透和体现在历史上基层的、民间的、日常的、微观的教育者与受教育者的活动之中。

法国年鉴学派代表人物布罗代尔将历史时段分为三种：长时段、中时段和短时段。其中，长时段是一个"几乎不动的历史时间"①，主要包括地理与生态环境的时间、文化与心态结构的时间、经济与社会结构的时间等，这些都是缓慢流逝和变动的历史；中时段，是社会、人口、经济运动的时间，变化周期相对于前者要快一些；短时段，是政治、军事、人物活动的时间，这种历史所表现的只是表层运动，节奏短促、快速。②教育活动的历史，就是一种长时段历史，往往在数百年之内很难看出其明显的变化。纵观中国教育活动史，不难看出，历史上始终贯穿着统治者与人民大众在强制与被强制、压抑与被压抑、束缚与解放之间的斗争，统治者试图通过强制、压抑、束缚的手段来奴役人民大众，而人民大众努力通过种种方式来反抗强制、压抑和束缚，争取自己的自由而全面发展。马克思曾针对专制制度对人性的压制而主张回归"自由的人，真正的人"③，确立了"把人的世界和人的关系还给人自己"④ 的解放要求，真正实现"个人的全面发展"和"个人的独创的和自由的发展"⑤，倡导在实现个人全面发展基础上彰显人的自由个性。人的一切活动，都是建基于人的本性，表现着人的本性。⑥ 人的本性的展现，不仅包括人的自由发展，而且包括人的全面发展。可以说，一个有个性的人，也是一个全

---

① ［法］布罗代尔：《历史与社会科学：长时段》，承中译，载《史学理论》1987 年第 3 期。
② 何兆武、陈启能：《当代西方史学理论》，上海社会科学院出版社 2003 年版，第 408—409 页。
③《马克思恩格斯全集》第一卷，人民出版社 1956 年版，第 412 页。
④《马克思恩格斯全集》第一卷，人民出版社 1956 年版，第 443 页。
⑤《马克思恩格斯全集》第三卷，人民出版社 1960 年版，第 516 页。
⑥ 高清海：《论人的"本性"——解脱"抽象人性论"走向"具体人性观"》，载《社会科学战线》2002 年第 5 期。

面发展的人；一个全面发展的人，同时应该是一个有个性的人。因为全面发展与自由发展并不矛盾，全面发展指人发展的完整性、统一性及和谐性，自由发展指人发展的自主性、独特性和个别性。自由发展的本质，就是个性发展。个性发展的核心就是人的素质构造的独特性，这主要体现在人的基本素质各要素在发展中体现出的独特性和人的各基本素质和其内部各要素在其组合上呈现出的个性化。具体表现在受教育者身上就是呈现各具特色的个性和特长。全面发展并非要扼杀自主性和独特性，因此，马克思提倡"人的全面而自由的发展"和"个人独创的和自由的发展"，大力倡导人性自由、独立个性。因此，全面发展，就是人的生理素质、心理素质、品德素养和文化素质的全面发展以及各种素质之间的协调发展。人性自由和独立个性，即人的品格，往往体现在人的日常生活中所表现出来的体质能力、精神状态、心理倾向及行为特征之中，反映的是人的个性差异。人的全面发展的过程就是一个追求人的自由、自主、独立、解放、和谐、完善的过程，也是人的自我价值和个人尊严的实现过程，就是将人从受强制、遭奴役、被凝固的人格与人性失衡、扭曲和畸形的状态下解放出来的过程。

由上可知，追求人的个性自由、全面发展，是整个中国教育活动史的一条主线，从某种意义上讲，中国教育活动通史就是一部不断追求人的自由成长而全面发展的历史。同时，我们也十分清楚，中国教育活动史毕竟是世界教育活动史的一个重要组成部分，研究不同历史时期的教育活动，理应从总体史观的视角，将中国不同时期的教育活动放在世界教育大环境中去考察与定位。从中西文化教育交流视角，我们不难看出，中国教育发展史主要经过追求自由、张扬个性从而促进文教发展的三个历史时期：先秦时期是中国人追求自由个性、教育原创的轴心时期；从魏晋到隋唐，进入文教繁荣与再创辉煌时期；近代以来特别是五四新文化运动时期，成为真正思想启蒙、人格解放的重要时期。

纵观世界历史，大致经历两个轴心时代，一是古代轴心时代，二是现代轴心时代。古代轴心时代主要以巴比伦、埃及、印度、中国四个文明古国以及后来崛起的古希腊、古罗马等几大文明为核心。这几大文明均有文字记载的生动的教育活动，这些教育活动孕育了第一个轴心时代的文明、文化和教育。"问渠那得清如许，为有源头活水来"，正是这几大文明发祥地，成为世界教育活动的"源头活水"。然而，四大文明古国只有中国一直延续下来，其他均被历史所湮没。中国不仅创造了古代文明，成为世界文明史上构成第一个轴心时代的核心，而且中国在后来的发展中与西方发达国家共同创建了新轴心时代，成为现代新轴心时代与美国、欧洲、俄罗斯、印度并存的核心成员，并且其地位仅次于美国，堪称现代新轴心时代核心成员。当然，中国在创造自身文明的同时，保持着开放的态势，不断地与其他文明进行交流。中华文明在不断影响世界，世界各地文明也影响过中国，如"东汉魏晋以后的印度，战争以后的日本，十月革命以后的俄罗斯，改革开放以后的韩国"① 以及美国、欧洲的文化教育，在 20 世纪 80 年代以后均对中国产生过一定影响。说明中国属于世界，世界离不开中国。

中国教育活动源远流长。"自有人生，便有教育"②；自有人类活动，便有教育活动。教育活动是人类活动的天然组成部分，并且与人类活动始终相伴随。人类早期教育活动往往融入生产劳动、日常生活与礼仪活动之中，这便铸就了原始社会教育活动的自然性、自在性和自发性。到父系社会时期，由于生产方式的变化，引发了社会结构的转型，相应地，生产活动、生活实践与教育活动也在悄然改变，即随着文字的出现，教育活动逐步从劳动与生活的场域中剥离出来，开始了学校雏形或早期学校教育活动。

先秦时期，尤其是春秋战国时期的教育活动，与西方古希腊罗马时期一样，是世界文化教育原创的轴心时代，形成了以"六艺"教育为核心的自成体系、规范完善、风格独特的教育活动模式，与古希腊罗马时期形成的以军事体育教育活动为中心的西方教育活动模式，共同为世界教育实现人的个性自由与全面发展的价值追寻与教育理想提供了历史范式。这两大教育活动系统，遥相呼应，各具特色，真可谓"横看成岭侧

---

① 易中天：《文明的意志与中华的位置》，浙江文艺出版社 2013 年版，第 6 页。
② 杨贤江：《杨贤江教育文集》，教育科学出版社 1982 年版，第 414 页。

成峰，远近高低各不同"。先秦时期，是中国古代文化教育第一个多元化、大繁荣时期，是教育活动由官方垄断向民间扩展的转型时期，也是中国教育初步探索以促进人的思想自由、个性发展、人格独立为指归的开端。先秦三代拉开了初创文教政策并为教育确立规约的序幕，也为后来历代开展文教政策制定活动奠定了基础。夏商周三代文教政策的缘起与原始宗教和祭祀仪式不无关系，因此，考察中国古代文教政策的形成过程，可以从宗教角度入手，并且呈现夏朝重武、商代重德、周代重人的文教特征。春秋战国时期，私学教育活动堪称先秦教育的一大亮点，尤其是孔子及其弟子以思想自由、精神自由、个性解放为特色的教育活动，成为古代私学活动的先声与样板。稷下学宫，开启了自由讲学、民主论辩、师生和谐的教育活动之风，并为后来的书院讲学之风的形成积累了经验。英国著名学者李约瑟直接称之为"稷下书院"①，将其视为古代书院之源头。春秋战国时期的教育活动明显呈现以追求个性、崇尚自由为主的特征。

　　秦汉时期，是将统治者意愿极力强加给文化教育的时期，也是中国历史上出现的首个大一统王朝对受教育者人性压抑与束缚的时期，同时受教育者也在反压抑、求解放的抗争中力求实现思想自由、精神独立、个性解放。从文学史、哲学史、文化史、思想史等学术领域，也可观瞻这一时期追求自由民主和个性发展的教育活动特征。如果说秦汉时期教育显现出中央掌控过度、教育内容单一、官学教育活动主导等特点，而魏晋南北朝时期却展现出政权更替频繁、文化环境宽松、思想文化多元、私学活动流行等特征。此时充满生机与活力的中国教育活动，以其入世性与现实性在全世界独树一帜，异彩夺目，引领潮流；相反，西方教育活动则笼罩在了宗教活动的阴霾之中，教会垄断办学权，宗教经典充斥教材之中，一片沉寂，缺乏生机。秦统一全国之后，重用法家治国，实行"以法为教，以吏为师"，打压儒家私学，因此教育活动跌入低谷。西汉吸取秦亡的教训，确立了儒学在文教界的独尊地位，恢复私学教育活

① 李约瑟：《中国科学技术史》第 1 卷第 1 分册，科学出版社 1975 年版，第 199 页。

动，并启动了中央最高学府——太学的教学与管理活动，博士等教官的日常活动与太学生的学习与社会活动成为当时文教活动的主流。文翁兴学，又拉开了地方官学教育活动的序幕。魏晋南北朝时期是一个战争不断、时局动荡的特殊历史时期，由于分散的政治统治，给文化教育留有较大的发展空间，因此，魏晋南北朝时期成为我国第二个思想大解放时期，文化教育朝着多元化方向发展，努力实现再创辉煌的目标。一方面，儒、释、道三教并存，文化思想多元发展；另一方面，私学与族学蓬勃发展，民间办学活动频繁，促进了民间文化教育的发展与繁荣。社会教育活动以宗教教育为主，特别是道教与佛教教育活动成为当时社会教化的主流。

隋唐时期，是中央集权规约下文教日益繁荣的时期。尽管在科举制度导引下教育活动逐渐呈现出目的性、功利性、规制性、单调性等特点，但在大量的文学作品中亦可体现出士子对个性解放、人格独立、思想自由的向往以及对真善美的价值追求。这一时期中国封建社会再次进入大一统的中央集权时期，教育制度进一步完善，教育观念业已形成，官学教育进一步趋于成熟。隋唐学校教育活动的鲜明特点是受科举取士的直接影响，科举考试犹如指挥棒，将各类学校教育活动导向应试。如学习诗赋之所以成为唐朝学校教育活动的重点内容，就是因为诗赋是科举考试的主要内容之一。官学教育活动多样，除了国子学、太学、四门学的教育活动外，还有中央各部门设立学校的教育活动，以及书学、律学、算学等专门学校的教育活动。各类官学日常教学活动，主要围绕科举考试科目，使得师生日常生活单调乏味，教育集中于智德两方面，缺乏体育活动，也没有丰富的课余活动，可以说是一种程式化的极富目的性的单调生活。书院教育活动初露端倪，私学与家学教育活动尽管没有魏晋南北朝发达，但仍然发挥着对官学教育有益补充的作用。唐朝的民间教育交流活动频繁，日本与新罗等国的留学生在华学习活动异常活跃，可谓史无前例。

宋辽金元时期，是一个科技文化大发展、大繁荣时期。先后兴起的书院自由讲学、民主论辩之风，展现了这一时期学院式教育活动崇尚自由、追求民主、彰显个性的时代特点。宋朝由于长期受到来自北方少数民族建立的政权辽、西夏和金的侵扰，内忧外患，无暇全力顾及文教事业，尽管朝廷掀起三次兴学运动，但总体来看，官学大不如前。因此，书院教育活动十分流行，形成了书院以自由讲学、交流研讨、自主学习、民主管理为特征的教育活动模式，一定程度上彰显了追求思想自由、精神独立的价值取向。宋代以后，科考活动进一步完善，并仍然对各类官学发挥着指挥棒的作用。宋代的社会教育活动包含民间风俗教育活动、民间传艺授徒活动、民间宗教教育活动等，其中道教教化活动和佛教教化活动成为社会教育活动的主流。另外，辽、西夏、金、元的教育活动不可避免地打上了少数民族教育烙印，既保持着本民族的教育特色，又吸引了汉族儒学教育的精华，明显带有民族文化教育融合与兼容的教育个性。

明清时期，是一个受教育者人性受压抑向求取自由解放的转型时期。当专制统治走向极点，使人性受到压抑、自由受到亵渎时，西方传教士来华活动，为中国传统教育活动带来一股新风，从此逐步使古代的教育活动由封闭走向开放，由单一走向多元。可以说，西学东渐，逐步使中国教育走向开放，迈入世界。同时，教育活动也呈现出由人性压抑、自由凝固、人性失衡、个性扭曲开始向追求人性自由、个性解放、人格独立的转变，可以说，是一个由传统封闭向近代开放过渡的转型期。这是非官方教育活动所展现出的初露端倪式的新气象。在主流的官方教育活动中，仍然延续着愈演愈烈的专制集权压制下个性自由丧失的传统模式。因为明清时期的封建集权统治达到了登峰造极的地步，高度的专制与集权政治严重影响到其文教政策的制定，使得这个过程充满政治干预色彩，其结果只能是良莠参半，积极与消极文教政策并存，高压与怀柔兼用。由于朝廷的强烈干预和八股取士的诱导，明清各级官学教育活动始终围绕以服务统治为目的、以四书五经为内容、以严格管束为手段开展活动。私塾教育活动是明清教育活动体系中一支不容忽视的力量，是对官学教育活动的有益补充，在传承文化和启蒙教育方面发挥了不可估量的历史作用。明清私塾在中国教育史上达到了顶峰，塾师的日常生活与社会活动成为这一时期一种特色活动。

晚清时期是一个文化教育转型时期，新旧杂糅，中西交汇，使教育活动呈现出开放多元、异彩纷呈的时代特征。无情的历史并没有留给早熟的文化教育以永远世袭的第一把交椅。近代以来，由于西方国家从17世纪开始陆续进入资本主义时代，特别是工业革命将不少国家带入了世界领跑者的行列，相应地，西方国家的教育与科技日新月异，呈现出"数千年来未有之变局"。面对西方先进的教育，中国教育进入一个在被动中借鉴与学习的开放时期。进入近代社会，教育活动呈现出中西融通、开放多元、活动丰富等特点，中国教育活动首次开始被动地走上近代化和国际化的道路。"空山百鸟散还合，万里浮云阴且晴。"随着西方军事步步进逼，中西文化教育开始交锋。在剧烈的碰撞与冲突中，清政府统治体系中开明的官员意识到两种教育的差距，在接纳西方教育的基础上创办了第一批新式学堂，再加上大批西方传教士也借助其军事优势来到中国办起了教会学校，这样在一段时期内出现了新式学堂、教会学校、传统官私学教育活动并存的局面。同时，在洋务运动时期首次开启了官派赴美欧留学活动和政府官员出国考察教育活动，中外教育交流活动更加频繁。

民国时期是现代教育的奠基期、发展期和过渡期，也是一个文化教育的建设时期，教育人士积极探索，奋发有为，开展了诸多有价值的教育活动。1912年1月，中华民国建立，为中国近现代教育带来了新气象，从此进入了摒弃传统、全面与国际教育接轨的新时代。特别是五四新文化运动，拉开了中国教育全面追求民主自由与个性发展的序幕。20世纪二三十年代，在一批留美欧归国的教育家的推动下，我国掀起了新教育运动，社会各界踊跃参与教育改革实践活动，全国上下出现了空前重视教育的大好局面。可以说，中国历史进入了第三次思想文化教育大解放时期。同时，这一时期也是一个多种教育活动并存的时期，既有公立学校、私立学校、教会学校的教育活动，还有国统区教育、根据地教育、日伪奴化教育活动，呈现出多元化态势。

1949年10月，中华人民共和国成立，确立了以马克思主义为指导的教育体系，教育活动的终极目标是促进人的全面发展和人的个性解放。这一时期的教育活动与教育制度变迁及教育改革实践密切相关，为此，可将新中国教育活动分为建国初期、教育革命、"文化大革命"、改革开放、全面发展等时期。尤其是自20世纪80年代以来，我国教育进入了又一次思想文化教育大解放时期，邓小平倡导的改革开放政策为中国教育带来了全面的革新，使教育活动步入了一个整体发展的新阶段。义务教育普及变为现实，高等教育和研究生教育的量与质取得双丰收，职业教育得到空前的发展，学前教育备受关注，留学教育快速发展，中国教育真正实现了由借鉴到创新、由落后到繁荣、由封闭到开放的转变。同样，教育活动更加丰富多样。以研究生教育活动为例，主要包括研究生入学考试活动、研究生教学活动、研究生导师选聘活动、研究生日常学习活动、导师与学生相互关系、研究生论文答辩活动、研究生学术交流活动、研究生毕业求职活动等。

在编撰过程中，力争做到"通""特""活"。具体阐释如下：第一，所谓"通"，是指纵通、横通、理通。纵通，就是要八卷本从远古到当今力求前后连贯，脉络清晰，一以贯之。既要体现不同历史阶段的承接性和延续性，又要体现各阶段教育活动的特殊性和差异性。横通，是指将同一时期的学校管理活动、教师教学活动、学生学习活动与制度制定活动、教育交流活动、家族教育活动、社会教化活动联系起来去研究，甚至将我国某个时期的教育活动与西方国家的教育活动联系起来去研究。理通，即坚持"三观"：人本观、总体观和全球观。人本观，就是坚持以人为本的历史观，重点对以人的活动为核心的各种教育行为进行研究。这是这套教育活动通史要努力体现的基本观点，就是要着力体现人的教育活动及各种有价值的教育活动、教育行为、教育追求，尽可能让读者看到人在教育活动中的价值追求。总体观，又称整体观，强调教育活动与社会活动之间的关系，在研究教育活动史时将社会的方方面面与教育联系起来。同时，注意上层和下层之间的关系，将民间教育活动与官方教育活动联系起来，采取全景式研究视角。全球观，在编撰过程中注重采用全球比较的方法，即写某一时期教育活动时，注重和同一时期国外教育活动进行比较，把中国教育活动放在全球视野下来审视，进而体现中国教育活动史的特色。第二，所谓"特"，就是特点、特色。通过转变研究理念，更新研究方法，挖掘第一手史料，转换研究视角，来展现中国教育活动史研究的风格与特色。在研究过程中，努力展示本套通史与教育思想通史、教育制度通史相区别的固有特色。着眼于研究教育者与受教育者在学校教育、家族教育与社会教育中日常的、微观的、具体的活动，大量采取叙事的表述方式，力求给读者以生动鲜活的感觉。第三，所谓"活"，就是力争将主体的活动写活，将教育者与受教育者的实践活动、心理活动及互动活动表述得活灵活现，将其日常生活细节尽可能地描述出来，进而使人的活动得以立体呈现和全方位展现。

总之，教育活动史，主要着眼于整个教育活动过程研究，其研究对象固然包括教育活动的各个方面，但重点是研究教育历史上基层的、具体的、微观的、日常的、民间的教育活动，努力达到"通""特""活"的最终效果，通过生动、形象的表达方式来展示丰富多彩、生动鲜活的教育活动史，以期实现研究重心"下移"的目标，将研究视野逐步向下移动和对外扩散，使教育史学研究从精英向民众、从高层向基层、从经典向世俗、从中心向边缘转移，从而实现对教育活动的原生态研究。以此来弥补原有研究的不足，形成教育思想史、教育制度史、教育活动史三位一体的完整体系。

三

"纸上得来终觉浅，绝知此事要躬行。"研究中国教育活动史是一项开拓性工作，为了编撰好这部通史，全体编撰人员先后举行过九次大型研讨会，讨论了教育活动史研究宗旨、基本原则、研究取向、史料来源、研究方法、表述方式等，达成了以下共识。

（一）研究宗旨：坚持全景式总体史观

总体史观，是一种发端于文艺复兴时期的史学观。后来法国启蒙思想家伏尔泰（Francois Voltaire）在继承总体史观的基础上建构了整体文化史观，特别是 20 世纪法国年鉴学派对总体史观做了理论提升与实践展现。总体史观主张，历史学家要跳出传统只研究政治史和上层精英人物的窠臼，写出自下而上的历史，要把普通群众的日常生活、风俗习惯、生老病死、爱情婚姻等生动展现出来；历史研究要注重跨学科研究方法的运用，广泛借鉴和采用社会学、政治学、人类学、民族学、心理学、社会学等学科的理论和方法。正如我国史学家梁启超所讲："历史是整个的，统一的"，是"息息相通，如牵一发而动全身"。① 同样，研究教育活动史，应当将其放在大的社会背景和历史环境中去考察，并对教育活动的不同方面、不同层次进行研究，力求对教育活动历史进行"全景式"总体把握。

（二）研究原则：注重微观、日常、实证研究

除仍然坚持客观性、系统性、创新性以及继承性等原则外，还须坚持以下几个原则：第一，多微观研究，少宏观研究。教育活动史是以具体生动的教育活动为研究对象的，这就要求必须从历史上具体日常的教育活动入手研究，旨在还原生动鲜活的教育历史活动场景。第二，多事实研究，少理论研究。这里的"事实"，是指教育发展史上具体生动的教育活动，即强调对教育活动的实证研究，而且是论从史出的研究，而不是单纯的理论研究或以论代史。要多开展具体生动的事实研究，少进行抽象概括的理论研究。第三，多日常叙事研究，少宏大叙事研究。教育活动史就是把历史上发生过的教育活动再现出来，因此叙事是最好的表述方式。当然，这里的叙事并非指传统的宏大叙事，而是微观日常叙事。第四，多深度描述研究，少浅度描述研究。深度描述原本是人类学、民族学领域的研究方法，能让读者"身临其境地体会其所描述的经历与事件"②。浅度描述则不涉及细节，只是简单地报道事实或发生的现象。

（三）研究取向：以问题研究为导向

"问题取向"研究，就是选取问题作为研究方向的一种研究策略、研

---

① 梁启超：《中国历史研究法五种》，台北里仁书局 1982 年版，第 202、153 页。
② ［美］诺曼·K. 邓金著，周勇译：《解释性交往行动主义：个人经历的叙事、倾听与理解》，重庆大学出版社 2004 年版，第 107 页。

究思路或研究范式，其目的主要不是学科知识的积累或学科体系的完善，而是增进、更新、深化和拓展对特定问题的认识，从而有助于人们对该问题的了解、评价，并有助于该问题的解决。"问题取向"研究中的问题是指"反映到人们大脑中的、需要探明和解决的教育实际矛盾和理论疑难"，它包括通常所说的存在的不足、缺陷、困难，但更主要的是指引起认知主体疑惑、疑虑或感到疑难的种种现象。它既可以根据研究价值的有无分为"常识问题"和"未决问题"，也可以根据问题探讨的深度不同分为"表象问题"和"实质问题"，还可以根据问题涉及范围的宽窄分为"'大'问题"和"'小'问题"等。① 为此，教育活动史研究应当树立问题意识。问题意识对任何研究来说都是至关重要的。布洛克曾说："一件文字史料就是一个见证人，而且像大多数见证人一样，只有人们开始向它提出问题，它才会开口说话。"因此，"历史学研究若要顺利开展，第一个必要前提就是提出问题"。② 教育活动史研究首先应当将研究的重心转向教育教学的具体问题、微观问题和日常问题。③ 当然，问题的微观化并不等于结论的微小化，而恰好应该做到结论的重大化。要能够通过教育反映出一定时期、一个社会的整体情况。因此，即使在历史发展的某些时段找不到完整史料，也可以就发现的这部分史料进行重点研究，以此来达到"看时代"的目的。

（四）史料来源：树立大史料观

在研究资料方面，主要秉持地上与地下、史学与文学、书面与口述三结合的大史料观。通常我们强调以史料为依据，凭史料才能说话，而且是"一分证据说一分话"，没有史料就没有历史。戴逸说过："马克思主义不赞成用史料学去代替历史科学，但历史研究必须以史料的收集、整理、排比、考证为基础。史料的突破常常会导致研究的突破，修正或改变人们对重大历史问题的看法。"④ 教育活动史研究理应树立大史料观，

① 孙喜亭等：《简明教育学》，北京师范大学出版社 1988 年版，第 2 页。
② ［英］巴勒克拉夫著，杨豫译：《当代史学主要趋势》，北京大学出版社 2006 年版，第 44 页。
③ 周洪宇、申国昌：《新世纪中国教育史学的发展趋势》，载《华东师范大学学报》（教育科学版）2007 年第 3 期。
④ 戴逸：《中国近现代史的研究如何深入》，载《人民日报》1987 年 7 月 17 日。

力争做到：其一，地上史料与地下史料并重。在教育活动史研究过程中，一方面要充分重视地上史料的运用，另一方面要加强地下史料的挖掘、发现、整理与运用。不管是文集、家谱、族谱、年谱、方志、实录、纪事、报纸、杂志、回忆录、传说、歌谣等史料，还是各种文物、图片、绘画、教具、学具等地上实物史料，抑或碑文、石刻、墓壁画、出土礼器等地下史料，都是研究教育活动史的重要史料。其二，正史史料与笔记小说史料并行。正史或官修史籍主要包括正史、编年史、纪事本末、别史、杂史、诏令奏议、传记、史抄、载记、时令、地理、职官、政书、目录、史评等，这些无疑是研究教育活动史的基本史料，但是并不是唯一史料。而且官修史籍大都"事多隐讳"，"语焉不详"，甚至如鲁迅所说"涂饰太厚，废话太多，所以很不容易察出底细来。正如通过密叶投射在莓苔上面的月光，只看见点点的碎影。但如看野史和杂记，可更容易了然了，因为他们究竟不必太摆史官的架子"①。教育活动史的研究视野要下移民间，因此我们必须注重采用非官方的民间史料，如谱录、笔记、类书、小说、日记、信件等。其三，文字记录与口述史料并举。书面史料大都是官方或精英活动的记载，有关民间的、下层的各种具体教育活动的记载是有限的，需要我们在重视文献资料的同时，必须借助口述的方式来完成史料的搜集任务，以口述史料弥补文本史料的不足。其实，借助口述方式来完成史料搜集任务历史上早已有之，如太史公司马迁撰述曹沫（即曹刿）持匕首劫持齐桓公迫使其退还侵鲁土地时就借助过口述史料。② 而现代意义上的口述史学是指"通过有计划的访谈和录音技术，对某一个特定的问题获取第一手的口述证据，然后再经过筛选与比照，进行历史研究"的一种新学科和新方法。③

（五）研究方法："视情而定"，善加选取

古人云："工欲善其事，必先利其器。"方法正确，可使研究工作顺

---

① 鲁迅：《华盖集》，人民文学出版社 1973 年版，第 12 页。

② 王青：《从口述史到文本传记——以"曹刿-曹沫"为考察对象》，载《史学史研究》2007 年第 3 期。

③ 张广智：《西方史学史》，复旦大学出版社 2000 年版，第 331 页。

利达到目的；方法不当，则会事倍功半，甚至徒劳无功。现代教育史学研究理论与方法是一个由研究方法的理论基础、一般研究方法和具体研究方法三个大的方面及其相关层次构成的系统。① 第一，研究方法的理论基础。一方面是指马克思主义的唯物史观、五种社会形态理论等宏观历史理论和经济决定理论、阶级阶层理论、人民群众创造历史理论等中观史学理论；另一方面是指兰克（Leopold Ranke）、斯宾格勒（Oswald Spengler）、汤因比（Arnold Toynbee）、布罗代尔（Fernand Braudel）、勒韦尔（J. Revel）等人的史学理论中值得借鉴的合理因素。第二，一般研究方法。是哲学思维方法在社会历史（包括教育历史）研究中的运用，主要包括历史分析法、比较分析法、逻辑分析法、系统分析法、结构分析法等，其功能是分析社会历史（包括教育历史）现象的内在辩证关系和本质特点，在更深层次上更好地把握教育历史的规律。第三，具体研究方法。是指带有较强技术性和专门性，用来处理和分析教育史料，进行基础研究的方法和技术，其功能为复原教育史实和基本线索，为深入研究打下坚实基础，创造有利条件。具体说来，又可细分为两个方面：一是历史学科一般使用的方法，主要包括历史考证法、文献分析法、口述历史法、历史模拟法等；二是跨学科方法，主要包括田野调查法、个案分析法、心理分析法、计量分析法等。这三个方面属于三个不同的层次，它们各有适用范围和领域，分别处理不同层次的问题。研究方法的理论基础是最高层次，解决的是研究的立场和指导思想问题。一般研究方法是中间层次，解决的是对社会历史（包括教育历史）现象及其原因、本质的认识，以便更好地把握教育历史规律。具体研究方法是最低层次，它所要解决的是教育史料的处理和分析问题，恢复教育史实和基本线索，为深入研究铺平道路。三个方面相辅相成，缺一不可。当然，没有绝对正确合理的方法，旧方法未必无用，新方法未必有效。在选择理论和方法时，必须时刻注意理论、方法与问题的相容性、相适性，也就是做到"视情而定"。

---

① 周洪宇：《对教育史学若干基本问题的看法》，载《河北师范大学学报》（教育科学版）2009年第1期。

（六）表述方式：采取"善序事理"的叙事方式

中国史学家历来重视史学著作的叙事形式（习称"序事"），认为好的叙事方式有助于史学著作内容客观真实与生动形象的表达。他们对"善序事理"多有论述。① 班固称赞司马迁"服其善序事理，辨而不华，质而不俚，其文直，其事核，不虚美，不隐恶"。《晋书》则称陈寿"善叙事"为"奋鸿笔"和"骋直词"。综观古代史学家对"善叙事"的理解，主要有真实、质朴、简洁、含蓄、"闳中肆外"、"史笔飞动"等特点。诚如史学家梁启超所讲："事本飞动而文章呆板，人将不愿看，就看亦昏昏欲睡。事本呆板而文章生动，便字字活跃纸上，使看的人要哭便哭，要笑便笑。"② 丁钢教授则把中国叙事的风格和特点总结为三个方面：一是中国叙事以各部分非同质性、非同位性以及部分之间存在的联结性或对比性的关系，形成结构张力；二是以视角的流动贯通形成整体性思维特点；三是依靠对话和行动，并借助有意味的表象的选择，在暗示和联想中把意义蕴涵于其间。③ 中国教育活动史研究要避免回到"目中无人""见人不见行""见物不见事"的教育史学老路上去，就必须承继和发扬中国传统历史叙事的优点，采取"善叙事理"的叙事方式，在叙事中注意呈现具体过程与日常细节。应该看到，教育历史叙事必须经过研究者对教育历史的感知而进行选择、修饰和重组，因此教育史研究者必须具备必要的体验能力和想象能力，这一点常常成为研究是否取得突破的重要因素。在研究过程中，注重运用叙事和口述等方法，尤其是研究现代教育活动史。叙事与口述研究可弥补教育活动史研究中第一手史料不足的问题，也是教育史研究视野下移的必然选择。而且叙事与口述研究具有其他表述所缺乏的优越性：一是叙事与口述史料的"在场性""生活性""精神性"特征，可以更好地发挥"存史"与"释史"功能；二是叙事与口述方法贴近生活，具有可读性，可以与官方史料形成互补，为

---

① 瞿林东：《中华文化通志·史学志》，上海人民出版社1998年版，第319—325页。
② 梁启超：《中国历史研究法补编》，商务印书馆1934年版，第38页。
③ 丁钢：《叙事范式与历史感知：教育史研究的一种方法维度》，载《教育研究》2009年第5期。

教育政策的制定提供民间的声音，更好地服务于现实；三是叙事与口述史学可以将教育史学工作者从书斋中解放出来，更好地参与、服务并享受生活；四是叙事与口述作品以第一人称的方式讲述故事，融教育于生活之中，极富现实性和鲜活性，通俗易懂，具有大众教育的功能。

综上所述，教育活动史研究，首先，应该以追求全景式总体史为宗旨，对历史上各个方面与层次、不同类型与学段的教育活动进行全面、系统、深入的分析与描述，从而使历史发展过程中丰富多彩的教育活动完整地得到重现；其次，应该以民众的教育生活为研究重点，改变教育史学研究重上层、轻下层，重精英、轻民众，重经典、轻世俗，重中心、轻边缘的传统做法；再次，应该以问题研究为取向，强化问题意识，尤其是要格外关注教育教学的具体问题、微观问题和日常问题；第四，应该树立地上与地下、史学与文学、书面与口述三结合的大史料观，拓宽史料来源，广泛收集、整理与运用史料；第五，应该"视情而定"，选取相应的研究理论与方法，根据不同的目的和具体的任务，选取最合适的研究理论与方法；最后，应采取"善序事理"的叙事方式，尤其要充分地继承和发扬中国传统史学研究中叙事方式的优点，既客观真实又生动形象地将教育活动史的具体过程展现在读者面前。这就是本书作者近年倡导的全景式总体史的、人的教育生活为中心的、问题导向并注重过程和细节的教育史观。

四

中国教育活动史，源远流长，内涵丰富，生动鲜活。通观古今，可归纳出以下几个特征：

第一，独特性。毋庸置疑，任何一个国家和民族的教育活动均有其独到之处和自身特点，而中华民族的教育活动与其他国家和民族的教育活动相比，其特点更加明显，风格更加独特，尤其是中国古代教育活动呈现的是一种缓慢演进的长时段的渐变路径。从有文字可考的商代开始，就有学校教育活动，西周时期不仅学校教育活动进一步规范，而且家庭教育活动已规范成型。自春秋战国始，我国自由灵活的私学教育活动一经兴起便进入兴盛与繁荣状态，并为宋元时期书院的发展做了办学经验的原始积累。汉唐以来太学的创建以及国子学的开办，使得中央官学办学形式更加多样，这些办学形式和教育活动一直在中国持续近千年。而且自从西汉提升儒学在教育领域的独尊地位到 1904 年新学制颁布，与西方教育开始接轨，我国的教育活动始终以儒学经典为主要内容，学校教育以教师指导、学生研习为主；无论官学还是私学，各类学校学生学习的巨大动力就是科举入仕、光宗耀祖，因而形成了以应科举之试而进行的教育活动，将教育与仕途紧紧捆绑在了一起，这种模式固然使教育活动目的陷入单一境地，但是有利于激发平民子弟潜心读书、积极进取，也有助于稳定社会秩序与统治秩序。这种围绕科举指挥棒运转的古代教育活动，在世界上是独一无二的。文艺复兴之后，西方教育活动一改中世纪枯燥乏味的教育活动模式，不少国家陆续采用班级授课制，而我国的明清时期仍然在延续着古代传统的教学活动模式。与西方相比，这种教育活动尤其具有独特之处。

第二，人本性。人的发展是教育的出发点和归宿，人的活动是教育的核心和关键。纵观中国教育活动的历史，无论古代还是近现代，无论学校教育还是家庭教育和社会教育，坚持以人为本是一大特色。历代教育活动都时刻围绕教育的主体——人的活动，促进人的有价值发展，正是教育活动的指归。如果一个历史时期营造了良好的育人环境，有利于促进人的健康发展，教育活动就会开展得有声有色，成效卓著；相反，如果统治者通过强权压抑受教育者的自由成长与全面发展，那就会出现强制与被强制、压抑与被压抑、束缚与求解放之间的斗争，师生将通过种种教育活动来反抗强制、压抑和束缚，争取自己的自由而全面发展，最终赢得尊重人的发展的良好环境。总之，追求人的个性自由、全面发展，是整个中国教育活动史的一条主线。从某种意义上讲，中国教育活动通史就是一部不断追求人的自由成长而全面发展的历史。若从全球视角来观瞻中国教育活动，不难看出，追求以人为本的教育活动，大致经过三个追求自由、张扬个性的历史时期，即是中国人追求自由个性、教育原创的轴心时代——先秦时期，坚持以人为本、促进文教繁荣与再创辉煌的多元时代——魏晋到隋唐时期，追求思想解放和人格独立的启蒙时代——五四新文化运动时期。这三个时期，是充分展现中国教育活动人本性特征的黄金时期，也是将追求人本的中国教育活动推向了高潮的三个时期。

第三，开放性。中国古代教育活动是封闭的、专制的，这种结论是用西方教育视角来观察中国而得出的。其实，纵观中国古代教育活动史，不难看出，历代均有开放办学、注重交流的举措，而且给历史留下了生动美好的记忆。东汉年间，我国引入印度的佛教，使得宗教教化活动成为社会教育的一项重要内容。魏晋南北朝以来，一改以儒家教育为主的格局，开始吸纳佛教、道教教育活动，呈现出教育活动的多元化倾向。盛唐时期，吸引了诸如日本、新罗、百济、高丽、波斯、大食、天竺等国的留学生，文化教育交流进入了中国历史上第一个高峰期。明清时期"西学东渐"，为中国教育打开了一扇与西方交流的窗户，东西方文化教育进入了平等交流的新时期，此时西方以科技为主导的教育内容使中国知识阶层开了眼界。近代以来，在被动开放的背景下，中国教育开始步入与国际接轨的新阶段，同时，文化教育交流也进入了第二个高峰期。一方面，大量建立西方式的新学堂，引入班级授课制，广泛开设西学课程，同时开始选派留学生；另一方面，改革教育制度与学校管理方式，改革考试方式，改变了师生的日常生活与教学活动。这些说明中国教育活动从古代到近现代均以开放的姿态出现，从未封闭办学、关门教学，只不过古代的开放是主动的，近代的开放是被动的。

第四，包容性。中国文化教育的包容性，是世界上任何国家和民族无法比拟的。主要体现在：一是对中华民族各地区、各民族文化教育的包容与同化，二是对世界文化教育的包容与吸纳。在以儒家文化为主流的中华文化体系生成过程中，先后经历了魏晋南北朝时期儒学对道教的包容与吸收而出现玄学体系，宋明时期儒学对佛道的包容与融合而形成理学体系，近代洋务运动以来以儒学为主干的传统文化对西方文化的包容与引借而形成的中体西用格局。在中国教育活动演进过程中，也先后出现过春秋战国时期以儒墨道法为主体的私学对各家思想与传导方法包容与吸纳而形成的百家争鸣局面，汉唐时期大一统体制下以儒学为主体的教育活动不断地吸收各个民族、各个流派的优点与长处而形成的多元教育格局，明末清初中国传统文化教育首次以平等的姿态与西方文化教育接触而形成的由西学东渐催生出的实学教育理念与实践，近代以来中国教育在强势的西方文化冲击下以更加宽容的心态被动接纳了西方的教育模式而形成的早期现代化办学实践与教育范式。就近代而言，中国教育活动的包容性，具体体现在不同历史阶段。洋务时期的教育体制与办学实践主要吸纳欧洲的模式，从维新变法、清末新政到民国初年的教育理念与办学实践主要借鉴日本模式，从 20 世纪二三十年代到共和国成立前我国的教育体制与教育活动主要参照美国模式，20 世纪 50 年代新中国的教育管理与教育实践主要学习苏联模式，20 世纪 80 年代以来在全面开放的大背景下我国教育体制与办学活动在自主创新的前提下广泛吸收世界各国的先进经验，从而进入了全面深化教育改革的新时代。总之，中国教育活动史是一部包容特色鲜明的历史。

第五，稳定性。这里的稳定性，主要是指中国古代教育活动。中国是历史悠久的文明古国，漫长的古代社会形成了一种超稳定社会结构。这种社会结构中形成的教育活动自然而然地具有稳定性，其演变极其缓慢，即使有变化，也是一种渐变。有的学校教育活动，譬如官学教学活动，无论中央官学中的国子学和太学，还是地方官学中的府州县学，从汉唐到癸卯学制颁布，其教学内容、学习方式、师生关系等几乎是按照传统模式来运行，其间变化微乎其微；私塾的管理方式与教育活动，塾师的日常生活与教学活动，塾童的学习生活与课余活动等，也是数百年几乎没有变化，始终延续着传统的模式；还有科举选士活动在中国存在将近 1300 年，其间尽管有局部细微的变化，但总体来看是相对稳定的。用法国年鉴学派布罗代尔的"长时段"理论来解释，那就是，这种教育活动与生活方式的演变是一种"缓慢流逝和变动的历史运动"，是一种

"长时段"的运动，这种历史时间是一种"几乎不动的历史时间"。① 只是到近代以来，这种稳定性才被打破，进入了教育大变革时代。

此外，《中国教育活动通史》是一部具有原创性的大型学术著作，试图与已经出版的《中国教育制度通史》《中国教育思想通史》形成互补。全书由中国教育学会教育史分会副会长、华中师范大学教育学院博士生导师周洪宇教授任总主编，华中师范大学教育学院博士生导师申国昌教授任副总主编。各卷分工情况：第一卷（先秦），由曲阜师范大学教育科学学院广少奎教授任分卷主编；第二卷（秦汉魏晋南北朝），由河南大学教育科学学院赵国权教授任分卷主编；第三卷（隋唐五代），由厦门大学教育研究院张亚群教授任分卷主编；第四卷（宋辽金元），由湖北大学历史文化学院郭娅教授任分卷主编；第五卷（明清），由华中师范大学教育学院申国昌教授任分卷主编；第六卷（晚清），由天津大学教育学院李忠教授任分卷主编；第七卷（中华民国），由湖北大学教育学院赵厚勰副教授和宁波大学教师教育学院刘训华副教授任分卷主编；第八卷（中华人民共和国），由华中师范大学教育学院刘来兵副教授、但昭彬副教授和福建师范大学教育学院涂怀京副教授任分卷主编。可以说，这部通史是多学者、多学校、多学科、多团队通力合作的结晶。

本书相关研究内容，得到了国家社会科学基金项目 2013 年教育学一般项目"教育活动史研究与教育史学科建设"(批准号：BOA130117)、国家社会科学基金项目 2013 年一般项目"明清时期学校日常生活研究"(13BZS099)、教育部 2012 年新世纪优秀人才支持计划"明清教育活动史研究"(NCET-12-0873)、教育部 2012 年人文社会科学规划基金项目"明代学校师生日常生活研究"(12YJA880096)、国家社会科学基金 2011 年教育学青年课题"近代社会的学生生活研究"(CAA110102)、中央高校基本科研业务费专项资金 2011 年科研项目"中国教育活动通史研究"、中国博士后科学基金面上资助和特别资助项目"中国近现代教育学者群体的日常生活与学术研究"(编号：2014M560614、2015T80822) 等多项

① ［法］布罗代尔：《历史与社会科学：长时段》，承中译，载《史学理论》1987 年第 3 期。

课题的资助。本书的出版，也是这些研究课题最终研究成果的展现。

　　在本书编撰过程中，先后得到了教育史学界田正平教授、丁钢教授、张斌贤教授、刘海峰教授、杜成宪教授、贺国庆教授、单中惠教授、于述胜教授、徐勇教授、黄书光教授等同仁的关心、支持，尤其是田正平教授、熊贤君教授、周采教授、阎广芬教授、谢长法教授、王雷教授等，亲自参加我们的编撰研讨会，并提出了诸多宝贵意见。山东教育出版社的领导与编辑对本书的出版给予全力支持，特别是陆炎总编、蒋伟编审从本书的策划、研讨、统稿到审校付出了艰辛的劳动，先后北上南下七次组织召开了编撰研讨会，不少专家亲临现场指导。"才微易向风尘老，身贱难酬知己恩"，在此我们表示衷心感谢！

　　本书的编撰与出版，是教育活动史研究团队多年来跨地域、跨学校、跨学科团结协作、配合默契的结果。"欲穷大地三千界，须上高峰八百盘"，尽管我们在编撰过程中在查找资料和撰写方法方面下了不少功夫，然而，由于学养不丰、学力不足、能力有限，再加上是初创之作，疏漏与谬妄之处难免，恳请方家批评指正。

周洪宇

2015 年 8 月

目　录

导　言

在波澜壮阔的中国教育活动史上，隋唐五代（581—960年）教育具有重要的历史地位。这不仅因为，隋唐时期国家政治统一，制度完备，经济繁庶，社会相对稳定，为文化教育发展奠定了坚实基础，而且在于统治者奉行多元文化政策，积极进取，变革和创新学校教育和人才选拔制度，官学与私学并进，社会教育发达，使中华文明迎来又一鼎盛阶段。这是一个富有理想追求、充满自信、奋发有为的时代，在中华民族教育史和文化史上谱写了辉煌绚丽的篇章，至今仍然值得华夏民族引以为豪，亦为外国学人所称道。

教育史作为文化史重要组成部分，是人类自觉活动的产物，具有丰富的社会与文化内涵。一般说来，教育史包括教育思想、教育活动和教育制度三个层面，其中教育活动实为基础。人的教育思想来源于教育实践，并对教育活动产生影响。教育思想和教育制度只有付诸教育活动，才能产生实际的教育效应。"教育史研究，就其本质而言，不仅是探索教育演化规律的科学研究，更是揭示人类教育活动价值意蕴的文化研究。"作为阐释文化的教育史研究，"则依据人文演变的历史轨迹，运用陈述事实、展示形象（场景）、理解意义的表现手法，展现教育史的人文价值"①。从文化演进的角度来看，隋唐五代教育活动，既是这一时期社会文化繁荣之基本动因，又是文化发展的重要表现，它具有鲜明的时代格调和历史特征。

第一，隋唐时期的政治经济发展与教育活动相互促进，统一而强盛的国家政权为各项教育活动的发展提供了政治基础。

隋王朝统治时间虽短，但其创建的政治、经济、军事、教育制度，为唐代迈向盛世奠定了不可或缺的基础。唐朝统治近三百年，并非偶然，是与人才培养和选拔制度的完善密不可分的。各类教育与选士活动的兴盛，成为唐代政治昌明、社会繁荣和文化兴盛不竭的力量之源。尽管五代十国时期，中国再次陷入分裂状态，但历史短、影响小，统一仍然是这一时期政治发展的主流，为继起的宋王朝教育变革与发展铺平了道路。

第二，唐代开放的治国理念和多元、灵活的文化教育政策，为各类教育活动注入强大的活力。

隋唐时期，儒、释、道三教并存，中外文化交流与融合，促进了教育内容的发展和教育活动的多样化。教育师古而不泥于古，社会开放而不失其度，思想多元而井然有序，文化交流异彩纷呈而又不失自身本色。士人奋发向上的情怀和报国济世的壮志，化为一首首隽永感人的诗篇，流传百世而不衰。"城阙辅三秦，风烟望五津。与君离别意，同是宦游人。海内存知己，天涯若比邻。无为在歧路，儿女共沾巾。"② 唐代诗歌、书法、绘画、音乐、舞蹈等所呈现的文化意蕴，无不与教育活动相关联，其间所体现的是唐人何等开阔的文化胸襟！

第三，隋唐教育活动类型增多，不仅丰富了社会文化的内涵，也有效地发挥着教育的多种功能。

隋唐时期建规立制，为教育发展提供法律保障。中央官学和地方官学体系

---

① 张亚群：《从探索规律到阐释文化——教育史研究的新路径》，载《华南师范大学学报》（社会科学版）2008 年第 5 期。

② 王勃：《杜少府之任蜀州》，见蘅塘退士编《唐诗三百首》卷五，中华书局 1959 年新 1 版。

的建立与完善，科举选士制度的创立与推广，促进了儒学教育发展和汉字文化传播。在教育制度创始阶段，其实施过程具有灵活性、创新性。从官学教育到私学、家庭教育、民间教育交流，各类教育活动广泛开展，发挥育人、传承文化和社会教化等功能，产生深远的文化影响。以家庭教育为例，唐代注重女子教育，社会文明程度高。一些士族家学不辍，名人辈出。以《颜氏家训》闻名于世的颜之推，其后人在唐代就有颜师古、颜元孙、颜杲卿、颜真卿等经学家、文字学家、书法家和忠烈之士。

另一方面，我们也看到，随着唐代科举制的普遍实施，特别是自中唐开始进士科的兴盛，科举考试日益为士人所重，各级官学及社会教育的内容与形式发生相应变化，影响学校的培养目标、教学管理和士人的日常生活。"考什么，学什么"，重"文"轻"德"，对教育产生某些负面影响。

第四，隋唐对外文化教育交流活动频繁，扩大了中华文化的国际影响，为亚洲乃至世界文化教育发展做出了突出贡献。

隋唐时期是"丝绸之路"繁荣和鼎盛时期。唐代国力强盛，实行平等、互利的外交政策，广泛开展与周边国家及欧洲等国的经济、文化、教育交流活动，促进了中外文化的交流与发展。唐代发达的教育制度和先进的思想文化，吸引周边国家和地区的学生、僧侣源源不断来华求学，并将中国典章制度、儒学、汉字、科举考试、佛学、道教等文化传播到越南、新罗、日本等东亚国家和地区，促进了当地社会文化和教育的发展，由此形成了"儒学文化圈"（或称"汉字文化圈"）。另一方面，在对外文化教育交流活动中，中国也广泛吸收和融合印度佛教、外来音乐、风俗、饮食等文化，丰富和发展了中华文化的内涵。

第五，五代十国时期，文化教育政策保持一定的延续性，为宋代教育的变革与发展提供了重要基础。

这一时期，国家分裂，政权更替频繁，但文教政策相对稳定。这是中国古代教育活动的又一显著特征。在中原地区，中央官学、科举考试延续不断，培养和选拔不少儒学人才。在长江流域和南方地区，社会相对稳定，私学得到一定发展。五代十国培养和选拔的人才，在北宋初年发挥了积极作用。

总之，隋唐教育活动具有开创性与开放性的特征，适应了政治、经济和文化发展的需要，促进了人才培养、选拔和社会发展。在教育政策、教育管理层面和教育教学活动中所积累的丰富经验，对后世教育具有启迪意义。隋唐而下，科举制延续千余年，影响政治、经济、教育、文化和社会诸方面。这一时期的中外文化教育交流活动，不仅内容丰富多彩，而且规模大、持续久、影响深远。纵观历史，隋唐教育活动，造福本国人民，惠泽亚洲邻邦，至今仍可见其底蕴深厚的文化印迹。

本卷的撰写，首先要感谢主编周洪宇教授的盛情邀请和出谋划策。2009 年10 月，在北京师范大学全国教育史年会上，周洪宇教授邀请我参加其领衔主编多卷本的"中国教育活动通史"课题研究。我深感荣幸，欣然答应，作为《中国教育活动通史》第三卷隋唐五代的主编，承担本卷的策划、组稿和编审以及部分章节的撰稿工作。这项研究是一个新的学术研究领域，果能深入探究，不仅能够加深对教育史现象的认识，对于普及教育文化知识，提升社会大众学习教育史的兴趣，也将产生重要推动作用。

几年来，围绕这项研究任务，我组织厦门大学教育研究院毕业的几位博士、硕士和在读博士生，商定撰稿任务，分头查阅参考文献，撰写各章节。由于日常教学、科研任务繁重，分身乏术，这项研究时断时续。再者，撰稿者多是教育史或高等教育学专业出身，对于中国教育史虽较为熟悉，但也存在一些困难。本卷内容属于中国古代教育史研究领域，而我所指导的博士、硕士研究生，侧重于高等教育史尤其是近现代高等教育史的研究，所以，必须加倍努力，投入更多研究，才能完成这项任务。为了加强本卷的研究和撰稿力量，我还邀请宁波大学刘训华博士、淮北师范大学冯建民博士加盟，各自撰写一章内容。研究工作几经寒暑，经过诸位同仁的协力撰写，终于完成了这卷书稿。

在本卷书稿写作过程中，我和几位主要撰稿者先后参加了济南、长沙、深圳等地召集的专题研讨会，与本丛书主编周洪宇教授及其他各卷主编、撰稿者共同探讨相关问题，交流研究心得，不断改进研究和撰稿工作。在本卷初稿提交后，得到了国内教育史学界专家学者，山东教育出版社领导、责任编辑的指点和帮助。这对于完善本卷撰稿工作，提升写作质量，很有帮助。在此谨致谢意！

在本卷统稿过程中，我对原稿做了一些删改、调整和润色，并尽量督促作者修改、完善，以达到预期的研究目的。总起来看，各章节作者能够根据教育活动史的写作宗旨和原则要求，搜集整理相关资料，吸收已有学术成果，尽可能从教育活动史的视角，较全面地论述隋唐五代十国教育活动的内容与特征，揭示其教育意义与影响。根据需要，选择合适图片，增强可读性。

本卷书稿包括总序、导言、正文十章、结语及参考文献。张亚群负责全书策划、统稿与修改，并撰写导言、正文部分章节及结语。正文撰写分工如下：第一章：刘毳、郑丽。第二章：第一节至第三节，虞宁宁；第四节至第五节，党亭军。第三章：曾华。第四章：第一节至第四节，虞宁宁；第五节，冯建民。第五章：第一、三、五节，张亚群；第二、四节，张亚群、曾华。第六章：刘训华。第七章：第一、二节，闫志军；第三节至第五节，汪洋。第八章：冯建民。第九章：党亭军。第十章：曾华。

本卷成稿于众人之手，资料搜集与运用，写作风格、体例、水平参差不齐。虽经本卷主编修改、本丛书总主编把关，仍难免存在不足与问题，恳请读者指正。

张亚群

2015 年 8 月于厦门大学

第一章
文教政策形成及其实施过程

　　为了巩固统一的多民族国家政权，适应社会文化发展需要，隋唐时期，中央政府积极推行开放、多元的文化教育政策，大力兴办学校教育，复兴儒学，融合外来宗教文化。在人才选拔方式上，创立科举考试制度，推广科举教育新体制，培养和选拔治国人才。五代时期，尽管国家处于政治分裂状态，战乱不已，但文教政策相沿不辍，为宋代儒学教育与科举变革奠定了基础。这一时期所开创的科举考试政策，对国内及东亚国家和地区的社会政治、教育、文化均产生了重大而深远的影响。

第一节　隋朝文教政策的形成及其实施过程

隋朝是中国历史上的一个重要朝代。它结束南北朝国家分裂状态，重新统一中国。开皇元年（581 年），北周外戚杨坚通过宫廷政变建立隋王朝，立即废除北周尚武、尚贵戚及蔑视文人的传统，把兴教为先、崇尚文治作为建立强盛统一帝国的一项基本国策。至公元 619 年隋恭帝杨侗禅让王世充，隋朝灭亡为止，国祚虽仅有三十八年，但其文教政策及其相关制度多有建树，在教育活动史上具有重要地位。①

一、重振儒术兼重佛道的文教政策

隋文帝杨坚登上帝位后，反思和汲取魏晋南北朝时期的历史教训，为巩固封建统治，在政治、经济、文化教育等各方面实行一系列改革举措。

在政治体制方面，确立中央集权制。隋文帝改革官制，在中央实行三省六部制，在地方推行州县二级制；废除九品中正制，创立科举选士制度，使人才选拔大权归于中央政府；裁减冗官，简化行政机构，推行对各级官吏考核制度，加强了中央对地方的控制。

在经济上，为了扭转长期以来社会动荡不安、经济发展停滞的局面，隋文帝大力推行均田制，由国家直接掌握土地，限制土地兼并，削弱豪强势力，使劳动力和土地密切结合；同时改革赋税制度，减轻农民负担，促进农业的恢复和发展，进而推动手工业、商业发展，增加了国家的财政收入。经济的复苏和繁荣，使教育的发展有了坚实的物质基础，同时也对教育发展提出了新的要求，从中央到郡县逐步恢复和发展各级学校教育活动。

在思想文化领域，隋朝统治者实行重振儒术、兼重佛道的文教政策。历史上，自汉武帝推行"独尊儒术"政策后，两汉儒学教育蓬勃发展。魏晋南北朝

---

① 本节参考冯晓林：《中国隋唐五代教育史》，人民出版社 1994 年版；张先昌、许瑛：《试论隋代前期的文化教育政策——兼评隋文帝"不悦儒术"说》，载《贵州社会科学》2009 年第 9 期。

时期，由于玄学、佛教和道教相继兴起，儒学一度衰微。隋王朝统一中国后，为了维系大一统的政治体制，需要加强思想意识的控制，而儒家思想适应了这一政治要求。在此历史背景下，儒学教育开始走向复兴之路。

图 1-1　隋文帝杨坚

虽然隋文帝出身行伍，未读《诗》《书》，但为了巩固政权，他积极提倡儒家的礼乐教化。隋文帝掌权初期，即下诏确立儒学的正统地位，把劝学行礼作为移风易俗、教化民众，改革社会政治、治理国家的基础。他命令近臣和子侄学习儒家经典，从统治阶级内部入手，劝学行礼，统一思想。开皇三年（583 年）诏曰："建国重道，莫先于学，尊主庇民，莫先于礼……古人之学，且耕且养。今者民丁非役之日，农亩时候之余，若敦以学业，劝以经礼，自可家慕大道，人希至德。岂止知礼节，识廉耻，父慈子孝，兄恭弟顺者乎？始自京师，爰及州郡，宜祗朕意，劝学行礼。"①

开皇九年（589 年），隋平陈后，又下诏："今率土大同，含生遂性，太平之法，方可流行。凡我臣僚，澡身浴德，开通耳目，宜从兹始……内外职位，退迩黎人，家家自修，人人克念……代路既夷，群方无事，武力之子，俱可学文，人间甲仗，悉皆除毁。有功之臣，降情文艺，家门子侄，各守一经，令海内翕然，高山仰止。"② 这是实现全国统一之后，随着政治形势的发展变化，国家由重视武功向文治转变的重要法令。它标志着治理国家的基本国策已经发生或者正在发生根本性的转变。仁寿元年（601 年），隋文帝诏曰："儒学之道，训教生人，识父子君臣之义，知尊卑长幼之序，升之于朝，任之以职，故能赞理时务，弘益风范。朕抚临天下，思弘德教，延集学徒，崇建庠序，开进仕之路，佇贤隽之人。"③ 隋文帝唯恐学风不盛，儒学不昌，直至仁寿四年（604 年）临死之前，还不断颁发这样的诏书。

---

①《隋书》卷 47《柳机附柳昂传》。
②《隋书》卷 2《高祖纪下》。
③《隋书》卷 2《高祖纪下》。

但是，崇儒的政策并没有贯穿隋朝始终，甚至有时会被压制。实际上，隋文帝已认识到佛、道、儒三教均可作为思想统治的工具，在肯定儒学的同时，并不放弃佛、道二教。隋文帝幼时受僧尼抚养，十三岁才还俗，对佛教信仰颇深。称帝后，他大兴佛教，明令天下诸州兴建佛塔，境内之民听任出家。晚年，隋文帝崇佛更甚，其文教政策的摇摆更为明显，甚至排斥儒学，使佛教在短时间几成国教。他支持僧徒翻译、出版佛经的活动，以致"民间佛经多于六经数十百倍"。同时，他对道教也给予了一定的重视。公元 600 年，隋文帝诏令严禁毁坏、偷盗佛道两教的神像，而第二年却借口学校生徒多而不精，下诏书废除京师和郡县的大小学校，只保存京师国子学一处，学生名额七十。刘炫上书切谏，隋文帝不听。当日，颁舍利于诸州，前后营造寺塔五千余所。这是公开助佛排儒。在隋文帝的大力扶持、倡导下，佛教的地位超过了儒学。

隋朝最高统治者的态度决定了儒、释、道的既并存又相冲突、融合的局面。这种文化状态不仅扩展了人们的文化视野，也使隋朝思想文化内容与教育方式、教育活动更加丰富多彩。儒、释、道三者虽然着眼点不同，教义各异，修习方式、方法大相径庭，但其中都含有维护既有统治秩序的思想。一方面，统治者对儒家所倡导的等级观念、忠孝伦理情有独钟，以此作为维系统治的思想基础；另一方面，他们也认识到佛教的因果报应、转世轮回理论可以让人们忍受现世的苦难，行善弃恶，追求来世的幸福，而道教要求人们学道修炼、追求长生不老、羽化成仙的说教，可以转移人们对现实的不满和反抗。由于佛、道与儒学一样，均有利于巩固封建统治，因此，这一时期儒、释、道三教虽然矛盾重重，斗争迭起，地位不断演变，但总能得到最高统治者不同程度的认可。隋文帝对三教的态度时有反复，但任何一方都没有获得独尊地位，由此形成三教并存的局面，并为唐代统治者所继承。

上述思想文化政策对隋朝教育政策产生了直接影响。这突出表现在，以儒家为主的经学教育体系虽然成为隋朝封建教育的核心内容，但在其教学内容、形式、方法以及组织管理等方面，也学习、借鉴、吸收佛教和道教的积极因素，呈现多种文化杂糅、融合的特点。

二、搜集整理儒家经典

整理图书文籍是隋朝文化建设的重要内容之一，也是适应大一统政治需要，在思想文化领域所采取的重要措施之一。魏晋南北朝的分裂战乱给学术文化载体——图书文化事业造成巨大破坏。开皇初年，秘书监牛弘在给隋文帝的表文中，陈述中国文化史上图书先后遭受秦始皇焚书、"五胡乱华"和萧绎自焚图籍等厄运。隋朝建立时，共有图书一万五千余卷，部帙之间，仍有残缺。与梁朝图书旧目相比，仅有其半。因此，他强调典籍对于治国的重大意义："昔陆贾奏汉祖云'天下不可马上治之'，故知经邦立政，在于典谟矣。为国之本，莫此攸先。"① 要求重视搜集文献典籍。

为此，隋文帝不遗余力地广求遗书，整理图籍。虽然当时百废待兴，国家财政十分困难，但文帝还是批准牛弘的请求，诏遣使者分赴各地，用高价收购天下图书异本，献书一卷，酬缣一匹。秘书省校写完毕后，再将书籍归还原主。当时，均田制下的农民，每户每年向国家交纳的调绢为一匹，国家以一户农民一年的调来购求一卷书，可见统治者对搜访图籍、恢复文化教育事业的高度重视。重赏之下，民间收藏的珍本异书纷纷呈献出来。隋灭陈后，宰相、元帅府长史高颎与记室裴矩收陈朝所藏图籍，尽数运回长安。至此，图书流散于南北各地的局面终告结束，国家掌握的图籍大大增加。②

秘书省作为主持图书整理工作的国家机构，文帝时置"监、丞各一人，郎四人，校书郎十二人，正字四人，录事二人。领著作、太史二曹。著作曹，置郎二人，佐郎八人，校书郎、正字各二人。太史曹，置令、丞各二人，司历二人，监候四人。其历、天文、漏刻、视祲，各有博士及生员"③。博士是专家，生员是学生兼助手，其他则是官员和办事人员。作为朝廷主管文化事业的机构，秘书省除管理图书外，还主管修史、天文、历法等。

随着秘书省数次对官府藏书的校理，隋朝的官府藏书规模有了显著的发展。隋朝在宫内和秘书省建立起国家图书馆，对搜集到的图书整理分类。其中，儒家经典计有：《易》类六十九部，五百五十一卷；《尚书》类三十二部，二百四十七卷；《诗》类三十九部，四百四十二卷；《礼》类一百三十六部，一千六百二十二卷；《乐》类四十二部，一百四十二卷；《春秋》类九十七部，九百八十

---

① 《隋书》卷 49《牛弘传》。
② 韩昇：《隋文帝传》，人民出版社 1998 年版，第 363 页。
③ 《隋书》卷 28《百官志下》。

三卷；《孝经》类十八部，六十三卷；《论语》类七十三部，七百八十一卷。① 加上其他方面的经籍，达三万余卷。隋以前国家存书"合一万五千余卷"②，仅为隋时的一半。

为了整理和保存这些图书，隋文帝"召天下工书之士"，补续残缺，写出副本，与正本一同藏于宫中，其余以补充秘书内外之阁。同时，隋文帝还提倡私人著书立说，只要不涉及国史和品评人物，政府并不加以禁止，所以新书问世不断。如，何妥撰《周易讲疏》十三卷，《孝经议疏》三卷，《庄子议疏》三卷；刘炫著《论语述议》十卷，《春秋攻昧》十卷，《五经正名》十二卷，《孝经述议》五卷，《春秋述议》四十卷，《尚书述议》二十卷，《毛诗述议》四十卷，《注诗序》一卷，《算术》一卷。与这些书籍并行于世者不胜枚举。

隋炀帝继位后，又将儒学经典整理分类，分为甲、乙、丙、丁四组，分统于经、史、子、集四类，成为后来史籍分类的正统方法。炀帝将所有书藏于东都观文殿东、西厢。东厢藏甲乙，西厢藏丙丁。殿后筑起两座藏书台，东为妙楷台，收藏魏以来书家手迹；西为宝台，收藏古画。东都观文殿书库，是隋代最重要的国家级大型图书馆，隋炀帝时在洛阳设立，不仅藏书数量巨大，而且多为精品图书。

南北朝时期，经学随政治上南北对立而分化为"南学"和"北学"。隋朝实现国家统一后，政府出面组织南北经学学术辩论，积极促进南北经学的合流。通过学术辩论，既能识别人才优劣，推动儒学研究的深入发展，还可以消除歧见，统一思想，使经学中的"南人约简，得其英华，北学深芜，穷其枝叶"③ 的不同特点逐渐融合。这是经学教育的一个重大变革与发展。同时，隋文帝还注意搜罗儒学人才，用重礼聘请，许以高官厚禄，把大批儒学名士集中于京都洛阳。不过，由于隋朝文教政策摇摆于"三教"之间，儒者在统治者心中的地位始终没有能真正得以提高。即使在隋炀帝恢复学校后，儒生的地位也未曾改善。隋末，刘炫门下许多生徒参加窦建德的瓦岗军。儒生对于隋王朝的政治态度可见一斑。

---

① 《隋书》卷 32《经籍志一》。
② 《隋书》卷 49《牛弘传》。
③ 《隋书》卷 75《儒林传序》。

三、完善教育行政体制

中国古代比较完备的中央集权制的教育行政体系始创于隋代。隋朝统治者为了加强中央集权制和维护政治上的统一，在学校教育上也采取了一些相应的措施，致力于建立全国统一的学校教育体制。在中央教育行政制度设置上，具有两个特点：一是废止了汉魏以来以司徒、太常为教育行政长官的制度；二是隋文帝统治初期，设立国子寺（后改为国子监），成为中国最早的中央教育行政管理机构，并置祭酒一人，作为最高的教育行政长官。国子祭酒下属有主簿、录事各一人，统领各官学。国子监和国子祭酒体制的设置是中国古代史上一个巨大进步，使学校教育有了社会组织的保证。

从学校体制来看，隋朝中央官学除设有国子学、太学、四门学外，还设有书学、算学和律学。书、算、律三学初创于这个时期，是继汉代鸿都门学之后，专科学校教育的一个新发展。国子学、太学、四门学、书学、算学，归属国子寺办理；律学由大理寺直接办理，成为中国高等教育史上部门办学的先导。国子寺是国家学校教育行政管理机构，隶属于太常寺。此外，太常寺下属的太医署也招纳生徒。另外，在太仆寺中设有兽医博士，在大理寺设有律博士，这为以后唐朝医学、律学的创建奠定了基础。随着学校体系的形成和教育的长足发展，隋文帝于开皇十三年（593年）将国子寺从太常寺独立出来，作为教学机构。这一改革把学术教育机关从宗教事务管理部门下解放出来，自成系统，从而改变了自汉代以后数百年由宗教统辖学术教育的传统，有利于学术的独立和学校教育的发展。

据《隋书·百官志》载，隋代各学不仅设有专职教官和脱产学习的学生，如博士、助教、生员等，而且有计划管理，名额也有规定。博士："国子、太学、四门各五人，书、算各二人"；助教："国子、太学、四门各五人，书、算各二人"；学生："国子一百四十人，太学、四门各三百六十人，书四十人，算八十人"。① 可见当时中央官学的规模相当可观。

中央官学的创办，促进了地方官学的发展。各州县均开办学校，初步形成

---

① 《隋书》卷28《百官志下》。

学校教育体系。据《隋书·梁彦光传》记载，自北齐灭亡后，邺都衣冠士人多迁关内，只有手工业者、商贩及乐户之家移居在州城外城。梁彦光任相州刺史，见当地人情险薄，欺诈成风，下决心革除其弊。他认为最好的办法是用儒家的仁义礼智信进行教育，于是出资延聘"山东大儒，每乡立学，非圣哲之书不得教授。常以季月召集之，亲临策试。有勤学异等，聪令有闻者，升堂设馔，其余并坐廊下"①。如梁彦光一般见识的地方官员还有很多：大儒何妥为龙州刺史，"有负笈游学者，妥皆为讲说教授之"②。当时的学校已普及到岭南少数民族地区，如令狐熙任桂林总管十七州诸军事时，"开设学校，华夷感敬，称为大化"③。

隋文帝经常巡视学校，亲听讲授，对学习成绩优异、表现突出的学生，"颁赐各有差"。当时，"京邑庠序，爰及州县，生徒受业，升进于朝，未有灼然明经高第"。隋文帝认为，这是"教训不笃，考课未精"之故，下令"明勒所由"，及时解决。④ 除官方开办学校弘扬儒学外，他还支持私学和家学的发展。山东儒师马光，"教授瀛、博间，门徒千数"，文帝诏其入朝，门徒又"多负笈从入长安"⑤。刘焯"优游乡里，专以教授著述为务，孜孜不倦……天下名儒后进，质疑受业，不远千里而至者，不可胜数"⑥。这些反映了私学的复兴。

在学校教学和管理上，隋朝制定基本规章制度。如中央官学，除正常教学外，"每岁以四仲月上丁，释奠于先圣先师。年别一行乡饮酒礼。州郡学则以春秋仲月释奠。州郡县亦每年于学一行乡饮酒礼。学生皆乙日试书，丙日给假焉"⑦。这相当于规定了各级学校的开学、散学典礼和考试、放假制度。开学祭祀礼仪，提升了孔子及其后裔的社会地位，这从一个侧面体现了隋文帝对儒学文化教育的重视。此外，隋初还曾诏天下郡县皆置博士习礼。儒学教官还承担地方教化的义务。

隋文帝积极振兴教育，一度出现儒学教育昌盛景象："于是四海九州，强学

---

① 《隋书》卷 73《循吏·梁彦光传》。
② 《隋书》卷 75《儒林·何妥传》。
③ 《隋书》卷 56《令狐熙传》。
④ 《隋书》卷 2《高祖纪下》。
⑤ 《隋书》卷 75《儒林·马光传》。
⑥ 《隋书》卷 75《儒林·刘焯传》。
⑦ 《隋书》卷 9《仪礼志四》。

待问之士靡不毕集焉。天子乃整万乘，率百僚，遵问道之仪，观释奠之礼。博士罄悬河之辩，侍中竭重席之奥，考正亡逸，研覈异同，积滞群疑，涣然冰释。于是超擢奇隽，厚赏诸儒，京邑达乎四方，皆启黉校。齐、鲁、赵、魏，学者尤多，负笈追师，不远千里；讲诵之声，道路不绝。中州儒雅之盛，自汉魏以来，一时而已。"①

这种景况并不长久。隋文帝晚年信佛太笃，加之学校教育见效慢，因而对学校教育功能产生怀疑，态度也有所变化，"不悦儒术，专尚刑名"②。他下诏说："国学胄子，垂将千数，州县诸生，咸亦不少。徒有名录，空度岁时，未有德为代范，才任国用。良由设学之理，多而未精。今宜简省，明加奖励。"③ 认为学校多而不精，不见成效，于是裁减官学及生员。仁寿元年（601 年），隋文帝下诏："国子学唯留学生七十人，太学、四门及州县学并废。"④ 当时刘炫上表力谏，言学校不可废，文帝不纳其言。同年秋七月，改国子学为太学，降低了中央官学的地位。这些举措削弱了官学教育。

隋代后期，曾一度复兴学校教育。史载："炀帝即位，复开庠序，国子、郡、县之学，盛于开皇之初。"⑤《隋书·百官志下》也言："炀帝即位，多所改革。……改内侍省为长秋监，国子学为国子监。"这是大业三年（607 年）兴学的重要举措，它重新肯定了教育行政作为国家行政的独立部门的地位。在国子监，"依旧置祭酒，加置司业一人……丞三人……并置主簿、录事各一人"⑥。国子学置博士、助教、学生，并下诏征集学行优敏者予以不次的待遇，"即当随其器能，擢以不次。若研精经术，未愿进仕者，可依其艺业深浅，门荫高卑，虽未升朝，并量准给禄"⑦。一时之间，儒生"远近毕至，使相与讲论得失于东都之下，纳言定其差次，一以奏闻焉。于时旧儒多已凋之，二刘（刘炫、刘焯）拔萃出类，学通南北，博极古今，后生钻仰……诸经义疏，搢绅咸师宗之"⑧。

①《隋书》卷 75《儒林传序》。
②《隋书》卷 75《儒林传序》。
③《隋书》卷 2《高祖纪下》。
④《隋书》卷 2《高祖纪下》。
⑤《隋书》卷 75《儒林传序》。
⑥《隋书》卷 28《百官志下》。
⑦《隋书》卷 3《炀帝纪上》。
⑧《隋书》卷 75《儒林传序》。

另一方面，又严肃整饬学校功课，"申明旧制，教习生徒，具为课试之法，以尽砥砺之道"①。

由于隋炀帝对内实行残暴统治，对外征战不已，在国内大兴劳役，激化了社会矛盾。政治腐败，社会动荡不安，导致学校教育徒有虚名。《隋书·儒林传序》描述当时教育状况："师徒怠散……空有建学之名，而无弘道之实"；"方领矩步之徒，亦多转死沟壑。凡有经籍，自此皆湮没于煨尘矣"。由此可见，隋朝的官学教育兴废无常，缺乏连续性。

四、创立科举制②

科举制度的产生是一个渐进的历史过程。由于学术界对科举制的特征与内涵有不同界定，在科举起源上诸说并存。除了多数学者所主张的"隋代说"外，还有"汉代说""南北朝说"和"唐代说"，其中，以进士科始于大业元年（605年）的论证较为详尽。

南北朝时期，为了选拔人才，萌生"举明经"等分科举人的制度，但是魏晋以来的九品中正制仍然继续实施。其后期，随着士庶政治势力的此消彼长，考试在察举选官中的地位开始上升。隋朝统一中国后，为加强中央集权，废除九品中正制，采用分科考试的方式选拔官员，由此创立了科举制。隋代虽然短暂，但因首创进士科，而占有特殊地位。

从时间和动机来看，隋炀帝创设进士科与其教育改革举措相吻合。仁寿四年（604年）七月，杨广继位；次年，恢复太学、四门学和州县学，开始一系列改革。为了选拔优异文士，隋炀帝另立进士、俊士等新的取士科目，与秀才、孝廉等科并行。这些举措集中反映在大业元年闰七月振兴选举和学校的诏文中：

> 方今宇宙平一，文轨攸同，十步之内，必有芳草，四海之中，岂无奇秀！诸在家及见入学者，若有笃志好古，耽悦典坟，学行优敏，堪膺时务，所在探访，具以名闻，即当随其器能，擢以不次。若研精经术，未愿进仕者，可依其艺业深浅，门荫高卑，虽未升朝，并量准给禄。庶夫恂恂善诱，

———————

① 《隋书》卷3《炀帝纪上》。

② 本节参考张亚群：《科举时代的开端（隋唐五代）》，见杨学为主编《中国考试简史》第二章，高等教育出版社2009年版，第39—41页。

不日成器，济济盈朝，何远之有！其国子等学，亦宜申明旧制，教习生徒，具为课试之法，以尽砥砺之道。①

上文所说"见入学者"，即为隋唐时科举考生中的"生徒"一类，"在家"者即是未入学的"乡贡"一类。而"笃志好古，耽悦典坟，学行优敏，堪膺时务"，所指的就是"俊士""进士"科目。② 其中，所列的人才选拔标准，与后来进士科的策论考试内容如出一辙。此外，这份诏令将选士与复兴学校教育并举，也反映了设置进士等科与人才培养的密切关系。

隋朝国祚虽只有三十多年，但对它在学校教育上的建树还应给予肯定。如教育行政管理机构的创设；专科学校的创立，除设立专门研习儒家经典的国子学、太学、四门学之外，还设有书、算、律学；科举取士制度的确立，影响了后续一千三百多年的中国教育进程，并推动儒学研究；在中央业务部门设立博士，招生授徒，进行职业性培训，均由隋朝开其端绪。这些新的学校设置和教育制度，为唐代学校所继承和发展，并为后世所效法。在古代官学教育发展史上，隋朝官学教育起到承前启后的作用。隋文帝和隋炀帝作为政治改革家，对教育制度变革有开创之功。尽管隋朝教育制度不完备，却产生了深远的历史影响。

第二节　唐朝文教政策的形成及其实施特点

唐因隋制，文化、教育更加开放，儒、释、道并存，多元文化融合。这种文教政策具有深厚的政治、经济和历史基础，是政治强盛、经济繁荣、文化积累的产物。经过初唐到盛唐的百余年发展，逐渐确立以科举选士为导向、中央官学为主导、各类教育并举的教育体系。在政策实施过程中，唐代统治者广泛融会边疆少数民族文化与域外各国文化，促进外来佛教文化与儒学、道教文化的交流融合；通过多种途径，对外传播中国典章制度、儒学和汉字文化，有力

①《隋书》卷 3《炀帝纪上》。
② 刘海峰：《科举制与"科举学"》，贵州教育出版社 2004 年版，第 23 页。

地推动了世界文明的发展进程。①

一、唐朝文教政策形成的背景

唐朝是中国历史上国力最强盛的朝代之一，也是当时屈指可数的世界强国之一。从文教政策成因来看，主要有以下几方面：

首先，在政治方面，实施开放多元的文教政策适应巩固中央集权统治的需要。

唐朝在隋朝政治体制的基础上，进一步巩固、加强了封建中央王权。唐统治者吸取了隋朝迅速灭亡的教训，认识到"水能载舟，亦能覆舟"的道理，从农民起义中看到了人民的力量，体会到当好君王，必须先安置好百姓的生活，因而废除了隋代的苛禁，减轻了赋税徭役，为国家发展创造了和平安定的环境。

在官制上，唐代以隋朝集权政治为蓝本，在中央行政方面采用三省六部制，并完备了各级行政管理机构。在地方行政方面，初期采用州县两级制，设州刺史和县令；另外，在边陲重地，设总管兼管军民。贞观之后，"道"逐渐演化为行政单位，即在州之上增设了一层地方行政机构，旨在加强中央对地方的控制。在兵制上，使府兵制与均田制进一步结合，既保证了从均田制下征调兵源，减少国家常备军费，又加强了中央的军事控制力量。在法制方面，《唐律》较《隋律》更为宽简，经历数次修订，从而扩大了统治基础。这些举措，都使得国家统一，吏治清明，减少了阶级对抗，形成了较为稳定的政治局面，为文教政策的发展提供了良好的社会基础。

贞观之初，关于如何巩固中央集权统治，统治集团内部进行过激烈的争论。魏征认为："凡人在危困则忧死亡，忧死亡则思理，思理则易教，然则乱后易教，犹饥人易食也。"② 因此，他向李世民提出"偃武修文"的治国方针。封德彝则提出质疑："三代以还，人渐浇讹，故秦任法律，汉杂霸道，盖欲化而不能，岂能之而不欲邪。魏征书生，未识时务，若信其虚论，必败国家。"③ 李世

---

① 本节参考冯晓林：《中国隋唐五代教育史》，人民出版社 1994 年版；张超：《唐代教育管理制度研究——基于中央政府角度的分析》，山东大学 2010 年硕士学位论文。

② 吴兢：《贞观政要》卷 1《论政体第二》。

③《资治通鉴》卷 193《唐纪九》。

民根据历史经验，特别是秦、隋迅速灭亡的教训，认识到"戡乱以武，守成以文，文武之用，各随其时"①，最终听从了魏征的建议。从"武功"转为"文治"，是一个治国理念的重大转变，这一转变有利于社会安定，为社会文化的发展和兴盛创造了前提。统治阶级实行文治，以求王道德政，必然要思求贤良，广储人才，礼乐兴行，德教化民。

其次，唐代前期经济发展为文化教育发展奠定了重要的物质基础。

唐代经济在当时居世界领先地位。其鼎盛之际，不仅国库充裕，一般民众生活也颇为富足。时人记载："百姓殷富"，"丁壮之人，不识兵器"②，"忆惜开元全盛日，小邑犹藏万家室，稻米流脂粟米白，公私仓廪俱丰实"（杜甫《忆惜》）。经济发达，国家有充足的资金用于教育事业，这是文教政策得以发展的重要基础。另一方面，文化教育发展也促进了社会经济的繁盛。

唐代统治者既然采纳文治，在文教政策方面便大力推进，扩大教育规模，积极兴办学校，奖励师生向学，推广科举考试。唐高祖李渊不仅复兴隋朝所建的学校，还诏令"皇族子孙及功臣子弟，于秘书外省，别立小学"③。李世民即位后，更是大量投资兴学。贞观元年（627年），于弘文馆附设学校，首批招生24人。贞观二年（628年），由国子监增设书学、算学。贞观三年（629年），令府州设置医学。贞观五年（631年），于中央各学增加生员名额。贞观六年（632年），增设律学。是时，国子监扩建，增筑学舍400余间。贞观十二年（638年），于玄武门置屯营飞骑，给博士授经。贞观十三年（639年），于东宫崇文馆附设学校。贞观十四年（640年），增筑学舍1200余间，学额增至3200人。开元二十八年（740年），唐玄宗令于积善里东南隅"置玄元皇帝庙及崇玄学"。④天宝九年（750年），国子监置广文馆。唐统治者还多次下诏地方捐资兴学，对于教师和学生，也给予一定的优待。如多次下诏奖励学官，免费提供官学生员的住宿和膳食，并免除学官和生员的课役。

最后，从文化发展来看，唐代文化在南北朝和隋代文化融合的基础上达到

---

① 《资治通鉴》卷192《唐纪八》。
② 郑棨：《开天传信记》。
③ 《唐会要》卷35《学校》。
④ 《册府元龟》卷53《帝王部·尚黄老一》。

新的高峰，这就为其教育发展创造了重要条件。

唐代中央所设"六学"，不仅招收国内学生，也招收各国留学生。贞观年间，高丽、百济、新罗、高昌、日本诸国纷纷派遣子弟入唐求学，万方辐辏，盛况空前。可见，唐代文化教育政策具有极大的开放性，能够面向世界办学。这使得唐代文化发展走向成熟阶段，具有充分的吸收力和消化力，广泛吸纳和融合外域各种文化，注入新的文化活力。唐代文化依据本身发展的需要，对外来的新成分，有选择地损益取舍，经过吸取、更新、发扬，愈益丰富多彩。

二、唐朝文教政策的形成与实施阶段

唐朝立国之初，即以恢宏的气度发展文化教育事业。其文教政策的形成和演变过程，是与政治、经济、社会发展密不可分的。经过唐高祖李渊草创，贞观年间励精图治，社会经济得到发展，政治制度渐趋完善，至开元、天宝年间达到鼎盛阶段，文教政策逐渐成熟，学校教育和文学艺术发展取得令人瞩目的成就。"安史之乱"后，藩镇割据，唐朝中央统治受到削弱，文教政策遭受破坏，官学教育走向衰落。总体而言，唐代文教政策的形成过程，从高祖时期（618—626 年）到玄宗天宝年间（742—756 年），大致经历了初创、健全、反复和调整、完善和成熟四个历史阶段。

（一）高祖时期的初创阶段

李渊建立唐王朝以后，积极恢复因战乱遭到破坏的社会政治、经济和文化等各项制度。借鉴魏晋南北朝及隋代诸政府在教育管理方面的经验教训，初步创立唐代教育管理制度。在文教政策方面，呈现重视儒学、尊崇孔子的倾向。唐初，恢复国子学、太学等儒学教育。武德二年（619 年），颁布诏书说："盛德必祀，义存方策……宜令有司于国子学立周公、孔子庙各一所，四时致祭。"[①]虽然尚未明确提出"崇圣尊儒、兼重佛道"的文教政策，但是，通过恢复儒学教育以及设立孔子庙四时致祭的做法，已经体现重视儒学教育的政策倾向。

与此同时，唐高祖积极恢复隋末农民战争破坏的官学教育体系。武德元年（618 年）五月颁诏："令国子学置生七十二员，取三品已上子孙；太学置生一百

---

① 《全唐文》卷 1《令国子学立周公孔子庙诏》。

四十员，取五品已上子孙；四门学生一百三十员，取七品已上子孙。"① 同年十一月又诏："皇族子孙及功臣子弟，于秘书外省别立小学。"② 他还发布诏令，恢复地方州县教育。"上郡学置生六十员，中郡五十员，下郡四十员。上县学并四十员，中县三十员，下县二十员。"③ 这些诏令确立了中央和地方各层级教育政策，使唐初较快恢复国家教育体系。此外，初唐统治者参加国子学释奠仪式，促进官学发展。武德七年（624 年），唐高祖"幸国子学，亲临释奠，引道士沙门与博士杂相驳难久之"④，因而使"学者慕响，儒教聿兴"⑤。这是其崇儒文教政策的重要标志。此举不仅表明唐朝政府对学校教育的高度重视，更使国子学释奠礼仪成为唐代教育管理的定制。

上述恢复儒学教育体制的举措和努力是值得肯定的。不过，这一时期处于草创阶段，学校教育制度不健全，各级各类学校教育比较单一，中央政府层面还没有明确提出完整的文化教育政策。

（二）太宗时期的健全阶段

唐太宗作为我国历史上一位贤明君主，在位期间弘学兴儒，大阐文教，逐步建立一系列教育管理制度，各类教育由此得到较快发展。这是唐代文教政策的健全阶段。

其一，这一时期明确突出儒教和儒学教育在国家文教政策中的地位。贞观二年（628年），唐太宗根据房玄龄、朱子奢的奏议，诏准停祭周公，升孔子为先圣，以颜回配享。贞观二十一年（647 年），又诏以左丘明、卜

图 1-2　唐太宗

子夏、公羊高等 22 位儒学名家配享于尼父庙堂。⑥ 通过抬高孔子的政治地位和文化地位，给予诸位儒学大师配享祭祀的政治礼遇，确立了儒学教育在封建国

① 《旧唐书》卷 189 上《儒学上》。
② 《唐会要》卷 35《学校》。
③ 《旧唐书》卷 189 上《儒学上》。
④ 《唐会要》卷 35《释奠》。
⑤ 《旧唐书》卷 189 上《儒学上》。
⑥ 《文献通考》卷 43《学校考四》。

家文教政策中的主体地位，也使得唐代国家教育管理的方向更加明确。

其二，统一国家经学教育的内容。自贞观二年起，太宗诏儒学大师颜师古、孔颖达考订五经要义，撰成《五经义疏》，并于贞观七年（633 年）颁行天下，作为全国儒学教育的官方指定教材。通过考订五经的工作，唐政府解决了魏晋南北朝以来儒学"南北分经"的问题，实现了儒学教育内容的统一，从而为唐代科举取士制度的顺利实施提供了重要条件。

其三，设立国家教育行政管理机构。唐太宗于贞观中期厘定尚书省、门下省、中书省的职权，其中"掌天下礼仪、祠祭、燕飨、贡举之政令"① 的礼部，成为国家教育的最高行政管理机构。同时，将国子寺更名为国子监，从太常寺分离出来，成为中央官学教育体系的行政管理机关，依据礼部颁行的政令法规，管理"六学""三馆"。

唐太宗时期，逐步确立儒学文教政策，统一经学教育内容，指导教育发展，为学校教育与科举考试的综合管理铺平了道路。国家教育行政管理机构的设立和职权的厘定，为教育管理奠定了基础，而国子监管理之下"六学"逐步完善，使唐代中央官学教育体系日趋完善，基本形成相应的教育管理制度。

（三）高宗至中宗期间的反复和调整阶段

唐高宗嗣位后，"薄于儒术，尤重文吏"②，导致国家政治教化逐渐衰败。武则天称帝，学校教育亦不受重视，教育管理制度一度荒废。直到唐中宗即位，开始恢复贞观旧制，重新重视教育管理制度建设。总体来看，高宗至中宗统治期间，教育管理制度几经反复与调整，教育发展遭遇挫折。

唐高宗在位期间，调整教育管理制度，主要包括三方面：其一，设立官学教育行政管理机构——东都国子监，并设立相应的"六学"，招收子弟入学。东都国子监的设立，扩大了官学教育的规模，是对国家教育管理制度的有益补充。其二，调整律、书、算三学。高宗以"书算学业明经，事唯小道，各擅专门，有乖故实"③ 为由，撤销国子监所管辖的律学、书学、算学，进而将此"三学"

---

① 《唐六典》卷 4《尚书礼部》。
② 《旧唐书》卷 189《儒学上》。
③ 《唐会要》卷 66《广文馆》。

进行调整："书学隶兰台，算学隶秘书局，律学隶详刑寺"①。通过对"三学"调整，试图寻找最适合其发展的管理机构和管理方式。

图 1-3　武则天

武则天统治时期重视佛教，实行的政策客观上促进了寺院教育的发展，使国家文教政策转向重视佛学教育和寺院教育。唐中宗统治期间，教育管理制度得到相应发展。他一方面恢复武后时期被轻视的科举取士制度，加强对教育发展的宏观调控；另一方面，规定儒学教育的束脩礼制度。神龙二年（706 年）九月，敕令曰："学生在学，各以长幼为序。初入学，皆行束脩之礼，礼于师。国子、太学各绢三匹，四门学绢二匹，俊士及律、书、算学，州县各绢一匹。皆有酒脯。其束脩三分入博士，二分助教。"② 通过对学礼规定，维护传统师道观。通过这些举措，使贞观时期教育管理制度得以沿袭。

（四）玄宗时期的完善阶段

唐玄宗即位后，以掌握儒术为用人标准，多次下诏州县及百官举荐通经人才，提高儒士地位；并在秦坑儒的地方为遭难儒生立祠宇，以示重儒。经过四十余年发展，其文教政策逐渐完善，主要表现在以下两方面：

一是国家文教政策的完善。此前文教政策是"崇圣尊儒"，太宗至武后时期加入崇

图 1-4　唐玄宗

佛倾向。唐玄宗当政后，不仅重视儒学和儒学教育，而且将道教和玄学教育纳入文教政策。在崇儒方面，进一步提升孔子的政治地位。开元二十七年（739年）八月二十四日诏令："宏我王化，在乎师儒……夫子既称先圣，可追谥为文

---

① 《唐会要》卷 66《广文馆》。
② 《全唐文》卷 17《令入学行束脩礼敕》。

宣王。"① 在重"道"方面，唐玄宗亲注《道德经》，并令天下每家收藏一本，勤加教习。在礼部及州政府开设崇玄学，开展道家、道教教育，最终形成"崇圣尊儒、兼重佛道"的文教政策。

二是官学教育体系的完善。唐玄宗时期，形成完备的中央和地方官学教育体系。开元二十九年（741 年），在礼部和州府设立崇玄学教育机构，将道家、道教纳入国家教育体系。同时，为适应士子热衷投考进士科的要求，天宝九年（750 年）七月，在国子监下设广文馆，招收"国子学生业进士者"②，最终形成国子监"六学一馆"格局。在地方官学教育方面，开元二十六年（738 年）诏令："其天下州县，每乡之内，各里置一学，仍择师资，令其教授。"③ 随着里学的开设，文教政策深入基层组织，形成州、县、乡、里四级地方官学体系。

综上所述，唐代"崇圣尊儒，兼重佛道"的文教政策，经历了初创、扩展、调整和完善的演变过程，对于教育行政管理机构及其职能产生了重要的历史影响，促进了各级学校教育的发展。至开元、天宝年间，学校教育与社会文化呈现繁荣景象。虽然安史之乱的爆发和随后而来的地方割据战乱使官学教育遭受沉重打击，开始走向衰落，但是，中央政府主导下的教育管理制度仍为中晚唐统治者所继承。

三、唐朝文教政策的特点：崇圣尊儒，兼重佛道

唐代统治者重视文教政策对教育发展的指导作用，主张以"德"治天下，以儒家所倡导的"仁政""德治"思想为治国方针，推广经学教育，培养各类统治人才。同时，适应社会文化发展和政治统治的需要，统治者推崇佛道二教，消弭民众的反抗意识，培养"顺民"。崇圣尊儒，兼重佛道，集中体现了唐代文教政策的特点。

在崇奉儒学和儒教方面，唐王朝先后颁布了一系列政令和举措。

首先，通过提升孔子的社会与教育地位，推动儒学儒教。武德二年（619

---

① 《唐会要》卷 35 《褒崇先圣》。
② 《新唐书》卷 48 《百官志三》。
③ 《唐会要》卷 35 《学校》。

年），高祖诏"令国子学立周公、孔子庙，四时致祭"①。太宗时接受尚书仆射房玄龄、国子博士朱子奢的建议，开始停祭周公，并"升（孔）夫子为先圣，以颜回配享"②。与此同时，"大征天下儒士，以为学官。数幸国学，令祭酒、博士讲论。毕，赐以束帛。学生能通一大经已上，咸得署吏"③。贞观元年（627年）下令，取消周公祠，专立孔子庙，以孔子为先圣，颜回为先师。贞观四年（631年），诏各州县学皆立孔子庙，儒学开始复苏。及至唐玄宗时期，对孔子推崇达到极致。开元二十七年（739年）诏令："夫子既称先圣，可追谥为文宣王。宜令三公持节册命……其后嗣褒圣侯，改封嗣文宣王。"④ 这种崇儒传统一直延续到唐末。

其次，官府聘请名家整理和勘校儒家经典，统一儒学教育内容。唐太宗任命国子监祭酒孔颖达等撰成《五经正义》一百七十卷，几经审订，作为全国各级各类官学的教材而颁行天下。唐文宗时期，大规模营建校舍。开成二年（837年），诏令太学立石壁凿刻九经，将其作为官学教材范本，推动儒学教育发展。唐朝尊崇儒学的文教政策，还表现为修订《唐礼》和《唐律》。唐代统治者十分重视礼的作用，屡次制"礼"。《大唐开元礼》一百五十卷即是其集大成者。《唐礼》体现了孔子"道之以德，齐之以礼"的政教思想，以孝悌为礼教之本。唐代极力提倡孝道，唐玄宗亲自注《孝经》，体现了"欲求忠臣，必于孝子"⑤ 的政治伦理思路。《唐律》从"德礼为政教之本，刑罚为政教之用"的原则出发，把儒家伦理思想法典化，作为统治的法律保障。

在佛教和道教教育方面，也实行鼓励政策。唐代佛教地位虽有所降低，但并没有退出意识形态。反映在教育上，唐代佛教虽不属于官学，但寺院林立，僧徒众多。除了官方多次组织佛学讲经外，寺院也常年开展佛教讲学活动。在一定意义上，每座寺院即是一所佛教学校。另外，寺院僧众还积极进行佛经译注、印刷工作。其讲经、译经、藏经活动，极大地促进了佛教与佛学文化的传播和发展。

---

① 《旧唐书》卷1《高祖本纪》。
② 《唐会要》卷35《褒崇先圣》。
③ 《旧唐书》卷189上《儒学上》。
④ 《唐会要》卷35《褒崇先圣》。
⑤ 《唐会要》卷38《夺情》。

唐朝统治者自认为与老子李耳同宗，因而对道教颇为推崇。武德年间就曾为老子立庙。礼部下设祠部专门对道家弟子进行管理。据《唐会要》记载，仅长安城中就有道观 30 多所，其建筑极为华丽。唐玄宗曾亲自为《道德经》作注，并令全国百姓家藏一本。在两京还设立崇玄学，专门研习《道德经》《庄子》《文子》《列子》。在科举选士中，开设道举科，鼓励士子研习道家、道教经典，学成之后，赴京城参加道举科考试。这些举措反映了唐朝对道家、道教学说的重视。

总之，唐代文教政策，以儒学为基干，佛教、道教为两翼，相互补充，既突出儒学教育的主导地位，又发挥佛道文化的辅助教育功能。根据社会发展和政治统治需要，不断调整三者之关系。这种稳定而开放的文教政策，为各类教育管理、人才培养与选拔提供了重要保障，促进了教育的持续发展。同时，唐代开放的文教政策，吸引了周边国家和地区学生前来长安留学。贞观年间，"新罗、高昌、百济、吐蕃、高丽等群酋长并遣子弟入学，鼓筒踵堂者，凡八千余人。纡侈袟，曳方履，闾阎秩秩，虽三代之盛，所未闻也"[1]。国子监接受周边少数民族政权派遣的留学生和留学僧学习，而中国僧人赴天竺等国学习佛教文化，连绵不断的中外文化教育交流，不仅促进唐文化传播和周边地区发展，也吸收了印度、西域等外来文化，为我国文化教育发展注入活力。这些文教政策的实施，对于唐代及其后社会、经济、文化产生积极而深远的影响，具有重大的历史意义。

四、学校教育制度

唐朝是中国封建社会的鼎盛时期，在国家文教政策的总体指导下，学校教育制度也逐渐完善。周予同先生指出："唐代的学校制度，较诸中古的任何一代，为复杂而完备。"[2] 这一论断真实地反映了唐代学制的总体特点。就学制的完整性来讲，唐代不仅超过以往任何一个时代，也比同期中世纪欧洲学校教育更为完整。

---

[1]《新唐书》卷 198《儒学上》。

[2] 周予同：《中国学校制度》，见周谷城主编《民国丛书·第三编》，上海书店 1991 年版，第 56 页。

　　唐代学校教育是以儒学为主要内容的多维组合体。在近三百年漫长的历史进程中，其学校办学体制随着唐朝社会政治由盛到衰的变迁，也经历两个不同时期：前期以官学教育为主导，中晚期逐渐为民间私学所替代。但总体而言，唐代学校教育制度日臻完备。

　　在学校设置方面，官学分中央官学和地方官学。中央官学设有国子学、太学、四门学、弘文馆、崇文馆、律学、书学、算学、医学、天文历学、畜牧兽医学等。地方官学设有州、县学、医学、玄学等。唐中叶之前，为适应社会政治、经济发展需要，从中央到地方设立各级各类官学，已形成一个比较完整的教育体系。①

　　在领导体制上，为巩固中央集权制，唐朝统治者加强对官学教育的统一管理。官学行政管理体制分中央和地方两级。国子监是最高教育行政领导机关，统管"六学"——国子学、太学、四门学、律学、书学和算学。至龙朔三年（663 年），唐高宗下诏："书学隶兰台，算学隶秘书局，律学隶详刑寺。"② 自此，书学、算学、律学三个专门学校改由中央政府业务主管部门管理。此外，弘文馆由门下省直接领导，崇文馆由东宫直接领导，崇玄馆由尚书省下辖的祠部领导。中央和地方所设的医学均归中书省所管辖的太医署领导。天文历学由司天台领导，畜牧兽医学由太仆寺领导。地方设有"长史"，掌管州、县学。这种根据学校的专业性质不同分别归有关部门领导的体制，在世界教育史上是最早出现的。③ 以下从五个方面简述唐代学校招生、师资、课程及教学等制度。

　　1. 招生与学额

　　唐代通过教育立法，规定招生与学额分配制度。根据相关条款规定，中央官学招收普通科生徒，年龄须在 14 岁至 19 岁，律科招生年龄在 18 岁至 25 岁。这只是对皇亲国戚入学年龄的限制，具体录入哪类官学，还与其出身与官品级别相关。平民子弟须经地方学校逐级选拔，择优选送，只能进入程度较低的四门学。《唐律》等法典规定，中央官学在校生数为 300 人，国家依法拨给相应费用，负责建筑校舍与宿舍。中央及官学参照学生毕业离校人数制订招生计划。

---

① 冯晓林：《中国隋唐五代教育史》，人民出版社 1994 年版，第 53—54 页。
②《唐会要》卷 66《广文馆》。
③ 冯晓林：《中国隋唐五代教育史》，人民出版社 1994 年版，第 56 页。

2. 师资要求

中央"六学"的教师包括博士、助教、直讲等。博士分经教授诸生，助教辅助博士授课，直讲辅佐博士和助教。唐政府非常重视师资配备，精选天下德才兼备且具有各方面专业知识的大师担任。国子监祭酒具有荐举和选举太学、国子学教师的权利。在师生比例上规定：国子学置博士 7 人，助教和直讲各 5人，招收生徒 300 人，教官与学生比例为 1：17；太学设置博士 6 人，助教 6 人，招收生徒 500 人，教官与学生之比约为 1：42；而四门学师生比近 1：72。[①] 另外，还规定不同级别教师的不同官品要求与不同俸禄。如：国子学博士须有五品以上资格，月俸自二十五贯至二贯不等（777 年）；助教须有七品以上资格，俸禄自五贯三百文至一二贯不等。[②]

3. 课程设置与修业年限

儒学经典在唐代学校教育课程体系中占主导地位，这是与唐代治国方针及文教政策相适应的。国子监中的国子学、太学、四门学，贵族学校的弘文、崇文馆，以及地方府、州、县的经学，均是修习儒家经典的学校。其课程设置大致分为必修、选修与专业课三种类型。必修课为《孝经》和《论语》；选修课包括《史记》《汉书》《后汉书》《三国志》《国语》《说文解字》等；各类专门学校设有不同专业课，如律学以历代律、令为专业课。[③]

4. 学业考试

学校学业考试大致包括三种：一是旬考或月考。学生在学期间，每月十日举行一次考试，由各学校主讲老师主持，如诵读、讲解等。二是年考。年终举行，就一年所学课程，口问大义十条，通八条为上等，六条为中等，五条为下等（不及格）。三是毕业考。于应修学程期满成绩及格时举行，由国子监祭酒监考。诸学生通"二经"，"俊士"通三经，已及第而仍愿留学的"四门学生"补"太学生"，"太学生"补"国子生"。成绩优秀的学生，由国子司简就，取其中成绩最佳的二三百人举送"尚书省"，与"乡贡"一起，同赴"礼部"参加科举

---

① 冯晓林：《中国隋唐五代教育史》，人民出版社 1994 年版，第 62 页。
② 冯晓林：《中国隋唐五代教育史》，人民出版社 1994 年版，第 63 页。
③ 冯晓林：《中国隋唐五代教育史》，人民出版社 1994 年版，第 63—64 页。

选士考试。①

　　5. 教学形式

　　唐代学校教育主要采用讲论、问难、诵读和读书指导四种教学形式。讲论分为制讲和常讲。制讲是在皇帝或皇太子视学、春秋释奠孔夫子庙以及皇太子齿胄学时举行。这种讲论，往往旨在弘扬儒学，是国家制度的一种重要仪式，并非像日常授课那样逐字逐句阐述学习内容。常讲是指各级各类教学机构的日常授课活动。它以传授和详细讲解经书为目的，通过各类教师独特的教学方法，让学生理解、掌握各门课程所规定的内容。

　　总体来看，唐代学校教育制度相当完备，并与科举选士制度相结合，形成了独特的办学特色，在中国乃至世界教育发展史上占有重要地位。其教育教学特点约有以下诸端。

　　其一，学校招生等级色彩明显。唐代各类学校有相当严格的入学资格限制，不仅规定入学年龄，而且限定身份和地位。弘文馆和崇文馆是贵族学校，国子监是公侯学校，太学是卿大夫学校，四门学、律学、书学、算学及地方州学、县学为下级官员子弟学校。作为一种招生制度，什么品级的官员子弟入什么等级的学校，有着严格的界限。这是保证其贵族化教育的有效手段。唐代教育的等级性，从一个侧面反映了中古时期的社会阶级构成及政治观念。

　　其二，各类教育形成完整体系。唐代学校类型增多，从招生标准、教师选择，到课程教学、学业考试、奖惩，形成完备的教育管理制度，办学活动有章可循。官学教育建立了上下梯进、主辅分职、普通教育和职业技术教育相结合的完善学校体系。地方官学更为完善，按照地方人口分等级，规定师生名额，到乡、里均设地方学校。

　　其三，专业教育与科举取士相结合。唐代不仅创办文科性质的专业学校，如律学、书学，而且设立实科性质的专业学校，如算学、医学等。这些学校具有高等教育性质，培养社会所需要的专门人才。为了选拔专才，唐朝政府创设"明法""明书""明算"科，作为科举"常科"，每年举行考试。此外，还举办"武举"及各类"制科"考试，不拘一格选拔专门人才。

---

　　① 冯晓林：《中国隋唐五代教育史》，人民出版社1994年版，第65—66页。

其四，办学体制和教学方式灵活多样。除了教育行政系统举办各类官学，还鼓励家族和私人办学，促进人才培养和文化普及。在教学方式上，既有学校课堂讲授，也有师徒传艺的方式，进行专业训练，提升学生的实践能力。

第三节　五代十国文教政策的变迁

自开平元年（907 年）朱晃建立后梁，至建隆元年（960 年）赵匡胤建立宋朝，为"五代十国"时期。五十三年间，北方地区历经后梁、后唐、后晋、后汉、后周"五代"更迭，南方地区先后建立"十国"政权。作为唐宋之间的过渡时代，这一时期社会动荡，战乱不已，政治、经济、社会、文化发生一系列变化。由于武人当政，大多实行"尚武轻文"的文教政策，严重影响了学校教育发展。然而，五代十国统治者多为唐朝时期的文武官吏，熟悉原有的文教政策和学校制度，因此，虽然朝代更迭频繁，但各割据政权多因袭唐代教育和选士制度，发挥一定的作用。本节主要以五代政权为例，简述这一时期官学、私学和人才选拔政策。[①]

一、官学政策

五代时期，学校教育及科举考试多承袭唐制。由于政局紊乱，国祚短暂，统治者面临诸多重大问题，教育退居次要地位。在战争连绵和政治割据的社会环境下，教育政策难以持续，学校教育极为艰难。中央官学则时兴时废，各政权之间存在一定的差异性。

总体来看，中原地区建立的五个政权，均设置中央官学，但学校发展状况不尽相同。后唐官学最具规模，包括国子学、太学、四门学和书学，学官设置较为完备。其他四个政权只有一种学校类型，国子监与中央官学合一。以后唐兴学举措为例，可见此一时期国子监职能、官学教育之一斑。

---

① 本节参考冯晓林：《中国隋唐五代教育史》，人民出版社 1994 年版；盛险峰：《五代官学考论》，载《东北师范大学学报》（哲学社会科学版）2004 年第 1 期。

后唐兴学始于天成三年（928年）。此前，国学馆舍被占，几近荒废。"杜昉为国子博士，天成二年八月以国学所设比教胄子，近为外官多占居止，请令止绝。"① 此后，宰臣崔协奏请，提升国子监学官地位，优待官学生徒，以振兴儒学教育。史载："后唐天成三年正月，中书门下奏：'伏以祭酒之资，历朝所贵，爰从近代不重此官。况属圣朝，方勤庶政，须宏雅道，以振时风，望令宰臣一员兼判国子祭酒。'"其奏文还要求："国子监每年只置监生二百员……又请颁下诸道州府，各置官学……但一身就业，不得影庇门户。兼太学书生，亦依此例。不得因此便取公牒，辄免本户差役。"②

从实施成效来看，此次兴学并未改善生徒待遇，国学教学秩序难以恢复。为了改善国学教学，天成四年（929年）十二月，国子监奏："伏以国家开设庠序，比要教授生徒……先生既以亲临，学士岂宜他适？盖以顷者监名虽补，各以私便无常……今国家化被流沙渐海，政敷有截无疆，大扇素风，恢张至道。是以重兴数仞，分设诸官，教且有常，业成无忒，而况时物甚贱，馆舍尤多，谅无悬罄之虞，足得撞钟之问，但自学徒所好，可以教亦随机，既欲成名，必须精业。"③ 天成五年（930年）又奏："自今后凡补监生，须令情愿于监中修学，则得给牒收补。"④

上述奏议说明，国子监改革措施主要是提升学生学习兴趣，以维护国学的教学秩序。这又从侧面反映了其兴学收效不彰。国子监学生缺乏学业兴趣，教育状况至后周仍无改观。从教学过程来看，五代国子监教育职能薄弱，礼仪或简或废，反映出教育颓败景象。国子监教学秩序混乱，附监举人在监中挂名候补现象严重，监中生员不多，考试流弊甚多，缺乏应有的教育教学功能。

值得注意的是，这一时期国子监在雕版印刷方面获得较大发展。这不仅为士人阅读提供了便利条件，扩大了儒学、佛道宗教经籍的传播与使用，也促进了各类文化的传承和发展。这是五代国子监教育活动的一大贡献。

---

① 《册府元龟》卷620《卿监部·举职》。
② 《五代会要》卷16《国子监》。
③ 《册府元龟》卷604《学校部·奏议三》。
④ 《五代会要》卷16《国子监》。

二、私学政策

私学是中国古代教育重要组成部分，与官学互为补充。安史之乱后，随着唐代社会由盛转衰，官学地位下降，私学逐渐兴起。由于"官学注重儒学的章句，讲究师承；私学的教育内容活泼多样，提倡个人领悟"，在"重进士轻明经"社会风气的影响下，唐朝后期，越来越多的士大夫子弟受业于私学。① 唐末，中原地区藩镇割据，征战不已，官学颓败。五代时期，战乱频繁，官学不兴。在此社会背景下，一些好学之士，隐居授徒，"相与择胜地立精舍，为群居讲学之所"。这种"精舍"实为后日书院的前身。②

各割据政权对私学不加限制，私人讲学增多。在动荡的社会环境下，许多文士避居乡间，讲学谋生。在中原地区，梁太祖朱温的父亲朱诚，曾在乡里教授《五经》，以此维持生计。有的学者出身世家大族，以育人为志向，发挥社会教化的作用。③ 如石昂，"家有藏书数千卷，喜延四方之士人，士无远近，多就昂学问，食其门下或累岁，昂未尝有怠色。……昂父亦好学，平生不喜佛说，父死，昂于柩前诵《尚书》，曰：此吾先人之所欲闻也"④。一些学者后来官任高职，仍热心教育。如后梁罗绍威，"开平中，加守太师、兼中书令，邑万户。……性复精悍明敏，服膺儒术，明达吏理。好招延文士，聚书万卷，开书馆，置书楼，每歌酒宴会，与宾佐赋诗，颇有情致"⑤。后晋宰相和凝，"好延纳后进，士无贤不肖，皆虚怀以待之，或致其仕进，故甚有当时之誉……有集百卷，自篆于板，模印数百帙，分惠于人焉"⑥。

这一时期，北方士人和世家大族纷纷南迁。南方各国奉行保境安民政策，比较重视发展经济和文化教育事业，而以南唐三代君主兴学最为典型。史称："南唐累世好儒，而儒者之盛见于载籍，灿然可见。"⑦ 受社会环境和文化教育政

① 宋大川、王建军：《中国教育制度通史》第二卷，山东教育出版社 2000 年版，第 391 页。
② 毛礼锐、沈灌群主编：《中国教育通史》第二卷，山东教育出版社 2005 年版，第 422 页。
③ 祁开龙：《浅谈五代十国私学的发展》，载《合肥学院学报》（社会科学版）2009 年第 5 期。
④ 《新五代史》卷 34《石昂传》。
⑤ 《旧五代史》卷 14《罗绍威传》。
⑥ 《旧五代史》卷 127《和凝传》。
⑦ 引自李劲松：《五代时期的江西书院考述》，载朱汉民主编《中国书院》第四辑，湖南教育出版社 2002 年版，第 118 页。

策影响，南方地区私人讲学风气兴盛，突出表现在书院的兴起。书院作为一种新的教育组织形式，是私学长期发展的产物。由于官学衰落，书院、精舍成为士人讲学读书的理想场所。五代时期创办的书院教育机构，大多集中于在南方。据李国钧《中国书院史》统计，这一时期共有 14 所新建的著名书院，其中北方河南有 3 所，其他 11 所主要分布于长江流域。另据研究者考证，"五代，在江西始建书院（书堂）有十余所之多"①。南方私学之盛，于此可见一斑。

值得注意的是，有些书院自唐代末年创立，至五代时仍保持旺盛生命力。如江州陈氏创办的东佳书院，始建于唐大顺（890—891 年）年间，五代陈衮扩建。"衮以为族既庶矣，居既睦矣，当礼乐以固之，诗书以文之，遂于居之左二十里曰'东佳'，因胜据奇，是卜是筑，为书楼、堂庑数十间……子弟之秀者，弱冠以上皆就学焉。"② 陈衮鉴于族众增加，增广东佳书院，以培养子弟。此类家族书院与一般家塾不同，也招收外姓子弟，实行开放办学。③

五代十国书院教育反映了私学发展的成就。无论普通士人建立的书院，还是世家大族创办的书院，都成为讲学读书之地。后世一些著名书院，如白鹿洞书院等，都起源于此时。官学受政治影响，时兴时废，而私学在民间士人的坚持下，却能持续不断发展。这些学者秉持儒家的理想信念，也为了自身生存发展，创办书院书堂等讲学机构，传播经学、文学、史学等文化知识，培养了大批人才。私学发展虽因社会政治动荡受到一定限制，但也为宋代书院教育的兴盛奠定了基础。

三、人才选拔政策

五代时期，国土分裂，士人流散，但贡举之制未尝废弃。不仅进士、明经等常科考试继续举行，即使是"制举"及其他一些科目考试，也多相沿不辍。如道举科，至后唐明宗长兴元年（930 年）才停考。与唐代相比所不同的是，这一时期科举选士的数量及重点有所变化。唐朝中后期，崇尚进士科，而五代每

---

① 转引自李劲松：《五代时期的江西书院考述》，载朱汉民主编《中国书院》第四辑，湖南教育出版社 200 年版，第 118 页。
② 《全唐文》卷 888《陈氏书堂记》。
③ 祁开龙：《浅谈五代十国私学的发展》，载《合肥学院学报》（社会科学版）2009 年第 5 期。

年所取进士极少，最多时也仅及盛唐之际的一半。三礼、三传、学究诸科，不为唐代所重，取士数量亦少，但自后晋开始，这些科目中选者动以百计。五代科举政策导向的变化，究其缘由，一是因为帖书墨义在承平之时，士鄙其学而不习，国家也贱其科而不取，故唯以攻诗赋、中进士举者为贵。唐末丧乱以来，文学废坠，为士者往往从事帖诵之末习，而举笔能文者固罕见之，国家遂以此为士子进取之途。二是由于士人处于乱世不能安心读书，社会上学风减弱，功名利禄观念淡泊，参加科举考试者减少，中榜者有时只有三四人。梁时投考宏词科的就只有一人。三是因为经书因印刷业发展而广为流传，方便士人习诵，加之统治者为维护统治，推崇儒家经典。进士考试中诗赋、杂文、策论时有变更，而与经学相关诸科受到士人重视。因此，读经者增多，经学诸科录取人数多于盛唐。这是五代十国时期科举选士政策的重要特点。

另一方面，由于政治动荡、战乱失学等原因，这一时期科举考试舞弊现象普遍，严重影响人才选拔。据《五代会要》记载，当时有关科举的奏折和敕文多涉及治理请托、舞弊问题，并惩罚涉案主考官，用复试、严审等手段严格筛选考生，但仍难以平息考试舞弊。后梁统治者设明经科弘扬儒学，但因舞弊风行，不久出现明经科存废争论。后周广顺三年（953 年），罢帖经对义等试经内容，别试杂文及对策。由此可见，当时人们已将明经考试视为人才选拔的障碍，引入新的考试内容与方法。此外，五代科举考试舞弊问题，催化了北宋初年科举政策的调整与考试制度的变革。由此产生科举考试糊名誊录制度。

第二章

官学教育活动（上）

　　隋唐是我国古代教育发展的鼎盛时期。官学教育自汉代确立，经过魏晋南北朝时期的时兴时废，在隋唐时期获得空前发展。隋朝虽然短暂，但在教育发展上，能够锐意开拓创新，为唐代教育活动的繁荣奠定基础。唐代官学教育活动受统治政策及社会因素的影响，也经历了波浪式发展，由初唐的繁盛至高宗、武则天时期的衰退，再到玄宗时的重振，最后再度衰落。五代十国时期，战乱频仍，社会动荡，官学教育受到严重影响，但在机构设置和教育活动的组织、管理上，仍沿袭了隋唐官学教育的主要特点，成为重要过渡时期。

　　隋唐五代时期的官学分为中央官学和地方官学。由于社会经济状况和文教政策的差异，各朝代所设立的官学教育机构不尽相同。隋朝虽然国祚很短，但由于统治者重视学校教育，隋代在学校的设立和教学活动的管理等方面均有所创新。隋代中央官学有国子学、太学、四门学、书学、算学、律学；地方官学设州学、郡学、县学，但设学并不普遍。唐代官学空前发展，中央官学设有隶属于东宫的崇文馆，隶属于门下省的弘文馆，隶属于国子监的"六学"，隶属于太医署的医学校以及隶属于祠部的崇玄学，还有隶属于秘书省的小学；地方官学则设有隶属各级政府的府、州、县、市镇学以及隶属祠部的府崇玄学和州崇玄学。五代十国时期的中央官学，有后唐、后周、后梁设立的国子监，后唐、南唐设立的太学，以及闽设立的四门学；地方官学有后唐设立的州学，南唐设立的学馆等。

第一节　国子监管理活动

国子监是隋唐时期确立的最重要的中央官学行政管理机构，同时也是重要的教学实体，其管辖下的"六学"中，"国子学、太学、四门学，相当于大学性质；律学、书学、算学，相当于专科性质"[1]。这些学校成为这一时期中央官学教育活动的主要载体。本节主要概述国子监管理制度及国子学、太学、四门学管理活动。有关广文馆、律学、书学、算学等专门学校的管理活动，将在第三章叙述。

中国古代虽然自汉代即设立太学，但并无专门的办事机构，教育事业均由太常兼管。隋初中央官学称国子寺，隶属于太常寺，后因国子寺规模扩大，学生及日常事务显著增多，隋文帝于开皇十三年（593 年），将国子寺独立出来，使"国子寺罢隶太常，又改寺为学"[2]，改称为国子学，属隋代首创。史言："凡国学诸官，自汉以下，并属太常，至隋始革之。"[3] 隋炀帝大业三年（607 年），改国子学为国子监，专门从事国子监的日常管理活动。

唐代继承隋制，以国子监作为全国最高教育行政机构。整个唐朝期间，国

---

[1] 曲士培：《中国大学教育发展史》，山西教育出版社 1993 年版，第 125 页。
[2]《通典》卷 27《职官九》。
[3]《通志》卷 54《职官略四·国子监》。

子监数易其名。龙朔二年（662 年）改称"司成馆"，咸亨元年（670 年）恢复原称，光宅元年（684 年）改称"成均监"，神龙元年（705 年）恢复原称。国子监名称的变更，导致职官名称的更易，但其作为官学教育机构的教学和管理职能并未发生大的改变，其主要管理活动也未受显著影响。唐以后各朝均沿用国子监制度，并不断发展完善，使国子监成为中国古代官学教育活动的中枢。

一、国子监学官的日常管理活动

由于史料所限，有关国子监内部管理系统的组织架构、职能分配和运作机制难考其详，但从已有史料可以推断，作为管理机构和办学实体合二为一的国子监，其日常的管理活动内容包括学官聘任与考核、招生与学生管理，以及其他后勤保障事务等。

学官亦称教官，包括全职教官或兼有部分行政职务的教官，是国子监各项教学管理活动的责任群体。国子监是培养国家官吏的高等学府，担负着传承学术和敦化风俗的重要使命。隋代国子监（寺）掌理国子学、太学、四门学、书学和算学五学，唐代国子监则掌管中央"六学""二馆"。唐代中央官学兴盛时期，学生曾达到 8000 余人。为了有序管理并保证中央官学的教学质量，如何聘任学官、合理分配学官的管理职责以及如何考核学官，成为国子监学官管理活动的重要内容。

（一）学官聘任

学官是影响国子监人才培养质量的核心要素，学官的学术水平、品行以及行为方式显著影响国子监的学习风气；国子监统辖的中央官学又是全国最高层次教育机构，担负培养统治人才的职能。因此，国家对学官的选任十分慎重。

1. 出任学官的基本条件：品行与学术

隋唐时期，统治者重视人才的选拔，官学教育地位显要。唐太宗强调人才的德行与学识，即位第二年就对侍臣说："为政之要，惟在得人。用非其才，必难致治。今所任用，必须以德行、学识为本。"① 最高统治者对学校教育的重视，直接影响到以国子监为代表的官学机构学官的选聘与考核活动。唐宪宗元和元

---

① 《贞观政要》卷 7 《崇儒学》。

年（806年）强调，国子祭酒、司业及其他学官，必须取有德望学识之人充之。祭酒、司业、博士等国子监学官的品行和学术修养，不仅直接关系到学校教育质量，也影响到社会的教化风气，关系到国家的长治久安。因此，坚持非合适者不用，选聘德高望重的名师硕彦、儒学大师充任国子监学官，是隋唐时期选拔学官的基本要求。

唐太宗时期，国子学官孔颖达是著名经学家和教育家，他自幼受儒学教育，以精通五经称于世，在隋代以明经高第。隋炀帝曾召诸儒官于东都讨论学问，孔颖达水平最高，"与诸儒论难锋起，咸为之屈"①。入唐后，孔颖达历任国子博士、国子司业、国子祭酒等职。他德行高尚，学识渊博，兢兢业业，受到众多师生的尊重和钦佩。《旧唐书》作者刘昫评价他："风格高爽，幼而有闻，探赜明敏，辨析应对，天有通才。"② 太宗朝其他祭酒，如赵弘安、张后胤等，均系博学之士。国子祭酒位高望重，是众多文人儒士学优而仕的最高追求。张后胤在唐太宗做太子时任太子侍读。太宗登基之后，询问他想做什么官，张后胤随即表示"愿得国子祭酒"，太宗授之。③ 不仅太宗朝如此，其他各朝担任国子监学官者均是当世名儒。

唐高宗时期，曾极力压缩教育规模，使国子监各校学生从贞观时的3000多人减至500人，但官学的相对衰落并未导致祭酒威信和选拔标准的降低。④ 先后担任国子祭酒的赵弘智、令狐德棻、陆敦信、杨思玄，都是学识渊博、德高望重之人。赵弘智学通《三礼》《史记》《汉书》，孝敬父兄，"事父以孝闻"，"事兄弘安同于事父"。⑤ 因讲论《孝经》，造诣精深，令高宗及众臣折服，由黄门侍郎升迁至国子祭酒。永徽初，唐高宗令赵弘智在百福殿讲《孝经》，召中书门下三品及弘文馆学士，太学儒者，并预讲筵。史载：

> 弘智演畅微言，备陈五孝，学士等难问相继，弘智酬应如响。高宗怡
> 然曰："朕颇耽坟籍，至于《孝经》，偏所习睹。然孝之为德，弘益实深，
> 故云：'德教加于百姓，刑于四海。'是知孝道之为大也。"顾谓弘智曰：

---

① 《册府元龟》卷601《学校部·辨博》。
② 《旧唐书》卷73《孔颖达传》。
③ 《新唐书》卷198《张后胤传》。
④ 董坤玉：《浅析唐代国子祭酒的选任变化》，载《贵州文史丛刊》2005年第3期。
⑤ 《旧唐书》卷188《赵弘智传》。

"宜略陈此经切要者，以辅不逮。"弘智对曰："昔者，天子有诤臣七人，虽无道不失其天下。微臣颛愚，愿以此言奏献。"帝甚悦，赐彩绢二百匹、名马一匹，寻迁国子祭酒，仍为崇贤馆学士。①

赵玄默为唐玄宗朝的学官，与尹知章、范行恭齐名，号为"名儒"。赵玄默被唐玄宗赞为"才比丘明，学兼儒墨，叙述微婉，讲论道德"②。而推荐赵玄默为学官的乃是当时的国子祭酒阳峤。据《旧唐书》载："（阳峤）为国子祭酒，累封北平伯，荐尹知章、范行恭、赵玄默等为学官，皆称名儒。"③ 唐代诗人张蝟作《赠郑司业》

图 2-1 唐十八学士对弈图

一诗，生动展现唐国子监学官郑司业的正直品行和渊博学识："晚学更求来世达，正怀非与百邪侵。古人名在今人口，不合于心不苦心。"④ 韩愈的文才德行，更是有口皆碑。在唐中后期，社会普遍耻于从师的风气中，身为国子监祭酒的韩愈，勇为人师，作《师说》《进学解》，谆谆教诲后生，力挽师道衰落之势。

唐代除了看重学识、德行外，对行政能力也有所看重。安史之乱后，国子监的教学渐渐徒有其名。阳城受命于危难之际，从"道德训喻"入手改革国子监管理，使面目稍稍改观："国子监诸馆生，浮杂无良，阳城为司业，以道德训喻，有遗亲三年者，勉之归觐，由是生徒稍变。"⑤《新唐书》记载，执掌国子监的宦官鱼朝恩被唐代宗诛杀后，杨绾"建言太学当得天下名儒汰其选"⑥，并且

① 《旧唐书》卷188《赵弘智传》。
② 富大用：《古今事文类聚新集》卷25《诸院部·赐赞褒美》。
③ 《旧唐书》卷185下《阳峤传》。
④ 《全唐诗》卷702《赠郑司业》。
⑤ 李肇：《唐国史补》卷中《阳城勉诸生》。
⑥ 《新唐书》卷142《杨绾传》。

随即被拜为国子祭酒。

隋唐时期统治者推行崇儒政策，整体而言，对国子监学官的选择和聘任都相当重视，原则上要求学术与品行并重，且比一般官员要求要高，但个别时期没有完全依据这一原则。武则天在位期间，为培植个人势力，常任用至亲，她的孙子李重福、侄子武三思都曾被任命为国子祭酒；更有甚者，一些品行受质疑的人也被任命为国子祭酒，如李峤。史书记载："峤有三庚：性好荣迁，憎人升进；性好文章，憎人才华；性贪浊，憎人受赂。"①

在政局动荡时期，武则天、中宗、韦后等任人唯亲，利用祭酒、司业等官职的特殊地位谋政治利益，导致国学风气大坏，学校教育衰微。"博士、助教，唯有学官之名，多非儒雅之实……因是生徒不复以经学为意，唯苟希侥幸。二十年间，学校顿时隳废矣。"② 国子学官的功利行为对国学生徒也造成显著的负面影响："讲座作俳优之场，学堂成调弄之室。啬夫利口，可以骧首先鸣。"③

2. 学官入职

国子监统领中央主要官学，选聘学官是其重要的事务。祭酒和司业是国子监的行政首领，位置显要，责任重大，多由皇上直接任命；其他学官如国子博士和助教、太学博士、助教等学官，多由国子祭酒推荐，或经国子监公开征聘，再经吏部履行任命手续。直接任命、公开征聘和官员荐举，成为国子监选聘学官的三种主要方式。

开皇初年，隋文帝征诏儒家名士，授予太学博士。据《隋书》记载："高祖征山东义学之士，（马）光与张仲让、孔笼、窦士荣、张黑奴、刘祖仁等俱至，并授太学博士，时人号为六儒。"其中马光，字荣伯，武安人，"少好学，从师数十年，昼夜不息，图书谶纬，莫不毕览，尤明《三礼》，为儒者所宗"。这样的经学大家自然为统治阶级所看重和利用。不过，这些人仅被选拔为太学博士，并没有得到重用，甚至还受到迫害。《隋书·儒林传》记载了"六儒"被选为太学博士后的不同命运：

> 然皆鄙野无仪范，朝廷不之贵也。士荣寻病死。仲让未几告归乡里，

---

① 《唐诗纪事》卷 10《李峤》。
② 《旧唐书》卷 189 上《儒学序》。
③ 《登科记考》卷 5《景云三年》。

著书十卷，自云此书若奏，我必为宰相。又数言玄象事。州县列上其状，竟坐诛。孔笈、张黑奴、刘祖仁未几亦被谴去。唯光独存。①

上述事例反映了隋朝初年统治者既选拔太学博士以为己所用，同时又压制太学博士独立思想的矛盾心态。尽管其他五位太学博士都没能得到隋文帝重用，甚至被迫害致死，但马光的学识不仅为统治阶级所认可，甚至还得到广大士子的追捧，由"初，教授瀛、博间，门徒千数"，而至于"至是多负笈徒入长安"②。

杨尚希11岁即入太学，专精不倦。隋文帝亲临释奠礼时，杨尚希18岁，隋文帝令其讲《孝经》，"词旨可观"，隋文帝深感惊奇，随即赐姓普六茹氏，并擢为国子博士。③ 隋炀帝大业年间，"广招经明之士，四方至者甚众"，"遣德明与鲁达、孔褒俱会门下省，共相交难，无出其右者，授国子助教"。④ 郭正一是唐高宗时期的宰相，"明习故事，文辞诏敕多出其手"⑤，但高宗一死，武则天便将其由宰相降为祭酒，因为他不支持武则天掌权。

为提高学校教育质量，培养国家所需人才，唐太宗曾"大征天下名儒为学官"⑥。贞观六年（632年），征召著名经学大师孔颖达为国子司业，后拜为国子祭酒，在国子监掌教长达十多年。史载：

> 炀帝召天下儒官集东都，诏国子秘书学士与论议，颖达为冠，又年最少，老师宿儒耻出其下，阴遣客刺之，匿杨玄感家得免。补太学助教。皇太子令颖达撰《孝经章句》，因文以尽箴讽。帝知数争太子失，赐黄金一斤、绢百匹。久之，拜祭酒，侍讲东宫。⑦

孔颖达博学多才，具备太学学官的条件。《新唐书》记载：孔颖达，字仲达，冀州衡水人。"八岁就学，诵记日千馀言，暗记《三礼义宗》。及长，明服氏《春秋传》、郑氏《尚书》《诗》《礼记》、王氏《易》，善属文，通步历。"⑧ 他曾经拜访同郡的刘焯，而"焯名重海内，初不之礼，及请质所疑，遂大畏服"。

① 《隋书》卷75《儒林·马光传》。
② 《隋书》卷75《儒林·马光传》。
③ 《册府元龟》卷601《学校部·恩奖》。
④ 《旧唐书》卷189上《陆德明传》。
⑤ 《新唐书》卷106《郭正一传》。
⑥ 《资治通鉴》卷195《唐纪十一》。
⑦ 《新唐书》卷198《儒学上·孔颖达传》。
⑧ 《新唐书》卷198《儒学上》。

大业初，孔颖达"举明经高第，授河内郡博士"。孔颖达的声望迅速提升，以至于"帝幸太学观释菜，命颖达讲经，毕，上《释奠颂》，有诏褒美"①。

"专精儒业"的经学家马嘉运被召为太学博士，后又迁国子博士。名儒王泰原在乡间教授弟子，声名远扬，贞观初召任太学博士。经学家司马才章，少传父业，博涉五经，由房玄龄荐为国子助教。② 睿宗初即位，中书令张说推荐尹知章，"有古人之风，足以坐镇雅俗，拜礼部员外郎，俄转国子博士"③。

国子监负责征聘其所辖诸学的教官。唐宪宗元和二年（807 年）八月，国子监选聘学官，曾奏请诸州府乡贡明经、进士，"宜令就国子学官讲论，质定疑义"④，并"令百僚观礼"⑤。为避免"学官职位稍卑，未足饰扬盛事"⑥，还选择"常参官有儒学者三两人，与学官同为讲说"⑦。

唐德宗建中元年（780 年），国子司业归崇敬上疏，除了奏请将所习分为大、中、小经之外，提出国子监征聘博士的具体条件：第一，要学识专精，深得文义，并能讲解清晰，触类旁通，所择博士，要"兼通《孝经》《论语》，依凭章疏，讲解分明，注引旁通，问十得九"⑧；第二，要德行高尚，讲话文明，用语规范，仪表端庄，能为世范，所谓"德行纯洁、文词雅正、仪形规范、可为师表"⑨。归崇敬的上疏，阐明了设置博士的原则、人员结构、征聘标准、征聘办法；更重要的是，提出聘用博士，必须经过

图 2-2　归崇敬

---

① 《新唐书》卷 198《儒学上·孔颖达传》。
② 邓德龙：《中国历代官制》上册，武汉大学出版社 1990 年版，第 330 页。
③ 《旧唐书》卷 189 下《尹知章传》。
④ 《唐会要》卷 66《东都国子监》。
⑤ 《全唐文》卷 964《阙名·请选儒医赴学讲论奏》。
⑥ 《唐会要》卷 66《东都国子监》。
⑦ 《唐会要》卷 66《东都国子监》。
⑧ 《旧唐书》卷 149《归崇敬传》。
⑨ 《旧唐书》卷 149《归崇敬传》。

试讲，试讲合格才可。

唐代流行举荐人才，国子监学官的选拔与任命多是经朝廷官员荐举之后再由吏部予以委任，委任依据的往往是被荐举者的资历、口碑、学业背景。李翱，唐德宗贞元十四年（798 年）登进士第，授校书郎。宪宗元和初，任国子博士、史馆修撰。元和十五年（820 年），授考功员外郎兼史职。"翱始从昌黎韩愈为文章，辞致浑厚，见推当时，故有司亦谥曰文。"① 李翱与韩愈志同道合，力图以儒学古道医治王室衰败、藩镇叛乱之痼疾。为文尚气质，主张"文、理、义三者兼并"②。

图 2-3 李翱问道图

韩愈担任国子祭酒后，曾上书，提出严格选拔国子监学官，以"经艺堪训导生徒者，以充学官"；并提出新学官入职，须进行考试，"必加研试，然后放行"③，合格之后再上任，以切实达到尊崇儒学，振兴学校教育之目的。

太学学官的来源，有进士及第之人。如李训，"故宰相揆族孙。质状魁梧，敏于辩论，多大言，自标置。擢进士第，补太学助教，辟河阳节度府"④。罗道琮，"蒲州虞乡人，慷慨尚节义。贞观末，上书忤旨，徙岭表。有同斥者死荆、襄间，临终泣曰：'人生有死，独委骨异壤邪？'道琮曰：'吾若还，终不使君独留此。'瘗路左去……寻擢明经，仕至太学博士，为时名儒"⑤。又有华京（据

---

① 《新唐书》卷 177《李翱传》。
② 《全唐文》卷 635《李翱·答朱载言书》。
③ 《全唐文》卷 554《韩愈·国子监论新注学官牒》。
④ 《新唐书》卷 179《李训传》。
⑤ 《新唐书》卷 198《儒学上·罗道琮传》。

《通鉴》颖为叶京），"建州人也，极有赋名。向游大梁，尝预公宴，因与监军使面熟。及至京师，时已登科……终太学博士"①。

此外，从民间征诏经学之士，也是选拔太学博士的方式之一。《新唐书》记载："王恭者，滑州白马人，少笃学，教授乡闾，弟子数百人。贞观初，召拜太学博士。""马嘉运，魏州繁水人。少为沙门，还治儒学，长论议。贞观初，累除越王东阁祭酒。退隐白鹿山，诸方来授业至千人。十一年，召拜太学博士、弘文馆学士。"②

国子监学官与其他行政官员同属官员体系，无独立的教育行政体系，学官调动、升迁较为频繁，每个朝代都会有变动。仅以国子监司业为例，唐太宗时有孔颖达，武则天时有韦叔夏，唐中宗时有郭山恽，睿宗时有褚无量，德宗时先有归崇敬，后有阳城。学官入职方式的多样化显示出隋唐时期对国子监学官的重视。然而，由于政治因素的影响，国子监学官不断变动，对学校教育产生了深刻影响。

3. 学官的类别与职级

隋代国子监的职官有：祭酒、司业、监丞、博士（国子博士、太学博士、四门博士）、典簿（国子监主簿）、助教（国子助教、太学助教、四门助教）、算法馆助教（算学博士、算学助教）；唐代国子监的职官有：祭酒（国子监祭酒、司成馆大司成、成均馆祭酒）、司业（国子监司业、司成馆少司成、成均监司业）、监丞（国子监丞）、博士（国子博士、五经博士、太学博士、广文博士、四门博士、司成宣业）、典簿（国子监主簿）、助教（国子助教、太学助教等）。③

《隋书·百官志》中记载，隋高祖授命置国子寺祭酒1人，属官有主簿、录事各1人，统国子、太学、四门、书算学。国子、太学、四门各置博士5人，书算各2人，助教国子、太学、四门各5人，书算各2人。仁寿元年（601年），罢国子学惟立太学1所，置博士5人。炀帝即位改为国子监，依旧置祭酒加置司业1人，丞3人，国子学置博士、助教各1人；太学博士、助教各2人。唐代国子监设祭酒1人，司业2人，掌儒学训导之政，总国子、太学、广文、四门、律

---

① 王定保：《唐摭言》卷9《误撇恶名》。
②《新唐书》卷198《儒学上》。
③ 纪昀等撰：《历代职官表》卷34《国子监》。

书算七学。丞1人，掌判监事。主簿1人，录事1人，国子博士5人，助教5人，掌佐博士；直讲4人，掌佐博士、助教。博士各2人，掌以其经之学教国子。太学博士6人，助教6人。四门馆博士6人，助教6人。① 按照学官的官阶划分：国子祭酒，从三品；司业，从四品下；丞，从六品下；主簿，从七品下；录事，从九品下。隋炀帝时国子学置博士，正四品；助教，从七品。② 另外，国子监胥吏还有府7人，史13人，亭长6人，掌固8人。③

从上述国子监学官的设置可以看出，隋唐时期国子监出现专职教官和专职管理人员相分离的趋势，但祭酒、司业等国子监学官仍然集教学和行政管理职责于一身。从官阶设置来看，国子监学官与其他部门官员一样，处在国家统一的行政官员体系之内，且没有相对独立的教育行政体系。这就导致国子监学官的流动性比较大，而且流动的范围并不局限于教育体系之内，这对学校教育会产生不利影响。

（二）祭酒和司业的管理活动

隋唐时期是中国古代教育行政专门化的过渡时期，一方面国子监职官继承汉魏以来的体制，集教育行政职官与教官于一身，如国子祭酒、国子学博士、太学博士、助教等职；另一方面，出现教育行政专门化的因子，如国子监专门的行政职官司业、主簿、丞、录事等。

国子祭酒掌中央重要官学的行政权，全面管理中央主要官学的日常事务，责任非同一般。因此，祭酒一职多任用名儒硕学或其他高级官员兼任，从不轻置滥设，以防误人子弟，为害朝廷。由此可知，祭酒的地位与威望特重。司业④为祭酒的重要助手。在隋唐国子寺或国子监中，司业的品级、权力仅次于祭酒。与祭酒、司业的综合管理事务相对应，博士及助教更倾向于专门的教学事务。

国子祭酒的主要职能是："掌儒学训导之政，总国子、太学、广文、四门、

---

① 《新唐书》卷48《百官志三·国子监》。
② 孙逢吉：《职官分纪》卷21《国子监》。
③ 邓德龙：《中国历代官制》上册，武汉大学出版社1990年版，第328页。
④ 司业：学官名，原为主管音乐的官。业，为覆盖乐器的板。《礼记·文王世子》载："乐正司业。"相传乐官兼教国子。自隋开始，成为国子寺（监）的重要教育行政官吏。隋炀帝大业三年（607年）设国子监，置司业一人。唐代国子监始设司业二人，是仅次于祭酒的教育行政长官，负责训导之事。龙朔二年（662年），司业改称"少司成"，咸亨元年（670年）复称"司业"。光宅元年（684年）改称成"均司业"，神龙元年（705年）复"司业"之名。直至1905年废此职。

律、书、算凡七学。天子视学，皇太子齿胄，则讲义。释奠，执经论议，奏京文武七品以上观礼。凡授经，以《周易》《尚书》《周礼》《仪礼》《礼记》《毛诗》《春秋左氏传》《公羊传》《谷梁传》各为一经，兼习《孝经》《论语》《老子》，岁终，考学官训导多少为殿最。"[1] 作为国子监的最高行政长官，在唐代，祭酒不仅是一个文化官员，还扮演着文人在政府机构代言人的角色。在某种程度上，祭酒可以被视为一个时代最高学术水平的体现者，其任职人员的情况不仅能折射出特定时代的学术水准，而且能反映出某个阶段统治者的文化政策以及对待儒学的态度。

就国子监内部管理而言，祭酒和司业要全面管理国子监各馆的学官和学生事务，包括学官的选聘、考核、教学安排，监规的制订、执行，国子监招生事务、生徒膳食、居所安排，及第生员出监、学官考核、生徒学业考核等各项繁杂事务。就国子监外部管理事务而言，祭酒和司业要安排每年两次至四次的释奠讲学活动；与礼部和吏部随时联系，因为招生、解送、应举等事务主要由礼部负责；学官的考核评定，已及第生员的考试、评定，则由吏部负责。除此之外，国子监祭酒和司业还有更重要的事务，即就学校教育发展中的问题向皇帝上书，提出自己的建议。

玄宗朝国子祭酒曾上书请求科举多取明经进士，理由是按照往例明经进士及第每年不过百人，东、西两国子监只中一二十人，导致"三千学徒，虚废官廪，两监博士，滥縻天禄"[2]，因此，不能在科举取士中独抑明经一科。元和十三年（818年），国子祭酒郑余庆以"太学荒坠日久，生徒不振"，"奏请率文官俸禄"，又"请京见会文官一品以下，九品以上，及外使兼京正员官者，每月所请料钱，请率计每贯抽一十文，以充国子监，修造先师庙，及诸室宇缮壁。经公廨杂用之馀，益充本钱"[3]。

（三）学官考核

众多国子监学官兼行政职务与教学职务于一身，隶属于整个国家的官吏系统。隋唐时期的国子监学官考核基本上是依据吏部对所有官吏的统一考核标准；

---

[1]《新唐书》卷48《百官志三·国子监》。
[2]《册府元龟》卷604《学校部·奏议第三》。
[3]《册府元龟》卷604《学校部·奏议第三》。

同时，在国子监内部，由于学官教学工作的特殊性，其考核、评定与晋级呈现职业的特殊性，如将教学工作量、教学效果以及工作态度等纳入考核范围。

唐代中前期，吏治清明，政教兴盛。武德、贞观年间，李渊、李世民两位开国君主相继制定完整的官吏考核制度，形成对各级官吏的严密考课法，并设置考功郎中和考功员外郎等职专司其职。唐中央对各级官吏的考核主要有两种。一种是每年的年度考核，依据当年的表现给予等级评定；第二种是在三至五年间对官吏的重大考核，主要以相关年份的年度考核成绩为参照，大考的考核结果决定官吏受奖惩程度和官阶升降。考课之标准，是国家颁布的"四善""二十七最"。"四善"是中央对各级官吏从德、慎、公、勤四个方面提出的共同要求，即"德义有闻，清慎明着，公平等称，恪勤匪解"[1]；"二十七最"是考核27种不同职务的官吏的依据和准绳，既重视才能，亦顾及功绩。[2] 在唐中央所颁定的官吏考核标准中，涉及国子监学官的有以下诸条："训导有方，生徒充业，为学官之最"；"礼义兴行，肃清所部，为政教之最"；"职事修理，供承强济，为监掌之最"。[3] 考察的具体活动方式如下：

首先，按照考核标准把太学学官的表现分为不同的等级，即上、中、下三级九等，并且写有详细的评语；其次，当众宣读后，归入档案；再次，上报礼部，接受核实；最后，晋级升迁或奖励。[4]

唐敬宗《南郊赦文》详细记载了太学官员的选拔与考核程序，并且提出了奖惩的重要性："澄清教化，莫尚乎太学；惣治心术，必本乎六经。天下诸色人中，有能精通一经，堪为师法者，委国子祭酒选择，具以名奏。天下州县，各委刺史县令招延儒学，明加训诱，名登科第，即免征徭。刑罚不清，不足以言理；职官不重，不足以栖贤。开出入之文，束上下之手，必资慎选，庶叶详平。大理寺官属，比来吏部所授，多非其才，宜令精选有志行文学，兼详明法律者注拟。其有课绩特殊，堪在朝奖者，台省有阙，宜先选擢。"[5]

明确的奖惩是促进太学学官队伍良性发展的基本前提之一。缺失奖惩或奖

---

① 《新唐书》卷46《百官志》。
② 熊贤君：《中国教育行政史》，华中理工大学出版社1996年版，第135页。
③ 《大唐六典》卷2《尚书吏部》。
④ 《旧唐书》卷43《职官志二》。
⑤ 《全唐文》卷68《敬宗皇帝·南郊赦文》。

惩不当，都会对学官队伍建设造成不良影响。如《全唐文》所言："一夫不获，时予之辜，苟有向隅之悲，遂轸纳沟之虑。如闻去冬吏部三铨选人，驳放者众。或文状粟错，或书判差池，主司守文，不得不尔。既施惠泽，亦在沾恩。其长名及杂驳放选人，如有未离京城者，委吏部今月内检勘毕。除涉逾滥者，余并却收，以地远残阙，量才注拟。如不情愿受地远官，亦不可强之，仍速处分，不得出选限内。"①

国子监学官的考核结果与薪酬增减和官阶升降直接挂钩。大考取得"中上以上，每进一等，加禄一季；中中，守本禄"；"中品以下，四考皆中中者，进一阶；一中上考，复进一阶；一上下考，进二阶"。如果考核成绩不合格，或出现违反朝仪、法令和失职等事故，则处以惩罚。"中下以下，每退一等，夺禄一季"，考核"有下下考者，解任"。② 这种考核制度，实际上就成了无形的鞭子，无时不鞭策、警告他们，务要忠于职守、扬明教化、取信于民。这个制度的实施，对于稳定教育行政队伍，对鞭策各级学官同心同德献身于教育，促进唐代政教勃兴，发挥了很大作用。③

国子祭酒裴通曾上奏唐文宗，要求按照《六典》的规定，详细考察各学学官：

> 诸博士、助教皆分经教授学者，每授一经，必令终讲。所讲未终，不得改业。诸博士、助教，皆计当年讲授多少，以为考课等级。应补当司诸学生等，按学令云：诸生先读经文通熟，然后授文讲义，每旬放一日休假。前一日博士考试，其试，读书每千言内试一帖，帖三言。讲义者，每二千言内问大义一条。总试三条，通二为及第，通一及不全通者，斟量决罚。④

这就是说，按照国子监的管理规章，分经教授的教官，应善始善终地完成所教课业，没有特殊情况，不得随意调离或充任他职。教学工作量成为国子监考核教官、评定其等级的重要标准。国子祭酒是考核学官的主要负责人，每年"岁终考学官训导多少为殿最"⑤，对博士、助教等分经教授者，"计当年讲授多

① 《全唐文》卷68《敬宗皇帝·南郊赦文》。
② 《新唐书》卷46《百官志》。
③ 熊贤君：《中国教育行政史》，华中理工大学出版社1996年版，第136页。
④ 《旧唐书》卷43《职官志二》。
⑤ 孙逢吉：《职官分纪》卷21《国子监》。

少，以为考课等级"①。

除了将教学工作量作为国子监学官晋级的重要条件之外，学官的工作态度、业务能力以及教学效果等方面，也是考核的重要内容。

助教在任内成绩优良者，可以充作博士；博士任内治教有闻，官阶亦可上升。这一点，韩愈《施先生墓铭》所载，即一佐证。施先生在太学任职 19 年，先后由四门助教升为太学助教，又由助教提升为博士。四门学程度较低，由四门学助教到太学助教，也是一种提拔和升迁。这种升迁，必须经礼部核对当年"讲授多少"，考查其教学及业务水平等。有关典籍文献记载了这种迁升过程：

> 助教之职，佐博士以掌鼓箧槚楚之政令，分其人而教育之，其有通经力学者，必于岁之杪，升于礼部，听简试焉。课生徒之进退，必酌于中道，非博雅庄敬之流，固不得临于是，故有去而升于朝者。贺秘书由是为博士，归散骑由是为左拾遗。旧制以拾遗为八品清官，故必以名实者居于其位。②

图 2-4　诗人贺知章《回乡偶书》

大诗人贺知章举进士，以此法授国子，四门博士，迁太常博士，改太子宾客，授秘书监。归崇敬天宝中举博通坟典科，对策第一，以此法迁四门博士；有诏举才可宰百里者，复策高等，授左拾遗。这种晋级，要求"通经力学"，"博雅庄敬"，还参照生徒进退数额，可见是将教官的学识水平、道德品行和教学效果三者综合考查的。

---

① 《唐会要》卷 66《东都国子监》。
② 《柳宗元集》卷 26《四门助教厅壁记》。

国子监内部专门行政职官的考核，同国家对其他官吏的考核标准一样。一些不入品级的办事人员的具体考核活动，限于史料缺乏，不得其详。

二、国子监学生管理活动

隋唐国子监已经有较为完善的规章制度，对国子监生的管理也形成一定的规范和程序。按照生徒进出国子监的前后顺序，可将国子监学生管理活动分为三类：一是招生管理活动，二是在学监生的日常管理活动，三是生徒出监的管理。

（一）国子监招生管理活动

隋唐时期，国子监招生严格按照品级，不同品级官员的子弟入不同的办学机构，有确定规定；但在招生数量上没有固定的标准，依各朝实际状况变动，有的有定额分配，有的无严格人数限制。

隋国子寺掌管国子学、太学、四门学、书学、算学五学，包括国子寺在内共有生员 980 人。隋文帝晚年，曾将国子学裁至 70 人。因国学胄子和州县诸生，虽登名造册的人数不少，但"徒有名录，空度岁时，未有德为代范，才任国用"[①]。隋炀帝时国子学学生无常员，太学学生则有 500 人。另外，隋朝还有其他职能部门办理的学校，不归国子寺（监）管理，如大理寺所办律学校，太医署办理的医学校。这些专门学校的招生及教学工作均由各自的职能部门负责。

表 2-1　唐高宗时期国子监招生一览表[②]

官学名称	招生人数	入学资格
国子学	300	文武官三品以上及国公子孙，从二品以上之曾孙
太学	500	四品、五品及郡县公子孙及从三品之曾孙
四门学	1300	500 人以六品、七品及侯伯子男之子为之，800 人以庶人之俊造者为之
算学	50	年 18 以上、25 以下，八品、九品子孙及庶人之习法令者
书学	30	习文字者
律学	30	习计数者

①《隋书》卷 2《高祖纪下》。
②　此据《通典》卷 53《大学》。

　　由上可知，国子监所统领的"六学"在招生上具有严格的品级限制。国子学和太学门第限制严格，可谓典型的官宦贵族学校；四门学生员中，有部分学额分配给庶人，即平民中的才学俊秀，可堪造就者。唐玄宗开元二十一年（733年），下过一道敕令，州县学的学生中 25 岁以下的八品、九品官员之子或是 21 岁以下的平民学生，"通一经已上及未通经，精神通悟，有文词史学者，每年铨量举选，所司简试，听入四门学，充俊士。即诸州人省试不第，情愿入学者听"①。律学、书学和算学，属于专门学。尤其是书学和算学，只列明学额，并未列生源品级，反映出中国古代传袭已久的轻专门之学的学术风气。

　　唐国子监曾短暂统领"七学"，即除六学外，还有广文馆。广文馆于 750 年建立，主要是因为每年科举考试结束后众多下第的生徒四处离散，朝廷为了使这些意在科举的生徒有处可居，便于管理，专在国子监另设广文馆，"以举常修进士业者，斯亦救生徒之离散"②。

　　"玄宗……置广文馆，以虔为博士。虔闻命，不知广文曹司何在，诉宰相，宰相曰：'上增国学，置广文馆，以居贤者，令后世言广文博士自君始，不亦美乎？'虔乃就职。久之，雨坏庑舍，有司不复修完，寓治国子馆，自是遂废。"③

　　上述史料证明，广文馆确实曾存在并隶属于国子监，学校教官的级别同太学，其生源主要是举进士业者。其初设博士 4 人，助教 2 人等官，有学生 60 人。安史之乱后，学校益废，生徒流散。代宗时，定生员 10 人。

　　唐代国子监分东西两监后，招生计划分两监制定，除严格按品级及学额限定招生外，国子监还需协调管理，合理分配东西两监学额。元和二年（807 年），国子监官员上奏，将东西两京国学诸馆学生总额定为 650 人，其中西京国子监学生 550 人（其中，国子馆 80 人，太学 70 人，四门馆 300 人，广文馆 60 人，律馆 20 人，书馆 10 人，算馆 10 人），东都国子监定员 100 人，但当时并未规定每个学馆的定额，直到 807 年才确定，其中，国子馆 10 人，太学 15 人，四门馆 50 人律馆 10 人，广文馆 10 人，书馆 3 人，算馆 2 人。④ 国子监招生除了有官阶

---

①《唐会要》卷 35《学校》。
② 王定保：《唐摭言》卷 1《广文》。
③《新唐书》卷 202《郑虔传》。
④ 王定保：《唐摭言》卷 1《西监》《东监》。

品级、生员定额等限制之后，还有年龄、国籍等方面的规定。据《新唐书·选举志》记载："凡生，限年十四以上、十九以下，律学十八以上、二十五以下。"

当中央官学有缺额时，由国子祭酒负责上奏朝廷，补招生徒。唐德宗贞元十九年（803年），国子监四门馆博士的韩愈上《请复国子监生徒状》，奏请朝廷扩大招生范围，选拔优秀生源充实国子监诸学，扭转公卿子孙耻游太学之不良风气，以发展学校教育，振兴儒学。

> 国家典章，崇重庠序；近日趋竞，未复本源。至使公卿子孙，耻游太学；工商凡冗，或处上庠。今圣道大明，儒风复振，恐须革正，以赞鸿猷。今请国子馆并依《六典》；其太学馆量许取常参官八品已上子弟充；其四门馆亦量许取无资荫有才业人充。[1]

唐穆宗长庆二年（822年），中央官学有缺额。国子祭酒韦干度上奏，请予补招。招收生徒的手续分为四步：第一步，由监司列出各馆缺额，注明每人应补的缺额。第二步，监司对应考之生徒进行考试，考试后将考试情况及姓名品阶申呈礼部。在礼部未批准之前，称作"堪充学生"。第三步，等礼部核实，补署备案完毕，将文件下发监司，监司凭此召集"堪充学生"进行复试。第四步，根据复试结果准备公膳厨房。如果进士等复试符合要求，给该生备当日公膳厨房。如明经等复试及格后，还必须等监司备案报送礼部之后，才开始供应膳食。到此时，招收的生徒才算注册入籍，享受国子生待遇。[2]

招生过程中，如程序不合规定，或者应考生徒出现违规行为，都有相应的预防和惩罚措施，严重者依法定罪。例如，没有国子监司业的解送申请，中央官学不得收录为生徒[3]；"其新补人有冒荫者，请牒送法司科罪"[4]。

（二）在学监生的日常管理活动

国子监学生需要食宿在馆内，日常管理活动主要分为生活管理和教学管理两大方面。教学管理的内容涉及出勤、课堂听讲、课余研习等，生活管理活动

---

[1] 韩愈：《请复国子监生徒状》，见马其昶校注、马茂元整理《韩昌黎文集校注》，上海古籍出版社1986年版，第589—590页。

[2] 熊贤君：《中国教育行政史》，华中理工大学出版社1996年版，第129页。

[3] 熊贤君：《中国教育行政史》，华中理工大学出版社1996年版，第129页。

[4] 韩愈：《请复国子监生徒状》，见马其昶校注、马茂元整理《韩昌黎文集校注》，上海古籍出版社1986年版，第589—590页。

则包括住宿、饮食、出入馆舍的安排、管理等。

教学方面，国子监实行分馆授业。国子祭酒和司业常在早间集合全监学生训导，鼓励生徒勤勉向学；为便于管理，各馆都由生徒推举一人作为馆长，负责该馆各项学生和学业事务。如有生徒无故喧争者，由馆长与业长将情况报告司业，由司业进行处理。

各馆生徒须按时出勤，请假不得超过规定期限。在馆期间，要聆听师长讲经授业，不能悖逆怠慢师长或与同学不和。如果出现不尊敬师长或与同学打架斗殴现象，会被解回原籍。

对国子监各馆生徒，严禁作乐杂戏，除研习经书、习字、作文章诗赋等日常学业活动外，不准接触市井杂耍、戏曲，但允许弹琴、习射。可以看出，国子监对国子学生的基本要求限定在比较高雅的六艺教育活动中。

在生活管理方面，国子监对新入监的学生要安排居住的馆舍，并做相应的膳食供应。每年科举及第离开国子监者，要收回他们的住房，做相应的打扫之后，再分配给新补入学的生徒居住。不允许生徒将馆舍自行转让，或未经监司同意抢占馆舍。

为加强生徒管理，国子监采取"激劝""禁令"和"惩罚"三者结合的方式，并将生活管理措施与学业管理有机结合，提高管理成效。其措施主要有二：一是对学生成绩优良，长进较大并言行举止合乎规范者，国子监专门拨给厨役；反之，则停发国家按人头拨给的补助费，并"停厨"以示惩罚。二是制定中央官学生徒行为管理规条及学生守则，如有违背，视其轻重程度，予以处罚。例如，对生徒有艺业不勤，游处非类，樗蒲六博，酗酒喧争，凌慢有司，不守法度等情形之一的，即开除学籍；如果生徒有聚为朋曹，侮老慢贤，堕窳败业而利口食，崇饰恶言而肆意斗讼，以及凌傲师长或诤骂有司者，不仅开除学籍，还要送交司法机关处理。

唐宪宗元和元年（806年），国子祭酒冯伉所上的奏疏，非常明确地指出管理国子学生的几种情形：一，"其有艺业不勤，游处非类；樗蒲六博，酗酒喧争，凌慢有司，不修法度，有一于此，并请解退"；二，"有文章帖义，不及格限，频经五年，不堪申送者，亦请解退"；三，"其礼部所补学生，到日亦请准格.帖试，然后给厨役"；四，"等第不进者，停厨"；五，"九年不及第者，即出监"；六，出监后改名再入国子监者，"请送法司，准式科处"。①

冯伉关于全面治理整顿国子监的上疏，建议严格学籍管理制度，从生源、督课、考试方面立论，这是他初被召为国子祭酒那一年写的。对他治理国子监的举措，朝廷予以认可并实施。

阳城曾于贞元年间主管国子学前后三年多时间。任职之后，他力行整顿各项管理制度，严格纪律，使国子监学习风气大为改善。首要举措是注重学生的德行，召集全体学生训话："凡学者，所以学为忠与孝也。诸生宁有久不省亲者乎？"②要求学生及时回家探望父母，尽行孝道，有德行的学生当众表彰。三年没回家探望父母的，斥逐之；终日饮酒作乐，习性不改者，罢斥之。经此整顿之后，再给学生讲授经籍，使国子监学习面貌焕然一新。柳宗元曾追述这些改革过程：

> 昔公之来，仁风扇扬。暴慢革面，柔輮有立。听闻嘉言，乐甚钟鼓。瞻仰德宇，高逾嵩岱。及公当职施政，示人准程，良士勇善，伪夫去饰。堕者益勤，诞者益恭。沉酗腼酒，斥逐郊遂。违亲三岁，罢退乡党。令未及下，乞归就养者二十余人。礼顺克彰，孝悌以兴，则又讲贯经籍，俾达奥义。简习孝秀，俾极儒业。冠屦裳衣，由公而严。进退揖让，由公而仪。③

第二节　国子监的日常教学活动

国子监的日常教学活动与当政者对儒学的态度及科举制度的发展密切相关。隋唐时期，执政者对于儒学虽重视程度不同，但均无毁弃儒学的举措，基本上采取以儒学为主，兼容佛道的文教政策。这种相对开明宽松的文教政策使得隋唐时期中央官学空前繁盛，国子监诸学在儒学和其他专门学的传播与发展方面做出了积极的贡献。同时，科举考试科目及内容的变化，对国子监的教学产生显著影响。

---

① 《册府元龟》卷604《学校部》。
② 《新唐书》卷194《阳城传》。
③ 《柳宗元集》卷9《国子司业阳城遗爱碣》。

隋文帝杨坚重视儒学，曾广征儒家经典，使儒学的正统地位开始恢复；隋炀帝杨广也非常重视对儒经的整理，曾将儒经分为甲乙丙丁四目，并分统于经、史、子、集四类。唐高祖李渊"颇好儒臣"①，开国之初，即下诏重仕崇儒。唐太宗李世民更是锐意经术，对侍臣说："朕今所好者，惟在尧、舜之道，周、孔之教，以为如鸟有翼，如鱼依水，失之必死，不可暂无耳。"②

隋唐时期统治者重视儒学，发展儒学教育，是将儒学作为治理天下的思想武器。正如《旧唐书》所说："古称儒学家者流，本出于司徒之官，可以正君臣，明贵贱，美教化，移风俗，莫若于此焉。"③国子监，正是掌管全国儒学教育的中心，其职责就是"掌邦国儒学训导之政令"④。隋唐时期重振儒术主要表现为：重新尊孔，以孔子为先师，广建孔庙，进行祭祀；以科举选拔明经之士，参与国事；对儒经进行考订、统一，并作为学校教育和科举考试的主要内容。祭孔、读经、考订经典、备考科举，成为国子监教学活动的重要内容。

一、释奠讲学

释奠，是中国古代在学校设置酒食以祭祀先圣先师的一种典礼。所谓"释"意为设置，"奠"为奠币、祭品，乃是指陈设祭品以祀神。早在商周之时，我国已有官学设置。周代官学中，已有释奠先圣先师的礼仪。《礼记·文王世子》载："凡学，春官释奠于其先师，秋冬亦如之。凡始立学者，必释奠于先圣先师。"周礼中的祀典，有释奠、释菜和释币等名目。释奠是设荐俎馈酌而祭，有音乐而没有尸；释菜是以菜蔬设祭，为始立学堂或学子入学的仪节；释币即有事之前的告祭，以币（或帛）奠享，不是常行固定的礼仪。释奠是孔庙祭礼中规格最高的一种。魏晋南北朝时期，皇太子学通一经之后，于辟雍行释奠礼，以太牢祀孔子，颜渊配享。皇帝亲临，在释奠礼后宴会群臣，太子与群臣吟诗作赋。释奠礼在隋唐国子监教学活动中得到继承和发展。

隋唐之际，朝廷大力提倡周公之礼、孔孟之道，重振儒术的首要表现便是

---

① 《旧唐书》卷 189《儒学传序》。
② 吴兢：《贞观政要》卷 6《慎所好第二十一》。
③ 《旧唐书》卷 189《儒学传序》。
④ 《旧唐书》卷 44《职官志三》。

重新尊孔，在各处重建孔庙，于每年特定时日，举行规格不同的奠祭活动。国子监作为全国最高学府，是推行儒学教育的重镇，其奠祭活动颇为正式、隆重，多由皇帝或皇太子亲临主持，朝中文武百官也被要求前去参加。释奠礼之后，还有皇太子、祭酒、司业以及博士等讲经论义等活动。隋制，每年农历二、五、八、十一月的上丁日，释奠于先圣先师。州郡学则以春秋仲月释奠。释奠之日，"天子乃整万乘，率百僚，遵问道之仪，观释奠之礼"①。当时释奠礼的盛大规模及当政者对儒学的重视，可见一斑。

唐代每年两次释奠礼，祭奠先圣孔子、先师颜回以及孔子弟子和其他先儒。"祭以太牢，乐用登歌、轩县、六佾之舞。"② 这些规定比原有礼制更详尽精密，不仅奏雅乐，还

图 2-5　唐吴道子所绘先师
孔子行教像

供应饮食，有教坊杂乐倡优助兴；在讲经内容上，除传统儒家经典外，兼及佛道两家。

隋唐释奠礼的祭祀对象有一个变化的过程。南北朝以及隋大业年间，均以孔子为先圣，颜回为先师，四时致祭。唐武德二年（619 年），唐高祖李渊诏令于国子学周公庙内以孔子配享。此时，并没有为孔子单独设庙，直

图 2-6　西安孔庙

①《隋书》卷 75《儒林传序》。
②《唐六典》卷 21《国子监》。

至贞观二年（628年）十二月，尚书左仆射房玄龄，国子博士朱子奢建议专设庙祭孔：

> 武德中，诏释奠于太学，以周公为先圣，孔子配享。臣以周公尼父，俱称圣人，庠序置奠，本缘夫子，故晋宋梁陈及隋大业故事，皆以孔子为先圣，颜回为先师。历代所行，古人通允。伏请停祭周公，升夫子为先圣，以颜回配享。①

从这时起，国学之中才开始停止祭祀周公，而专门设立孔子庙，祭祀孔子，并以颜回配享。贞观二十一年（647年），由皇太子释奠，并作初献，以国子祭酒为亚献，以兖州刺史摄司业为终献。所谓"献"，类似于今日的演讲，当时的主要内容是讲解儒学经典。

释奠有专门的仪式和乐舞，每逢改朝换代，都会制礼作乐。仅以释奠所用乐而言，唐高祖武德九年（626年）制作了"大唐雅乐"；贞观年间，规定祭孔释奠用"登歌"；唐玄宗年间，释奠乐章有增加；五代后汉、后周时，释奠乐都有少许变化。

唐代释奠礼分为不同的层次，有皇太子释奠礼、中央官学释奠礼和州县官学释奠礼，其中与国子监有关的为前两种。皇太子"释奠礼"分斋戒、陈设、出宫、馈享、讲学和还宫六个环节。参与释奠礼的各级官员、太学生以及预祭人员都要"斋戒"，以表示对于先圣、先师的重视和虔诚。"陈设"是指扫除释奠场所，设置三献位次以及设相应的礼器和祀品等。出宫是太子出行礼仪。"馈享"包括服祭服、入位次、乐舞、三献、享祭等环节。享祭之日，享官服祭服，官员服公服，学生青衿服，于天明前三刻入场。二刻，奉礼、赞者先入就位，引导百官及预祭者进入规定位次。奏《永和之乐》，作文舞，乐舞三成，乐止，众官再拜。正式祭奠开始，经初献、亚献、终献，百官预祭者再拜，作武舞，舞止，再拜，引出百官及预祭者，馈享结束。讲学，皇太子及各级从享官员、学生等，聆听持经、侍讲、持读等诵读经文、释义，并问疑，由侍讲等答问。还宫，与出宫礼仪相似。相比之下，监官学国子"释奠礼"则少一些，只有斋戒、陈设和馈享三个环节。②

---

① 《唐会要》卷35《褒崇先圣》。
② 《大唐开元礼》卷53《皇太子释奠于孔宣父》，卷54《国子释奠于孔宣父》。

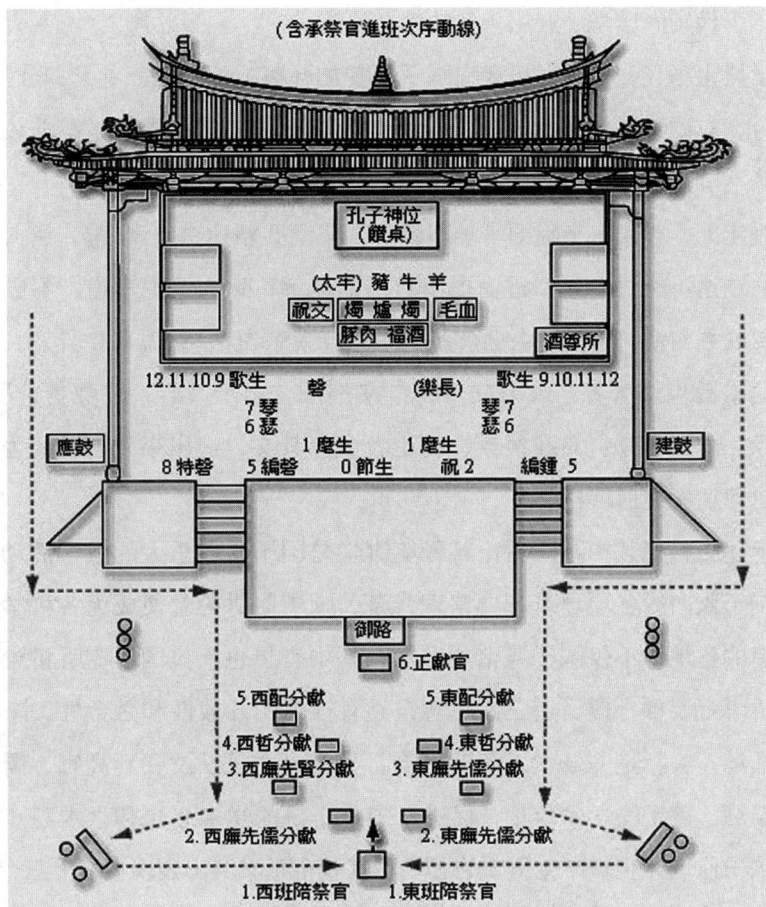

图 2-7　释奠礼陈设分布图

武德七年（624 年），唐高祖亲临国子学，参加释奠礼。当时沙门惠乘讲
《波若经》，徐文远讲《孝经》，道士刘进喜讲《老子》，讲论许久才结束。高祖
令太学博士陆德明向三人问难，德明"雅有词致，论难锋起，三人皆为之屈"。
高祖称曰："儒玄佛义各有宗旨，徐、刘、释等并为之杰，德明一举而蔽之，可
谓达学矣。"① 事后唐高祖下诏，表明对佛、儒、道三教的看法。虽然他崇尚儒
学，但认为佛、道两教在劝人归善方面，其实是相通的："自古为政，莫不以学
为先，学则仁、义、礼、智、信五者俱备，故能为利深博。朕今欲敦本息末，
崇尚儒宗，开后生之耳目，行先王之典训。而三教虽异，善归一揆。"② 这一观

①《册府元龟》卷 599《学校部·侍讲》。
②《唐大诏令》卷 105《兴学敕》。

点印证了唐代崇尚儒学、兼用佛道的教育政策。

太学博士马光，常因高祖亲临国子学参加释奠礼而讲《三礼》。当时王公群集的场合，有硕学群儒依次论难十余人，而马光"剖析疑滞，虽辞非俊辩，而理义弘赡"①。论难者认为其学问之深不可测，一致信服。

贞观年间，唐太宗亲临国子学观释奠。祭酒孔颖达讲《孝经》，唐太宗与之辩论，孔颖达不能对。太宗进而提出自己的见解，认为谈论孝道，不应拘泥于文字，要联系实情，否则只会曲解圣人本意。太宗说："诸儒各生异意，皆非圣人论孝之本旨也。孝者，善事父母，自家刑国，忠于其君，战陈勇，朋友信，扬名显亲，此之谓孝。具在经典，而论者多离其文，迥出事外，以此为教，劳而非法，何谓孝之道耶！"②

从上述史料记载中不难看出，释奠讲学是国子监最重大的教学活动。每逢此时，国子监内的各项建筑都要整理修葺，国子监讲论堂便成为各种学术思想交流碰撞的圣地，不仅国子监诸生参与，朝中官员也汇集国子监听讲论。唐代的释奠讲学汇聚佛、儒、道三家思想，具有很强的开放性和融合性。隆重的释奠讲学活动，实际是一场学术争鸣大会，皇帝、太子以及朝廷高官、儒士的参加，与祭酒、博士的学术争论，促进了国家正统的学术思想和学术观点得以传播，对国子监全体生员产生重要的影响。其教育意义突出表现在以下三个方面：

第一，这项教育具有鲜明的教学目标，通过规模盛大的祭孔活动，树立儒学的正统地位，倡导师道尊严，体现国家对儒学教育的重视。在国子监这一国家官学教育的核心机构举行高规格的祭祀讲学活动，更容易发挥宣传和辐射功能，从而引导国子生徒以及天下士子尊崇儒道，钻研儒学。

第二，该活动有明确的教学内容。释奠讲学活动融道德教育、历史教育、经学教育、礼仪教育和艺术教育等内容于一身。尊孔隆师，首先是对国子生徒的道德教育；祭祀孔子，以颜回配享，同时还有先哲、先贤的雕塑或画像，这让学生对教育历史有深入的了解。祭祀活动中，皇太子、祭酒、司业、国子博士以及其他佛、道名家的辩论、讲学，无疑给国子监生们提供了开阔学术视野的绝好机会。这些学者汇聚一堂，各以其善长者讲之，尤其是当皇帝在场、官员齐聚之时，更是拿出看家的本领，讲解经书，阐明大义。对国子监生而言，这类活动确实是他

①《册府元龟》卷601《学校部·辩博》。
②《旧唐书》卷24《礼仪志四》。

们不可多得的学习机会。另外，整个释奠活动都有严格的礼仪规范和特定的乐章及文、武舞蹈，无疑又是对国子监生最真实的礼仪和艺术教育。

第三，从教学形式上看，释奠讲学是以实践活动的形式组织的课堂外教学活动。学生能亲身参与其中，具有更多感性的体验。

综合以上三点，可以说释奠是国子监重要的集体教学活动。虽然每年举行的次数只有两到四次，但这项教育活动的规格之高，规模之大，影响之深，是其他教学活动无法比拟的。

二、分科教学

隋朝统一后，开始恢复学校教育。唐代官学的教学计划与科举考试紧密配合，基本目标是培养和选拔儒学人才，课程设置以儒学为主，反映了唐政府重振儒术的文教政策和着重培养儒学统治人才的指导思想。

国子监学官分科教学，分经授业，国子生徒分专业学习，这是国子监内部最基本、最核心的教学活动。唐代国子监统辖中央官学中，国子学、太学和四门学传授儒家经典，具有大学通识教育的特征；律学、书学和算学则是专业教育特征比较明显的高等专门学校；弘文馆和崇文馆则属于大学性质的贵胄学校，"以皇缌麻以上亲，皇太后、皇后大功以上亲，宰相及散官一品、功臣身食实封者、京官职事从三品、中书黄门侍郎之子为之"[1]。

儒学经典是隋唐国子监的主要课程。国子监聚集大批学识渊博之士，考证经籍亡佚，辩论南北经学异同，成为全国儒学教育中心。《隋书》追述文帝时儒学盛况道：

> 高祖膺朝纂历，平一寰宇，顿天纲以掩之，贲旌帛以礼之，设好爵以縻之，于是四海九州强学待问之士，靡不毕集焉。天子乃整万乘，率百僚，遵问道之仪，观释奠之礼。博士罄悬河之辩，侍中竭重席之奥，考正亡逸，研核异同，积滞群疑，涣然冰释，于是超擢奇俊，厚赏诸儒，京邑达乎四方，皆启黉校。齐、鲁、赵、魏，学者尤多，负笈追师，不远千里，讲诵之声，道路不绝。中州儒雅之盛，自汉、魏以来，一时而已。[2]

国子监中国子学、太学等传授儒经的学馆均按经分置学官，博士、助教和

①《新唐书》卷44《选举志上》。
②《隋书》卷75《儒林传序》。

直讲相互配合，讲授各经。直讲协助博士、助教专以经术讲授，律学、算学和书学的博士、助教各以专业教授诸生，并负责督课。学官具有政府官员和学校教师的双重身份，教职的级别，以政府规定的官职品级为标准。

隋大业年间，国子助教萧该兰、包恺，精于《汉书》，时"《汉书》学者以萧、包二人为宗匠，聚徒教授，著录者数千人"①。隋大业初年，"礼部侍郎许善心举文远与包恺、褚徽、陆德明、鲁达为学官，遂擢授文远国子博士，恺等并为太学博士。时人称文远之《左氏》、褚徽之《礼》、鲁达之《诗》、陆德明之《易》，皆为一时之最。文远所讲释，多立新义，先儒异论，皆定其是非，然后诘驳诸家，又出己意，博而且辨，听者忘倦"②。

图 2-8　唐代"九经"

隋唐时期，儒经分大、中、小三类：大经为《礼记》《春秋左传》，中经为《诗经》《周礼》《仪礼》，小经为《易》《尚书》《春秋公羊传》《春秋谷梁传》。博士各以其所掌握或擅长之经教国子。《周易》《尚书》《毛诗》《左氏春秋》《礼记》为五经，《论语》《孝经》《尔雅》不立学官，附中经而已。

学生入国子监后，均以一经为主要修习目标，类似于专业下设的研究方向。史书记载，国子学 300 生员，五分其经以为业，《周礼》《仪礼》《礼记》《毛诗》《春秋左氏传》各 60 人，暇则习隶书、《国语》《说文》《字林》《三仓》《尔雅》；太学生也是五分其经以为业，每经 100 人。③ 修习儒经的生员均有其主攻方向，像国子学中每个人分经所习专业方向就固定到某一经上，同时还要兼习书法、礼仪等课程。唐代学官专经讲授，使讲解更深入、透彻。国子监学生虽有主要

---

① 《隋书》卷 75《包恺传》。
② 《旧唐书》卷 189 上《徐文远传》。
③ 《新唐书》卷 48《百官志三·国子监》。

的攻读方向，但因为生员的学习主要是为了备考科举，所以国子监设定相应的课程供监生选择。经学课程主要分为"二经"（学一大经、一小经或二中经）、"三经"（学大、中、小各一经）和"五经"（大经全学，其余各选一经）等层次。《孝经》《论语》则属于公共必修科目。

国子监各学馆均有规定的修业年限。如太学修业年限为六年，从教学计划上讲，学官在六年内必须授完大经、中经和小经等必修和选修课程；同时，学生亦须按期学习规定的大经和小经，以及《论语》《孝经》等公共必修课。另外，每天要习字一张，并阅读《说林》《字林》等字书。

总体而言，国子监的日常教学活动是相对单调和枯燥的。当学生行过"束脩之礼"，进入国子监各学馆之后，每天重复着艰苦、单调的学习生活。

隋唐时期，国子监生徒均住在馆内，由朝廷供给饮食等日常费用。除了国子监规定的旬假等假期外，监生不得随意出监。监生经常要参加晨会，国子祭酒或司业等学官训话，督促学生治学和修身。韩愈所作《进学解》真实地反映了国子监晨会的情形：

> 国子先生晨入太学，招诸生立馆下，诲之曰："业精于勤，荒于嬉；行成于思，毁于随。方今圣贤相逢，治具毕张。拔去凶邪，登崇俊良。占小善者率以录，名一艺者无不庸。爬罗剔抉，刮垢磨光。盖有幸而获选，孰云多而不扬？诸生业患不能精，无患有司之不明；行患不能成，无患有司之不公。[1]

日常的课堂教学占据了教学活动的绝大部分，博士、助教和直讲按照传统教学方式，讲授经书和义疏。"各学皆以系统讲授为主，尤其是国子学、太学和四门学的教法基本相同，主要是儒家经书的读与讲，故其教师大都是经师。"[2]

唐太宗命孔颖达编定《五经正义》，作为科举考试所依据的主要教材。"五经"包括《易经》《尚书》《诗经》《礼记》《春秋》。高宗永徽四年（653年）《五经正义》正式颁行后，国子监儒经教学有了统一的教材，学官们难以有更多的发挥，监生们为其科举前途着想，也不愿涉猎其他经文释义。这就使得教学活动更难有

---

① 韩愈：《进学解》，见马其昶校注、马茂元整理《韩昌黎文集校注》，上海古籍出版社1986年版，第25页。

② 邓德龙：《中国历代官制》上册，武汉大学出版社1990年版，第328页。

创新的空间。

当然，也有一些学识渊博又爱好创新的学官们能把课讲得生动活泼，韩愈即是一例。他热爱学生，教学一丝不苟，以情动人。学生皇甫湜称赞他的课，"讲评孜孜，以磨诸生，恐不完美，游以诙笑啸歌，使皆醉义忘归"①。

一名好学官不仅在教学上突出，还能带动整个学馆风气的改变。国子司业阳城就是这样一位受学生爱戴的优秀学官，他任职国子监，使国子监学风发生了显著的变化，学生也从内心感激学官。因此，当阳城被贬时，出现了太学生集体请愿、企求挽留阳城司业的学潮。

三、编修教材

隋唐时期，统治者尊崇儒学，推广学校教育，创立和推广科举考试制度，对儒家学术经典的研究与整理工作日显急迫。隋代国子监教学管理中就出现过因教材各异，国子博士不敢对学生的策问作出现场评价的尴尬之事：

> 会上（隋文帝）令国子生通一经者并悉荐举，将擢用之。既策问讫，博士不能时定臧否。祭酒元善怪问之，（房）晖远曰："江南、河北，义则不同，博士不能偏涉。学生皆持其所短、称己所长，博士各各自疑，所以久而不决也。"祭酒因令晖远考定之。晖远揽笔便下，初无疑滞。或有不服者，晖远问其所传义疏，辄为始末诵之，然后出其所短，自是无敢饰非者。所试四五百人，数日便决，诸儒莫不推其通博，皆自以为不能测也。②

这则故事生动地说明，由于没有统一的教材，国子监在教学和学业考核上遇到了困难，即使是经学博士，也对"政出多门"的学生答卷束手无策，好在还有一位学通南北的房晖远，有思想、有魄力，才得以使事情解决。

科举选人的重要前提是所考内容和评定标准一致。隋唐之初，由于两汉及魏晋南北朝之遗风犹存，今古文经学派的潜在影响、谶纬神学和玄学的兴盛，不仅使儒家学术发展面临困顿，而且经出多门，章句繁杂，也使求经者无所适从。同时，教材又是开展教学活动的重要条件，统治者想要重振儒学，以儒学治天下，整理儒经，统一注解并通行天下，便成为首要之务。国子监是全国最

① 皇甫湜：《韩文公墓志》。
②《隋书·儒林传》。

高的文化教育行政机构，整理、修订儒学著作，编撰学校教育的教材，统一科举考试的参考书目及内容，成为其责无旁贷的份内之事。

唐太宗在位时，因经籍年代久远，文字有许多谬误，曾诏令统一经注、规整文字；又因"儒学多门，章句繁杂"，诏国子祭酒孔颖达与诸儒撰定《五经》义疏，凡170卷，名曰《五经正义》，命天下传习。①

编修教材是国子监学官参与的一项工作，也是重要的教学科研活动，其主要内容是对经学教材的整理与考订，因为其他学科的教材相对稳定，无争议。例如，算学教材有《九章算术》《夏侯阳算经》以及祖冲之的《缀术》等；律学课程主要是《律》《令》，无可争议；书学教材也不存在大的问题。经学则不然，自魏晋南北朝以来，儒学流派，师承杂多，动荡的社会形势使许多儒家经典散落、遗佚，再加上缺乏有效的文字保存工具，造成经籍在传抄过程中出现的许多文字上的讹谬。因此，当隋唐统治者想要借推行儒学教育来统一思想以适应大一统的政治局面时，必须首先统一学术和观点，使学校教育和科举选才有可参照的统一标准。

唐代编修教材的工作，主要分考订《五经》，编写《五经》义疏和刊刻石经三项。

首先，考订《五经》。贞观四年（630年），唐太宗诏令颜师古考订《五经》。颜师古在翻阅大量经籍的基础上，悉心校正，历时两年完成了《周易》《尚书》《毛诗》《礼记》《左传》等校刊工作。唐太宗对其赞赏有加，遂"颁其所定书于天下，令学者习焉"②，求经无所适从的状况因此得到改善。

其次，编写《五经》义疏。贞观十二年（638年），唐太宗又诏令新任国子祭酒孔颖达领衔，名儒颜师古、司马才章、王恭，王琰等辅助，国子司业助教、太学博士、助教以及四门博士助教等20余人编写《五经》义疏。经过2年努力，于贞观十四年二月编成《五经》义疏180卷。太宗甚为满意，下诏褒奖，称赞孔颖达"博综古今，义理该洽，考前儒之异说，符圣人之幽旨，实为不朽"③。太宗特赐孔颖达"物三百段"，并亲自提议将原书名《五经义赞》更

---

① 《旧唐书·儒林传》。
② 吴兢：《贞观政要》卷7。
③ 《旧唐书》卷73《孔颖达传》。

为《五经正义》，交由国子监作试用教材。① 此后继续修订，高宗永徽四年（653 年）三月，正式将《五经正义》颁行天下，作为全国统一教科书。这一举措使儒学经典在文字和释义上都有了权威性的标准，促进了唐代儒学教育和科举考试的发展。

最后，刊刻石经。虽然有了权威文字定本和经义解释，但限于技术条件，经籍在传抄过程中容易出现谬讹。因此，有学者就建议依照先朝的做法，刊刻石经，以免"文儒道消"②，篆书大家李阳冰曾上书建议："诚愿刻石作篆，备书六经，立于明堂，为不刊之典，号曰大唐石经，使百代之后，无所损益，仰明朝之洪烈，法高代之盛事，死无恨矣。"③

受各种因素影响，唐代国子监刊刻石经工作直到文宗太和九年（835 年）才正式启动。不过，在刊刻石经之前，国子监为方便生徒校正经文，就已经将《五经》抄写于墙壁。唐代宗大历年间，在国子司业张参主持下，国子监将整部经书直接抄写在国子学论堂东西厢的墙壁上，即所谓的"五经壁本"，或称"壁经"。张参还在校勘经文的基础上，收集疑文互体，编成《五经文字》三卷。此后，"五经壁本"还有过两次重修。第一次是宪宗元和十四年（819 年），国子祭酒郑余庆整修国子监，重新缮写了"壁经"。第二次是文宗太和二年至四年（828—830 年），国子监选用上好木材，比照墙壁尺寸，剖析成宽大平滑的木板，契合连接成整体版面，然后由擅长书法的国学生徒，将经书抄写于木版之上。④

太和九年，郑覃出任尚书右仆射，并兼国子祭酒，直接领导了国子监刊刻石经的工程。参与此项工程的，还有周墀、崔球、张宗次、孔温业等。刊刻之前，还由唐元度主持"复定九经字体"，并产生了《新加九经字样》一卷。文宗开成二年（837 年），石经刊刻完毕，"唐石经"因此亦称《开成石经》。⑤

---

① 熊贤君：《中国教育行政史》，华中理工大学出版社 1996 年版，第 130 页。
② 封演：《封氏闻见记》。
③《全唐文》卷 437《李阳冰・上李大夫论古篆书》。
④ 路远、裴建平：《石版文章——历代碑刻琐谈》，四川教育出版社 1996 年版，第 164 页。
⑤ 路远、裴建平：《石版文章——历代碑刻琐谈》，四川教育出版社 1996 年版，第 164 页。

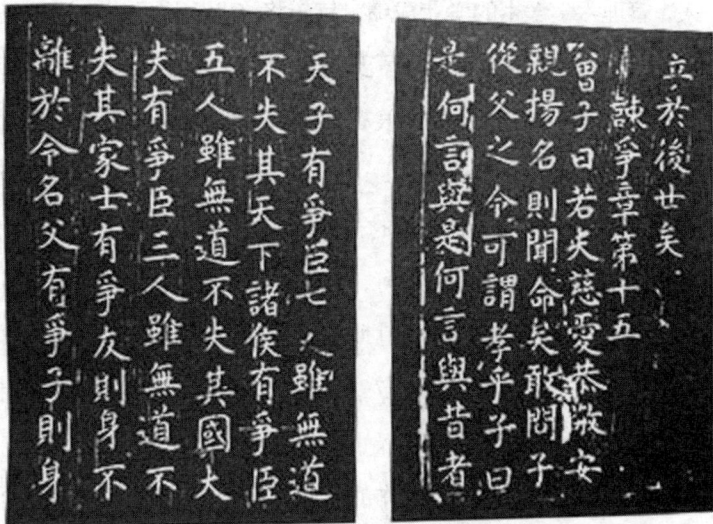

图 2-9　唐开成石经片段

参与唐代编修儒经教材的工作人员，国子监学官居多，既有国子祭酒、司业，也有国子博士、助教，甚至国子监生徒。可以说，编修教材活动大大促进了国子监学官们对经学的深入探讨和理解。在参与活动的过程中，他们要查阅大量的经学典籍，章句义疏，要反复讨论，辩证释义，选取、订定最佳的释义；还要校勘文字有无讹误。尽管这些修订难以完美无缺，但这一教育活动确实促进了国子监的教学。书写于国子监墙壁上的五经壁本，立于国子监的《开成石经》，为国子监教学活动提供了便利条件。师生可以随时校正、诵读经文，讲论经学。《开成石经》的刊刻，拓展了经学读本的范围，使国子监的标准经本达到12 种。石经总计有 650252 字，分别是《周易》24437 字，《尚书》27134 字，《毛诗》40848 字，《周礼》49516 字，《仪礼》57111 字，《礼记》98994 字，《春秋左氏传》198945 字，《公羊传》44748 字，《谷梁传》42089 字，《孝经》3000余字，《论语》16509 字，《尔雅》10791 字。[1] 开成石经立于长安务本坊国子监近 70 年，为国子监教学活动服务。直到公元 904 年，朱温胁迫唐昭宗东迁洛阳。

四、学业成绩考查

国子监在行政上隶属于皇帝，业务上归礼部掌管。祭酒、司业为最高学官。国

---

[1] 顾炎武：《金石文字记》卷 5《唐国子学石经》。

子监设丞一人，管理六学学生的学业成绩，每年将修业完毕的学生送请祭酒和司业举行毕业考试，及格者上报礼部应省试。又设主簿一人，管理六学学生品行学规。

隋唐国子监对各科所需的修业年限有明确规定。如《孝经》《论语》共学一年，《公羊传》《谷梁传》各为一年半，《易》《诗》《周礼》《仪礼》各为两年，《礼记》《左传》各为三年。修业年限的规定意味着国子监生徒必须在规定的时间修完所学课程，至于修习的效果如何，则要通过学业成绩考查才能见分晓。

为保证国子监的教学质量，隋唐时期的国子监对生徒学业的考核十分严格。这些考核是检测学生学习状况的有效方式，也是对国子监学官教学效果的评估。同时，根据考试成绩，决定升级、留级、任官或退学。国子监教官少，学生多，必须通过严格的考试，加强对教学工作的管理。隋炀帝曾下诏，要求国子等学，"申明旧制，教习生徒，具为课试之法，以尽砥砺之道"①。

唐代官学有关学业考核、毕业及奖惩的规定，更为明确和具体。官学学业考试分三种：旬考、岁考、毕业考。旬考、岁考由博士主持。旬考考查学生十日之内所学习的课程，包括诵经 1000 字，讲经 2000 字，问大义一条，笔试帖经一道。获得三分为通晓，二分为及格，不及格的有罚。岁考是考一年以内所学习的课程，口问经义十条，通八条为上等、六条为中等、五条为下等，下等为不及格，须重习（即留级）。重习后岁试仍然为下等，则罚补习九年；仍不及格，则令退学。

官学的学生在学期间一律享受公费，包括衣服、膳食，都由朝廷和地方政府支付。学生考试成绩不佳，有"停公膳"的处罚；学业、品行具佳者，则给予奖励。凡六学学生操行过劣不堪教诲的，科考连续落第或九年在学无成的，违反假期规定不返校或作乐杂戏的，都令其退学。考试成绩优秀或已经及第而愿意留在国子监的，则依次进入更高层级的学馆。"诸学生通二经、俊士通三经已及第而愿留者，四门学生补太学，太学生补国子学。"②

《唐摭言》中对国子监生徒学业的考核也有记载。每年，国子监所管辖学生，由国子监负责考试；考试内容是一年来所授各业，考试方式为口试，问大义十条，成绩评定标准为："得八已上为上，得六已上为中，得五已下为下。类

---

① 《隋书》卷 3《炀帝上》。
② 《新唐书·选举志》。

三不及，在学九年。""律生六年，不任贡举者，并解退。"①

国子监各学馆生徒完成学业，国子祭酒监考，由博士出题举行毕业考试。像四门学在卒业时要达到"通二经"或"通三经"的学业标准。考试及格，即取得参加礼部省试资格。如欲继续求学，四门学的毕业生则补入太学，太学毕业生则补入国子学。就学业程度而言，四门学、太学、国子学三学馆不见得有显著差异，但各馆生徒的地位和待遇却明显不同。因此，这种升学待遇实际是对学业成绩优秀的生徒的一种奖励。

国子监除了对生徒的学习状况进行例行考查外，还挑选学有所成的儒生应省试。每年，国子祭酒都会在中央六学二馆中挑选学有成就的生员若干人，送到礼部应省试。史称，"永徽之后，以文儒亨达，不由两监者稀矣。于时场籍，先两监而后乡贡"；许多缙绅虽位极人臣，但仍感觉"不由进士者，终为不美"，而"进士不由两监者，深以为耻"②。天宝十二年（753 年）甚至敕"天下罢乡贡，举人不由国子及郡县学者，勿举送"③。两年后，才恢复乡贡。

生徒能否取得应礼部省试的资格，取决于其在国子监学习的成绩。宪宗元和年间，冯伉曾上《科处应解补学生奏》，言及国子监规定，"又有文章、帖义不及格限，频经五年，不堪申送者，亦请解退"；"又准格，九年不及第者，即出监"。④ 也就是说，如果学生学业不及格以致五年不能被送应省试，要将其解退除名，经举送而九年不及第者，也要除名。

根据官学种类的差异，国子监对其学业成绩考查的要求也略有不同。以律学教育为例，唐代法令对在册律学生的成绩有较高要求，律学生在馆学习期间，必须精于专业，学有所成。朝廷委派国子监丞会同祭酒、司业等官员负责定期对律学生的学业进行考核。具体考核方式主要为帖律令和口试两项。⑤《唐六典·国子监》记载："丞掌判监事。凡六学生每岁有业成上于监者，以其业与司业、祭酒试之……其明法、明书、算亦各试所习业。"

科举考试对学校教育的培养目标、教学内容及教学方法产生潜在影响。学

---

① 王定保：《唐摭言》卷 1《进士归礼部》《散序进士》《两监》。
② 王定保：《唐摭言》卷 1《两监》。
③《文献通考》卷 29《选举二》。
④《全唐文》卷 438《科处应解补学生奏》。
⑤ 陈玺：《唐代律学教育与明法考试》，载《西南大学学报》（社会科学版）2008 年第 1 期。

校的培养目标是科举政策和入仕。科举考试的内容和方法自然成为学校教学内容和检查学生学业经常采用的方法，如国子学、太学和四门学的教学科目就是依照科举九经取士的要求而安排的；再如科举注重帖经、问义，而学校考试也如法炮制。①

从学业考试影响来看，它具有双重性。一方面，国子监通过组织学业成绩考查活动，及时检验学生的学习效果，督促学生勤奋向学，充分利用考试的积极作用，是其在教学活动中的成功经验；另一方面，这些考试的内容、方式和方法因受科举考试的影响而显得过于频繁、呆板，致使学生终日埋首于科举教材中，缺少学习过程中的灵活思考。

当然，对一心求学或是热衷于科举的生徒而言，国子监为他们提供了一个良好的学习环境。在衣食无忧的条件下，静心习业，是许多平民士子梦寐以求的愿望。这就为其谋取功名提供了有利条件。宋人曾作评论：

> 坐大厦之下而诵诗书，无奔走之劳矣；有司业、博士为之师，未有问而不告、求而不得者也。凡所宜有之书，皆集于此，不必若余之手录，假诸人而后见也。其业有不精、德有不成者，非天质之卑，则心不若余之专耳，岂他人之过哉？②

总之，隋唐国子监的各种教学活动中，释奠礼是最有特色的，也是国子监一年当中仅有的几次盛会。融汇经学、礼仪以及艺术等各种教育内容在内的释奠礼，对国子监生徒具有深远、全面的影响。编修教材主要是国子监学官参加的活动，通过修订统一的官学教材，促进国子监学官加深对经学内容的理解，为教学活动奠定重要基础。分科教学、分经授业的课堂教学是国子监内最常规的教学活动，遵循传统，缺少创新，却非常有效果。学生在诵读、抄写的学习过程中掌握经典、书法和作文。在规范、严格的学业考试制度下，学生养成读书习文的文化基础，为参加科举考试活动做准备。

五、五代时期国子监教学活动

五代时期，中原地区朝代更迭。南方地区先后建立前蜀、后蜀、吴、南唐、吴

---

① 刘虹：《中国选士制度史》，湖南教育出版社 1992 年版，第 202 页。
② 宋濂：《宋学士文集》卷 73《送东阳马生序》。

越、闽、楚、南汉、南平（即荆南）和北汉十个割据政权。在战争频仍、社会动乱的历史背景下，众多饱学之士为避战乱，不仕朝廷而隐居民间，入读官学者多为混求资历，真心向学者则寻求隐居名士。因此，官学教育活动整体呈现日渐衰微的趋势。总体而言，五代十国的学校教育，后唐、后周稍有振作，后晋最差。[①]

五代时期沿袭唐代官学制度。后唐国子监有学生200人。同光元年（923年），置祭酒、司业、博士等职官管理国学，教材仍为儒家经典。入读国子监的学生必须经过考试。南唐也较积极开展儒学教育活动，专门收集经典书籍，设置学官，开办国子监，招收生徒，进行儒学教育。史籍记载：

> 唐末大乱，干戈相寻，而桥门璧水鞠为茂草，驯至五代，儒风不竞，其来久矣！南唐跨有江淮，鸠集典坟，特置学官，滨秦淮开国子监，复有庐山国学，其徒各不下数百。[②]

后周世宗显德二年（955年），以大梁（今开封）天福普利禅院营建国子监，置学舍。一直到宋代，这些学舍都是国子监所在之地。[③]

五代时期，国子监还有一项重要的教育活动，即抄写、雕刻印刷儒学经典，确立了国子监印本经书的标准地位。长兴三年（932年），后唐宰相冯道因民间"鬻印板文字，色类绝多，终不及经典"[④]，因而"依石经文字，刻'九经'印板"，（后唐）明宗"敕令国子监集博士儒徒，将西京石经本，各以所业本经句度抄写注出，仔细看读，然后雇召能雕字匠人，各部随帙刻印板，广颁天下。如诸色人要写经书，并须依所印敕（刻）本，不得更使杂本交错"[⑤]。

第三节　国子监师生日常活动与心理状况

隋唐五代时期，学官分经授业，监生修习经业及其他课程成为国子监监生

---

① 王炳照等编：《简明中国教育史》，北京师范大学出版社1994年版，第129页。
② 《南唐书》卷23《朱弼传》。
③ 王炳照等编：《简明中国教育史》，北京师范大学出版社1994年版，第129页。
④ 《册府元龟》卷608《学校部·校刊》。
⑤ 《五代会要》卷8《经籍》。

重要的日常活动，师生关系也基于教学活动建立和发展。同时，国子监作为中央官学重要的教学与管理机构，广受朝代更替、人员变换以及时代风气的影响。各类官学师生的日常生活、心理状况以及相互关系，既存在某些共性的特征，也呈现出阶段性的变化。

国子监作为官学教育的中心得到蓬勃发展。唐中后期，学风日下，科举重乡贡，学校教育活动受到严重冲击，师道呈衰颓之势。国子监教学和管理活动受到诸多因素的影响，出现学官疏于教导、监生蒙混度日的状态。

一、国子监师生的日常生活

在教学中，国子监学官分工合作，以各自所擅长之科目教授监生，除算学、书学、律学等专门学馆外，国子学、太学、四门学等均以修习经学为主要科目。此外，习字也是各类学生必不可少的练习项目。与儒家教育理念相统一，国子监诸馆重视学生品德修养，完善人格。这两方面的修习目标对各学馆师生的日常生活产生潜在的影响。

（一）国子监学官的日常生活

隋唐时期，国子监学官处于转折时期，一部分学官兼具教师与行政人员的双重身份。在国子监任职的学官，均是社会名儒，如国子祭酒孔颖达、韩愈等，乃是名闻天下的学者。按照隋唐律令，国子监教职属于官职，享有国家规定的同级官吏的俸禄。例如，按照学官的官阶划分，隋炀帝时国子学博士为正四品；助教是从七品。唐国子祭酒为从三品，司业为从四品下，国子学博士为正五品上，四门学博士是正七品上。①

国子监学官作为文人中的特殊群体，他们的生存现状、思想意识深受教育制度、科举制度、铨选制度以及社会风尚、文学思潮等影响。就学官的双重身份而言，其日常生活也融合官员与学者生活的特征。兹分述如下：

1. 衣食宴游

国子监教师虽然属于国家官吏，但其生活仍比较艰辛。从韩愈三为国子博士期间的生活状况可略见一斑。韩愈（768—824），字退之，唐德宗贞元年间被

---

① 孙逢吉：《职官分纪》卷21。

召为四门学博士；宪宗元和年间，再度被任
命为国子学博士。无论是作为正七品上的四
门学博士，还是正五品上的国子学博士，韩
愈在任职期间的生活待遇并不优渥，只能勉
强维持家庭生活。韩愈不仅要负担一家老小
的生活，还收留了侄子韩老成一家，上上下
下三十余口都靠韩愈每月二十五贯的俸钱维
持开支，捉襟见肘。在他与李翱往来书信中，
曾有详细诉说："仆之家本穷空，重遇攻劫，
衣服无所得，养生之具无所有，家累仅三十
口，携此将安所归托乎？"① 以至于有学生笑
他"冬暖而儿号寒，年丰而妻啼饥"②。

图 2-10　韩愈像

　　万般无奈之下，韩愈只得向他人求助。他曾给于襄阳写信自荐，希望既能
改变生活困境，也可使自己的才能得到发挥：

　　　　愈今者惟朝夕刍米仆赁之资是急，不过费阁下一朝之享而足也。如曰：
　　吾志存乎立功，而事专乎报主，虽遇其人，未暇礼焉，则非愈之所敢知也。
　　世之龊龊者，既不足以语之，磊落奇伟之人，又不能听焉，则信乎命之穷
　　也！谨献旧所为文一十八首，如赐览观，亦足知其志之所存。愈恐惧
　　再拜。③

　　同样，其他一些国子监学官的生活也非常窘迫。例如，国子助教薛公达，
"禄又不足以活身"④；国子司业阳城，不仅要养活弟弟，还养活着妹妹及妹妹的
儿子。唐代这种亲友投靠有俸禄者，以及有俸禄者有义务养活他们的习俗或惯
例，影响了当时许多学官的生活水平，韩愈就是其中之一。⑤ 不过，从元和八年
（813 年）韩愈任比部郎中后，其生活水平开始有比较大的提高，除了有较丰厚

---

　　① 马其昶：《韩昌黎文集校注》卷 3《与李翱书》。
　　② 马其昶：《韩昌黎文集校注》卷 1《进学解》。
　　③ 马其昶：《韩昌黎文集校注》卷 3《与于襄阳书》。
　　④ 马其昶：《韩昌黎文集校注》卷 5《祭薛助教文》。
　　⑤ 黄正建：《韩愈日常生活研究——唐贞元长庆间文人型官员日常生活研究之一》，见荣新江主
编《唐研究》第四卷，北京大学出版社 1998 年版。

的俸禄外，还靠写碑铭获得许多额外收入，但这时的韩愈已经不再是国子监学官。

图 2-11　唐代家宴

宴会是唐代饮食文化中的一项重要活动，参加宴会是文人官员的重要生活内容。贞元以后，这种宴会活动发展到极盛。"长安风俗，自贞元侈于游宴。"①史载，贞元十八年（802 年）三月三日，国子司业武少仪曾组织一次学官宴会，韩愈作为四门博士也参加了此次宴会，并为之作序：

> 京师之人既庶且丰，天子念致理之艰难，居乐安之闲暇，肇置三令节，诏公卿群有司，至于其日，率厥官属，饮酒以乐，所以同其休，宣其和，感其心，成其文者也。三月初吉，实惟其时，司业武公少仪于是总太学儒官三十有六人，列燕于祭酒之堂。罇俎既陈，肴羞惟时，酸酐序行，献酬有容。歌风雅之古辞，斥夷狄之新声，褒衣巍冠，与与如也。……武公于是作歌诗以美之，命属官咸作之，命四门博士昌黎韩愈序之。②

中宗朝国子司业郭山恽，年轻时就已精通《三礼》。有一次，唐中宗邀近臣及修文学士参加宴会，曾令在座之人效伎艺，以为笑乐。工部尚书张锡为《谈容娘舞》，将作大匠宗晋卿舞《浑脱》，左卫将军张洽舞《黄麞》，左金吾卫将军杜元琰诵《婆罗门咒》，给事中李行言唱《驾车西河》，中书舍人卢藏用效道士上章。郭山恽却请求诵古诗两篇，其所诵《鹿鸣》《蟋蟀》之诗，多有规讽之意，虽不符皇上之令，但"志在匡时，潜申规讽，謇謇之诚弥切，谔谔之操逾

---

① 《唐国史补》卷下。
② 马其昶：《韩昌黎文集校注》卷 4《上巳日燕太学听弹琴诗序》。

明"①。因此，受到皇帝的欣赏和奖励。开元初，复入国子监为司业。

官方社交性的宴会，还有一种是"会食"，多指工作餐。韩愈任国子祭酒时，曾有一位善于说《礼》的直讲，因容貌不佳而在就餐时受到其他学官的排斥，为此，韩愈专门让人"召直讲来，与祭酒共食"，其他学官"由此不敢贱直讲"②。

送别宴会也是国子监学官参加较多的宴会之一。亲朋好友、长官下属的升迁、离职、远行、调动，都会有相应的送别宴会。不过，对国子监的学官而言，纯粹朋友间的相聚宴会是最令人轻松和愉快的。他们性情相投又文采飞扬，在愉悦的气氛中饮酒作诗，畅谈人生理想，最是一种畅快的生活意境。

2. 参与政治活动

国子监学官对内要管理学校教育事务，对外要参与国家事务管理，因为国子监学官与其他行政官员处在密不可分的同一体系之内。国子监学官，尤其是祭酒和司业，在国家重大事务，尤其是在文化礼制建设和科举制度完善等方面，担负不可推卸的重要责任与义务。

国子监诸多学官都曾参与礼法的制订和修改。唐太宗时，国子博士刘伯庄曾参与封禅礼的讨论修订；唐高宗时，太学博士史道玄曾参加《显庆礼》的制订和修撰工作。武后时重新修订礼法，因礼官不甚详明，而国子司业韦叔夏、太子率更令祝钦明"博涉礼经，多所该练"，所以特别"委以参掌，冀弘典式"。③ 高宗时，国子监学官还曾参与建立明堂制度的讨论和制订工作。

贞观年间，国子助教朱子奢曾充作使臣，出使邻国，达成化干戈为玉帛的目标。当时，高丽、百济同伐新罗，连兵数年不解，新罗遣使向唐朝告急。唐太宗派朱子奢出使，并告诉他，海夷颇重学问，作为大国的使者，给他们讲学，但千万不能收礼。朱子奢到达新罗之后，为之讲《春秋左传》，最终"释三国之憾，雅有仪观，东夷大钦敬之，三国王皆上表谢罪"④。不过，子奢却因为收受礼物受到太宗的责备，只是爱惜其才，没有深究，令其做国子学直讲，后又转

① 《旧唐书》卷 189 下《郭山传》。
② 李翱：《李文公集》卷 11《故正议大夫行尚书吏部侍郎上柱国赐紫金鱼袋赠礼部尚书韩公行状》。
③ 《旧唐书》卷 189 下《韦叔夏传》。
④ 《旧唐书》卷 189 上《朱子奢传》。

谏议大夫、弘文馆学士，直至迁国子司业。

著文议事，引导社会舆论，是一些有思想的国子监学官在教学之余关心国家大事的重要活动。作为国家官吏的一员和受过多年教育的学者，他们参与社会政治改革的积极性更高。除了亲自撰文议事之外，国子监学官们还为朝廷大力推荐优秀人才，以充实国家官吏的后备力量，使有才之人能尽其事，成为社会的栋梁之才。

唐宪宗元和二年（807 年），韩愈任国子博士，曾著文《张中丞传后叙》，通过对安史之乱中全力抗敌，死守睢阳，最终殉难的英雄张巡、许远等人事迹的补叙，揭露藩镇割据势力制造张巡、许远不该死守睢阳，以致全城覆亡等刻意诬陷的分裂舆论的险恶用心，维护祖国统一和中央集权的统治。①

国子监学官还参与科举考试活动。如贞元十八年（802 年），中书舍人权德舆典贡举，陆傪佐之。当时韩愈为四门博士，向陆傪推荐侯喜等十人。尉迟汾、侯云长、沈杞、李翊皆以于年登科，侯喜十九年，刘述古于二十一年，李绅于元和元年，张后余、张弦于二年，相继登科。韩愈在荐士书中写道：

> 文章之尤者，有侯喜者、侯云长者……喜之文章，学汉西京而为之，举进士十五六年矣。云长之文，执事所自知。其为人淳厚方实，可以任事，其文与喜相上下。有刘述古者，其文长于为诗，文丽而思深……其为人温良诚信，无邪佞诈妄之心……有韦群玉者，京兆之从子，其文有可取者，其进而未止者也，其为人贤而有材，志刚而气和，乐于荐贤为善……凡此四子皆可以当执事首荐而极论者……有沈杞者、张弦者、尉迟汾者、李绅者、张后余者、李翊者，或文或行，皆出群之才也。凡此数子，与之足以收人望、得才实，主司疑焉则与解之，问焉则以对之，广求焉则以告之可也。②

杨敬之是元和初年进士，唐文宗时期（826—840 年），被授国子祭酒，其人爱才，且乐于提拔寒士。未当国子祭酒时，曾有位不出名的儒生项斯以自己写的诗文拜谒杨敬之，杨敬之非常欣赏，赞不绝口，并有赠诗："几度见诗诗尽

---

① 马其昶：《韩昌黎文集校注》卷 2《张中丞传后叙》。
② 马其昶：《韩昌黎文集校注》卷 3《与祠部陆员外书·荐士书》。

好，及观标格过于诗。平生不解藏人善，到处逢人说项斯。"① 不久，项斯的诗就传到长安。第二年，项斯即科举中第。

太学博士吴武陵向主持东都科举考试的侍郎崔郾推荐杜牧，也留下了一段佳话。吴武陵带着杜牧写的《阿房宫赋》亲自去见崔郾，郑重推荐，考虑到侍郎官重，无暇披览，遂展开卷轴为其朗诵一遍。崔郾被杜牧的才学所震惊，而吴武陵也当场请崔郾给定第一名，因为第一名已有人，遂将第五名预留给杜牧。当随行众人中以杜牧不拘细节离间时，崔郾坚信吴武陵的眼光，不为所动，答曰："已许吴君矣。牧虽屠沽，不能易也。"②

除了荐举科举考生，国子监学官还常荐举其他有学识之人担任学官或其他官职。国子助教薛公达，与韩愈关系深厚。韩愈非常欣赏其才华，认为他"君少气高，为文有气力，务出于奇，以不同俗为主"③，并曾向徐州节度使张建封力荐，称其"抱惊世之伟才"。连连碰壁后，被委任国子助教，"天子修太学官，有公卿言，诏拜国子助教，分教东都生"④。诗人张籍因韩愈推荐而进士及第；长庆元年（821年），张籍又受韩愈推荐任职国子博士。

3. 研习经书，以文会友

研习经书，以文会友，是国子监学官日常生活中的重要内容。韩愈与朋友张籍谈经论诗，常废寝忘食："对食每不饱，共言无倦听，连延三十日，晨坐达五更。"⑤ 国子祭酒辛弘智与学士房定宗，曾因一首诗中的一个字而留下一段笑谈：

> 祭酒辛弘智诗云："君为河边草，逢春心剩生。妾如台上镜，照得始分明。"学士房定宗，改"始"字为"转"字，遂争为己作。博士罗道宗判云："昔五字定表，以理切称奇。今一言竟诗，取词多为主。诗归宏智，'转'还定宗。"以状牒知，任为公验。⑥

绛州翼城人尹知章曾任睿宗朝国子博士，"虽居吏职，归家则讲授不辍，尤

---

① 计有功：《唐学纪事》卷 49《项斯》。
② 王定保：《唐摭言》卷 6《公荐》。
③ 马其昶：《韩昌黎文集校注》卷 6《国子助教河东薛君墓志铭》。
④ 马其昶：《韩昌黎文集校注》卷 6《国子助教河东薛君墓志铭》。
⑤ 韩愈：《昌黎先生集》卷 2《此日足可惜赠张籍》。
⑥ 独逸窝退士：《笑笑录》卷 3《争诗》。

明《易》及庄、老玄言之学，远近咸来受业。其有贫匮者，知章尽其家财以衣食之"①。曾注《孝经》《老子》《庄子》《韩子》《管子》《鬼谷子》等经籍，颇行于时。许多国子监生都受其益。在他去世后，其门人孙季良曾在东都国子监门外为之立碑，以颂其德。

四门博士王元感，授经之余，深入研读经书，曾撰《〈尚书〉纠谬》10 卷、《〈春秋〉振滞》20 卷、《〈礼记〉绳愆》30 卷，并注《孝经》。②

国子监学官的日常生活是官员生活与学者生活的统一，谈经论诗，著文议事，举荐人才，成为他们生活中具有浓郁文化气息的重要内容，另一方面由于学官本身属于国家官吏，受社会政治影响，导致日常生活的不稳定性，这也影响到国子监师生的心理状况和师生关系。

（二）国子监学生的日常生活

相比一些学官艰辛的生活，国子监生大多过着衣食无忧的生活。政府对正式入学的国子监生提供饮食起居的所有需要。入学国子监者大多为富贵子弟，所着华丽，腰佩玉环，饰香袋者，比比皆是。当然，间或也有出自贫寒的士子，因为四门学、书学、律学、算学等学馆，招收平民才俊入学。宋濂在《送东阳马生序》中曾描述国子监士子的生活："今诸生学于太学，县官日有廪稍之供，父母岁有裘葛之遗，无冻馁之患矣。"③

有些就读太学、国子学的贵家子弟，因为父辈的荫庇即可获得官职，因此没有学习应举的压力，入读国子监只是挂名学籍而已，大多过着奢靡生活。中唐诗人韦应物出身世胄之家，15 岁就荫补为三卫郎（宫廷侍卫），入读太学时，自觉与众不同，十分高傲："少年游太学，负气蔑诸生。"④ 在学期间，他常常饮酒、赌博、狎妓、打猎，监吏也不敢过于严苛。用他自己的诗描述："朝持樗蒲局（赌具），暮窃东邻姬。司隶不敢捕，立在白玉墀。骊山风雪夜，长杨羽猎时。一字都不识，饮酒肆顽痴。"⑤ 虽就读太学，韦应物并未能考取进士。安史之乱中，他饱经颠沛流离之苦，才转而向学，后成为有成就的诗人。由此可见，

---

① 《旧唐书》卷 189 下《尹知章传》。
② 《册府元龟》卷 601《学校部·辩博》。
③ 宋濂：《宋学士文集》卷 73《送东阳马生序》。
④ 《全唐诗》卷 188《韦应物·赠旧识》。
⑤ 《全唐诗》卷 190《韦应物·逢杨开府》。

一些国子监生，特别是国子学和太学中的富贵子弟，在缺少学习压力的情况下，很容易在国子监中虚度岁月。

在唐代大部分时期，研习经书、注书、习字，写作诗赋，以文会友，成为国子监生日常生活主要部分。对于以举业为重的生徒而言，读书、习字、作文等活动，甚至占到日常生活的绝大部分。许多国子监生，除了听博士讲经释义，就是埋头读书，刻苦习字，常挑灯夜读，如饥似渴学习。同时，在盛行"公荐""通榜"的科举选士制度中，早日及第，也需要经常参加一些以文会友的集会活动，拿着诗文拜谒名士，以求推荐。从某种程度上讲，以文会友是国子监士子社会交往的最重要形式。

二、国子监师生的心理状况及师生关系

魏晋以下，受玄学、佛教的影响，师道受到严峻挑战。隋唐五代纵跨三百多年，中央官学及州县学经历了恢复、发展和衰亡的过程。大致而言，唐开元以前，受进士科举考试推动，士人注重国子监官学教育。唐德宗贞元（785—804年）以后，"膏粱之族，率以学校为鄙事"①。国子监地位的变化，使得不同时期学官对待本职工作的态度也随之变化：有尽职尽责，忠于职守者；有因循守旧，安于现状者；有积极改革，不断进取者；也有敷衍塞责，徒应公事者。这些反映出不同时期国子监学官的心态变迁。

（一）师生的心理状况

由于国子监属于中央官学机构，其学官的选拔、任命具有较严格的条件和程序。唐代吏部铨选官员，要求先经过科举考试选拔，及第后再参加吏部的铨选考试，通过之后，才能委任官职。这就决定了国子监学官首先须有渊博学识，符合通行的学者标准。另一方面，儒学特别强调修身治国平天下，自我注重品行修养。这就决定了大部分学官在传经授业、管理学生等本职工作上能够尽责，秉持严格标准，指导学业，鼓励学生砥砺品行，如国子监学官施士丐先生，任职19年，兢兢业业，深受学生爱戴。他先后由四门助教升至太学助教，又由助教升至博士，成为国子监学官典范。按照唐代律令，国子监学官作为国家官吏，

---

① 王定保：《唐摭言》卷1《乡贡》。

每年都需要接受吏部的考核，每三年还有一次大的考核。如果不是表现突出，取得显著的教学成效，升迁相当困难。任职期间去世，自贤士大夫老师宿儒，至新进小生，闻此消息，均"哭泣相吊，归衣服货财"①。

曾经三为国子博士、后又担任国子祭酒的韩愈，锐意教学改革，鼓励学生精于学业，进于品行，时刻准备成为国家的栋梁之才；"爬罗剔抉，刮垢磨光"。诸生应"业患不能精，无患有司之不明；行患不能成，无患有司之不公"②。他力挽中唐颓落的师道，以身作则，作《师说》，提出教师"传道、授业、解惑"的三大职能；认为"闻道有先后，术业有专攻"，"道之所存，师之所存"，③鼓励士子不耻相师。柳宗元高度评价这种精神，认为自魏晋以来，师道衰落，独有韩愈，"奋不顾流俗，犯笑侮，收召后学，作《师说》，因抗颜而为师"④。

总体而言，国子监学官因其具有较高的学识水平和道德修养，任职期间，大多能严于律己，认真教导学生。由于国子监学官同其他国家官吏一样受吏部的考核管理，深受社会政治变迁的影响。同时，作为中央官学机构的国子监，不可避免地牵涉到朝廷政治派别的争斗的牵连，一旦政治形势发生改变，国子监教师队伍的稳定性就会受到影响。另外，由于国子监学官俸禄不高，又缺少其他收入，如果家庭人口众多，则很难维持体面的生活。因此，也有些学官迫于生活的压力，不甘于只做教师，而是兼职其他事务，或积极自荐，寻求更好的仕途发展。韩愈所作《太学生何蕃传》，就是借写何蕃，比喻自己怀才不遇的心境：

> 惜乎。蕃之居下，其可以施于人者不流也。譬之水，其为泽，不为川乎？川者高，泽者卑；高者流，卑者止；是故蕃之仁义，充诸心，行诸太学，积者多，施者不遐也。天将雨，水气上，无择于川泽涧溪之高下，然则泽之道其亦有施乎？抑有待于彼者欤？故凡贫贱之士必有待，然后能有所立，独何蕃欤！⑤

国子监诸生中，扎实求学，以考取功名，实现儒家修齐治平之理想抱负者，

---

① 韩愈：《施先生墓铭》。
② 韩愈：《进学解》。
③ 韩愈：《昌黎先生文集》卷12《师说》。
④ 柳宗元：《柳宗元集》卷34《答韦中立论师道书》。
⑤ 马其昶：《韩昌黎文集校注》卷2《太学生何蕃传》。

不乏其人。对学业精进、品行高尚的监生，不仅同学钦佩，学官也非常欣赏。太学生何蕃即是一例。何蕃一心向学，最初一年回乡探望父母一次，被父母制止后，就每隔一两年回家探望一次，又被父母制止，最后在太学一待就是五年，一次也未回乡探亲。何蕃是孝顺之人，当他看到父母年迈，想要归乡时，太学诸生都不忍让他离去，挽留不住时，就把他先关在房中，再向国子司业请命，以求留下何蕃。

对何蕃的仁勇，韩愈在为其所作传记中有生动的刻画："蕃居太学，诸生不为非义，葬死者之无归，哀其孤而字焉，惠之大小，必以力复，斯其所谓仁欤……朱泚之乱，太学诸生举将从之，来请起蕃，蕃正色叱之，六馆之士不从乱，兹非其勇欤？"① 何蕃虽为贫贱之士，却是仁勇之人，明辨是非，在太学诸生中有深刻的影响力。他以自身的言行为其他监生树立了榜样，使诸生"不为非义"②，力行善事，在大是大非面前坚定立场。

从上述事例可见，国子监大部分学生对学业、品行都力求上进，但在现实流弊的影响下，特别是某些时期科举选士重乡贡轻监生的风气，国子监教学与管理首当其冲，许多监生心浮气躁，受到冲击，贪求投机速成之术，以博取功名利禄。韩愈在《答陈生书》中揭露这种现象，劝诫和引导即将入太学的陈生，不要以功利心态求速化之术，汲汲于科名，应有志于道，"惟义之问"③。

（二）师生关系

隋唐时期，太学学业开始前有一个重要环节就是各种形式的学礼活动，目的在于促进统治者和管理人员以及全社会都重视学校教育的学礼活动。主要分为大型和隆重的"释奠礼"、初入学的"束脩礼"以及日常学业活动开始之前的"尊师礼"三种类型。这里就后二者略作论述。

束脩礼，是初次入学的太学生对太学博士与太学助教应行的礼仪。太学生需经过拜师礼的程序，才能正式体现师生关系："初入学，皆行束脩之礼于师。国子太学各绢三匹……皆有酒脯。其束脩三分入博士，二分助教。"④

---

① 马其昶：《韩昌黎文集校注》卷2《太学生何蕃传》。
② 马其昶：《韩昌黎文集校注》卷2《太学生何蕃传》。
③ 马其昶：《韩昌黎文集校注》卷2《太学生何蕃传》《答陈生书》。
④ 董诰等辑：《全唐文》卷17《中宗》。

谒师礼，是日常学业开始之前的礼节，如国子司业归崇敬所言："学生谒师，赀用腶脩一束、酒一壶、衫布一裁，色如师所服。"① 此后便进入日常教学活动。

太学生初次入读的拜师礼与日常学业活动开始之前的见面礼，既延续了尊师重教的传统礼俗，也反映了唐代太学对于学官的敬重。不过，由于受政治动荡、社会风气败坏等因素影响，上述尊师礼节有些时期也遭到破坏。

在唐代中后期，一些学生以相师为耻，科举考试重乡贡进一步助长了这种风气。在科举进士皆须由两监（东监、西监）出的时代，就读国子监成为士子中举并进一步参加选官考试的必要条件，科举进士也均以就读国子监为荣。国子监的宿学鸿儒受学生推崇，师生间的关系也较为融洽。首先是学生对教师尊敬有加，尤其像国子祭酒、司业等学官，学高位重，具有相当的威严。唐代的国子祭酒孔颖达、韩愈、杨敬之，太学博士施先生、司业阳城、国子助教薛公达，都是国子监生认可的教师，与国子监生关系密切。

当国子监生听说韩愈将出任国子祭酒时，奔走相告："韩公来为祭酒，国子监不寂寞矣。"② 可见，许多国子监生对当时了无生气的学习生活很厌倦，期待有思想的学官进行整顿。学识高超之学士，备受尊崇，像柳宗元、李翱、皇甫湜、冯定等，"皆以高文为诸生所宗"③。

当受学生爱戴的学官因政治斗争受牵连被贬职或调离时，学生总想方设法挽留。国子司业阳城，爱生如子。贞元十四年（798年），太学生薛约以不当言论获罪，被发配连州，阳城与薛约饮别，并涕泣送之郊外，被以党罪人之罪名，贬为道州刺史。众多太学生为阳城鸣不平。当时太学生两百多人，到宫城门外集体请愿，徘徊数日，希望留下被皇帝贬为道州刺史的国子司业阳城。

> 太学生鲁郡季偿、庐江何蕃等百六十人，投业奔走，稽首阙下，叫阍吁天，愿乞复旧。朝廷重更其事，如己巳诏。翌日，会徒北向如初。行至延喜门，公使追夺其章，遮道愿罢，遂不果献。生徒嗷嗷，相眄徘徊。④

① 《新唐书》卷164《归崇敬》，中华书局1975年版。
② 马其昶：《韩昌黎文集校注》卷8《国子监话新注学官牒》注。
③ 赵璘：《因话录》卷3。
④ 柳宗元：《柳宗元集》卷9《国子司业阳城遗爱碣》。

当 160 多位太学生联合起来，奔走上书，请求恢复阳城国子司业的职位时，阳城却为学生的前途着想，不想学生受到牵连，遂派人夺取太学生上奏的文书，拦住道路，请他们罢去，使他们未能上书皇帝。学生对他的离职痛心疾首，展现出师生间的浑厚情谊。元稹曾作诗描述太学师生间这种深厚情谊：

> 唯有太学生，各具粮与糇。
>
> 咸言公去矣，我亦去荒陬。
>
> 公与诸生别，步步驻行驺。
>
> 有生不可诀，行行过闽瓯。
>
> 为师得如此，得为贤者不。①

学生对品学高深的学官极为尊敬，学官对砥砺学行的生徒爱护备至，师生间相互尊重、扶持的关系成为隋唐时期师生关系的主流。此类事例不胜枚举。例如，韩愈与学生间关于学业、品行等内容的往来书信生动表现出国子监师生的情谊。他与太学生讨论学品，还亲自为何蕃作传称赞：

> 太学生何蕃，入太学者廿余年矣。岁举进士，学成行尊，自太学诸生推颂不敢与蕃齿。相与言于助教、博士，助教、博士以状申于司业、祭酒，司业、祭酒撰次蕃之群行焯焯者，数十余事，以之升于礼部，而以闻于天子。京师诸生以荐蕃名文说者，不可选纪，公卿大夫知蕃者比肩立，莫为礼部。②

贞元十九年（803 年），韩愈任四门博士时，太学生牛堪科举登第，即将荣归故里。韩愈深感欣慰，专作《送牛堪序》，以示鼓励。对牛堪的学业成绩充分肯定，称赞他以明经为举业，能诵数十万字，且"约通大义、征辞引类、旁出入他经者，又诵数十万言，其为业也勤矣。……其为获也亦大矣"③。

太学生陈密应举明经科，多年未果，认为自己不适合学习明经科，想改习"三礼"，前来征求韩愈的意见。韩愈耐心开导他，要思考文章的深意，并践行其道，那才称得上是真正的君子："夫外不足以信内；子诵其文则思其义，习其

---

① 《全唐诗》卷 397《元稹·阳城驿》。
② 马其昶：《韩昌黎文集校注》卷 2《太学生何蕃传》。
③ 马其昶：《韩昌黎文集校注》卷 4《送牛堪序》。

仪则行其道，则将谓子君子也。"①

由上述可见，在师道中落的时代，韩愈作为国子博士反社会流俗而行之，力倡师道，深得学生信赖。这样的事例，在中国古代教育活动史上留下了光辉一页。

在隋唐时期的师生关系中，也有某些不和谐的音符，主要表现为学生对老师不尊敬。因为国子监诸生大都为富贵子弟，靠父辈的官阶进入国子监，所以游手好闲者本就有之，再加上平日里在家中颐指气使，入住国子监学习，不免带来一些不良的习惯。一些公卿王侯之子，对出身贫贱，以及容貌不佳的学官常常出言不恭。当受到科场风气影响，学生不以从师为荣的时候，国子监师生间也有非常冷漠甚至紧张的关系出现。例如，有的国子监生"侮老慢贤"，"凌傲长上而卒骂有司"，② 让人心痛。当然，这种现象是在社会大环境极端混乱的状况下滋生的特殊现象，不代表师生关系的主流意识。

第四节　太学的创建与演变

太学作为研习与传承经学的一种重要教育机构，在隋唐五代期间经历一系列变迁。在太学发展过程中，一些有识之士上书谏言，积极推动和直接参与太学创建和办学。以下通过这一时期的人物事例，略述太学创建、发展过程中的具体活动。

一、创建太学的动议

581 年，隋朝建立。潞州刺史柳昂就提出了兴学治国的主张。史言，柳昂"有器识，干局过人"。周武帝时，其先为大内史，后赐爵文成郡公，再致位开府，而"百僚皆出其下"。这样的人才为当时丞相杨坚所赏识，被提拔为大宗伯。杨坚称帝后，尽管柳昂的偏风病日益严重，但高祖仍拜其为潞州刺史。开

---

① 马其昶：《韩昌黎文集校注》卷 4《送陈密序》。
② 柳宗元：《柳宗元文集》卷 34《与太学诸生喜诣阙留阳城司业书》。

皇三年（583年），柳昂以报恩的心态上表，建议隋文帝劝学行礼。其奏文说：

> 臣闻帝王受命，建学制礼，故能移既往之风，成惟新之俗。自魏道将谢，分割九区，关右、山东，久为战国，各逞权诈，俱殉干戈，赋役繁重，刑政严急。盖救焚拯溺，无暇从容，非朝野之愿，以至于此。晚世因循，遂成希慕，俗化浇敝，流宕忘反，自非天然上哲，挺生于时，则儒雅之道，经礼之制，衣冠民庶，莫肯用心。世事所以未清，轨物由兹而坏。①

柳昂在分析了"建学制礼"对于移风易俗的重要性之后，提出当下"行礼劝学"的紧迫性：

> 臣谬蒙奖策，从政藩部，人庶轨仪，实见多阙，儒风以坠，礼教犹微，是知百姓之心，未能顿变。仰惟深思远虑，情念下民，渐被以俭，使至于道。臣恐业淹事缓，动延年世。若行礼劝学，道教相催，必当靡然向风，不远而就。家知礼节，人识义方，比屋可封，辄谓非远。②

隋文帝深为柳昂之言所动，随即下诏，在自京师至各地大力创建学校，不仅重礼招募各地极具声望的儒家学者，广泛征集儒家典籍，而且还多次亲自到国子学进行释奠。

这样一来，承担着经学教育重任之一的太学得到统治阶级的支持。隋文帝颁《劝学行礼诏》书，强调劝学行礼对于治理国家的重要意义：

> 建国重道，莫先于学，尊主庇民，莫先于礼。自魏氏不竞，周、齐抗衡，分四海之民，斗二邦之力，递为强弱，多历年所。务权诈而薄儒雅，重干戈而轻俎豆，民不见德，惟争是闻。朝野以机巧为师，文吏用深刻为法，风浇俗弊，化之然也。虽复建立庠序，兼启黉塾，业非时贵，道亦不行。其间服膺儒术，盖有之矣，彼众我寡，未能移俗。然其维持名教，奖饰彝伦，微相弘益，赖斯而已。王者承天，休咎随化，有礼则祥瑞必降，无礼则妖孽兴起。人禀五常，性灵不一，有礼则阴阳合德，无礼则禽兽其心。③

或许正是因为隋文帝对于劝学行礼重要性的深刻感悟，在他提出"治国立

---

① 《隋书》卷47《柳机传》。
② 《隋书》卷47《柳机传》。
③ 《隋书》卷47《柳机传》。

身，非礼不可"的论点之后，就着重论述了可以利用农耕的闲暇之余进行劝学行礼的可能性与现实性："朕受命于天，财成万物，去华夷之乱，求风化之宜。戒奢崇俭，率先百辟，轻徭薄赋，冀以宽弘。而积习生常，未能惩革，闾阎士庶，吉凶之礼，动悉乖方，不依制度。执宪之职，似塞耳而无闻，莅民之官，犹蔽目而不察。宣扬朝化，其若是乎？古人之学，且耕且养。今者民丁非役之日，农亩时候之馀，若敦以学业，劝以经礼，自可家慕大道，人希至德。岂止知礼节，识廉耻，父慈子孝，兄恭弟顺者乎？始自京师，爰及州郡，宜祗朕意，劝学行礼。"① 至此，在隋代的官学教育体系中，太学的创建就获得了统治阶级的认可。

二、太学发展的艰难历程

尽管太学经过统治阶级的认可得以复办，但其发展却历经波折。隋文帝在晚年就对太学教育质量颇为不满，他指出：

> 国学胄子，垂将千数，州县诸生，咸亦不少，徒有名录，空度岁时。未有德为代范，才任国用，良由设学之理，多而未精。今宜简省，明加奖励。②

这反映了隋文帝对于学校教育花费了很大心血却难以培养出为国家所用人才的忧虑和焦急的心情。为此，他就有了精简学校和缩减招生数量的考虑。开皇九年（589 年），隋文帝再次下诏痛责学校的教育状况，于仁寿元年（601 年）做出了极端的废除天下学校之举，即"国子学惟留学生七十人，太学、四门及州县学并废"③。同年七月，又把国子学改名为太学。

隋文帝晚年专好刑名、崇信佛教以及不悦儒术，导致学校废弃，隋代一些学者对于这种反常现象进行了抵制。如刘炫"上表言学校不宜废，情理甚切"，然"高祖不纳"。④ 隋文帝继位后，改变教育政策，于大业三年（607 年）明确规定了太学博士和助教的名额与品秩，扩大太学生的定额。

---

① 《隋书》卷 47《柳机传》。
② 《隋书》卷 2《高祖纪下》。
③ 《隋书》卷 2《高祖纪下》。
④ 《隋书》卷 75《儒林传》。

唐代太学的创建也经历了一些波折，所不同的是，唐高祖李渊即位之初，就创建了太学，规定教师品秩与太学生定额。

> 博士六人，正六品上；助教六人，从七品上。掌教五品以上及郡县公子孙，从三品曾孙为生者，五分其经以为业，每经百人。①

唐太宗李世民即位后，也非常重视太学的发展。贞观五年（631 年）以后，他曾经数次亲临太学，参加太学中的论讲活动，并且积极地增加学舍和生员。他以"得士则昌，失人则乱"②来表示自己对于士人为国效力的渴望。为此，他下诏："可令天下诸州，搜扬所部，士庶之内，或识达公方，学综今古，廉洁正直，可以经国佐时；或孝悌淳笃，节义昭显，始终不移，可以敦风励俗；或儒术通明，学堪师范；或文章秀异，才足著述，并宜荐举，具以名闻。"③唐敬宗也曾经下诏："澄清教化，莫尚乎太学；明治心术，必本乎六经。天下诸色人中，有能精通一经，堪为师法者，委国子祭酒访择，具以名闻。天下州县各委刺史、县令招延儒学，明加训诱，名登科第，即免征徭。"④

统治阶级的高度重视，使得太学具备了一个较好的发展基础。但是，随着唐政权旁落于皇后武则天，太学发展遇到重大挫折。首先，太学生定额减少，即西京太学生只 70 人，东都太学生仅有 15 人。其次，武则天轻视科举和学校教育，导致太学日益废弛。史载，郑惟忠，"天授中，应举召见，则天临轩问诸举人：'何者为忠？'诸人对不称旨。惟忠对曰：'臣闻忠者，外扬君之美，内匡君之恶。'则天曰：'善'"⑤。这段对话表明，武则天要求举人忠诚于自己，既能够奉旨行事以"扬君之美"，还要做到直言进谏以"匡君之恶"。但出于笼络人心和排除异己的需要，她还是对教育事业的发展持打压态度。光宅二年（685 年），梓州陈子昂针对太学废弛加剧的情况，上疏曰：

> 臣窃独有私恨者，陛下方欲兴崇大化，而不知国家太学之废，积以岁月久矣。学堂芜秽，略无人踪。诗、书、礼、乐，罕闻习者。陛下明诏，尚未及之，愚臣所以私恨也。臣闻天子立太学，所以聚天下贤英，为政之

---

① 《新唐书》卷 48《百志官三》。
② 《全唐文》卷 6《太宗求访贤良限来年二月集泰山诏》。
③ 《登科记考》卷 1。
④ 《登科记考》卷 20。
⑤ 《旧唐书》卷 100《郑惟忠传》。

首，故君臣上下之礼。于是兴焉；揖让樽俎之节，于此生焉，是以天子得贤臣由此也。今则荒废，委而不论，而欲睦人伦，兴礼让，失之于本，而求之于末，岂可得哉。君子三年不为礼，礼必坏；三年不为乐，乐必崩。奈何天子之政，而轻礼乐哉！陛下何不诏天下胄子，使归太学，而习业乎？斯亦国家之大务也。①

在《新唐书·陈子昂传》中，详细记载了垂拱初陈子昂竭力建议创建太学的情景。当时武后诏问群臣："调元气当以何道？"子昂因是劝武后兴明堂、太学。但天授元年（690年），武则天改国号为周，自立为皇帝。武则天实行兴佛教、抑道教与贬儒生、废学校的政策，以巩固其统治地位。《旧唐书·儒学传序》评论说："及则天称制，以权道临下，不吝官爵，取悦当时。其国子祭酒，多授诸王及驸马都尉。"武则天"重文学轻经学表现在科举制度就造成重进士轻明经"；此外，"长期放任官学荒芜"，"奖励儒学内部异见"，以削弱儒学正统思想。②

圣历三年（699年）十月，凤阁舍人韦嗣立再次上疏，要求武则天停止对儒学教育的摧残。他先是论述了"化人成俗，必由学乎"的道理，后指出太学通过对人施以《礼》《乐》《诗》《书》的教育，可以形成一种普遍的社会风俗，而这恰恰是上自天子下及庶人之所以成"人"的关键。其奏疏说：

> 臣闻古先哲王立学官，掌教国子以六德、六行、六艺，三教备而人道毕矣。《礼记》曰："化人成俗，必由学乎。"学之于人，其用盖博。故立太学以教于国，设庠序以化于邑，王之诸子、卿大夫士之子及国之俊选皆造焉。八岁入小学，十五入太学。春秋教以《礼》《乐》，冬夏教以《诗》《书》。是以教洽而化流，行成而不悖。自天子以至于庶人，未有不须学而成者也。③

随后，韦嗣立阐述二十年来太学荒废的状况以及其根源：

> 国家自永淳已来，二十余载，国学废散，胄子衰缺，时轻儒学之官，莫存章句之选。贵门后进，竞以侥幸昇班；寒族常流，复因凌替弛业。考

---

① 《唐会要》卷35《学校》。
② 孙培青主编：《中国教育史研究·隋唐分卷》，华东师范大学出版社2009年版，第40—43页。
③ 《旧唐书》卷88《韦嗣立传》。

试之际，秀茂罕登，驱之临人，何以从政？又垂拱之后，文明在辰，盛典鸿休，日书月至，因籍际会，入仕尤多。加以谗邪凶党来俊臣之属，妄执威权，恣行枉陷，正直之伍，死亡为忧，道路以目，人无固志，罕有执不挠之怀，殉至公之节，偷安苟免，聊以卒岁。遂使纲领不振，请托公行，选举之曹，弥长渝滥。随班少经术之士，摄职多庸琐之才，徒以猛暴相夸，罕能清惠自勖。使海内黔首，骚然不安，州县官僚，贪鄙未息，而望事必循理，俗致康宁，不可得也。①

韦嗣立认为，发展太学的关键，在于统治者自身。如果统治者重视，包括太学在内的学校教育必定能够得到发展，"四海之内"的民风也就日趋纯正。如他所言：

陛下诚能下明制，发德音，广开庠序，大敦学校，三馆生徒，即令追集。王公已下子弟，不容别求仕进，皆入国学，服膺训典。崇饰馆庙，尊尚儒师，盛陈奠菜之仪，宏敷讲说之会，使士庶观听，有所发扬，弘奖道德，于是乎在。则四海之内，靡然向风，延颈举足，咸知所向。②

唐代中宗和玄宗年间，也曾经一度恢复太学，但随着"安史之乱"的爆发，太学又陷入瘫痪状态。永泰二年（766年），唐代宗曾公开承认太学形同虚设的情景：

顷以戎狄多难，急于经略，太学空设，诸生盖寡。弦诵之地，寂寥无声，函丈之间，殆将不扫。上庠及此，甚用悯焉。今宇县攸宁，文武兼备，方投戈而讲艺，俾释菜而行礼。四科咸进，六艺复兴，神人以和，风化浸美。日用此道，将无间然。③

唐德宗年间，李观在《请修太学书》中论述了学校教育和人才培养对于国家兴盛的重要性："长国之术，在乎养士；养士之方，在乎隆学。夫学废则士亡，士亡则国虚，国虚则上下危，上下危则礼义销，礼义销则狂可奸圣，贼可凌德。圣德逶迤，不知其终。"他还列举太学衰败、亟待恢复的现状：

近年祸难，浸用耗息。洎陛下君临，宿弊尚在。执事之臣，顾不为急。

①《旧唐书》卷88《韦嗣立传》。
②《旧唐书》卷88《韦嗣立传》。
③《旧唐书》卷24《礼仪志四》。

升学之徒，罔敢上达，积微成愿，超岁历纪。贱臣极言，诚合要道。具六馆之目，其曰国子、太学、四门、书律、算等，今存者三，亡者三。亡者职由厥司，存者恐不逮修。舆人有弃本之议，群生有将压之虞。至有博士助教，锄犁其中，播五稼于三时，视辟雍如农郊。①

其中，李观特别指出统治者不重视兴办太学的根本原因：一是没有认识到太学对于人才培养的重要性，二是开办太学而消耗一定的经费。

今观执事之臣之心，必以修太学为害时，而他害者千之；养士者为费财，而他费者万之。殊不知此费无费，而他费为费也，此害无害，而他害为害也。谚所谓"溜之细穿石，绠之细断干"。斯言损益有渐，非聪喆靡察也。……臣今惧圣朝之史书太学废，使万代之嗣无法矣。今圣朝聚国中之兵，守塞下之垒，殚织妇之机，悉农夫之储。②

为此，李观把太学看作经学教育的根本，而把其他学校当作太学之下的枝叶，即："四方之学，太学之枝叶也；天子之教，诸侯之本也。未有本之颠而枝叶之存，天子之亡而诸侯之兴。夫为国者亦犹治一身，京师人之心，四方人之体，诸侯体之四支。心平则体之患易除，体平则四支之患不除而愈。今不啬神于心体，而竭资于四支，时变于外，气虚于中，则为不起之人矣。"

鉴于太学与四方之学之间的这种内在本末关系，李观最后明确提出了修建太学的主张：

伏惟陛下察弛张之会，观损益之图；减无用之府，崇有裕之源。废阙修而百度明，庠序昌而教化行；经邦于悠久，熙载于登阖。顾夫周营灵台，鲁修泮宫，于陛下万分之一焉。伏惟遽令职司，不至于不可持。天下幸甚。③

舒元舆《问国学记》记载了唐宪宗年间国学日益衰败。国子监学堂上长满苔草，庭院被垦为圃，已数年无人讲课。由此不难想象太学同样的衰落命运。对此，刘禹锡亦有同感，尝奏记宰相曰：

言者谓天下少士，而不知养材之道，郁埋不扬，非天不生材也。是不

---

① 《全唐文》卷532《李观·请修太学书》。
② 《全唐文》卷532《李观·请修太学书》。
③ 《全唐文》卷532《李观·请修太学书》。

耕而叹廪庾之无余，可乎？贞观时，学舍千二百区，生徒三千余，外夷遣子弟入附者五国。今室庐圮废，生徒衰少，非学官不振，病无赀以给也。①

综前所述，有唐一代，太学的创建与发展经历了诸多坎坷。五代时期，战乱频繁，太学的发展更是一件极其困难的事情。

至于太学的管理机构，先是隋文帝设立国子寺，后由隋炀帝改名为国子监，设有祭酒一职来具体负责日常管理工作。值得注意的是，从隋朝至唐高祖时期，国子寺一直由太常寺管理，使得教育管理机构缺乏独立性。唐太宗时期，国子寺改名为国子监，从太常寺分离出来，才成为独立的教育机构，并且设置祭酒一职来专门管理。祭酒刘秩曾上疏："太学设官，职在造士。士不知方，时无贤才，臣之罪也。"② 这表明祭酒负有管理太学的重任。

唐大历年间（766—779 年），国子司业归崇敬在皇太子欲临国学行齿胄礼之际，曾就国子监以及祭酒与司业的"名不正"问题进行辨析，建议国子监更名和修改祭酒与司业名称：

> 古天子学曰辟雍。……隋大业中，更名国子监。今声名之盛，辟雍独阙，请以国子监为辟雍省。祭酒、司业之名，非学官所宜。业者，枸虡大版，今学不教乐，于义无当。请以祭酒为太师氏，位三品；司业为左师、右师，位四品。③

归崇敬的建议虽未获最高统治者接受，但也从一个侧面反映了包括太学在内的中央官学存在的问题。

总之，隋唐五代期间，一些有识之士的积极呼吁或直接谏言加速了太学创建的进程，而统治者对于兴学建国理念的认可，是促进太学创建和发展的根本原因。尽管太学在随后发展中经历了一系列波折，甚至经历短暂停办的厄运，但总体而言，太学通过对经学人才的培养，在很大程度上推动了隋唐五代社会的发展。

---

① 《新唐书》卷 168《刘禹锡传》。
② 《全唐文》卷 489《权德舆·答柳福州书》。
③ 《新唐书》卷 164《归崇敬传》。

第五节　太学的招生与教育文化活动

　　隋唐五代时期，太学的招生及教育文化活动在中央官学教育中具有重要地位。这些教育活动受社会政治制度、统治政策和社会文化等多种因素影响，也对人才培养、文化传承乃至文化习俗产生重要作用。在太平盛世，太学成为儒学文化教育中心，为国家培养和输送大批人才；在政权更迭、社会动荡时期及激烈的政治斗争中，太学往往受到直接冲击，停止招生，或教学衰微，形同虚设。从教育活动来看，太学主要传授儒家经典和文史知识，此外也有习武、应试科举等文化活动。

一、太学招生活动

　　就读太学的学生，称博士弟子或太学生、诸生。太学生入学的资格，历代不尽相同。唐高祖即位之初，就明确提出了太学生的招生定额和入学资格：

　　　　太学百四十员，取五品以上子弟若孙为之。①

　　至于太学生的名额，随着各时期统治者对于太学的重视程度的不同而有所差异。《新唐书·选举志》载："太学，生五百人，以五品以上子孙、职事官五品期亲若三品曾孙及勋官三品以上有封之子为之。"自天宝以后，学校益废，生徒流散。永泰中，始定生员：西京太学70人；东都太学15人。②

　　唐代宗时期，国子祭酒萧昕曾奏请崇太学以树教本，"帝嘉其言，诏群臣有籍于朝及神策六军子弟隶业者，听补生员"③。关于太学生的详细家庭背景，《新唐书》亦有相关记载：

　　　　（德宗朝）王虔休……治潞二岁，迁昭义节度使，检校工部尚书。……

---

　　①《新唐书》卷198《儒学上》。
　　②《新唐书》卷44《选举志上》。
　　③《新唐书》卷159《萧昕传》。

卒，年六十三，赠尚书左仆射，谥曰敬。……子丽成等十人，并补太学生。①

（高俭）士廉五世孙重，字文明，以明经中第，李巽表盐铁转运巡官，善职，凡十年，进累司门郎中。敬宗慎置侍讲学士，重以简厚惇正，与崔郾偕选，再擢国子祭酒。②

（窦）威从兄子抗，字道生。父荣定，为隋洛州总管、陈国公，谥曰懿。母，隋文帝姊安成公主也。抗美容仪，性通率，涉见图史。以帝甥早贵，入太学，释褐千牛备身、仪同三司。③

张柬之，字孟将，襄州襄阳人。少涉经史，补太学生。祭酒令狐德棻异其才，便以王佐期之。④

田游岩，京兆三原人。永徽时，补太学生。⑤

至于太学生的年龄，据《新唐书·选举志上》记载，一般限制在 14 岁至 19 岁之间。当然，也有年龄过小或过大的情况。如：

萧颖士，字茂挺，梁鄱阳王恢七世孙。……四岁属文，十岁补太学生。观书一览即诵，通百家谱系、书籀学。开元二十三年，举进士，对策第一。⑥

又如：

陈子昂，字伯玉，梓州射茨县人，……年二十一，始东入咸京，游太学。⑦

王易从，八岁工词赋，十五读典坟，十八涉历代史，十九初游太学，二十升甲科。⑧

（王定），字镇卿，京兆人，……弱冠游太学，进士甲科。⑨

李仁颖，赵国人也，……少尚名节，躬行仁义。始入太学，以精理见

---

① 《新唐书》卷147《王虔休传》。
② 《新唐书》卷95《高俭传》。
③ 《新唐书》卷95《窦威传》。
④ 《新唐书》卷120《张柬之传》。
⑤ 《新唐书》卷196《隐逸·田游岩传》。
⑥ 《新唐书》卷202《萧颖士传》。
⑦ 《全唐文》卷238《卢藏用·陈子昂别传》。
⑧ 《全唐文》卷258《苏颋·扬州大都督长史王公神道碑》。
⑨ 《全唐文》卷500《权德舆·故太子右庶子集贤院学士赠左散骑常侍王公神道碑铭》。

知。未几，进士高第。①

未通过礼部考试的贡生，也是太学生的来源之一，如"吴郡陆颙，家于长城，其世以明经仕。颙自幼嗜面，为食愈多而质愈瘦。及长，从本郡贡于礼部，既下第，遂为生太学中"②。

太学也招收留学生：

（渤海）初，其王数遣诸生诣京师太学，习识古今制度。③

（新罗）玄宗开元中，数入朝，献果下马、朝霞绸、鱼牙绸、海豹皮。又献二女，帝曰："女皆王姑姊妹，违本俗，别所亲，朕不忍留。"厚赐还之。又遣子弟入太学学经术。④

诏王之祖，六诏最小夷也。天子录其勤，合六诏为一，俾附庸成都，名之以国，许子弟入太学，使习华风，今乃自绝王命。⑤

吐蕃遣大臣仲琮入朝。仲琮少游太学，颇知书。⑥

上述可见，隋唐太学招生具有一定的开放性，能够积极吸纳汉民族以外的子弟入读。这本身也反映了隋唐尤其是唐代文化开放交流的时代特征。

总之，隋唐时期太学在学官选拔和招生管理方面，进行了有益的探索。就太学学官的管理而言，不仅需要高质量的选拔，还需要明确的奖惩与升迁，保障了太学的教育质量。在招生方面进行改革尝试，除了招收既定官员子弟外，还招收贡生和一定数量的外国留学生，从而扩大了太学生的来源和类型。这些集中体现了隋唐时代太学教育的灵活性和多样化特征。

二、太学课程设置及其变迁

隋唐时期，太学是培养统治人才的主要机构。为了统一思想，适应社会政治需要，太学以儒家经典为主要课程，传授儒家政治、伦理和历史、文学等文化知识。

---

① 《全唐文》卷216《陈子昂·唐水衡监丞李府君墓志铭》。
② 《宣室志》卷1《陆颙传》。
③ 《新唐书》卷219《北狄列传·渤海》。
④ 《新唐书》卷219《东夷列传·新罗》。
⑤ 《新唐书》卷222《南蛮上·南诏上》。
⑥ 《新唐书》卷216《吐蕃》。

　　唐开元十七年（729 年）三月，国子祭酒杨玚上书："太学者，教人务礼乐、敦《诗》《书》也。古制，卿大夫子弟，及诸侯岁贡小学之异者，咸造焉。故曰：十五入太学，学先圣礼乐。而朝廷君臣之礼，班以品类，分以师长，三德以训之，四教以睦之。人既知劝，且务通经，学成业著，然后爵命加焉。以之效职，则知礼节；以之莅人，使识廉让：则或朴之咏兴也。"[1] 因此，太学之中的课程也是《诗》《书》等经学教育的内容。具体而言，以《左氏春秋》《礼记》《周易》《尚书》《毛诗》为五经，各设博士一人教授。史载太学生多熟知经史，如：

　　　　张柬之，字孟将，襄州襄阳人也。少补太学生，涉猎经史，尤好三礼，……进士擢第。[2]

　　　　高子贡者，和州历阳人也。弱冠游太学，遍涉《六经》，尤精《史记》。与文伟及亳州朱敬则为莫逆之交。明经举，历秘书正字、弘文馆直学士。[3]

　　在太学课程设置中，一般分为大经、中经及小经，作为太学生必修或选修课程。唐大历年间，国子司业归崇敬建议：

　　　　近世明经，不课其义，先取帖经，颛门废业，传受义绝。"请以《礼记》《左氏春秋》为大经，《周官》《仪礼》《毛诗》为中经，《尚书》《周易》为小经，各置博士一员。《公羊》《谷梁春秋》共准一中经。"[4]

　　关于各经修习的具体年限与程度，亦有规定：

　　　　通二经者，大经、小经各一，若中经二。通三经者，大经、中经、小经各一。通五经者，大经皆通，余经各一，《孝经》《论语》皆兼通之。凡治《孝经》《论语》共限一岁，《尚书》《公羊传》《谷梁传》各一岁半，《易》《诗》《周礼》《仪礼》各二岁，《礼记》《左氏传》各三岁。[5]

　　为了解除太学发展过程中经学典籍不统一的困境，自唐太宗时期开始，就组织名儒专门修订五经。至高宗时，正式颁布《五经正义》，统一了经学教材。

　　此后，唐文宗年间，国子祭酒郑覃针对经学典籍比较混乱的状态，其上奏：

①《全唐文》卷 298《杨玚·谏限约明经进士疏》。
②《旧唐书》卷 91《张柬之传》。
③《旧唐书》卷 189 下《儒学下·高子贡传》。
④《新唐书》卷 164《归崇敬传》。
⑤《新唐书》卷 44《选举志上》。

"经籍讹谬，博士相沿，难为改正。请召宿儒奥学，校定六籍；准后汉故事，勒石于太学，永代作则，以正其阙。"①

这件事在《新唐书》中亦有详细记录：贞元年间，四迁吏部侍郎的郑珣瑜，其子覃，为名儒，"故以宰相领祭酒，请太学《五经》，经置博士，禄廪比王府官"。此时，郑覃认为不仅"经籍刊缪"，而且"博士陋浅不能正"，面对此种情景，他极力建言："愿与巨学鸿生共力雠刊，准汉旧事，镂石太学，示万世法。"在得到同意后，"覃乃表周墀、崔球、张次宗、孔温业等是正其文，刻于石"。②

石版经籍的刻制完成，不仅统一和规范了经籍的内容，也广泛促进了儒学经典的学习与传播。冯涯曾作《太学创置石经》一诗，描述太学创置经学典籍石刻版本后的情况：

> 圣唐复古制，德义功无替。
>
> 奥旨悦诗书，遗文分篆隶。
>
> 银钩互交映，石壁靡尘翳。
>
> 永与乾坤期，不逐日月逝。
>
> 儒林道益广，学者心弥锐。
>
> 从此理化成，恩光遍遐裔。③

这首诗不仅赞颂了太学经学典籍统一石刻的盛举，而且寄托其"化民成俗"的美好愿望。

三、太学的教学活动

归崇敬曾明确指出包括太学在内的官学教学具体活动环节：

> 学生谒师……师出中门，延入与坐，割俎举觯酒，三爵而止。乃发箧出经，抠衣前请，师为说经大略，然后就室，朝晡请益。师二时堂上训授道义，示以文行忠信、孝悌睦友。④

这说明了太学日常教学中的活动程序，先是弟子行礼，后学官概说所讲经

① 《旧唐书》卷 173《郑覃传》。
② 《新唐书》卷 165《郑覃传》。
③ 《全唐诗》卷 542《冯涯·太学创置石经》。
④ 《新唐书》卷 164《归崇敬传》。

籍的主要内容，然后由太学生自己研读，学官最后讲解文行忠信、孝悌睦友的经学道义。这样一来，太学之中留给学生自学的时间较为充足。尽管这与太学博士、助教人数较少而太学生人数相对较多的原因有关，但也反映了太学生以自学为主、教师讲解辅导为辅的学习方式。这对于培养太学生独立自主的学习能力是非常重要的。

太学生并非只读大经、中经和小经的内容，在研读经学典籍的基础上，需学习时务策，读《国语》《说文》《字林》《三苍》《尔雅》等书。① 太和年间，国子祭酒裴通曾上奏官学教育的学习方法："诸生先读经文通熟，然后授文讲义。"② 元和初，韩愈曾提出太学生的学习要求：

> 业精于勤，荒于嬉；行成于思，毁于随。方今圣贤相逢，治具毕张，拔去凶邪，登崇畯良。占小善者率以录，名一艺者无不庸。爬罗剔抉，刮垢磨光。盖有幸而获选，孰云多而不扬？诸生业患不能精，无患有司之不明；行患不能成，无患有司之不公。③

韩愈的主要意思是，太学生在学习之中应当有自己的独立思考和主见，切忌"人云亦云"。当他把太学生集中起来讲解这种观点时，没有想到太学生针对他自身的学术发展之道提出了质疑：

> 先生欺予哉！弟子事先生，于兹有年矣。先生口不绝吟于六艺之文，手不停披于百家之编。记事者必提其要，纂言者必钩其玄。贪多务得，细大不捐。烧膏油以继晷，常兀兀以穷年。先生之业，可谓勤矣。……然而公不见信于人，私不见助于友。跋前踬后，动辄得咎。暂为御史，遂窜南夷。三为博士，冗不见治。命与仇谋，取败几时？冬暖而儿号寒，年丰而妻啼饥。头童齿豁，竟死何裨？不知虑此，而反教人为！④

为此，韩愈以工匠和医师为例，详细论证了学术有专攻和解决社会实际问题的论点：

> 吁！子来前。夫大木为宲，细木为桷，欂栌侏儒，椳闑扂楔，各得其

① 《新唐书》卷 44《选举志上》。
② 《登科记考》卷 21《选举志上》。
③ 《旧唐书》卷 160《韩愈传》。
④ 《旧唐书》卷 160《韩愈传》。

宜，施以成室者，匠氏之工也。玉札丹砂，赤箭青芝，牛溲马勃，败鼓之皮，俱收并蓄，待用无遗者，医师之良也。……今先生学虽勤，不由其统；言虽多，不要其中；文虽奇，不济于用；行虽修，不显于众。犹且月费俸钱，岁靡廪粟，子不知耕，妇不知织，乘马从徒，安坐而食，踵常途之促促，窥陈编以盗窃。然而圣主不加诛，宰臣不见斥，此非其幸哉？动而得谤，名亦随之。投闲置散，乃分之宜。若夫商财贿之有无，计班资之崇庳，忘己量之所称，指前人之瑕疵，是所谓诘匠氏之不以杙为楹，而訾医师以昌阳引年，欲进其豨苓也。①

韩愈的《石鼓歌》中也有描写太学中教学方法的诗句："圣恩若许留太学，诸生讲解得切磋。"② 即切磋和辩论，也是太学采用的教学方法之一。

隋唐五代年间，太学的教学活动受到社会形势尤其是政局更迭、战事频发的大环境的严重影响。太学之中常用的教学方法——诵读，会因为这些原因而停止，以至于太学中难闻读书之音。为此，统治阶级也曾想方设法来维持太学的日常教学活动。唐代宗于广德二年（764 年）下诏：

古者设太学，教胄子，所以延俊造，扬王庭。虽年谷不登，兵甲或动，而俎豆之事，未尝废焉。顷年已来，戎车屡驾，天下转输，公私匮竭。带甲之士，所务赢粮；鼓箧之徒，未能仰给。由是诸生辍讲，经诵蔑闻。宣父有言，是吾忧也。投戈息马，论道尊师，用宏庠序之风，俾有箪瓢之乐。宜令所司量追集贤学士，精加选择，使在馆习业。仍委度支，准给厨米，敦兹儒术，庶有大成。甲科高第，好学者中，数求茂异，称朕意焉。③

从敕令中可以看出，太学中师生论讲学业的具体活动因为战事原因而停止。为了恢复太学中师生的日常学业论讲活动，唐代宗提出供给太学生饭食的鼓励性政策。同时，太学学官在教授学业的过程中，必须坚持"凡博士、助教，分经授诸生，未终经者无易业"④ 的具体规定。这也是太学重要的日常教学管理规定，即每经设置一位博士，而每位博士在教学之中需专注于该经的教学、督促

①《旧唐书》卷 160《韩愈传》。
②《全唐诗》卷 340《韩愈·石鼓歌》。
③《全唐文》卷 48《代宗·准太学生徒支给厨米敕》。
④《新唐书》卷 44《选举志上》。

以及必要的考核。只有在该经结束和考查合格后，太学生方可进行下一经籍的学习，以确保太学教学质量。

太学中也有不好读书之人，或者说志向不在攻读经书而在其他方面的太学生。譬如秦州上邽人姜宝谊，进入太学之后，"受书，业不进，去为左翊卫"①。韦应物曾以《赠旧识》为题抒发了太学生蹉跎数月的情景：

少年游太学，负气蔑诸生。

蹉跎三十载，今日海隅行。②

唐中叶以后，太学的学习风气较差。柳宗元在《与太学诸生喜诣阙留阳城司业书》中曾说：

始仆少时，尝有意游太学，受师说，以植志持身焉。当时说者咸曰："太学生聚为朋曹，侮老慢贤，有堕窳败业而利口食者，有崇饰恶言而肆斗讼者，有凌傲长上而谇骂有司者。其退然自克，特殊于众人者无几耳。"仆闻之，恼骇怛悸，良痛其游圣人之门，而众为是沓沓也。遂退托乡闾家塾，考厉志业，过太学之门而不敢踦顾，尚何能仰视其学徒者哉！③

柳宗元对耻于入太学读书的描述，一定程度上印证了太学学习风气较差的状况。

唐宪宗元和元年（806 年），韩愈为国子监博士，曾上《清复国子监生徒状》。其中说："国家典章，崇重庠序；近日趋竟，未复本原，致使公卿子弟，耻游太学。工商烦冗，或处上庠。……近年吏部所注，多循资叙，不考艺能，至今生徒不自劝励。"④太学存在学风不正的问题，严重时形同虚设。唐代宗永泰二年（766 年）制文中也提到这种情景：

治道同归，师氏为上，化人成俗，必务于学。俊造之士，皆从此途，国之贵游，罔不受业。修文行忠信之教，崇祗庸孝友之德，尽其师道，乃谓成人。然后扬于王庭，敷以政事，微之以理，任之以官，置于周行，莫匪邦彦，乐得贤也，其在兹乎！朕志承理体，尤重儒术，先王设教，敢不

---

①《新唐书》卷 88《姜宝谊传》。
②《全唐诗》卷 188《韦应物·赠旧识》。
③《柳宗元集》卷 34《与太学诸生喜诣阙留阳城司业书》。
④《全唐文》卷 549《韩愈·请复国子监生徒状》。

虔行。顷以戎狄多虞，急于经略，太学空设，诸生盖寡。弦诵之地，寂寥无声，函丈之间，殆将不扫。上庠及此，甚用闵焉。①

太学学官得不到应有的重视，这是导致太学学风不正的原因之一。韦思谦之子嗣立，在武后时被拜凤阁舍人。鉴于"时学校荒废，刑滥及善人"②的状况，乃上书极陈太学学风不正的原因和解决策略："永淳后，庠序隳散，胄子衰缺，儒学之官轻，章句之选弛。贵阀后生以徼幸升，寒族平流以替业去。垂拱间，仕入弥多，公行私谒，选补逾滥；经术不闻，猛暴相夸。陛下诚下明诏，追三馆生徒，敕王公以下子弟一入太学，尊尚师儒，发扬劝奖，海内知响。然后审畀铨总，各程所能。以之临人，则官无旷，民乐业矣。"③ 这反映了太学学官不被重视和太学生读书积极性下降的情况。

太学这种衰败与荒凉的景象，在唐中晚期一些诗人的作品中也有所反映。如诗人姚合在《和李绅助教不赴看花》中描写：

> 笑辞聘礼深坊住，门馆长闲似退居。
>
> 太学官资清品秩，高人公事说经书。
>
> 年华未是登朝晚，春色何因向酒疏。
>
> 且看牡丹吟丽句，不知此外复何如。④

再如，晚唐诗人林宽在《穷冬太学》一诗中亦有类似描述：

> 投迹依槐馆，荒亭草合时。
>
> 雪深鸢啸急，薪湿鼎吟迟。
>
> 默坐同谁话，非僧不我知。
>
> 匡庐瀑布畔，何日副心期。⑤

隋唐五代太学的发展中，也有太学生敢于独立思考和反驳太学博士观点，甚至因为不满太学博士的照本宣科而愤然离开太学的例子。如，南齐司空孝嗣五世孙徐旷，博通《五经》，明《左氏春秋》。就读太学时，不仅敢于反驳太学博士照本宣科式的教学方法，而且敢于和老师面对面辩论：

---

① 《旧唐书》卷 11《代宗本纪》。
② 《新唐书》卷 116《韦思谦传》。
③ 《新唐书》卷 116《韦思谦传》。
④ 《全唐诗》卷 501《姚合·和李绅助教不赴看花》。
⑤ 《全唐诗》卷 606《林宽·穷冬太学》。

时者儒沈重讲太学，授业常千人，文远从之质问，不数日辞去。或问其故，答曰："先生所说，纸上语耳。若奥境，彼有所未见者，尚何观？"重知其语，召与反复研辩，嗟叹其能。①

徐旷这种博学多才、能言善辩以及敢于学术创新的个性特点，也使得他深受世人的敬重，尤其是读书之人的追崇。后来在隋唐代学界名望高远的"窦威、杨玄感、李密、王世充皆从受学"。徐旷在"隋开皇中，累迁太学博士"，曾"与汉王谅授经"，但因为汉王谅谋反，而被牵连至"除名为民"。② 直至隋代大业初，徐旷才被推荐重用：

礼部侍郎许善心荐文远及包恺、褚徽、陆德明、鲁达为学官：

礼部侍郎许善心荐文远及包恺、褚徽、陆德明、鲁达为学官，擢国子博士，恺等为太学博士。世称《左氏》有文远，《礼》有褚徽，《诗》有鲁达，《易》有陆德明，皆一时冠云。文远说经，遍举先儒异论，分明是非，乃出新意以折衷，听者忘劳。越王侗署国子祭酒。③

另外，也有太学生不为举荐所动的例子：

魏元忠，宋州宋城人也。本名真宰，以避则天母号改焉。初，为太学生，志气倜傥，不以举荐为意，累年不调。时有左史盩厔人江融撰《九州设险图》，备载古今用兵成败之事，元忠就传其术。④

四、太学的学业考试

关于太学等官学的学业考核标准，唐大和年间国子祭酒裴通在奏文中曾述及：

当司所授丞簿及诸博士助教直讲等。谨按《六典》云：丞掌判监事。凡六学生每有业成上于监者，以其业与司业祭酒试之。明经帖经口试策经义，进士帖一中经试杂文策时务征事。注云：其试法皆依考功口试。明经帖限通八以上，明法明算皆通九以上。主簿掌印勾简。⑤

由此可见，唐代太学的学业考试是有严格的考核标准。"凡学生有不率师教

---

① 《新唐书》卷 198《儒学上·徐旷传》。
② 《新唐书》卷 198《儒学上·徐旷传》。
③ 《新唐书》卷 198《儒学上·徐旷传》。
④ 《旧唐书》卷 92《魏元忠传》。
⑤ 《全唐文》卷 729《裴通·定决罚当司官吏学生等奏》。

者，则举而免之。其频三年下第，九年在学无成者，亦如之。注云：假如违程限及作乐杂戏者，同准弹琴习射不禁。诸博士助教皆分经教授学者，每授一经，必令终讲。所讲未终，不得改业。诸博士助教皆云诸学生读经文通熟，然后授文讲义。"① 这里明确指出太学修习最长年限为九年，并且在修习期间需要接受除了年考以外的定期考查：

> 每旬放一日休假，前一日博士考试。其试读书每千言内试一帖，帖三言讲义者；每二千言内问大义一条，总试三条。通二为及第，通一及全不通者，斟量决罚。②

把学业考试与假期联系在一起，建立了旬考制度，利用旬假来定期检测太学生的学业修习程度，这是唐代太学的特色之一。

归崇敬曾明确提出包括太学在内的官学教育的学业考试方式以及肄业学生的奖惩方法：

> 旬省、月试、时考、岁贡，眡生徒及第多少为博士考课上下。有不率教者，榎楚之，国子移礼部，为太学生；太学又不变，徙之四门；四门不变，徙本州之学；复不变，繇役如初，终身不齿。虽率教，九年学不成者，亦归之本州。③

《新唐书·选举志》中，更是详细地说明了太学生的各种假期规定以及学业考试结果的分级认定情况：

> 旬给假一日。前假，博士考试，读者千言试一帖，帖三言，讲者二千言问大义一条，总三条通二为第，不及者有罚。岁终，通一年之业，口问大义十条，通八为上，六为中，五为下。并三下与在学九岁、律生六岁不堪贡者罢归。诸学生通二经、俊士通三经已及第而愿留者，四门学生补太学，太学生补国子学。每岁五月有田假，九月有授衣假，二百里外给程。其不帅教及岁中违程满三十日，事故百日，缘亲病二百日，皆罢归。既罢，条其状下之属所，五品以上子孙送兵部，准荫配色。……武后之乱，改易旧制颇多。中宗反正，诏宗室三等以下、五等以上未出身，愿宿卫及任国

---

① 《全唐文》卷729《裴通·定决罚当司官吏学生等奏》。
② 《全唐文》卷729《裴通·定决罚当司官吏学生等奏》。
③ 《新唐书》卷164《归崇敬传》。

子生，听之。其家居业成而堪贡者，宗正寺试，送监举如常法。三卫番下日，愿入学者，听附国子学、太学及律馆习业。①

这反映了太学学业考试的几种方式：旬考、月考、不定期考试以及年度考试。规定九年修习期限内以及最高年限满后的处罚方式。

唐武宗《加尊号后郊天赦文》提出太学肄业学生的具体考核方案：

> 武功既畅，经术是修，宜阐儒风，以宏教化。应公卿百僚子弟及京畿内土人寄客修明经进士业者，并隶名太学。每一季一度，据名籍分番于国子监试帖。三度帖经全通者，即是经艺已熟，向后更不用帖试。如三度全不通，及三度托事故不就试者，便落下名籍，至贡举时不在送省之限。其外寄居及土著人修进士明经业者，并隶名所在官学，仍委长吏于见任官及本土著学行人中，选一人充试官，亦委每季一试，馀并准前处分。如无经艺，虽有文章，不在送省之限。所冀人皆响道，学务通经。②

隋唐五代太学生的学业考试，是和应对科举有着紧密联系的一种学业考核活动。如李频的《送太学吴康仁及第南归》曾描写太学生参加科举及第的情景：

> 因为太学选，志业彻春闱。
>
> 首领诸生出，先登上第归。
>
> 一荣犹未已，具庆且应稀。
>
> 纵马行青草，临岐脱白衣。
>
> 家遥楚国寄，帆对汉山飞。
>
> 知己盈华省，看君再发机。③

牛堪曾为太学生，后及第。韩愈作《送牛堪登第序》称："堪，太学生也；余，博士也。博士，师属也，于其登第而归，将荣于其乡也，能无说乎?"④ 权德舆在《梓州刺史权公文集序》中言："公讳若讷，天水略阳人。弱冠与伯氏舞待、叔氏同光同游太学，连登上第。"⑤

《新唐书》中有太学生参与科举的记载：张志和，字子同，婺州金华人，始

---

①《新唐书》卷44《选举志上》。

②《全唐文》卷78《武宗·加尊号后郊天赦文》。

③《全唐诗》卷589《李频·送太学吴康仁及第南归》。

④ 马其昶：《韩昌黎文集校注》卷4《送牛堪序》。

⑤ 权德舆：《权载之文集》卷34《梓州刺史权公文集序》。

名龟龄。父游朝。志和十六擢明经。① 根据颜真卿的《张志和碑》记载，张志和"十六游太学，以明经擢第"②。可见张志和在入太学读书的当年就考中进士。又有王璠，字伯玉，其先琅琊人。"以国子监太学明经擢第，授上党郡长子县主簿。"③。

太学生学业考试目的在于应对科举，这对其学习动机产生较大的影响。杨绾曾痛批科举考试对于学校教育的负面影响：

> 今试学者以帖字为精通，不穷旨义，岂能知迁怒、贰过之道乎？考文者以声病为是非，唯择浮艳，岂能知移风易俗化天下之事乎？是以上失其源而下袭其流，波荡不知所止，先王之道，莫能行也。夫先王之道消，则小人之道长；小人之道长，乱臣贼子由是生焉！……今取士试之小道，而不以远者大者，……夫以蜗蚓之饵杂垂沧海，而望吞舟之鱼，不亦难乎？所以食垂饵者皆小鱼，就科目者皆小艺。④

国子祭酒杨绾深刻反思了自夏、商、周、汉代，乃至魏、晋以来历代王朝学校教育与国家兴亡之间的辩证关系：

> 夏有天下四百载，禹之道丧而殷始兴焉；殷有天下六百祀，汤之法弃而周始兴焉；周有天下八百年，文、武之政废而秦始并焉。观三代之选士任贤，皆考实行，故能风化淳一，运祚长远。……汉兴，杂三代之政，弘四科之举，西京始振经术之学，东都终持名节之行。至有近戚窃位，强臣擅权，弱主孤立，母后专政，而社稷不陨，终彼四百，岂非兴学行道，扇化于乡里哉？……自魏至隋，仅四百载，三光分景，九州阻域，窃号僭位，德义不修，是以子孙速颠，享国咸促。⑤

最后，杨绾提出整顿太学，必须选任天下名儒。如他所言：

> 然自典午覆败，中原板荡，戎狄乱华，衣冠迁徙，南北分裂，人多侨处。……今欲依古制乡举里选，犹恐取士之未尽也。请兼广学校，以弘训诱。今京有太学，州县有小学，兵革一动，生徒流离，儒臣、师氏、禄廪

---

① 《新唐书》卷 196《隐逸列传·张志和》。
② 颜真卿：《颜鲁公文集》卷 9《浪迹先生玄真子张志和碑》。
③ 《全唐文》卷 133《李大亮·昭庆令王璠清德颂碑》。
④ 《旧唐书》卷 119《杨绾传》。
⑤ 《旧唐书》卷 119《杨绾传》。

无向。……其国子博士等，望加员数，厚其禄秩，选通儒硕生，间居其职。十道大郡，量置太学馆，令博士出外兼领，郡官召置生徒。依乎故事，保桑梓者，乡里举焉，在流御者，庠序推焉。朝而行之，夕见其利。①

通过严格把握太学博士的入口关，扭转太学生刻意应对科举的弊端。

总之，隋唐五代太学的发展历程，给后人留下了诸多值得深思的问题，其关键在于如何加强学业管理，重视学校日常教学活动。

五、太学生的课外生活

隋唐时期，太学师生在课外也有各种各样的活动。天宝末年，进士封演曾说："余初擢第，太学诸人共书余姓名于旧纪末。"② 将考取功名的太学生载入史册，是太学师生课外一项重要活动。此外，还有太学博士编撰经籍和从事学术研究活动，太学生的仗义疏财以及太学生之间的各种交往等活动。这些课外活动沟通太学师生的情谊。

太学生的课外活动也较为丰富多样。诸生之间经常互相帮助，仗义疏财，救济贫病。如何蕃，居太学时，"葬死者之无归，哀其孤而字焉，惠之大小，必以力复"③。《新唐书·郭元振传》记载：

> 郭震，字元振，魏州贵乡人，以字显。长七尺，美须髯，少有大志。十六，与薛稷、赵彦昭同为太学生，家尝送资钱四十万，会有缞服者叩门，自言"五世未葬，愿假以治丧"。元振举与之，无少吝，一不质名氏。稷等叹骇。④

还有描写太学生在课余为应对科举而勤奋夜读的例子。韩愈以诗描述太学生勤奋读书的生活状况：

> 长檠八尺空自长，短檠二尺便且光。
>
> 黄帘绿幕朱户闭，风露气入秋堂凉。
>
> 裁衣寄远泪眼暗，搔头频挑移近床。

---

① 《旧唐书》卷 119《杨绾传》。

② 封演著、赵贞信校注：《封氏闻见记校注》卷 3《贡举》。

③ 《全唐文》卷 567《太学生何蕃传》。

④ 《新唐书》卷 122《郭元振传》。

> 太学儒生东鲁客，二十辞家来射策。
>
> 夜书细字缀语言，两目眵昏头雪白。
>
> 此时提携当案前，看书到晓那能眠。
>
> 一朝富贵还自恣，长檠高张照珠翠。
>
> 吁嗟世事无不然，墙角君看短檠弃。①

太学生除了学习儒家经典，在课外还进行习射活动。这可以看作是太学生进行体育锻炼的有效举措之一。周存在《观太学射堂赋》中记载：

> 观射堂之攸设，知射侯之有以。非取善于主皮，盖绎心而正巳。故王用制之，而诸侯是务，择以习焉。而射宫观美，莫不比乎礼乐，和其容止，将申明于德行，必审固夫弓矢，皇家之阐化也。……故夫五帝殊仪，三王异礼。咸登太和与至理，莫不雍雍而济济。是知崇乐非钟鼓之器，立德为正鹄之体也。鄙生乎尧日，选乎璧池。达弓矢之妙旨，伟栋宇之宏规。倘斯道而可复，庶当见择之刑仪。②

太学生也有上书谏言活动。据《封氏闻见记》卷四记载，天宝中，太学生张绸上书："请于太公庙置武监。国子监相对，教习胄子。春秋释奠于先师太公，一如国学文宣王庙。"但最终"书寝不报"，无疾而终。③

在太学学习生活中，这些看似普通的课外活动，既展示了太学生自身的品行与才识，也促进了师生间的情感交流。尤其是太学学官以身作则，极大地影响了太学生的道德情感与价值取向。

---

① 《全唐诗》卷 340《韩愈·短灯檠歌》。
② 《全唐文》卷 511《周存·观太学射堂赋》。
③ 封演著、赵贞信校注：《封氏闻见记校注》卷 4《武监》。

第三章
官学教育活动 （下）

隋唐五代，统治者为了培养适应其统治需要的专门人才，在中央政府计划之下，设置专门的高等教育机构，由中央政府直接管辖。如国子监所辖的律学、书学和算学。这些机构在随后的发展过程中推动了教育发展，成为中央官学的重要组成部分。同时，其规模逐渐扩大，专业性增强，成为培养统治人才的主要基地。正因为如此，专门学校从专责总办礼乐文教事务机关的太常寺分离出来，成为独立设置以培养统治人才的专门机构。进入这一教育机构的学生，以专心完成学业为唯一职责，经过一定的培养过程，最终考试合格而毕业的学生，以参加选拔人才的科举考试为重要出路，以入仕从政为目标。

第一节　专门学校管理活动

　　隋唐专门学校，包括律学、书学、算学、医学、广文馆等，以教授某一学科专业知识为主要任务，培养专门人才。在唐代，律学、书学、算学的设置，略迟于以培养儒学通才为目标的国子学、太学、四门学，其"学生占国子监少数，以培养国家行政机关专业人才为目标，以学习专科知识为基本内容，也以科举为重要出路，是国子监次要的组成部分"。广文馆设置较后，"它是进士科应试者再进修的学校，以应试项目所需知识为内容，学习阶段适应科举考试的周期，以应试进士及第为目标。"① 此类学校的管理活动涉及教育管理体制诸方面，包括学校日常教育教学管理、招生考试管理、学习生活管理。以下主要以国子监管辖的律学、书学、算学为考察对象，简述有关教师和学生管理活动。

一、专门学校的学官管理

　　隋唐时期，律学等专门学校是中央官学的组成部分，其管理者和教师属于学官，定有品级。这些学官作为普通官员和专科教师，传授专门知识和儒家伦理，为国家行政管理部门培养各类专门人才。

（一）专门学校学官的编制与品级

　　隋代国子寺统辖国子学、太学、四门学、书学、算学等各类官学，设有祭酒及主簿、录事等属官。开皇十三年（593 年）后，国子寺改称为国子学。仁寿元年（601 年），只保留国子学，其他学校皆废，随后又将国子学改为太学。

　　隋炀帝即位，恢复所有被废的学校，中央官学统称为国子学。大业三年（607 年），国子学改为国子监。专门学校学官设置，据《隋书·百官志》记载，书学博士有 2 人，品级为从九品，书学助教为 2 人；算学博士为 2 人，品级为从九品，算学助教为 2 人；律学博士不详，品级为正九品。

---

　　① 孙培青主编：《中国教育史研究·隋唐分卷》，华东师范大学出版社 2009 年版，第 93 页。

唐代继承隋代中央官学制度。武德年间，恢复国子学、太学、四门学三学，规模有所控制，人员也相应减少。贞观二年（628 年），复设书学、算学。此后，中央官学获得较大发展。武则天当政时，贬抑儒学，学生流散，教学活动停顿，却多授官爵，学官人数并未减少。至唐玄宗时期，恢复中央官学，各类学生总数保持在两千二百多人的规模，并形成一套较为完备的教育管理制度。

唐代专门学校学官设置情形，史料有不同记载。《新唐书·百官志》，广文馆有博士 4 人，助教 2 人，直讲 4 人。律学有博士 3 人，助教 1 人。书学有博士 2 人，助教 1 人。算学有博士 2 人，助教 1 人。① 另据《唐六典·国子监》记载，书学博士为 1 人，品级为从九品下，不设助教；算学博士为 1 人，品级为从九品下，不设助教；律学博士为 8 人，品级为正九品上（另据《唐会要》卷九一记载，律学博士的品级为从八品下）。与隋代相比，唐代书学与算学两门专学，其教员的官职地位逐渐下降；只有律学博士的地位在不断提高。这也反映出唐代律学的发展进入了一个高峰期。

（二）专门学校学官的俸禄

专门学校作为中央官学组成部分，其管理和教学人员由政府任用，虽然各自职责有所不同，但同样按其品级地位享受俸禄。作为基本的经济来源，其俸禄主要包括月俸、岁禄、职田三个方面。

1. 月俸

国家每月按照学官品级发放的俸料钱，作为学官本人连带家属及仆役的生活费。律学博士，乾封元年（666 年），月俸为一千三百文，食料为三百文，杂用为二百五十文。开元二十四年（736 年），其月俸为一千三百文，食料为三百文，防阁为六百二十五文，杂用为二百五十文。大历十二年（777 年），其总收入为四千零七十五文。贞元四年（788 年），其总收入为四千文。会昌年间，其总收入为四千文。

书学博士，乾封元年，月俸为一千零五十文，食料为二百五十文，杂用为二百文；开元二十四年，其月俸为一千零五十文，食料为二百五十文，防阁为四百一十七文，杂用为二百文。大历十二年（777 年），其总收入为一千九百一

---

① 《新唐书》卷 46《百官志一》。

十七文。会昌年间，其总收入为四千文。

算学博士，乾封元年，月俸为一千零五十文，食料为二百五十文，杂用为二百文。开元二十四年，其月俸为一千零五十文，食料为二百五十文，防阁为四百一十七文，杂用为二百文。大历十二年，其总收入为一千九百一十七文。会昌年间，其总收入为四千文。书学助教与算学助教，在大历十二年，其总收入都为一千九百一十七文，贞元四年，总收入都为一千文，到会昌年间，其总收入为三千文。

律学助教的品级为从九品下，乾封元年，月俸为一千零五十文，食料为二百五十文，杂用为二百文。开元二十四年，其月俸为一千零五十文，食料为二百五十文，防阁为四百一十七文，杂用为二百文。大历十二年，其总收入为一千九百一十七文。会昌年间，其总收入为三千文。[①] 书学助教与算学助教都没有品级，俸禄数目无明确记载。

2. 岁禄

隋朝对文武官给禄，规定明确的制度。《隋书》卷二八《百官志》："京官正一品，禄九百石，其下每以百石为差，至正四品，是为三百石。从四品，二百五十石，其下每以五十石为差，至从八品，是为五十石。食封及官不判事者，并九品，皆不给禄。其给皆以春秋二季。"学官依其官品，领得数目不等的禄粟，上下层的等级差距比较大。如祭酒禄四百石，而四门博士禄五十石。

唐朝继承隋朝的给禄制度，但其初，经济还没有完全恢复，略加变通，稍降上层的高标准。《新唐书》卷五五《食货志》记载："武德元年（618年），文武官给禄，颇减隋制，一品七百石，从一品六百石，二品五百石，从二品四百六十石，三品四百石，从三品三百六十石，四品三百石，从四品二百六十石，五品二百石，从五品百六十石，六品百石，从六品九十石，七品八十石，从七品七十石，八品六十石，从八品五十石，九品四十石，从九品三十石，皆以岁给之，外官则否。"

贞观时期，调整上述给禄标准，成为长期沿用的制度。据《通典》卷三五记载："京官正一品，七百石。从一品，六百石。正二品，五百石。从二品，四

---

① 《唐会要》卷 91《内外官料钱上》。

百六十石。正三品，四百石。从三品，三百六十石。正四品，三百石。从四品，二百六十石。正五品，二百石。从五品，一百六十石。正六品，一百石。从六品，九十石。正七品，八十石。从七品，七十石。正八品，六十七石。从八品，六十二石。正九品，五十七石。从九品，五十二石。"在外文武九品以上皆比京官同品降一等给禄。分春秋两次给禄。

比较隋唐二代的岁禄制度，唐武德元年上品京官开始减禄，从减二百石到减四十石不等，而中品京官持平，只有个别小增十石，下品京官九品官由不给禄到给禄四十石或三十石。到贞观二年（628年），八品官、九品官均增禄，由增七石到二十二石不等。其趋势是减上以增下，缩小差距。中央官学学官，也是按政府规定的制度获得岁禄。标准的变动，必然对学官的经济收入产生一定影响。书算博士由从九品无禄而得禄三十石，后又增至五十二石。学官多数属中下品，下品的岁禄增加比较明显。

3. 职田

隋唐的官员，政府除了给月俸岁禄外，还分给职分田和永业田，以补充月俸岁禄的不足。二者按官品的不同等级来享有，可统称为职田，是官员经济收入的重要组成部分。职田按规定分为畿内田，凡给田而无地者，亩给粟二斗。京官分得职田，并不自种，而是出租给农民耕种，由农民纳地租，官员坐收地租。京畿大片田地划分给职官，在唐初由于战争之后人口减少，荒地增多，还可实行，后来贫民还乡，人口增多，就出现矛盾。开元十年（722年），曾下令收职田给贫民，政府按每亩给仓粟二斗以作补偿。开元十八年（730年）恢复旧制，又给京官职田。以后根据政治经济的形势而变动，进入战争状态，则减职田地租以供军需，社会安定则不减职田地租，所以职田的收入并不是固定的。

（三）专门学校的学官的考核

隋唐对学官有定期的考核，这是对百官进行考课而建立考课制度的重要组成部分。《唐六典·尚书吏部》："考功郎中之职，掌内外文武官吏之考课。"学官的考课也属考功郎中统一管理。唐朝重视对中央官员，地方官员的考课，形成稳定的考课制度，制定《考课令》，就是规范和指导考课的专门法律。

依据《考课令》规定，学官考课标准包括以下两方面：一是对全部官员的共同要求，也就是一般标准。"流内之官，叙以四善，一曰德义有闻，二曰清慎明著，三曰公平可称，四曰恪勤匪懈。"① 二是对各司官员的职务要求，也就是职务标准。专为学校教育而立的标准或与教育有关的职务所立的标准主要有："五曰音律克谐，不失节奏，为乐官之最"；"十二曰训导有方，生徒充业，为学官之最"；"二十三曰占候医卜效验多者，为方术之最"。② 考课的作用在于对各级各类学官实绩有鉴别有比较，作为奖惩升降的依据。

二、学生管理

关于学生管理活动，与培养过程相连，涉及诸多方面。《新唐书》卷四四《选举志上》记载各级行政管理机构的权限："国子监生，尚书省补，祭酒统焉。州县学生，州县长官补，长史主焉。"中央官学每年由尚书省礼部审核决定能否收补学生，而具体的入学考试和材料审查，由国子监长官祭酒统一管理。

（一）入学身份的规定

唐代各级官学旨在培养统治人才，对入学对象有一定的身份限制。《唐六典》卷八《门下省》规定："补弘文，崇文学生例……同中书门下平章事。六尚书，功臣身食实封者，京官职事正三品，供奉官正三品子孙，京官职事从三品，中书黄门侍郎子，并听预简选性识聪敏者充。"《唐六典》卷二一《国子监》规定："书学博士掌教文武官八品已下及庶人子之为生者。""算学博士掌教文武官八品已下及庶人子之为生者。"入学身份的这些规定，成为管理部门审定能否收补学生入学的准则。

唐前期中央官学比较严格地执行入学身份限制。由于工商业者不得入仕，因而这两个阶层的子弟也被禁止进入中央官学。随着社会经济发展，工商业者逐渐积累财富，要求政府让他们的子弟入学读书，接受高层次教育，为将来入仕参政创造条件。唐后期中央政府力量削弱，对于入学身份的控制有所松动。有的工商业者利用与宦官的联系，或通过经济影响为提高社会地位铺路，使得一部分工商业者子弟进入中央官学。

韩愈于长庆元年（821年）担任国子祭酒。他检查国子监三馆学生家庭出身情况，呈送《请复国子监生徒状》，强调指出："右国家典章，崇重庠序，近日

---

① 《新唐书》卷46《百官志一》。
② 《新唐书》卷46《百官志一》。

趋竞，未复本源。至使公卿子孙，耻游太学，工商凡冗，或处上庠。今圣道大明，儒风复振，恐须革正，以赞鸿猷。"① 他提出整顿方案，保持原有的入学身份限制，太学的入学身份放宽至常参官八品以上子弟，而四门学则更为放宽，容许选取无资荫而有才业的人为学生。

上述事例说明，关于唐代中央官学的入学身份，其演变趋势是在保证贵族高官子弟教育特权的前提下，逐步放宽限制。

（二）入学年龄的限制

关于中央官学的入学年龄，《新唐书》卷四四《选举志》记载："凡生，限年十四以上，十九以下；律学十八以上，二十五以下。"这是对有条件受小学教育的贵族高官子弟而言，14 岁就可开始入学，他们依靠门荫入学，不需考试选拔。但是，其他阶层的子弟则不同，入学年龄也就有差别。《唐会要》卷三五《学校》记载，开元二十一年（725 年）五月敕令："诸州县学生二十五以下"，"若庶人生年二十一已下"，可以举送。

总起来看，中央官学入学的年限在 14 岁至 25 岁之间。但对新提拔的高官，其子弟享受门荫优待。贵族充当卫士，轮番宿卫结束后要入学，在职官员要入学读书等，情况有些特别，不全受 25 岁规定的限制。所以在执行规定时还根据情况有一定灵活性，存在例外。

（三）入学的智力和文化要求

学生入学除了家庭身份与年龄之外，还有智力发展和文化程度的要求。唐初武德七年（624 年）二月《置学官备释奠礼诏》规定："吏民子弟，其有识性开敏，志希学艺，亦具名状申送入京，量其差品，并即配学。"② 所说"识性开敏"，就是智力正常发展且聪明；"志希学艺"，就是有上进精神与游学志向。既有学习的条件，也有学习的志愿，这是对要入学学生的要求。开元二十一年五月敕诸州县学生："通一经已上，及未通经而精神通悟有文词史学者，每年铨量举送，所司简试，听入四门学充俊士。"③ 此项敕令对选送入四门学的学生开出条件，具有学通一经以上的文化水平，或者是精神通悟、有文词史学的素养，

---

① 马其昶校注、马茂元整理：《韩昌黎文集校注》卷 8《请复国子监生徒状》。
②《唐大诏令集》卷 105。
③《唐会要》卷 35《学校》。

符合条件的才得以选送，主管部门还要考试检验。弘文馆、崇文馆的入学，除了对身份、年龄条件有所规定外，还要求"简选性聪明者令就学"[1]，有优秀的基本条件，才会有更为理想的教育效果，这是人才教育所期待的。

（四）学生的补缺

国子监学生有定额，不能随便扩招，也不是随时可以入监的，要待有人出监，出监多少名额，就收补多少名额入监。虽然收补学生由礼部决定，但须具备相应条件，并按一定程序进行，以免产生主管机关与培养机构的不协调和矛盾。有关学生补缺规定主要包括：

第一，学生要补缺入监，应等待有人及第出监，出现缺员，就可以提出申请，要求补充为学生。首先应向国子监呈送申请书，讲明申请人替补某人出监后的缺额。[2]

第二，国子监接受申请后，对申请者举行考试；考试合格者，由国子监列名，送交礼部。礼部根据名单，审批补缺，即被批准者，才可以充当中央官学的学生。

第三，已及第的进士明经欲入监，由礼部补署完毕，发牒文到国子监。国子监对进士明经重新加以考试，合格者才给予伙食供应。

第四，新补入监的生员，如发现有冒荫补缺的，不仅开除，而且行牒文送执法机关定罪处罚。[3]

要进入国子监成为生员，需要申请，待缺，考试，审批，还是有许多人参加竞争补缺，这表明做生员有较大的潜在利益，国子监学生的定额远不能满足社会需求。

（五）学生的服装

中央官学学生的服装，有特别的规定，包括衣服的款式与颜色，鞋帽与佩带都有限

图 3-1　唐代服饰

---

① 杜牧：《樊川文集》卷 12。
②《册府元龟》卷 604《学校部·奏议第三》。
③《韩昌黎集》卷 37《请复国子监徒状》。

定。《旧唐书》卷四五《舆服志》："黑介帻，簪导，深衣，青襟领，革带，乌皮履。未冠则双童髻，空顶黑介帻，去革带。国子、太学、四门学生参见则服之。书算学生、州县学生，则乌纱帽、白裙襦、青领。"学生礼服在休闲时可以不穿，平日也免穿，但参加重要活动，如参见、释奠礼、讲会等，则必须穿。着装按学生的年龄区分已冠及未冠，还按不同等级规定不同服装款式和颜色。所以学生的服装成为一种显明标志，对学生的言行起制约作用，使学生明确社会角色，增强自律意识。

第二节　专门学校教学活动

隋唐时期，中央官学包含不同性质的学校。经学类的学校，承担培养通才的任务。非经学类的学校，承担培养专才的任务。除了专门传授儒家经典的国子学、太学、四门学等学馆外，隋代国子监所辖的书学和算学，唐代国子监所辖律学、书学和算学，均属专业教育性质的学馆。各类学校围绕各自的任务，课程安排自然不同。

一、课程设置及教材选择

课程在学令中有具体规定，对培养人才有重要影响，历来受到重视。专门学校主要实行实科教育，唐代实科教育的课程设置制度与隋代有所不同，除各学校根据特点设立的专业课、兼修课和实践课外，还设立必修课《孝经》和《论语》。这表明唐代统治者十分重视儒家伦理教育，体现了崇圣尊儒的文教政策。

（一）专门学校的课程设置

1. 律学课程设置

律学生以《律》《令》为专业。其必修课与儒学教育系统中的各学校一样，设有《孝经》和《论语》，专修课为唐代的律令，兼修课为格式法例。

2. 书学课程设置

书学以《石经》《说文》《字林》为专业。必修课与律学一样，为《孝经》和《论语》。专修课为《石经三体书》（楷书、行书、草书)、《说文解字》和《字林》，学习年限分别为 3 年、2 年、1 年。此外，兼修《三苍》《尔雅》等字书以及《国语》《时务策》等课程。

3. 算学课程设置

算学共有 30 名学生，分为两个专业。第一专业学生 15 人，学习《九章算术》《海岛算经》《孙子算经》《五曹算经》《张丘建算经》《夏侯阳算经》《周髀算经》和《五经算》。第二专业学生 15 人，学习《缀术》和《缉古算术》。两个专业的公共课为《数术记遗》和《三等数》。《唐六典》还规定了每门课程的学习年限。《孙子算经》《五曹算经》学习 1 年；《九章算术》《海岛算经》学习 3 年；《张丘建算经》《夏侯阳算经》学习 1 年；《周髀算经》《五经算》学习 1 年；《缀术》学习 4 年，《缉古算经》学习 3 年。此外还规定，循国子学例，算学生每岁有通两部算经者，申监司参加科举。①

4. 医学课程设置

唐代医学在太医署分四科一局，即医师科、针师科、按摩科、咒禁科和药园局。根据专业的不同，各科的课程设置也不同。医师科的专修课包括内科、外科、小儿科、五官科、皮肤科，其学习书目为《本草》《明堂》《脉诀》《素问》《黄帝针经》《甲乙脉经》。临床课的主要内容包括识药形药性，知四时脉象，浮沉涩滑之状，验图知穴位。针师科的专修课主要是兼习各医经注疏，偃侧等图，学习书目包括《素问》《黄帝针经》《明堂》《脉诀》《赤乌神针》。临床课的主要内容是以九针为器械，察五脏之有余和不足，然后用针或补或泻。按摩科的专修课主要是消息导引术、正骨术。临床课主要是除八疾：风、寒、暑、湿、饥、饱、劳、逸；调利骨节，宜通血脉。咒禁科的专修课是学习咒禁五法：存思、禹步、莹目、掌决、手印。临床课主要是被除邪魅，之为厉者。药园局的专修课主要是熟悉各种药材的产地，良劣，性能，形状及培植技术，书目包括《名医别录》《本草》《唐本草》。临床课主要是防病治病。

---

① 《唐六典》卷 21《国子监》。

（二）专门学校的教材选择

1. 书学教材

《大唐六典》及唐代其他典籍详细规定了书学教材：《说文解字》15 卷，许慎撰；《字林》10 卷，吕忱撰；《石经三体书》等。《旧唐书》卷四六《经籍志》记载，唐代文字学教科书，除《说文》《字林》和《石经三体书》，还有《字经》20 卷，杨承庆撰；《字海》100 卷，大圣天后撰；《文字释训》30 卷，释宝志撰；《括字苑》13 卷，冯翰撰。

2. 算学教材

算学公共课教材为：《数术记遗》1 卷，徐岳所撰，北周甄鸾注；《三等数》1 卷，董泉撰，甄鸾注。

算学第一专业的教材有《五曹算经》5 卷，甄鸾撰，李淳风注。《新唐书》卷二零四《李淳风传》记曰："奉诏与算学博士梁述、助教王真儒等是正《五曹》《孙子》等书，刊定注解，立于学宫。"其他教材还有：《孙子算经》3 卷，甄鸾撰，李淳风注。《九章算术》的卷数和撰者，史籍记载略有出入。《旧唐书》卷四七《经籍志下》作 1 卷，徐岳撰。而《隋书·经籍志》作 3 卷，徐岳撰，甄鸾重述。《海岛算经》1 卷，甄鸾撰，李淳风注，《日本国见在书目》作 2 卷，祖冲之注。《张丘建算经》《旧唐书》作 1 卷，甄鸾撰；《新唐书》作甄鸾注，而《直斋书录解题》作 2 卷，甄鸾注；《通考·经籍考》作 3 卷，甄鸾注，李淳风注释，刘孝孙细草。《夏侯阳算经》3 卷，甄鸾注。《周髀算经》1 卷，《旧唐书》作甄鸾注；清代阮元《畴人传》作汉代赵君卿注；《崇文总目》《玉海》及《文献通考》均作 3 卷，赵君卿注，甄鸾重述，李淳风等注释。《五经算术》《通志》作 1 卷，甄鸾撰；《玉海》作 2 卷，甄鸾注，李淳风等注释。

算学第二专业的教材有《缀术》5 卷，祖冲之撰，李淳风注。《辑古算术》4 卷，王孝通撰，李淳风注。

3. 医学教材

医学设医师科、针师科、按摩科、咒禁科和药园局。医师科分为五个专业：体疗（内科）、疮肿（外科）、少小（小儿科）、耳目口齿（五官科）、角法（皮肤科）。医师科除了修习各自专科外，还要学习一些辅助教材，大计有《本草》《明堂》《脉诀》《素问》《黄帝针经》和《甲乙脉经》。读《本草》者，须识药性

图 3-2 黄帝内经

和药形；读《明堂》者，令验图识孔穴；读《脉诀》者，须递相诊候，使知四时浮沉涩滑之状；读《素问》者，令精熟周悉。

针师科的专业教材为《黄帝内经》和《赤乌神针》，另外，兼习《素问》《明堂》和《脉诀》，同时，熟知人体的经脉穴位，研读各医经的注疏、偃侧等图。

药园局的教材为《名医别录》，含 114 种药材，《新修本草》新附 194 种药材。药园局的学生主修药物的性能、形状和培植技术，还有掌握各种药材的产地和良劣。

二、教学方法及会讲活动

律学、书学和算学等专门学校，与国子学、太学、四门学虽有教学科目、内容的差异，但在教学方法上有相近之处，主要采用讲授法。另一方面，因其课程内容的特殊性，采用实践教学方法。以下简述四种教学方法。

（一）教学方法

1. 专经直进

据《唐六典》卷二一《国子监》所载：国子博士，助教"分经以教授"，分经之法是"五分其经以为之业，习《周礼》《仪礼》《礼记》《毛诗》《春秋左氏传》每经各六十人，余经亦兼之"。选学五经，每经各为一组，每组六十人，太学及四门学也"五分其经以为之业，每经各百人"。分经的课程教授是如何进行，《新唐书》卷四四《选举志》载："凡博士、助教，分经授诸生，未终经者无易业。"大（太）和五年（831 年）十二月，国子祭酒裴通奏书有更详细一点说明："诸博士助教，皆分经教授学者，每授一经，必令终讲，所讲未终，不得改业。"[1] 这表明在所选专业课程上，为保证集中时间精力把它学透彻，采用专经直进的方式。

----

① 《唐会要》卷 66《国子监》。

2. 读文精熟

教学要求记诵经文，持久不忘，指导学生读文精熟，达到考试标准。专门学校教学以各自专业课程为主，要求熟读专业教材，并能实际运用。

3. 按文讲义

既先读文精熟，牢记不忘，进一步则要理解经义，体会深意，才能理解学者的思想观点，规范学生行为习惯。这就需要博士助教的讲解，帮助学生提高认识。讲解不跳离经文，而是顺着经文发展。学校中旬试的试讲，明经考试的口义，都是对按文讲义效果的检验。

4. 观摩、练习

专科类学校除了采用经学类学校的方法外，还适应专科特有内容而选用方法。如书学，学习书学的知识技能是其专业，学习要求也高得多。除了学习隶书，还要学其他多种书体，每日写纸多幅，因此要求观摩、仿写、多练，心悟要妙，熟而生巧。再如算学，《算经十书》要读熟，也要讲解。归结起来，其教学过程着重掌握三个环节：一是"理"，通晓其道理；二是"术"，思路方法要对头；三是"数"，计算结果要有准确的数字。

（二）国子监会讲活动

中央官学除了分类、分科、分组教学外，还有面对全监、全体学生都要参加的教学活动，这就是会讲。会讲乃是集会而讲学。一种是定期举行的，如春秋释奠礼后的讲学，作为释奠活动的组成部分，参加听讲的不限于学生，还扩大到学官及在职的文武七品以上官员；另一种是不定期举行，学生是必须参加的基本听众，校外人士也可自由旁听。会讲的讲题，主要是经学，较符合多数人的知识结构，专科的知识较为专门，难以安排为会讲的讲题。由于参与这项活动者，不仅有儒学生，也包括律学、书学、算学等专科诸生。

史书中关于会讲的详细记载极为罕见，《欧阳行周文集》中《太学张博士讲〈礼记〉记》是颇为难得的范例，透过它可以了解会讲的不少信息。此次会讲在贞元十四年（798年）五月举行，主讲者为太学张博士，讲题为《礼记》，会讲的场所在国子监的论堂，国子监的行政人员都参加，全体学官、学生都到会，对与会者的座次有具体的记叙："束脩既行，筵肆乃设，公就几，北坐南面，直讲抗牍，南坐北面，大司成端委居于东，少司成率属列于西。国子师长序公侯子孙自其馆，太学师长序卿大夫子孙自其馆，四门师长序八方俊造自其馆，广文师长序天下秀彦自其馆。其余法家、墨家、书家、算家，辍业以从，亦自其馆。没阶云来，即集鳞次，攒弁如星，连襟成帷。"①

所谓法家、墨家、书家、算家，就是专科类的律学、书学、算学，经学虽然不是其教学的专业，但国子监的共同活动必须参加，会讲期间就停课来听讲。会讲连续三天，是以《礼记》为内容的系列讲座。"公先申有礼之本，次陈用礼之要，正三代损益得失，定百家疏义长短，镕乎作者之意，注乎学者之耳，河倾于悬，风落于天，清冷洒荡，幽远无泥，所昧镜彻于灵台，所疑冰释于心泉。"这次讲学，既讲"礼"的起源，又讲"礼"的社会作用，对"礼"的发展有分析，对百家疏义有比较，阐发制礼的旨意，使听者能够接受，讲得跌宕起伏，流畅无碍，原有的模糊变得明白，本有的疑惑也从脑中消除。由于讲学的效果很好，消息传得很快，闻讯而来的听众，一日多于一日。"后一日闻于朝，百司达官造者半。后一日闻于都，九域知名造者半，皆寻声得器，虚来实归。"②听讲的不仅有政府各部门的达官贵人，还有全国知名人士，听后获益匪浅。讲座产生了较大的社会影响。

中央官学虽不是经常会讲，但也不是只讲一次。会讲作为学校的教学制度存在，依赖于国子监官员的态度和执行。武则天当政期间，任命武姓诸王及驸马为国子祭酒。这些人不学无术，自己不能讲学，也不支持学官讲学，国子监日趋荒废。而唐穆宗初即位，朝廷即下令召韩愈为国子祭酒。韩愈到任后，大力整顿国子监，调动学官教学的积极性，国子监恢复了生气，经常性的会讲吸引着学生。学生们议论着国子监的新气象："韩公来为祭酒，国子监不寂寞矣。"二者比较可以看出，中央官学官员自身素养影响着学校的兴废。

---

① 《全唐文》卷 597 《欧阳行周文集》卷 3。
② 《全唐文》卷 597 《欧阳行周文集》卷 3。

第三节　专门学校的礼仪及师生交往活动

尊师重道是中国教育的历史传统。专门学校的学生除了学习专业科目外，也要接受儒家伦理教育，参加学校举办的多种礼仪活动。隋唐时期特别是唐代，国力强盛，文化教育发达，学校礼仪活动成为学习活动的重要组成部分。

一、学校礼仪活动

作为国子监管理的专门学校，律学、书学、算学的学生，必须参加监内举办的释奠、拜谒先师等集体活动；此外，也需遵循规章，进行个人礼仪活动。

（一）国子监集体礼仪活动

国子监集体礼仪主要有三项：释奠礼，谒先师礼，蕃客观礼。

1. 释奠礼

这是自古以来的传统。《礼记·文王世子》："凡学，春，官释奠于其先师。"《礼记》又曰："始立学，释奠于先圣。"汉独尊儒术，以孔子为先圣，颜回为先师。历代相承，以为故事。隋唐五代官学继续前代的教育传统，均实行释奠礼。

隋以孔子为先圣，颜回为先师，故释奠于孔子而以颜回配享，实行四时致祭。《隋书》卷九《礼仪志四》："隋制，国子寺，每岁以四仲月上丁，释奠于先圣先师。"春夏秋冬四季的第二月上丁日，依定制举行释奠礼，全体学官学生都必须参加，由国子祭酒讲学。有时皇帝亲临释奠，文武百官也随皇帝到场行礼，恭听讲学。《隋书》卷七五《元善传》记载："元善，河南洛阳人也。……善少随父至江南，性好学，遂通涉《五经》，尤明《左氏传》。……开皇初，拜内史侍郎……后迁国子祭酒。上尝亲临释奠，命善讲《孝经》。于是敷陈义理，兼之以讽谏。上大悦曰：'闻江阳之说，更起朕心。'赉绢百匹，衣一袭。"皇帝赞赏元善的讲学，因此给予重奖。

唐武德二年（619 年）六月，战争仍在继续，李渊下诏令国子监立周公和孔子庙各一所，开始祭祀活动。贞观初，李世民君臣树立崇圣尊儒的文教政策，大力发展儒学教育，升孔子为先圣，颜回为先师，停祭周公，独尊孔子。贞观二十一年（647年），又下旨，以左丘明、卜子夏、公羊高、谷梁赤、伏胜、高堂生、戴圣、毛苌、孔安国、刘向、郑众、杜子春、马融、卢植、郑玄、服虔、何休、王肃、王弼、杜预、范宁、贾逵等22人为先师。贞观后，孔子的地位不断被统治者抬高。开元二十七年（739年）八月，孔子被封为文宣王，其庙中的塑像改服王者衮冕，座次也从西面尊为坐北向南。同时，各道州县学皆立孔子庙，每年与中央国子监同时祭祀。

《唐六典》卷二一《国子监》："凡春秋二分之月，上丁释奠于先圣孔宣父，以先师颜回配，七十二弟子及先儒二十二贤从祀焉。祭以太牢，乐用登歌、轩县、六佾之舞。若与大祭祀相遇，则改用中丁，祭酒为初献，司业为亚献，博士为终献。若皇太子释奠，则赞相礼仪，祭酒为之亚献。皇帝视学，皇太子齿胄，则执经讲义焉。凡释奠之日，则集诸生执经论议，奏请京文武七品以上清官并与观焉。"这里所说的"集诸生"，包括律、书、算等专科学生。

释奠日作为国子监全体学官学生的节日，要穿戴制服，集体参加祭孔礼活动和讲论儒经活动。《大唐开元礼》卷五四《国子释奠于孔宣父》详细规定：释奠之前参与释奠礼活动的各级各类官员、学生、守卫、乐工，要进入准备状态，或散斋三日，或致斋二日，或清斋一日，并且按规定陈设释奠礼所需的一切器物与供品。到了释奠日，根据分工，依照释奠礼的程序和细节进行，不容有差错。一年两度释奠活动，把学生置于庄严肃穆的氛围之中，接受尊孔敬贤的教育，记忆是很深刻的。

2. 谒先师礼

这是专为乡贡明经进士而设的礼仪活动。因为以国子监为行礼场所，每年一次，令国子监学官讲论，国子监学生也要参加，所以成为中央官学的重要礼仪活动。

隋代于开皇七年（587年）正月，规定"诸州岁贡三人"的乡贡制度，以后逐渐形成科举考试制度，但还没有提出乡贡到了京都参加科举考试一定要行谒先师之礼。唐初也只重视释奠礼，而未提谒先师礼。历史上最早提出乡贡行谒先师礼，敕令作出规定，是开元五年（717年）。

《唐大诏令集》卷一零五《令明经进士就国子监谒先师敕》："古有宾献之

礼，登于天府，扬于王庭。重学尊儒，兴贤造士，故能美风俗，成教化，盖先王之所缛焉。朕以寡德，钦若前政，思与大夫士复臻于理，故每日访道，有时忘食，乙夜观书，宵分不寐。悟专经之义笃，知学史之文繁，永怀覃思，有足尚者，不示褒崇，孰云奖劝。其诸州乡贡明经进士，见迄，宜令引就国子监谒先师，学官为之开讲，质问疑义，仍令所司优厚设食。两宫及监内得举人亦准此。其日朝清官五品以上及朝集使，并往观礼，即为常式。《易》曰：'学以聚之，问以辩之。'《诗》云：'如切如磋，如琢如磨。'此朕所望于贤才矣。"从敕令来看，创立谒先师礼的动机，全是从政治着眼，"重学尊儒，兴贤造士，故能美风俗，成教化，盖先王之所缛焉。"既是遵从先王之道，又有政治上的现实意义。谒先师主要的参加者为诸州乡贡明经进士以及弘文馆、崇文馆、国子监内得举荐的学生。活动基本内容是两项，一是行谒先师之礼，二是举行讲会，由学官开讲，质问疑义。按规定在十一月元日引见之后择日举行，命令清资官五品以上及各州来京的朝集使，并往观礼，显示典礼的隆重。当日会餐招待全体与会者。

作为制度，谒先师礼每年举行一次，与科举考试联系在一起，凡举行科举考试，就不能缺谒先师的典礼。开元二十六年（738 年）正月《亲祀东郊德音》又重申前令："其诸州乡贡明经进士，每年引见讫，并令就国子监谒见先师。所司设食，学官等为之开讲，质问疑义。"①

元和九年（814 年）十一月，礼部贡院奏："贡举人见讫，谒先师。准格，学官为开讲，质定疑义，常参及致仕官观礼。旧例，至时举奏。"诏："宜谒先师，余著停。"后虽每年举奏，并不复行。② 当时诏令，只准依旧举行谒先师这一项，其他活动如讲会、观礼、会餐等均停止。以后虽然每年礼部贡院依旧到时举奏，但都照样只保留核心内容，其他相关的活动皆停。

3. 蕃客观礼

隋及唐初，先后有四方使节到京都，应他们的要求，让他们到国子监观礼，增进了中外文化交流，扩大了中国文化影响。这种个别的、分散的参观，尚未形成固定的制度。到了开元年代，情况起了变化。使节及留学生等来京人次增

---

① 《唐大诏令集》卷 73《亲祀东郊德音》。
② 《唐会要》卷 35《释奠》。

多，应接不暇，客观上要求应该有管理办法，使接待有条不紊，从被动应会转为主动安排。

开元二年（714年）十二月，唐玄宗颁发《令蕃客国子监观礼教敕》："夫国学者，立教之本。故观文字可以知道，可以成化。庠序爰作，皆粉泽于神灵；车书是同，乃范围于天下。自戎夷纳款，日夕归朝，慕我华风，敦先儒礼。由是执于干羽，常不讨而来宾。事于俎豆，庶几知而往学。彼蓬麻之自直，在桑椹之怀音，则仁岂远哉，习相近也。自今以后，蕃客入朝，并引向国子监，令观礼教。"①

总之，学生学习这些礼仪，对于他们日后的工作与待人处事都有十分重要的作用。

（二）学生个人礼仪活动

学生首次与教师见面，履行的就是束脩礼。隋唐以前，按传统习惯实行，到了隋唐，进一步以敕令的形式立法，载入学令典册，成为教育制度。不论中央官学、地方官学，都按照教育制度实行束脩礼。

唐中宗曾专门颁布《令入学行束脩礼敕》："学生在学，各以长幼为序。初入学，皆行束脩之礼。礼于师，国子太学各绢三匹，四门学绢二匹，俊士及律书算学，州县各绢一匹，皆有酒脯。其束脩三分入博士，二分入助教。"②《唐六典》卷二一《国子监》："国子博士……其生初入，置束帛一篚、酒一壶、脩一案，号为束脩之礼。"其他各学如国子束脩之法。关于束脩礼的举行，开元年间汇前代制度，再次做了规定。《大唐开元礼》卷五四《学生束脩》载：

> 束帛一篚（准令），酒一壶（二斗），脩一案（五脡）。其日平明，学生青衿服，至学门。博士公服，立于学堂东阶上，西面。赞者引学生立于门东，西面。（不自同于宾客）陈束帛篚壶脯案于学生西南，当门北向，重行西上。将命者出，立于门西，东面曰："敢请事？"学生少进曰："某方受业于先生，敢请见。"将命者入告，博士曰："某也不德，请子无辱。"将命者出告，学生曰："某不敢为仪。敢固请。"将命者入告，博士曰："请子就位，某敢见。"将命者出，学生曰："某不敢以视宾客，请终赐见。"将命者入告，博

---

① 《唐大诏令集》卷128《令蕃客国子监观礼教敕》。
② 《全唐文》卷17《令入学行束脩礼敕》。

士曰："某辞不得，命敢不从！"将命者出告，执篚者以篚东面授学生，博士降俟于东阶下，西面。赞礼者引学生，执酒脯者从之。学生入门而左，立于西阶之南，东面，执酒脯者立于学生之南，东面北上。学生跪奠篚，再拜，博士答拜，学生还避，遂进跪取篚，赞礼者引学生进博士前，东面授币，执酒脯者从奠博士前。博士受币，赞者取酒脯币以东，执酒脯者出。赞礼者引学生立当阶间，近南北面，再拜，赞礼者引出。

束脩礼的制度，载入法典。后代虽时势变迁，束脩礼仍然保留，行礼的细节或有修改变动，而其精神还是继续贯彻。作为学生，真诚表达求学的意愿，表示对教师的尊重。

二、师生交往活动

隋唐时期，律、算等专门教育获得较大发展，师生活动范围扩大，教育活动内容增多。除了上述礼仪活动外，国子监学生在课外也参加其他一些交往活动，其中最重要的是与科举选士有关的活动。唐代科举选士保留"荐举"环节，给了主考官一定的选择空间，考官与考生往往形成直接的利害关系。

1. 礼敬关系

座主的简拔改变了门生的命运，门生感恩戴德是必然的。

如柳宗元在写给座主顾少连的信中所说："凡号门生而不知恩之所自者，非人也。"[1] 吕温于元和十年（815年）起草的《祭座主故兵部尚书顾公文》[2] 里，和杨嗣复于大和元年（827年）写的《丞相礼部尚书文公权德舆文集序》[3] 中，都把顾少连和权德舆在贞元中掌贡举时选拔出的有出息的门生标列出来，以示不忘恩。即便门生发达了，在别人面前大耍威风，但在座主面前也得小心翼翼，即便门生官位高过座主。如："（韦）保衡恃恩权，素所不悦者，必加排斥。王铎贡举之师，萧遘同门生，以素薄其为人，皆摈斥之。"[4] 可见，韦保衡不把他人放在眼里，但对座主王铎，仍然优礼有加："韦保衡缘恩幸辅政，始由（王铎）得进士，故谨事之。虽窃政权，将大斥不附者，病铎持其事，不得肆，搢绅赖焉。"[5]

这种门生礼敬座主的现象，在王铎的另一个门生萧遘身上也有体现。唐僖

---

① 《柳宗元集》卷 30《与顾十郎书》。
② 《全唐文》卷 631《吕温·祭座主故兵部尚书顾公文》。
③ 《全唐文》卷 611《杨嗣复·丞相礼部尚书文公权德舆文集序》。
④ 《旧唐书》卷 177《韦保衡传》。
⑤ 《新唐书》卷 185《王铎传》。

宗逃离长安后，萧遘与王铎同居相位。一日上朝的时候，王铎年老，失足摔倒，萧遘赶忙扶他起来。唐僖宗表扬萧遘敬老："适见卿扶王铎，予喜卿善事长矣。"萧遘回答说："臣扶王铎不独司长。臣应举岁，铎为主司，以臣中选门生也。"[1]

门生对座主的礼敬，不仅在言语上，还以报恩的形式表现，最通常的做法就是照顾座主的子弟。郑瀚于唐文宗大和三年（829 年）知贡举，郑瀚的儿子郑从说就受宰相令狐绹、魏扶等的关照："会昌二年（842 年）登进士第，释褐秘书省校书郎，历拾遗、补阙、尚书郎、知制诰。……寻迁中书舍人。"[2] 而令狐绹、魏扶，就是郑瀚贡举的门生。有的门生发迹后，也援引座主，如大和九年（835 年），王起"加银青光禄大夫"[3]，原因是他的门生李训掌权了，"欲援（王）起为相。……诏拜兵部侍郎，判户部事"。不过，后来李训后来在权力斗争中失败，王起的户部官职也被罢免。[4]

社会上也把门生报恩视为理所当然，如果没有报答，就觉得内疚不安。如白居易是高郢的门生，但一直没有回报座主的恩情，晚年写的《重题》(草堂东壁) 诗云：

> 宦途自此心长别，世事从今口不言。
> 岂止形骸同土木，兼将寿夭任乾坤。
> 胸中壮气犹须遣，身外浮荣何足论！
> 还有一条遗恨事，高家门馆未酬恩。[5]

对此，陈寅恪作如下评论："白乐天此诗自言已外形骸，了生死，而犹惓惓于座主高郢之深恩未报，斯不独香山居士一人之笃于恩旧者为然，凡苟非韦保衡之薄行寡情者，莫不如是。"[6]

2. 责任关系

既然座主、门生形成了施恩与报恩的关系，舆论也就要求座主对门生的行为负责。开成三年（838 年），高锴知贡举，录取了柳棠，后柳棠到

图 3-3 白居易

---

①《旧唐书》卷 179《萧遘传》。
②《旧唐书》卷 158《郑余庆传》。
③《旧唐书》卷 164《王起传》。
④《旧唐书》卷 164《王起传》。
⑤《全唐诗》卷 439《白居易·重题》。
⑥ 陈寅恪：《隋唐制度渊源略论稿·唐代政治史述论稿》，生活·读书·新知三联书店 2011 年版，第 271 页。

东川任职，得罪了东川节度使杨汝士。杨汝士就写信责备其座主高锴侍郎说："柳棠者，凶悖嚚竖，识者恶之。狡过仲容，才非犬子。且膴门之贵，岂宜有此生乎？"高锴以"不敢蔽才"来搪塞。杨汝士又指出："兴亡之道，孔子先推德行，然后文学焉。吾师垂训，千古不易。"认为不该录取柳棠。最后，高锴只得承认自己谬举："其所忓黩尊威，亦予谬举之过也。"对于柳棠这样一个得罪上司的门生，范护评论说："若柳棠者，诚累恩门举主。"① 此事前不久，杨嗣复知贡举时录取的门生刘蕡，大和二年（828 年）"对策以直忤时"，招致权监的怨恨，中尉仇士良就责备其座主杨嗣复说："奈何以国家科第放此风汉耶？"杨嗣复害怕太监的权势，小心回答说："嗣复昔与刘蕡及第时，犹未风耳。"②

可见，门生出了问题，座主往往要被问责。同样，座主出了问题，门生有时也会受到牵连。张仲方是吕温贡举的门生，吕温因得罪宰相李吉甫被贬，张仲方也因此而被贬为金州刺史。

3. 施报关系

柳宗元在《与顾十郎书》一文中，深刻分析了门生与座主的关系：

> 缨冠束衽而趋以进者，咸曰我知恩。知恩则恶乎辨，然而辨之亦非难也。大抵当隆赫柄用，而蜂附蚁合，煦煦趄趄，便僻匍匐，以非乎人而售乎己。若是者，一旦势异，则雷灭飙逝，不为门下用矣。其或少知耻惧，恐世人之非己也，则矫于中以貌于外，其实亦莫能至焉。③

门生对座主的报恩，就大多数人来说，是有条件的，那就是座主的权势。当座主受到朝廷重用，"隆赫柄用"时，门生就"蜂附蚁合"，趋附在座主周围，为其奔走，以期得到座主的提拔。座主一旦失势，他们就"雷灭飙逝"，不再为座主效劳。其中有些人碍于情面，怕忘恩负义的舆论，"矫于中以貌于外"，表面上应付而已，"其实亦莫能至焉"。对座主自始至终不变心的，终是少数。

---

① 《云溪友议》卷中《弘农忿》。
② 刘崇远：《玉泉子》，中华书局 1991 年版，第 67 页。
③ 《柳河东集》卷 30 《与顾十郎书》。

第四章
地方官学教育活动

　　隋唐时期是中国传统教育体制日趋完善的重要时期，从中央到地方的教育体制和教育行政管理机制逐步确立。地方官学教育活动的开展与中央和地方行政管理制度密切相关。在政治清明、中央统治稳固有力的时期，中央的教育政策在地方官学教育机构得到较好的贯彻和执行。除传统经学外，医学、玄学等课程在唐代也成为地方官学的教育内容，教学活动有序开展，培养出众多人才。当政权更替、社会动荡之际，中央官学颓废，地方官学教育也陷入瘫痪状态。本章主要论述隋唐五代时期地方官学教育活动的基本特征及演变历程。

第一节　隋代地方官学的沿革

隋文帝统治时期，通过制定新的规章制度，改造了地方政府的混乱体制并使之合理化，把中央和地方的行政部门共同结合成强有力的统一的国家管理机构，朝廷制定的各项政治、经济、文化制度在地方得到有效实施。隋文帝废除郡一级，实行州、县两级制，并合并一些州县，减少了冗官。隋炀帝时，改州为郡，全国有 190 郡，1255 县。① 因此，隋代地方官学的名称在不同时期有所变化，主要有州（郡）学、县学等。

开皇三年（583 年）四月，隋文帝下诏兴学，"自是天下州县皆置博士习礼焉"②。同时，派遣使臣"巡省风俗"，以期"使生人从化，以德代刑，求草莱之善，旌闾里之行"③。此后，隋文帝把许多江南的文人学士，召至京师做官，包括任官学教官；未到京师的学者则多担任地方官学的教官。浙江吴郡的潘徽，"及陈灭，为州博士"④。这些举措促进了各级官学的兴办。隋炀帝即位以后，坚持兴学重教的文教政策，改变了文帝晚年废学举措对官学教育的严重影响，一度复兴了地方官学。史称："炀帝复开庠序，国子郡县之学，盛于开皇之初。"⑤

一、地方官学的办学活动

在中央政策鼓励下，地方官设学兴教，推动地方官学发展，涌现出许多有代表性的地方官员，如潞州刺史柳昂、相州刺史梁彦光等。

曾任潞州刺史的柳昂，看到文帝对儒学教育非常重视，就抓住机会，上书文帝，指出由于战争动乱造成的社会风气败坏难以在短时期内得到改善，世风不古，礼教式微，"儒风以坠，礼教犹微，是知百姓之心，未能顿变"，百姓对

---

① 郑玉英、郑川水编著：《中国古代史》第四分册，辽宁大学出版社 1980 年版，第 6 页。
②《隋书》卷 47《柳机附柳昂传》。
③《隋书》卷 1《高祖纪上》。
④《隋书》卷 76《文学·潘徽传》。
⑤《隋书》卷 7《儒林》。

传统礼仪还没有很好地理解和遵行，要改变这种状况，最好是"建学制礼"，因此他请求文帝在全国劝学行礼，这样才能"移既往之风，成惟新之俗"①。文帝欣然接纳了柳昂的建议，诏令"天下州县皆置博士习礼焉"②。地方官学的教育内容因此更加丰富，专设礼学博士，开展礼学教育活动。

梁彦光两次出任相州刺史。第一次因无显著政绩，被隋文帝革职；第二次，他主动请命任相州刺史，针对当地人情险薄、欺诈成风的社会现状，采取兴学重教的方法革除其弊。他出资延聘学识渊博、品行高尚的山东大儒，作为地方官学的教官。在"每乡立学"，要求"非圣哲之书不得教授"③。并常常在季月召集学生，亲自加以策试，以检验学生的学习成果，奖励勤学业优者，惩戒懒惰后进者。遇到有聪明好学、成绩优异者，就摆宴庆祝，以此激励；遇到好诤讼、偷懒无成者，当堂惩罚；当学生学业大成时，他亲自举行宾贡之礼，又于郊外设宴饯行，资助其上考。正如史书中所载："有勤学异等，聪令有闻者，升堂设馔，其余并坐廊下。有好诤讼，惰业无成者，坐之庭中，设以草具。及大成，当举行宾贡之礼，又于郊外祖道，并以财物资之。"经过这番改革之后，相州"人皆克励，风俗大改"④。

隋文帝时曾出任罗、浙、鲁三州刺史的柳旦，在隋炀帝大业年初，被委任为龙川（今广东惠阳境内）太守。当地民风落后，人都居住在山洞里，喜好攻击争斗，"旦为开设学校，大变其风"⑤。由此可见，兴办学校，推崇儒学，提倡礼教，在地方管理和社会风气转变中起到非常重要的作用，这也是一些地方官竭力办学的主要原因。

在隋文帝和一些有思想共识的地方官员的共同努力之下，隋代的中央和一些地区的地方官学都曾出现蓬勃发展的景象。唐朝魏徵作出评价：

> 于是超擢奇隽，厚赏诸儒，京邑达乎四方，皆启黉校。齐、鲁、赵、魏，学者尤多，负笈追师，不远千里，讲诵之声，道路不绝。中州儒雅之盛，自汉、魏以来，一时而已。⑥

---

① 《隋书》卷47《柳机附柳昂传》。
② 《隋书》卷47《柳机附柳昂传》。
③ 《隋书》卷73《梁彦光传》。
④ 《隋书》卷73《梁彦光传》。
⑤ 《隋书》卷47《柳旦传》。
⑥ 《隋书》卷75《儒林列传・序》。

二、地方官学的教学与管理

隋代对地方官学的管理有明文规定："州郡学则以春秋仲月释奠。州郡县亦每年于学一行乡饮酒礼。学生皆乙日试书，丙日给假焉。"① 管理规章虽然比较简陋，但已经涉及入学仪式、学业考核以及休业假期等内容，为唐代教育管理制度的完善和细化奠定了基础。

地方官学往往设立孔庙，以示对儒学的推崇，孔庙同时成为社会教育的重要场所。如隋文帝时期，"有滏阳人焦通，性酗酒，事亲礼阙，为从弟所讼。彦光弗之罪，将至州学，令观于孔子庙"②。

第二节　唐及五代地方官学教育活动

唐朝建立后，统治者将兴学视为人才培养、化民易俗的经邦治国之本，大力兴办教育，各级官学教育得到前所未有的发展。在地方官学的行政管理、教师教学管理和学生学业考核等方面，均有较为完善的规章，各类教育教学活动有序开展，达到中国官学教育史上空前繁盛时期。

一、地方兴办官学活动

唐代实行以儒学为主，兼容佛道的基本文教政策，朝廷整治、兴建中央和地方官学，大力推崇儒家经典教育；另外，医学、玄学也开始成为唐代地方官学的教育内容。公元 624 年，唐高祖下诏："州县及乡里，并令置学。"③

到唐贞观年间，地方官学体系已经普遍建立起来，"天下州、县，每乡之内，各里置一学，仍择师资，令其教授"④。在一些较为偏远的地区，地方官学

---

① 《隋书》卷 9《礼仪四》。
② 《隋书》卷 73《梁彦光传》。
③ 《唐大诏令集》卷 105《置学官备释奠礼下诏》。
④ 《唐会要》卷 35《学校》。

也得以设立。例如，四川地区的教育虽不及中原地区发达，但在成都和一些大的府州也兴办学校，成都的学校还接受少数民族的贵族子弟。① 公元 629 年，太宗令诸州置医学。在唐朝的极盛时期，全国州县生徒有 6 万余②；四川拥有官学学生 9000 人左右。③

武则天当政时，文教政策发生大转折。她利用进士科以笼络部分士人，而摧残学校教育。地方官学因此衰落，许多州、县学废置。直到唐中宗神龙元年（705 年）才发生变化，从京都到地方，学校逐渐恢复，但进程较为缓慢。唐睿宗李旦景云元年（710 年）七月，颁布《申劝礼俗敕》：

> 庠序者，风化之本，人伦之先，仰州县劝导，令知礼节。每年贡明经进士，不须限数，贵在得人。先圣庙及州县学，即令修理，春秋释菜，使敦讲诵之风……④

公元 738 年，唐玄宗也下诏兴学："古者乡有序，党有塾，将以弘长儒教，诱进学徒，化人成俗，率由于是。斯道久废，朕用悯焉，宜令天下州县，每一乡之内，别各置学，仍择师资，令其教授。"⑤

从地方官学的横向发展看，除传统的经学教育外，医学和玄学开始进入地方官学教育系统，标志着唐代地方官学的新发展。"贞观三年，置医学，有医药博士及学生。开元元年，改医药博士为医学博士，诸州置助教。"⑥ 唐玄宗"开元二十九年正月己丑，诏两京及诸州各置玄元皇帝庙一所，并置崇玄学"⑦。

---

① 熊明安等主编：《四川教育史稿》，四川教育出版社 1993 年版，第 80 页。
② 肖辉主编：《江西考试史》（上），高等教育出版社 2008 年版，第 36 页。
③ 四川省地方志编纂委员会编：《四川省志·教育志》（上），方志出版社 2000 年版，第 2 页。
④《文苑英华》卷 465《申劝礼俗敕》。
⑤《唐会要》卷 77《贡举下》。
⑥《新唐书》卷 46《百官志四下》。
⑦《旧唐书》卷 24《礼仪志四》。

表 4-1　唐代浙江境内州、县学一览表①

学校名	简　况
杭州州学	在通越门外
富阳县学	在县东。唐武德七年建
新城县学	在县东三十步。唐长寿中置
昌化县学	
嘉兴县学	在天星湖上。唐开元二十七年建
湖州州学	唐前在子城内。唐武德中李孝恭筑罗城，徙庙雪溪之南，而学附焉。学置经学博士、助教，生员 60 人。天宝中唯留州补助教 1 人，学生 2 人，备春秋二社岁赋乡饮酒而已。大历五年，加助教 2 人，学生 20 人。后又废
明州州学	唐开元二十年置
鄞县县学	在县之东。唐元和九年创
象山县学	在县东一百步。唐会昌六年建
越州州学	唐时置于城北
诸暨县学	旧在县西。唐天宝中县令郭密之迁于长山下
余姚县学	唐时在县西
剡县县学	唐时在县东南一百步
婺州州学	宋以前金华县学附于州学
金华县学	宋以前附于州学
衢州州学	在州治西，唐时建
温州州学	晋太宁初建于华盖山麓。万历《温州府志》说温州于汉晋唐时唯立府学
处州州学	在丽水栝山之巅。唐李泌建
缙云县学	唐上元元年县令李阳冰修孔子庙于县治东
松阳县学	在县治东南。唐武德中建

唐中央政府州县乡皆置学的兴学政策，极大地促进了地方官学的发展。江浙一带作为经济富庶、文化繁荣的地区，州县学设立较为普遍，但有些地方官学的建制并不完善。按照唐代地方建制，江西地区设 8 州 38 县，应有 40 多所地

---

① 李志庭：《浙江通史·隋唐五代卷》，浙江人民出版社 2005 年版，第 204—205 页。

方官学，但能够找到的有确凿记载的地方官学却只有洪州州学、袁州州学、抚州州学、饶州州学、丰城县学、萍乡县学、新淦县学、新喻县学、余干县学、都昌县学等十余所。①

除了朝廷兴学的诏令之外，地方官学的设置在很大程度上取决于地方行政官员对兴学活动的认识和态度。如贞观年间，高士廉任职益州，当地学风淡薄，高士廉想方设法引导年轻士子积极向学。他利用闲暇之日组织文学之士聚会，谈论诗词歌赋；同时又让地方官学的儒生讲经论史，积极勉励后生勤奋进取。在高士廉的推动和引导下，"蜀中学校粲然复兴"②。显庆年间，韦机任职檀州。檀州地处边远，一直没有设立学校。韦机积极筹措，在当地建立孔子庙，塑孔子像，并绘制孔子七十二高徒，以及其他贤达之士，按时祭奠，以此作为地方生徒研习儒学之地，当地人"皆为之赞述"③。开元年间，倪若水为汴州的地方官员，他重视学校教育，曾专门"增修孔子庙堂及州县学舍，劝励生徒"，使儒学教育繁盛发达，受到当地人的赞许，"河、汴间称咏不已"④。

浙江台州因"唐至德二年（公元757年），郑虔被贬为台州司户参军，以教化为己，选民间子弟教之，自此'民俗日淳，士风渐进'，后人曾尊之为'台教正宗'"⑤。唐代处州，元和年间，"李邺侯繁来守，新孔子庙，设讲堂行礼"⑥，处州地方官学因之兴盛。

在偏远的福建东南海隅，也有官员积极开展兴学活动。大历年间，御史大夫李椅在福建漳泉一带任职，大力整顿地方学校，增加经费，增补生徒，严订学礼，三年之内便取得显著成效："一年人知敬学，二年学者功倍，三年而生徒祁祁，贤不肖竞劝。海滨之人，以不学为耻。"⑦ 建中元年（780年），任职福州观察使的常衮则注重奖掖后学，对生徒"亲加讲导，与为客主钧礼，观游燕飨与焉"⑧。许多青年受其影响，成为有鸿鹄之志的才华之士。

---

① 肖辉主编：《江西考试史》（上），高等教育出版社2008年版，第36页。
② 《旧唐书》卷65《高士廉传》。
③ 《旧唐书》卷185《韦机传》。
④ 《旧唐书》卷185《倪若水传》。
⑤ 《临海县教育志》，浙江人民出版社1997年版，第30页。
⑥ 《丽水市教育志》，西安地图出版社1994年版，第12页。
⑦ 《八闽通志》卷62《人物·福州府》。
⑧ 《新唐书》卷150《常衮传》。

总体而言，唐代地方官学教育活动在中央和地方各级官吏的推动下，得到蓬勃发展。据统计，唐代最盛时，京都诸学馆及地方州县学的学生达 600070人。[1] 尽管地方官学也有入学品级的规定，但由于官家子弟或书香世家往往延聘名师或亲自在家教授子女课业，再加上一些地方官吏热心教育活动，不以品级限制好学、聪慧的子弟，这使得众多庶族子弟有机会进入州、县学接受教育。另外，虽然有名额限制，但如还有人要求学习，愿意寄州学或县学授业，在得到容许后可随班听讲，即成为府州、县学的附读生。[2] 如果学业精进，又有名额空缺，附读生也有机会转为正式生。唐代遍设地方的官学教育体系，在为庶民子弟提供求学、应试、做官的机会的同时，也扩大了统治阶级的统治基础。

"安史之乱"爆发后，尤其是唐后期，州县官学受到极大破坏。只有个别州县因地方官的热心努力，才得以重设庙学。唐肃宗时期，曾因兵革战乱，下诏停止州县官学招生，地方官学因之衰废。唐代宗宝应二年（763 年），鉴于地方官学的衰废，使人才选拔受到影响，曾重新采取察举法选拔人才，令地方州县每年将品行高尚、学识出众之人向上推荐，"察秀才、孝廉，取在乡闾孝悌廉耻之行者荐焉"[3]。另外，即使繁荣鼎盛时期，地方官学也未能全面普及，在一些边远的州县仍留有空白。

二、地方官学的教学活动

受唐代以儒学为主，兼用佛、道文教政策的影响，地方官学的教学科目除了传统的儒学之外，还有医学和道学。

（一）分科教学活动

儒学是地方官学最主要的教学科目。许多州县，地方官学设立在孔子庙内，形成庙学合一的教育模式。担任教师的博士学官们各以治学专长教授学生，有的专门研习《春秋》三传（《公羊传》《谷梁传》《左氏传》，也有的专门研习"三礼"（《周礼》《仪礼》《礼记》）。教学时，博士学官各以自己擅长的一门经学

---

① 孙培青主编：《中国教育史》，华东师范大学出版社 2009 年版，第 169 页。
② 孙培青主编：《中国教育史》，华东师范大学出版社 2009 年版，第 168 页。
③ 《旧唐书》卷 24《礼仪志四》。

专职讲授，"博士掌以经术教授诸生"①，讲授的内容大都是前人名儒对经书的注解；而生员们则依其所好，主修一经，并兼习各经。除研读经书之外，练字、作文也是每日必不可少的功课。

除儒学教育外，唐代政府对医学教育也十分重视，不仅在中央设立太医署，在地方上也设立医学校。"贞观三年（628年）九月十六日，诸州治医学。"② 学习医学的学生分专业进行，有的学习按摩（类似现今的推拿），有的学习针灸；在教学内容上，开始按照不同的病症分门别类教授医术，"一体疗，二疮肿，三少小，四耳目口齿，五角法"③。

唐代文教政策除尊崇儒学外，还兼用佛道。道教是中国本土的宗教，主要承袭传统的巫术和求仙方术，宣扬用符箓求神请鬼，避祸免灾，宣扬炼丹修仙。与统治者大力提倡道教相适应，唐代除在中央和地方设立专门的玄学外，还首创道举科，各州所设玄学博士，专门讲授《道德经》《庄子》《文子》《列子》等道教经典。学生学业合格，即可参加道举考试。④

综上可知，虽然唐代地方官学由于地方官员推行的力度不同，还达不到普遍设立的程度，但就一些教育较为发达的地方而言，其官学教育活动能够系统、规范地开展，且实现了儒学、医学、道学等科目的分科教学，在儒学、医学科目下，还有进一步细致的划分，这种分科教学对唐代人才培养起到直接的推进作用。与此同时，唐代中央政府通过完善科举考试制度将地方官学的教育活动与国家和地方官员的选拔紧密结合。地方官学的教育教学活动因此也形成了明确的目标、内容，形成有效的教学方式、方法。

（二）礼教活动

唐代各级官学有规范的学礼，拜师、入学、学成毕业等阶段均有系统的礼仪标准。在地方官学中，祭礼崇儒的春秋释奠礼，举送生员的乡饮酒礼，是重要的实践教育活动，其社会影响远超出礼学教育的范围。

---

① 《唐六典》卷30《三府督护州县官吏》。
② 《唐会要》卷82《医术》。
③ 岑仲勉：《隋唐史》（下），中华书局1980年版，第645页。
④ 《新唐书》卷44《选举志上》

1. 地方官学的束脩礼

唐代有相当细致的拜师礼仪，也可称为"束脩之礼"，是确立师生关系的重要标志。"束脩"即干肉，意为学费，语出孔子，"自行束脩以上，吾未尝无诲焉"①。行束脩之礼，是尊敬师长、敬重学问、诚意向学的重要表现形式。通过严肃、庄重的束脩之礼，警喻学生要以"如履薄冰，战战兢兢"的心态仰视学问，勤奋治学。尽管唐中后期受科举的影响，出现"耻于相师"的师道衰落景象，但拜师礼并未受明显损益，依然保持其原有的庄重、严谨和完备。据史料记载，州县学生束脩之礼的物品有：束帛一篚，一疋；酒一壶，二斗；脯一案，五脡。②

州县官学举行束脩礼的当天早晨，学生穿青衿服站立在学堂外门口，博士学官着正式的儒士服装在学堂东面的台阶上，面向西而立。礼仪人员引领学生立于门口东侧，面向西而立。待学官、学生、宾客均站好，再将束帛篚、酒脯案等物品陈设于固定的方位。这时，又有专门的执事开始按照特定的束脩礼程序往返学生与学官之间传话。他先到学堂门口，面向学生问有什么事；学生回答想求见某某先生，拜其为师；执事进学堂告知博士学官；博士学官会谦虚推辞一番，学生再坚持，请求赐见；最后，学官答应请求，执事再出门告知学生。接下来，又有其他礼仪人员引导学生进行下一步，也是最核心的拜师礼。《通典》中对此有细致的描述：

> 执篚者以篚东面授学生。博士降俟于东阶下，西面。赞礼者引学生，执酒脯者从之。学生入门而左，立于西阶之南，东面。执酒脯者立于学生西南，东面北上。学生跪奠篚，再拜。博士答拜，学生还避，遂进，跪取篚。赞礼者引学生进博士前，东面授币，执酒脯者从奠于博士前。博士受币，赞者取酒脯币以东。执酒脯者出。赞礼者引学生立于阶间近南，北面再拜讫，引出。③

从这段记载不难看出，唐代地方官学的束脩之礼非常严肃和规范，有详细的礼仪规定和活动仪式，不仅有着装要求，对学生、学官、宾客的站位、方向，物品的摆放，以及仪式中间的用语、行为都有明确的要求，体现出对老师、对

---

① 《论语·述而》。
② 《通典》卷 121《州学生束脩》。
③ 《通典》卷 121《州学生束脩》。

学问的尊重和恭敬态度。

2. 地方官学的释奠礼

释奠礼是自中央官学到地方官学最重要的学礼活动。隋唐时期的史籍中对地方官学释奠礼制度均有明确记载。《唐六典》中规定，州县等地方官学，每年要举行两次释奠礼，"二分之月，释奠于先圣、先师"[①]。所谓"二分之月"，是指每年的春分、秋分时节；先圣先师，则主要指孔子以及他的弟子颜渊，有些地方的孔庙除塑有孔子像、颜渊像外，还在墙壁上画有孔子其他学生的像，一同祭奠。

唐代官学释奠礼曾有变化。最初是建立周公庙，在其内立孔子像，以周公为先圣，以孔子为先师配享；贞观年间，才改为专立孔子庙，每年祭奠，以孔子为先圣，颜回为先师配享。最初，释奠礼由地方官学的博士学官主持，后改为由地方最高长官，如州刺史或县令主持，以提高祭奠活动的规格和受重视程度。

唐代地方官学庙学一体，释奠礼是在官学中的孔庙内举行。孔庙的建筑大都位置优越，气势宏伟，显现出对孔子、教师和学问的尊崇。正如有的孔庙碑文中所记，孔庙建筑在背山临水的风水宝地，"望日占星，采公宫之法度；丹墙数仞，吐纳云霞；橡柱三间，蔽亏风雨；琉璃晓辟，东宫雀目之窗；玟瑶朝悬，西汉虬鳞之桷；图光芒于北斗，圣质犹生；赫符彩于连珠，宏姿可想"[②]。

地方官学的孔庙建筑高大、气派，威严自显，而在这里举行的释奠礼更是隆重，可谓是地方官学的盛大活动。在阳光明媚或秋高气爽的春秋之季，吉日良辰，地方长官，如县级的县令、县丞，县学的博士，以及当地的儒学之士、县学生徒等都要整齐着装，毕恭毕敬地参加祭祀先圣、先师的释奠礼。活动有既定的程序，"琼笾玉豆"等各种礼器、"石磬金钟"等各种乐舞，以及需要举行的礼仪，都按部就班地进行。祭祀完毕，地方长官、县学博士常现场讲经论道。因此，释奠礼不仅是一场祭祀礼仪活动，也是一场学术交流盛会，它对地方官学生徒树立宏大的学习志向，端正学习态度，提高学习积极性，提升学问水平，都起到显著的激励和推动作用。

---

① 《唐六典》卷30《三府都护州县官吏》。
② 《全唐文》卷192《大唐益州都督府新都县学先圣庙堂碑文（并序）》。

3. 乡饮酒礼

乡饮酒礼也是地方官学教育中重要的教育活动，并在唐代定格为与州县科举制度直接相关的礼仪。乡饮酒礼在先秦时期已经形成，是一种具有选贤、尚德、化民兴俗、兴学施教等功能的社会教育活动。

唐贞观年间，乡饮酒礼主要还是作为一种地方的社会教育活动开展。在庄稼连年丰收、乡民衣食无忧之际，为防止一些懒惰乡民无所事事，终日欢宴，不思修身进德，唐太宗曾下诏令人专门誊录《乡饮酒礼》两卷，颁行天下，让"州县长官，亲率长幼，齿别有序，递相劝勉，依礼行之，庶乎时识廉耻，人知敬让"①。

图 4-1　乡饮酒礼

随着科举制度的发展，乡饮酒礼逐渐成为地方官学贡士时举行的专门礼仪。按唐代科举贡士制度的规定，州（郡）县学有义务每年向中央定额输送学有所成的人才，常年贡举的科目有秀才、明经、进士、明法、明书、明算。每年年底，州县学官都要考核生徒学业，选拔贡士。选定所贡之士，地方官学会选择佳日，举行隆重的乡饮酒礼，"郡县馆监课试其成者，长吏会属僚，设宾主，陈俎豆，备管弦，牲用少牢，行乡饮酒礼，歌鹿鸣之诗，徵耆艾、叙少长而观

————————

① 《唐会要》卷 26《乡饮酒》。

焉"①，以示对所贡之士的崇高礼遇，显示对品行、学识的尊崇，进而对其他生员和普通民众产生积极的教化作用。《全唐文》中有文章专门记载泉州刺史为当年的八位贡士举行乡饮酒礼、盛宴、聚会的盛景：

> 贡士有宴，我牧席公新礼也。……诸侯升俊造于天子，遣之日唯行乡饮酒之礼，则享礼也。……秋七月，与八人者乡饮之礼既修，乃加之以宴，肴移己膳，醴出家酝，求丝桐、匏竹以将之，选华轩胜境以光之。后一日，遂有东湖亭之会。公削桑梓之礼，执宾主之仪。揖让升堂，雍容就筵。乐遍作而情性不流，爵无算而仪形有肃。锵锵焉，济济焉。②

隆重、热闹又不失文雅的活动引得邻里、老幼争相一睹贡士风采，活动的教育作用不言而喻。正如该文作者欧阳詹所言："行其教，不必耳提而口授；移其风，不必门扇而户吹。公斯宴，则风移教行其间矣。"③

（三）庙学一体的实践模式

隋唐时期，统治者树立以儒道治国的基本理念。为推崇儒学，在全国范围内广泛设立孔庙，四时致祭，以树立孔子先圣先师的崇高地位。这些孔庙设立在地方官学之内，与学校合为一体。每年重大的释奠礼和乡饮酒礼活动均在孔庙隆重进行，这些活动成为学校教育活动中的重要组成部分，由此形成了庙学一体的实践模式。

武德二年（619年），唐高祖诏令"国子学立周公、孔子庙，四时致祭"④；贞观四年（630年），唐太宗"诏州、县学皆作孔子庙"⑤，地方官学开始普遍设立孔庙，每年举行重大的祭孔活动，孔庙与官学相辅相成的实践模式确立。据梁肃所著《昆山县学记》记载，昆山有文宣王庙，在庙堂之后有学室，后堂宇因兵乱遭到破坏，唐代宗大历九年（774年），时任县令王纲将学校视为化民成俗之根本，力主崇学，遂在庙宇旁边重新修筑学堂，并聘请博士学官授课。"大启宇于庙垣之右，聚五经于其间，以邑人沈嗣宗躬履经学，俾为博士"，学校教

---

① 《通典》卷15《选举三》。
② 《全唐文》卷596《泉州刺史席公宴邑中赴举秀才于东湖亭序》。
③ 《全唐文》卷596《泉州刺史席公宴邑中赴举秀才于东湖亭序》。
④ 《旧唐书》卷1《高祖纪》。
⑤ 《新唐书》卷1《礼乐志》。

育因此得以恢复,"遐迩学徒,或童或冠,不召而至,如归市焉"。①

韩愈曾撰《处州孔子庙碑》,高度赞赏处州刺史李繁,在郡县庙学名存实亡之时,新修孔庙,兴学行礼之事。

> 独处州刺史邺侯李繁至官,能以为先。既新作孔子庙,又令工改为颜子至子夏十人像,其余六十二子,及后大儒公羊高、左丘明、孟轲、荀况、伏生、毛公、韩生、董生、高堂生、杨雄、郑玄等数十人,皆图之壁。选博士弟子必皆其人,又为置讲堂,教之行礼,肄习其中。置本钱廪米,令可继处以守。庙成,躬率吏及博士弟子,入学行释菜礼。耆老叹嗟,其子弟皆兴于学。邺侯尚文,其于古记无不贯达,故其为政知所先后,可歌也已。乃作诗曰:"惟此庙学,邺侯所作。"②

礼是地方官学生员需要学习的重要内容。在学习过程中,重要的官学学礼在孔庙施行,官学生员或观礼,或亲身参与其中,无疑使孔庙举行的各种活动成为地方官学一种最佳的实践教学活动。官学生员们一方面受到良好的礼学实践教育,另一方面通过这些活动树立了更坚定的学习儒学、参加科举的"学而优则仕"的信念。

在地方官学建筑中,孔庙和学堂多是毗邻而建。在孔庙举行的释奠礼是地方官学重要的学礼活动,而作为地方官学和科举考试重要内容的儒学又与尊孔、祭礼的诸多活动密不可分,因此,孔庙的地位逐渐上升,不仅是核心的教育场所,更是广大生员的精神寄托。在一些地方官学的孔庙中,除立孔子像外,还立颜回像,并将孔子知名的学生七十二贤人以及孔子施教的典型事例均绘于孔庙内的墙壁上,既激励士子积极向学,又可作为教化民众的最佳场所。因此,庙学一体的教育实践模式成为唐代政府推行以儒治国政策,地方州县实施尊孔、崇儒、重学、易风俗、行教化的有效方式。

三、地方官学的管理活动

唐代地方行政管理体制分为道、府州、县三级,县内分若干乡及市镇,地方官学则基本设为州府学和县学两级。依教学程度而言,"州府学大约近似于中

---

① 《全唐文》卷519《昆山县学记》。
② 《全唐文》卷561《处州孔子庙碑》。

学，县学及市镇学似属于小学，而且并非常设"①。唐代地方教育行政官员主要有两种，一种是最为常见的长史，统辖地方州府县学；另一种是功曹司功参军，掌"官吏考课、假使、选举、祭祀、祯祥、道、佛、学校、表疏、书启、医药、陈设之事。……凡州、县及镇仓督，县博士、助教……"② 另外，地方行政官吏均有责任关心和督促地方教育事务。唐武德年间，马周"补博州助教，日饮醇酎，不以讲授为事，刺史达奚恕屡加笞责"③。

（一）教师管理

唐朝政府对各级官学的教职人员编制有明文规定，按地方人口确定官学规模，按学生规模确定教师编制。其中地方官学有京都学、都督府学及州、县学。京都学生 80 人，中督府、上州学生各 50 人，下州学生 40 人，京县学生 50 人，上县学生 40 人，中县、中下县学生各 35 人，下县学生 20 人。④ 教师编制大致以 50 人为基准，即学生规模在 50 人以上的，设 1 名博士，2 名助教；学生规模在 50 人以下，设博士、助教各 1 人。唐乾宁（894—898 年）间，以医术闻名的浙江杭州人陈仕良，曾任剑州（今四川剑阁）医学助教、药局奉御，奉诏修撰《圣惠方》，著有《食性本草》10 卷。⑤

表 4-2　唐代地方官学教师编制表⑥

学校名称		经学		医学		合计
		博士	助教	博士	助教	
京都学		1	2	1	1	5
都督府学	大都督府学	1（从八品上）	2（从八品下）	1	1	5
	中都督府学	1（从八品下）	2（正九品下）	1		4
	下都督府学	1（从八品下）	1	1	1	4

---

① 熊贤君：《中国教育管理史》，华中师范大学出版社 1989 年版，第 194 页。
②《唐六典》卷 30《三府督护州县官吏》。
③《旧唐书》卷 74《马周传》。
④ 李志庭：《浙江通史·隋唐五代卷》，浙江人民出版社 2005 年版，第 203 页。
⑤ 朱德明主编：《浙江医药史》，人民军医出版社 1999 年版，第 120 页。
⑥ 熊贤君：《中国教育管理史》，华中师范大学出版社 1989 年版，第 196 页。

学校名称		经学		医学		合计
		博士	助教	博士	助教	
州府学	上州府学	1（从八品下）	2（正九品下）	1	1	5
	中州府学	1（正九品下）	1（从九品下）	1	1	4
	下州府学	1（正九品下）	1（从九品下）	1		3
县学	上县学	1	1			2
	中县学	1	1			2
	下县学	1	1			2

从上表可以看出，县级无医学教育，且县学的教师是没有官阶的，其聘任、管理活动主要由地方长官负责。地方官学教师的职掌，《唐六典》卷三十作了明确规定。其职掌简言之，即经学教师"以五经教授诸生"，医学教师"以百药救疗平人有疾者"；还负责推荐学行俱优者及导扬风化，"抚字黎氓，敦四人之业，崇五土之利"①，每年二分（即春分、秋分）之月，由经学教师主持释奠于先圣先师。

（二）教学管理

唐代地方官学在招生时既有门第限制，又有学才标准，学业考核在很大程度上依照科举考试的标准。

在中央官学招生严定品级的影响下，地方官学在招生时也比较重视生员门第，能够进入地方官学读书的，大都是地方官员的子弟，只有极少数平民家的少年才俊能在家族支持下入读州县官学。除了门第品级的限制，地方官学招生时还有一定的年龄限制和名额限制，"州县学门荫与律、书、算学同，诸生皆限年十四以上十九以下，皆郡县自补京都八十员，大都督府、中都督府及上郡六十员，下都督府、中郡各五十员，下郡四十员，京县五十员，上县四十员，中县三十员，下县二十员"②。另外，按照当时科举的科目，明经、进士、书学、算学、律学等，招生时均要求学生有相应的品德与学识基础，经地方长官考核

---

① 《唐六典》卷 30《三府督护州县官吏》。
② 《通志》卷 59《选举略第二·学校》。

合格之后，才能被录取为州县学的学生。但相对中央官学的入学考试而言，州县官学的入学考核比较宽松，也缺少严格的管理规范，基本上由地方行政官员决定是否录取。

入学管理上，州县学生受到政府的优待，入学要申报审批。据《新唐书·选举志上》记载："州县学生，州县长官补，长史主焉。"

隋大业年间，科举制度正式确立，并在唐代得到进一步发展。广大士子对科举选士制度的认可与推崇，导致科举考试的内容、形式与方法越来越显著地影响着中央及地方官学的学业考核。虽然州县官学的毕业生出路不同，有的升入中央官学，有的参加科举考试，也有的直接成为地方官吏，但在学期间的学业考核以及地方官学选送参加科举或入中央官学的生员考试方式，大致与科举考试一致，只是在学业考核的标准和难度上要求低一些。

州县官学对生员的修业年限没有严格的限制，判定学成与否的标准是生员对教学内容的掌握程度。对占地方官学绝对比例的儒学生员来讲，熟通一经，即达到毕业标准。

从已有文献的记载可以推测，州县官学的学业考核大致可分为平时考核和年终考试。平时考核多是不定期的非正式考试，如博士学官在教学授业过程中对学生的考问，州县长官到学校检查生员学习情况等。据史料记载，唐高宗时，安徽寿州刺史高智周每到一处，必要召见当地学官及生徒，考查学生学习状况，"每行部，必先召学官，见诸生，试其讲诵，访以经义及时政得失，然后问及垦田狱讼之事"[1]。他对生徒的学业考查既包括背诵、讲解经义，也涉及时政论说以及水利、农田、诉讼等各种专门事务。

每年年底举行的年终考试是地方官学定期举行的正式考试，兼有学业测试和选拔双重功能。一方面检测在学生徒的学业精进状况，督促生徒努力向学；另一方面，则是选拔学业有成的生徒参加科举考试或升入中央官学。

年终考试在每年的仲冬时节举行，州（郡）县长官亲临考场。考试通过者，举行乡饮酒礼仪式，隆重推荐参加科考或向上举送。"凡诸学皆有博士，助教授其经业，每岁仲冬郡县馆监课试，其成者长吏会属僚设乡饮之礼而荐送之。"[2]

①《旧唐书》卷185《良吏上·高智周传》。
②《通志》卷59《选举略第二·学校》。

这类考试的方式方法与科举明经科考试相同。

> 举送课试，与明经同。凡举司课试之法，帖经者以所习经，掩其两端，中间开唯一行，裁纸为贴，凡贴三字，隋时增损，可否不一，或得四得五得六者为通。①

除明经科外，唐代科举还设有明法、明算、道举、医药举等科目，与之相适应，州县官学的此类科目也以相应的科考标准作为学习和考试的内容及标准。例如，《律疏》曾作为明法科考试的标准，《十部算经》曾作为算学科学习和考试的内容。唐政府对医学教育十分重视，早在贞观初年，诸州就已设置医博士，开展医学教育活动。唐玄宗时还专门设立医药科举，选拔博学多才的医药人才。医药举设立后，其对考试内容的具体规定也成为地方医学教育的学习和考核内容。据记载，唐医药举的考试内容为："试医经方术策十道，本草二道，脉经二道，素问十道，张仲景伤寒论二道，诸杂经方义二道。通七以上留，已下放。"②当然，医药举是中央政府选拔高层次的医药人员，对地方医学生徒的学业考核标准自然较低，但从中不难看出，其考核内容涉及前人的医药名著，容不得马虎应对。

唐德宗时，医药举的考试录取权力下放至地方，各州官吏可自行测试、选拔医药人才，州一级的地方官吏对医学生徒的学业考核拥有更大的权力。经过考试选拔出的专业突出，确能从事实际医疗事务者，报中央备案后，便可直接就任，成为吏部认可的医务人员。

> 自今已后，诸州应阙医博士，宜令长史各自访求选试，取艺业优长，堪效用者，具以名闻。已出身（取得资格）入式，吏部更不须选集。③

唐朝政府在地方设置医博士，设立医药举以及下放医药举考试、录取权力的改革，使地方医学教育获得显著发展。唐代医学出现少小、耳目、疡疮等较为细致的医学分科，与其考试、选拔制度的改革有着密切的关系。

总体而言，地方官学在学业管理上较中央官学相对松散，虽然所习经学课程与中央官学一致，学业考核也设为旬考、岁考和通考，但修业年限则没有明确规

---

① 《通典》卷 15《选举三》。
② 《唐会要》卷 82《医术》。
③ 《唐会要》卷 82《医术》。

定。由于地方官学的教师级别和生源级别均较低，课业的修习标准相应低于中央官学。毕业的通考由各州县长史主持，只要能通一经以上，就达到毕业标准。

地方官学教学活动中比较有特色的，即地方官学与中央官学在教学上的另一不同之处，是"诸州县学生，专习正业之外，仍令兼习吉凶礼。公私礼有事处，令示仪式，余皆不得辄使"①。这就要求生徒必须前往地方举行的吉凶仪式上演礼，演礼结束后，返回学校。州县学生有几种出路：一是每年地方主管部门从州县学生中举送人才，经过考试录取，升入四门学充俊士；二是通一经以上，投牒自举，经县、州选拔考试合格者，以乡贡的身份赴京参加科举考试；三是谋求任地方上小官吏，参与公共事务管理；四是自由择业。② 开元二十一年（733 年），唐玄宗敕令：

> 诸州县学生，年二十五以下，八品九品子，若庶人生年二十一已下，通一经已上，及未通经，精神通悟，有文词史学者，每年铨量举选，所司简试，听入四门学，充俊士。③

（三）地方长官全面参与

地方长官，如州刺史、县令是地方官学管理活动中重要的决策者和实施者。唐承隋制，实行崇儒尊圣的文教政策，建立了较为完备的中央和地方学校教育体系，地方有府学、州学、县学和乡学，由长吏掌管，长吏直隶于国子监；另外，各府、州设置的医学、崇玄学，中央直接管辖的。官学生员的数目依地域的不同而有所差异。《新唐书》记载："州县学生，州县长官补，长吏主焉。"④

州刺史和郡县令作为总揽地方事务的长官，理所当然地执掌地方官学教育事务；同时，由于地方官学在学校教育、科举选士以及民风教化中占有重要地位，颇受一些地方官员的重视。据《唐六典》记载："京畿及天下诸县令之职，皆掌导扬风化……每岁季冬之月，行乡饮酒之礼，六十已上坐堂上，五十已下立待于堂下，使人知尊卑长幼之节。"⑤ 因此，地方官员在很大程度上参与地方官学的教学及管理活动。

———————————

① 《唐会要》卷 35 《学校》。
② 孙培青主编：《中国教育史》，华东师范大学出版社 2009 年版，第 168 页。
③ 《唐会要》卷 35 《学校》。
④ 《新唐书》卷 44 《选举志上》。
⑤ 《唐六典》卷 30 《三府督护州县官吏》。

地方官员参与管理的方式，分为正式和非正式两种。正式的活动包括主持释奠礼，为官学生徒讲学释道示礼，作为主考官测试州县生徒的学业等；非正式的活动则包括私下交流，暗处察访生徒学习状况以及组织文人宴会、吟诗作赋、登高题咏、辩经论史、修订书籍等。贞观年间，王义方在儋州，就常召集官学生徒，亲自为他们讲解经学，且"行释奠之礼，清歌吹籥，登降有序"①，为推行儒学教育，改善当地风俗起到良好的作用。元和年间，曹华任职兖州，对地方上学识渊博的儒者恭敬有礼，且专心习礼，每年春秋二季，都在孔子庙举行隆重的释奠礼，纪念先圣先师，且同时举行讲经活动，阐述儒学观点，在当地产生了广泛的影响，深受尊崇。《旧唐书》记载，曹华"躬礼儒士，习俎豆之容，春秋释奠于孔子庙，立学讲经，儒冠四集。出家财赡给，俾成名入仕，其往者如归"②。李栖筠出任常州刺史后，也曾"大起学校，堂上画《孝友传》，示诸生，为乡饮酒礼，登歌降饮，人人知劝"③。

正是由于众多地方长官颇负才学，又热心教育，重视教育，才使得唐代地方官学得以繁荣发展。他们或兴修庙堂，或延聘名儒，或亲临讲学，或组织文会，推动了地方尊儒重学之风和地区文化教育事业的发展。

四、五代十国地方官学的衰落

五代时期的地方官学教育基本承袭隋唐旧制，保留州、县学体制。但是，因战乱频繁，地方官学总体上呈现衰落状态，唐代所设立的州县学多有废置。"干戈兴，学校废"④，"五代之季，学校不修"⑤，主要就是指地方官学的状况。据《於越新编》记载，越州州学"至五代而废"。现存史料中有关五代时期地方官学的记载屈指可数。后唐天成三年（928年），明宗下令地方兴学，宰相崔协兼判国子祭酒，"请颁下诸道州府，各置官学"⑥。

南唐儒学教育似有复兴之势，虽然"五代之乱也，礼崩乐坏，文献俱亡，

①《旧唐书》卷 187《王义方传》。
②《旧唐书》卷 162《曹华传》。
③《新唐书》卷 146《李栖筠传》。
④ 欧阳修撰：《新五代史》卷 34《一行传》。
⑤ 徐松辑：《宋会要辑稿·崇儒一》。
⑥《五代会要》卷 16《国子监》。

而儒衣书服盛于南唐"①，除"滨秦淮开国子监，复有庐山国学"，各招收生徒不下数百人之外，"所统州县往往有学"②。这表明，南唐在重振儒学教育时，不仅重视国子监等中央官学，也尽力重设地方官学教育系统。这在动荡的五代时期是非常难得的。

尽管五代时期政治、社会动荡，地方官学衰落，但依然保留其基本的教育制度，从而为宋代地方官学教育活动的复兴留下了宝贵的遗产。

---

① 《南唐书》卷 13《儒者传》。
② 《南唐书》卷 23《朱弼传》。

第五章

科举考试活动

在中国古代选官制度演化中，从察举推荐到科举考试是一项重大历史变革。察举制是科举制的初始形态，科举选士则是察举制演变的结果。隋唐时期，以进士科的创立为开端，秀才、明经诸科并举，标志着科举制度的诞生，由此进入了考试选拔官员的时代。唐代学校教育与考试选士相结合，形成新的教育体制。科举制以公开、公平的考试手段选拔行政管理人才，具有古代文官考试和教育考试的双重性质。唐代科举科目众多，每年举办一次，考试活动频繁，成为士人生活的重要内容。在实施过程中，科举考试逐渐成为古代教育的重心，对我国社会文化、学校教育的历史演进产生广泛而深刻的影响。①

---

① 本章内容参张亚群：《科举制的开端（隋唐五代）》，见杨学为主编《中国考试简史》，高等教育出版社 2009 年版，第 35—77 页。

第一节　隋代科举考试活动

　　科举制度的产生是一个渐进的历史过程。南北朝后期，随着士庶政治势力的此消彼长，考试在察举选官中的地位开始上升。隋朝统一中国后，为加强中央集权，废除九品中正制，采用分科考试的方式选拔官员，由此创立了科举制。由于学术界对科举制的特征与内涵有不同界定，在科举起源上诸说并存。除了多数学者所主张的"隋代说"之外，还有"汉代说""南北朝说"和"唐代说"①；同为"隋代说"者，又分为"始于隋文帝"与"始于隋炀帝"不同年代的观点。这些不同的"起源说"，大多采用进士科作为科举制起源的主要标志之一，只有"汉代说""南北朝说"另立其他一些判定标准。

一、进士科的创设

　　"进士"之名始于先秦，意为进用之士。《礼记·王制篇》载："大乐正论造士之秀者以告于王，而升诸司马，曰进士。"作为分科取士科目之进士科，一般认为它起源于隋代，兴盛于唐代，但也有少数学者认为创设于唐代。进士科的创设，是与特定时代的社会政治要求及文化教育背景分不开的，它促进了新的人才选拔制度的诞生。

（一）创设时间

　　进士科的起始，是科举制与科举学研究的一个焦点问题。由于现存史料所限，学术界对于进士科设立的具体时间，产生多种不同说法。科举时代，学者们通常认为隋炀帝始建进士科，相关文献多有所见。杜佑《通典》卷十七《选举五》载薛登疏言："及炀帝又变前法，置进士等科。"唐代宗时礼部侍郎杨绾

---

① 参见徐连达、楼劲：《汉唐科举异同论》，载《历史研究》1990年第5期；何忠礼：《科举制起源辨析——兼论进士科首创于唐》，载《历史研究》1983年第2期；刘海峰：《科举制的起源与进士科的起始》，载《历史研究》2000年第6期；祖惠、龚延明：《科举制定义再商榷》，载《历史研究》2003年第6期；张希清：《科举制度的定义与起源申论》，载《河南大学学报》（社科版）2007年第5期。

也论及："近炀帝始置进士之科，当时犹试策而已。"① 唐宪宗时刘肃所撰《大唐新语》卷十记载："隋炀帝改置明、进二科。"五代时王定保记述："而进士，隋大业中所置也。"②

近百余年来，随着科举研究的深入发展，进士科起始问题引起学者们广泛讨论。归纳起来，大致包括以下几类。③

第一类认为进士科始于隋文帝（541—604 年）时期，具体分为三种观点。日本学者宫崎市定认为，开皇七年（587 年）令各州每年向中央举贡士三人，其中大约包括了秀才、明经和进士。韩国磐先生在《关于科举制度创制的两点小考》中指出，进士科出现于开皇十五（595 年）或十六年（596 年）。美国学者贾志扬则以开皇九年（589 年）作为科举制度的创始。

第二类认为进士科始于隋炀帝（605—618 年）时期，具体分为"大业元年（605 年）""大业二年（606 年）""大业三年（607 年）"及"大业年间（605—618年）"四种观点。其中，持"大业二年"说者，主要依据朱熹所编《通鉴纲目》进士科系年；"大业三年"说者则依据隋炀帝十科举人诏令，认为其"文才秀美"④ 一科，即为进士科。

第三类认为进士科始于唐代，具体分为三种观点。认为进士科始于唐初，或始于武德五年（622 年），或始于唐太宗时。

以上诸说各有所本，但细加辨析，则有论证程度及可信度的差异。其中，以进士科始于"大业元年"的论证较为详尽。

最早提出进士科设于大业元年的学者是陈直，所依据的史料为 1920 年洛阳出土的《隋北地太守陈思道墓志》，其中记载："公弱冠及进士第，授北地太守，迁谏议大夫，以大业二年卒。"⑤ 近年来，一些研究隋唐史专家加以补充阐释。台湾学者高明士考证隋代"宾贡科"的演变后认为："进士科之建制，自以大业元年为是。"⑥ 刘海峰在《科举制的起源与进士科的起始》《"科举"含义与科举

---

① 《旧唐书》卷 119《杨绾传》。
② 《唐摭言》卷 1《述进士上》。
③ 参刘海峰：《科举制与科举学》，贵州教育出版社 2004 年版，第 3—6 页。
④ 《隋书》卷 3《炀帝上》。
⑤ 陈直：《古籍述闻》，载《文史》第三辑，1963 年 10 月。
⑥ 高明士：《隋唐贡举制度》，文津出版社 1999 年版，第 46 页。

制的起始年份》① 等文中，从"进士"词义的演变、唐五代等早期学者有关进士科起源的论述、隋代进士及第者辨析、恢复国子学与设置进士科的密切关系等方面，进行一系列的严密考证与细致辨析，进一步明确了大业元年闰七月为进士科的起始年份。

"由于进士科的地位在唐初还不太高，因此魏徵等《隋书》作者忽略了进士科的记载。"② 据学者研究，最早谈到隋炀帝建立进士科的是唐武则天时左补阙薛登。天授三年（692 年），薛登上疏云：

> 魏氏取人，好其方达；晋、宋之后，只重门第。奖为人求官之风，乖授职惟贤之义。梁、陈之间，时好辞赋。故其俗以诗酒为重，未尝以修身为务。降及隋室，余风尚存。开皇中，李谔奏于文帝曰……帝纳其言，乃下制禁文笔之为浮词者。其年泗州刺史司马幼之表词不质书罪，于是风俗改励，政化大行。及炀帝又变前法，置进士等科。

有关隋炀帝创设进士科及具体的考试详情，尽管因缺乏更多的文献记载，现今难以明确了解，但从隋炀帝的诏令及唐人史著中，大致可以推断进士科的起始时间。就实施状况而言，大业年间中进士见诸史册者则有房玄龄、杜正仪、张损之、孙伏伽和杨纂③数人。特别是杜正仪，《北史》卷二六《杜铨传》附《杜正藏传》载：正藏"大业中，与刘炫同以学业该通应诏。被举时，正藏弟正仪贡充进士，正伦为秀才。兄弟三人，同时应命，当世嗟美之"。这条史料同时载明进士科与秀才科，表明并非以"进士"来指代"秀才"，非常有力地证明了隋炀帝大业年间进士科的存在。④

二、隋代科举选士特点

隋代处于科举初创阶段，考试制度尚不完整规范，具有明显的过渡性特征。尽管如此，科举制的一些基本特征，如分科举人、分级统一考试、按考试成绩

---

① 载《厦门大学学报》（哲学社会科学版）2008 年第 5 期。
② 刘海峰、李兵：《中国科举史》，东方出版中心 2004 年版，第 62 页。
③ 也有学者认为，孙伏伽、张损之、杨纂二人不是隋代进士，见何忠礼《科举制起源辨析——兼论进士科首创于唐》，载《历史研究》1983 年第 2 期；《张损之并非隋代进士》，载《历史研究》1986 年第 3 期。
④ 刘海峰：《"科举"含义与科举制的起始年份》，载《厦门大学学报》（哲学社会科学版）2008 年第 5 期。

录取等，在隋代科举中已初现端倪。科举考试的实施，促进了隋代学校教育的恢复与发展。

（一）从察举到科举的过渡性特征

隋朝处于从察举制向科举制过渡的阶段，科举考试具有某些察举的印记。一方面，隋初改革官制，加强中央集权，改良察举选士方法，既强调德行与才能标准，也提高考试在人才选拔中的作用；另一方面，隋炀帝创立进士、俊士等新的选士科目，虽实行考试，但报考环节并非"投牒自进"，而带有明显的举荐特征。

隋文帝统治的 24 年间，多次举行察举选士。开皇二年（582 年）春正月，即诏举贤良；次年十一月，发使巡省风俗，颁令："如有文武才用，未为时知，宜以礼发遣，朕将铨擢。"① 开皇九年（589 年）统一中国，四月，隋文帝发布诏令："今率土大同，含生遂性，太平之法，方可流行。凡我臣僚，澡身浴德……开通耳目，宜从兹始。……见善必进，有才必举，无或嘿默，退有后言。"② 这是继开皇七年（587 年）颁令"州岁贡三人"之后，招贤选能又一重要文告，反映了最高统治者迫切求才的愿望。开皇十八年（598 年）秋七月，"诏京官五品已上，总管、刺史，以志行修谨、清平干济二科举人"③。仁寿三年（603 年）七月，诏令"州县搜扬贤哲，皆取明知今古，通识治乱，究政教之本，达礼乐之源，不限多少，不得不举，限以三旬，咸令进路。征召将送，必须以礼"④。

通过察举方式，隋代选拔了一批杰出人才。史载：温彦博，"通书记，警悟而辩。开皇末，对策高第，授文林郎，直内史省"⑤。苏夔，少聪敏，有口辩。"仁寿末，诏天下举达礼乐之源者，晋王昭时为雍州牧，举夔应之。与诸州所举五十余人谒见，高祖望夔谓侍臣：'唯此一人，称吾所举。'于是拜晋王友。"⑥高俭，"仁寿中，举文才甲科，补治礼郎"⑦。在这些察举选士中，除了州县官员

---

① 《隋书》卷 1《高祖纪上》。
② 《隋书》卷 2《高祖纪下》。
③ 《隋书》卷 2《高祖纪下》。
④ 《隋书》卷 2《高祖纪下》。
⑤ 《新唐书》卷 91《温大临传》。
⑥ 《隋书》卷 41《苏威传附苏夔传》。
⑦ 《新唐书》卷 95《高俭传》。

推荐外，还重视对被举者进行策试。

就科举选士而言，隋代秀才、进士等科注重考试选才，但报考者仍须官府举荐，才能应考。如杜正仪、杜正伦兄弟都是在"应诏""被举"的条件下，才分别考中进士、秀才的。隋代进士科虽有策试，却不能自由报考、"投牒自进"，有的学者据此认为："隋代进士与秀孝一样，大约仍是察举科目，尚非科举科目。"① 实际上，这种现象恰恰说明隋代科举考试的过渡性特征。

科举与察举的本质差异在于，人才选拔的标准是以应举者的考试成绩为主，还是依据举荐官员对应举者的评价。前者注重应举者自我展现知识与才能，具有统一的客观标准；后者在很大程度上取决于举荐官员的个人意志，应举者的知识、能力需通过他人评价而间接反映出来。至于是否自由应举，虽对人才选拔的范围产生重要影响，但对录用环节并不起决定性作用。由于科举考试较之察举更具客观、公正性，因此，在唐代人才选拔中逐渐取代了察举制，并且开始实行自由报考。

（二）分科统一考试

科举选士的重要特征之一为分科统一考试。有关隋代分科考试详情虽然史载不多，但从现有文献中仍可大致了解其科目设置、考试的内容、方法与影响。《隋书·炀帝纪上》记载，大业三年（607年），曾令"十科举人"。《通典·选举典》《新唐书·选举志》等则言，唐代"贡士之法""取士之科"，多循隋制，设有秀才、明经、进士、明法、明字、明算诸常科；此外，还有俊士、孝廉等科。在科举管理上，隋代由吏部侍郎（后改为吏部郎）办理具体考试事务。通过分科应举、统一考试，达到选贤任能的政治目的。

分科考试中，以秀才科难度最大。隋代应举秀才科者，均需试方略策五道。试策以书面作答，称为"对策"。有时主考者根据选拔需要，还举行复试，增加杂文写作，文体包括赋、颂、铭、论、箴等，以核实应举者的文章才学。考官评卷标准主要依据文、理两方面，将考生成绩分为甲乙丙丁四等，或称为"四科"。吏部考官策试之后，还须经尚书仆射同意方算及第，然后授官。由于秀才科考试要求高，加之推举不当刺史要受考课下等的处罚，因而应举和及第人数

---

① 阎步克：《察举制度变迁史稿》，辽宁大学出版社1997年版，第313页。

很少，隋代三十余年中仅录取秀才十余人。① 其事迹见诸史传者，有王贞（孝逸）、侯白（君素）、李宝、刘焯（士元）、杜正玄、杜正藏、杜正伦、窦威（文蔚）、许敬宗等人。②

进士科作为隋代新设选士科目，考试内容只有试策一项，包括时务策五道。由于注重现实社会政治问题，且要求洞识文律、义理恰当，这项考试对于应举者的知识面、分析与解决问题的能力以及写作才能都有较高的要求。评卷标准同样以文、理两方面定高下，合格者分为甲、乙两科录取、授职。由于进士科创设时间短、地位不显，其考试标准新，侧重选拔"识时务"之俊杰，因此，隋代应举此科者并不多，所录取的进士屈指可数。

明经科作为常科考试亦用试策，所不同者在于，试题出于经书。考官录经文或注义为问，共十道考题，称为"墨义策"或"经策"。明经考试侧重考察、检测应举者对于儒家经典的掌握程度，要求通两经，文注精熟，义理明晰。其考试成绩评定，分为四等，亦称甲乙丙丁四科。具体评卷标准为：通十者为上上，通八为上中，通七者为上下，通六者为中上。隋代明经科选拔出一批通经博学的人才。如孔颖达，"隋大业初，举明经高第，授河内郡博士"③。入唐，孔颖达奉命主持编纂《五经正义》，成为唐宋学校教育和科举选士的标准教材。盖文达，"以经明行修，孤标独秀，大业三年授同安博士"④。张文诩，"父琚，开皇中为洹水令，以清正闻。有书数千卷，教训子侄，皆以明经自达"⑤。

孝廉原为察举选士的主要科目，至隋末演变为科举考试的科目之一。史载，大业十年（614年）夏五月，"诏举郡孝悌廉洁各十人"⑥。在此次选拔中，王绩"应孝弟廉洁举，射高第，除秘书正字"⑦。张行成，"隋大业末，察孝廉，为谒者台散从员外郎。后为王世充度支尚书。世充平，以隋资补谷熟尉。家贫，代

---

① 《隋书》卷76《文学传》。
② 孙培青主编：《中国考试通史·卷一·先秦至隋唐五代》，首都师范大学出版社2004年版，第176—177页。
③ 《新唐书》卷198《孔颖达传》。
④ 《金石萃编》卷46《于志宁·盖文达碑》。
⑤ 《隋书》卷77《隐逸传·张文诩传》。
⑥ 《隋书》卷4《炀帝纪下》。
⑦ 《全唐文》卷160《吕才·东皋子后序》。

计吏集京师，擢制举乙科，改陈仓尉"①。

至于明法、明书、明算等科，因应举者少，其考试情形难以备举。

上述事例表明，隋代科举选士多科并举，经学、史学、文学、品行成为重要的考核内容，通过"对策""墨义"等考试形式，有效检测和广泛搜罗各类人才。这种分科考试方法为唐代所承袭，对此后科举制度发展产生了重要影响。

（三）选士与教育相适应

科举考试作为一种选才方式，它的产生和运作是以教育发展为基础的。隋代科举适应特定历史条件下教育发展的要求，将家庭教育、学校教育与国家考试连为一体，形成新的教育体制，促进了各类人才的培养与选拔。这一时期，科举选士与教育发展的适应性，突出表现在以下三方面。

其一，选士科目与学校类型相适应。隋代教育处于转折阶段，上承南北朝教育发展之成果，下启唐代学校教学、管理之范式，为科举选士奠定了教育基础。隋代继续发展专科教育，学校类型增多，包括国子学、太学、四门学、律学、书学和算学等。在教育管理方面，将国子学改为国子监，作为中央专门教育行政机构，统一管辖中央官学。另一方面，创设进士、俊士等考试科目，反映了教育发展的最新成就。隋代科举科目与学校教育内容虽非一一对应，但基本上适应了分科选士的要求，使经学、文学、法律、算学等专门人才各展所长，脱颖而出。

其二，选拔途径与教育形式相吻合。隋代科举包括"乡贡"与"生徒"两种不同途径，分别对应社会考生与学校考生，这是与当时的教育状况相符合的。经历长达三百七十余年的分裂，隋初官学式微，人才培养和文化传承主要依赖家学和私学。隋文帝统一全国后，为了振兴学校教育，曾发布偃武修文诏令："有功之臣，降情文艺，家门子侄，各守一经，令海内翕然，高山仰止。京邑庠序，爰及州县，生徒受业，升进于朝，未有灼然明经高第。此则教训不笃，考课未精，明勒所由，隆兹儒训。"② 由于人才培养需要一个较长的过程，难以满足人才选拔的迫切需要，因此，"乡贡"遂成为家学、私学及自学成才者进身的重要途径。如前文所述的张琚，"教训子侄，皆以明经自达"，就是一个典型例证。

---

① 《新唐书》卷104《张行成传》。
② 《隋书》卷2《高祖纪下》。

其三，考试选才促进了重学风气的形成。隋文帝曾"令国子生通一经者，并悉荐举，将擢用之"。国子祭酒元善因令博士房晖远考定之，"晖远览笔便下，初无疑滞。或有不服者，晖远问其所传义疏，辄为始末诵之，然后出其所短，自是无敢饰非者。所试四五百人，数日便决，诸儒莫不推其通博，皆自以为不能测也"①。隋炀帝扩大国子监办学规模，健全中央官学考试办法，进一步发挥考试的检测、督导功能。这些举措保证了人才选拔的公正性，营造了重视读书的社会风尚，促进了文化教育的发展。

不过，在科举选士实施中，由于隋王朝时间短暂，它所开创的考试制度与考试方法没有得到广泛的展开。直到唐朝建立后，科举考试活动才全面推广。

第二节　唐代科举考试类型

唐代科举承袭隋制，在此基础上不断发展，形成较为完备的考试选官制度。从唐高祖武德四年（621年）首次举行明经、秀才、俊士、进士科考试，到唐玄宗时期开始推行"南选制"，科举选士的地域范围逐渐扩大，延至岭南、黔中、闽中和江淮以南等少数民族杂居地区。允许士人自由报考，考试科目大量增加，进士科地位上升；科举管理规范化，主要按考试成绩定取舍。这些发展标志着科举制的正式确立。以下从考试科目、考试内容与形式的演变，分析唐代科举考试活动的特征。

一、科举科目增多

处于创立阶段的唐代科举选士，因受文化教育程度和门第条件的制约，实际参加考试的人数在总人口中的比例较低。为了选拔足够的通用文官及各类专门人才，唐代科举增设众多新科目，允许士人兼报数科；另一方面，其科举考试层级少、间隔时间短，有利于选拔更多的人才。

---

① 《隋书》卷75《儒林·房晖远传》。

（一）科目类型

唐代科举考试科目，依据选才目的和考试内容，分为"文举"与"武举"两大类；若按举办时间和功能来分，则有"常科"与"制科"。"常科"又称"常举""岁举"，属于常规性考试科目，一般每年考试一次，选拔优秀的常用人才。"制科"又称"制举"，属于特殊性考试科目，由皇帝下诏临时设置，不定期举行考试，选拔各类特殊人才。

1. 文举科目

文科贡举简称"文举"，以选拔文官为目的，是科举考试的主要科目。它包括常科与制科，名目繁多。史言："其科有六：一曰秀才，二曰明经，三曰进士，四曰明法，五曰书，六曰算。凡此六科，求人之本，必取精究理实，而升为第。其有博综兼学，须加甄奖，不得限以常科。"[1] 此外，还有俊士、一史、三史、开元礼、道举、童子、学究一经等科，也属于"岁举"之常选。[2]

上述六项常科所授官阶，以秀才科最高，明经科次之，进士、明法科稍次，书、算科居末。《唐六典》卷二《尚书吏部》记载："秀才上上第正八品上，已下递降一等，至中上第从八品下。明经降秀才三等。进士、明法甲第从九品上，乙等降一等"；"书、算于从九品下叙排"。在考试选士中，各科所发挥的作用存在较大差异。"大约终唐世为常选之最盛者，不过明经、进士两科而已。"[3]

唐代制科选才不拘一格，科目多达一百余种。清代学者王鸣盛曾列举一些重要的制科名目，如姚崇举下笔成章科，张九龄举道侔伊吕科，解琬举幽素科，房琯举任县令科，杨绾建复古孝弟力田等科，韦处厚举才识兼茂科，高适举有道科，王翃举才兼文武科，马燧举孙吴偶傥善兵法科，韦皋之侄正贯举详闲吏治科，樊宗师举军谋宏远科，郑珣瑜举讽谏主文科，方技严善思举销声幽薮科。"其名皆随时而起，志中不能缕述"[4]。

---

① 《旧唐书》卷43《职官二》。

② 参《新唐书》卷44《选举志上》，其中"俊士科"是否为常科，学术界有不同看法。王鸣盛认为"俊士与进士实同名异"（《十七史商榷》卷81《取士大要有三》）；侯力认为"俊士科是以四门学俊士生为主要取士对象的常举科目"（《唐代俊士科考论》，载《中国史研究》1999年第1期）；刘海峰认为，俊士科并非贡举常科，"是面向庶民的四门学部分学生的入学选拔考试科目，只是具有某些科举属性而已"（《唐代俊士科辨析》，载《中国史研究》2000年第2期）。

③ 王鸣盛：《十七史商榷》卷81《新旧唐书十三·取士大要有三》。

④ 王鸣盛：《十七史商榷》卷81《新旧唐书十三·制举科目》。

2. 武举科目

武科贡举简称"武举"，为唐代首创，其中制科早于常科。唐太宗贞观三年（629年），诏举"文武材能，灼然可取"①，可谓最早的武科制举。武科之设，目的在于选拔军事专门人才。高宗显庆二年（657年），为"济时兴国""御敌威边"，令"京官五品已上，及诸州牧守，各举所知，或勇冠三军，翘关拔山之力；智兼百胜，纬地经天之才……如有此色，可精加采访，各以奏闻"。仪凤二年（677年），又"令关内河东诸州，广求猛士"②。其后，举办多次武举制科考试。

武举常科始设于武则天当政时。《通典》卷十五《选举三》记载："长安二年（702年），教人习武艺，其后每岁如明经、进士之法，行乡饮酒礼，送于兵部。"《唐六典》卷五《尚书兵部》则言：武举"有二科，一曰平射，二曰武举。其试用有七：一曰射长垛；二曰骑射；三曰马枪；四曰步射，射草人；五曰材貌；六曰言语；七曰举重，皆试其高第者以奏闻其科第之优劣"。此外，还有"穿札"等考试项目。唐代武举选拔了一批军事人才。如郭子仪，"体貌秀杰，始以武举高等补左卫长史，累历诸军使"③。

（二）科目演变

为适应选才的实际需要，唐代考试科目变动频繁。不仅制科标新立异，常科科目也因选士政策、考试内容及生源的变化而发生某些变更，有的考试科目为新科目所取代或包容，有的则衍生新的考试科目。

1. 秀才科的停废

秀才科位列唐代常科之首，其历史最为悠久，法定地位最为崇高，却最早退出科举考场。据马端临《文献通考·唐代登科记总目》所载统计，从唐武德五年（622年）至高宗永徽元年（650年），先后举行秀才科考试21次，秀才及第者共29名，同期进士及第者达245名。由此可见秀才科考试之难。由于秀才科"取人稍峻"④，加之"贞观中，有举而不第者，坐其州长"⑤，地方官长不愿推举，因此，应举者多改考明经、进士；高宗永徽二年（651年），始停秀才科。

---

① 《唐大诏令集》卷80《赐孝义高年粟帛诏》。
② 分见《唐大诏令集》卷102《采访武勇诏》《求猛士诏》。
③ 《旧唐书》卷120《郭子仪传》。
④ 《唐六典》卷2《尚书吏部》。
⑤ 《通典》卷15《选举三》。

其后，"秀才合为进士一科"①。秀才科的废绝，除了受录取标准过严影响外，也是"由于秀才科自身的考试内容和举选办法以及科目之间的消长分合演进的结果"②。

2. 明经科的分化

明经科作为秀才科消亡后名列首位的科目，在唐代科举中录取人数最多。这种状况是与科举选士的治国理念、人才标准及考试内容相吻合的。唐代虽然儒、释、道并行，但治国方略和学校教育仍以儒家思想为主导。受其影响，"经学"成为科举考试的主要内容，反映到选士科目上则是经学科目的不断增加。唐中期以后，从明经科派生出礼科和史科，经学考试越分越细，陆续出现五经、道举、学究一经、《开元礼》、三礼、三史、三传等科。宝应二年（763 年），始以精通一经取士，称学究某经。贞元二年（786 年）六月敕令："自今以后，其诸色举选人中，有能习《开元礼》者，举人同一经例，选人不限选数。"③ 贞元五年（789 年），又特置三礼科，以重礼仪教化。凡习《周礼》《仪礼》《礼记》者，均可依贡举条例应试。长庆二年（822 年），置三史、一史、三传科，以劝学者。唐代明经考试的发展，"根本上反映了中唐以后重振儒学的思想运动使儒家思想重新崛起的过程"④。

3. 制科的集中

在制科方面，科目名称变化多端，难以备述。制科重在选拔非常之才，有的科目名异而实同；有的科目多次举行，有的甚至仅举办一次。众多的制举科目，大致可分为文、武、吏治、长才异能、怀才不遇、儒学、贤良忠直等七类。中唐以后，制科逐渐集中于少数几个较大的科目上，将贤良方正直言极谏、博通坟典达与教化、军谋宏远堪任将率、详明政术可以理人"列为定科"，实际上与常科类似，但地位高于常科。⑤

---

① 苏鹗：《苏氏演义》卷上。
② 刘海峰：《再论唐代秀才科的存废》，载《历史研究》1999 年第 1 期。
③《通典》卷 15《选举三》。
④ 孙培青主编：《中国考试通史·卷一·先秦至隋唐五代》，首都师范大学出版社 2004 年版，第 320—321 页。
⑤ 刘海峰：《科举考试的教育视角》，湖北教育出版社 1996 年版，第 37 页。

二、考试内容与形式的发展

唐代科举考试在政治、文化、教育发展和人才选拔规律的驱动下，考试内容不断扩展，涵盖经学、史学、文学、律学、算学、文字音韵、军事技术等学术领域。科举考试形式趋向多样化，创立"诗""赋""口试"和技能考试等方式方法。

（一）分科考试内容的扩展

首先，儒家经典作为科举考试的首要内容，获得新的发展。

唐初，为适应科举考试和统一经学文字的需要，孔颖达等学者奉敕厘定"五经"文字，完成了经注的统一。高宗永徽四年（653年），颁行《五经正义》于天下，作为科举考试的标准经说。其后，又有贾公彦作《周礼注疏》与《仪礼疏》，杨士勋作《谷梁传疏》，徐彦作《公羊传疏》，合称《九经正义》。其明经诸科，以《九经》取士。其中《礼记》《左氏春秋》为大经，《毛诗》《周礼》《仪礼》为中经，《周易》《尚书》《公羊春秋》《谷梁春秋》为小经。通二经者，一大一小，若两中经。通三经者，大中小各一。通五经者，大经并通。此外，《孝经》《论语》《老子》并须兼习①。进士科考试增加经史内容。贞观八年（634年）三月诏令："进士试读一部经史"②。

其次，道家地位上升，道家经典成为科举考试的重要内容。

由于李氏唐朝奉老子为始祖，道家和道教著作也升为国之经典，被列为取士考试科目。仪凤三年（678年）三月，敕："自今已后，《道德经》《孝经》并为上经，贡举皆须兼通。其余经及《论语》，任依恒式。"③ 其后，武则天长寿二年（693年）曾以武氏所撰《臣轨》取代《道德经》，但神龙元年（705年）中宗复位后，即令贡举人停习《臣轨》，依旧习《老子》。开元二十一年（733年），诏每岁贡举减《尚书》《论语》一二道策，加试《老子》。开元二十九年（741年）正月，始设"道举"，考道家四部经典，"举送、课试与明经同"④。玄宗亲

---

① 《唐六典》卷 4《尚书礼部》。
② 《唐会要》卷 76《贡举中·进士》。
③ 《唐会要》卷 75《贡举上·明经》。
④ 《通典》卷 15《选举三》。

自策试道举，其后遂成为科举常科。

最后，明法、书、算、史诸科考试内容的发展。

明法科考试内容为法令专门知识，"试律、令各一部，识达义理，问无疑滞者为通"。具体而言："粗知纲例，未究指归者，为不（通）。所试律令，每部试十帖，策试十条，律七条，令三条，全通者为甲，通八已上为乙，已下为不第。"① 明书科考试内容为文字训诂，试《说文》《字林》，取通训诂兼会杂体者为通。明算科考"算经十书"，包括《九章算术》三帖，《海岛算经》《孙子算经》《五曹算经》《张丘建算经》《夏侯阳算经》《周髀算经》《五经算术》等七部各一帖，《缀术》六帖，《缉古算经》四帖。"录大义本条为问，答者明数造术，辨明术理，然后为通。《记遗》《三等数》读令精熟，试十得九为第。"② 三史科考《史记》、两《汉书》《三国志》。"每史问大义一百条，策三道。义通七，策通二已上，为及第。能通一史者，请同五经、三传例处分……其三史皆通者，请录奏闻，特加奖擢。"③

（二）考试形式的变革

任何一项考试测量都需以一定的形式为载体，科举考试文体作为教育测量的特定形式，具有多样性特点。唐代科举考试形式主要有"帖经""墨义""策""论""诗""赋""箴""表""赞""判文"、技能考试等，发挥检测、评价人的知识与才能的特殊功能。它受客观文学潮流变化、考试主办者的选才要求以及选拔性考试的演化规律等因素影响而不断变化，对中国古代教育、文学和社会文化产生深远影响④。

1. 帖经、口试与墨义

帖经，又称"帖书""帖字""帖括"，是唐代科举考试方式之一，用于明经、进士、明法科选士及弘文馆、崇文馆学生结业考试，似于现代的填充题考试。史载："凡举司课试之法，帖经者，以所习经掩其两端，中间开唯一行，裁纸为帖，凡帖三字，随时增损，可否不一，或得四、得五、得六者为通。"⑤

---

① 《唐六典》卷 2《尚书吏部》。
② 《唐六典》卷 2《尚书吏部》。
③ 《唐会要》卷 76《贡举中·三传》。
④ 张亚群：《漫议科举考试文体》，载《中国考试》2007 年第 3 期。
⑤ 《通典》卷 15《选举三》。

口试，又称"口问""口义"，是以口头方式回答经义。明经、明书、明算科考试，除了帖试，兼有口试。如明书科，考"《说文》六帖，《字林》四帖，兼口试不限条数"；明算科，试"《九章》三帖，《五经》等七部各一帖，《缀术》六帖，《缉古》四帖，录大义本条为问"。① 由于口试"承前问义，不形文字，落第之后，喧竞者多"，评分结果容易引起争议，建中二年（781 年），中书舍人、知贡举赵赞奏请："以所问录于纸上，各令直书其义，不假文言。"这就是"墨义"，即以书面问答形式回答经义。这一考试方法，"既与策有殊，又事堪徵证，凭此取舍，庶归至公"②，得到了唐德宗允准。元和七年（812 年）十二月，明经科停"墨义"，恢复"口义"。太和二年（828 年），又以"墨义"取代"口义"。

2. 策与论

"策"是唐代秀才、明经、进士及制科考试的一种常用文体，属于论述题，考生以议论文方式应答。唐代策问分为经策、子策和时务策，前二者考察举子对经史子集的掌握程度，时务策主要以政治、经济、军事、教育等现实问题检测考生从政理事的实际能力。唐初，秀才科试方略策五道，以文理精通的程度分为四等及第。明经科最初试经策，后改答时务策。进士科以试策为主，最初试时务策五道，"策须义理惬当者为通"③。

"论"作为科举考试文体，始于唐高宗的科举变革。进士科试策，读书人为了揣摩、应对策论考试，多偏重策文的练习、钻研。这不仅削弱了经史的学习，而且直接影响到科举选才的效度与信度。因此，永隆二年（681 年）唐政府宣布："自今已后，明经每帖经十得六已上者，进士试杂文两首，识文律者，然后并令试策。"④ 清代学者徐松考证认为："按杂文两首，谓箴、铭、论、表之类，开元间始以赋居其一，或以诗居其一，亦有全用诗、赋者，非定制也。杂文之专用诗、赋，当在天宝之季。"⑤ 这里的"论"为"杂文"之一种，用于说理，侧重于考察考生读书的知识面及对问题的看法。唐代后期，进士科考试第二场

① 《唐六典》卷 4《尚书礼部》。
② 《唐会要》卷 75《明经》。
③ 《唐六典》卷 4《尚书礼部》。
④ 《唐会要》卷 75《贡举上·帖经条例》。
⑤ 徐松：《登科记考》卷 2"永隆三年"条。

试论。

3. 试律诗与律赋

试律诗是用于科举考试的一种诗体，又称作"试帖诗"或"排律诗"。它是在格律诗基础上产生的，近于排律，韵脚有限制，为五言六韵或八韵。其考题多为古人诗句或成语，前冠"赋得"二字，因称"赋得体"。试律诗始于永隆二年（681年）进士科考试，其后地位逐渐上升。唐玄宗以后，制科考试也增加诗、赋的内容。唐后期，进士科第一场试诗、赋。"进士科在八世纪初开始采用考试诗赋的方式，到天宝时以诗赋取士成为固定的格局，正是诗歌的发展繁荣对当时社会生活产生广泛影响的结果。"①

"律赋"是科举考试所用的具有一定格律的赋体，它与试帖诗类似，注重声音对偶用韵。"律赋"之称谓虽迟至晚唐五代之际才出现②，但实际上，这种考试文体在唐代进士科考试中则早已流行。律赋应试要求，以八韵为常，以四平四仄为定式，限格、限题、限韵，骈四俪六。制科考试以"策"和"杂文"为主，后来也试诗赋。

4. 箴、表、赞、诏、诰、判文

唐代进士科考试改革，增试"杂文"，其中包括箴、表、赞等应用文体。建中二年（781年）规定，进士科考时务策五篇，箴、论、表、赞各一篇。"箴"用以规戒，"表"用于臣民对皇帝的奏议或陈述，"赞"以称颂为主。此外，在唐代吏部试中，使用"判语"作为专用文体，属于判断刑狱案件的评语。不同时期的科举考试，杂文体裁增减不一。

5. 技能考试

武举常科技能考试，包括多种方式。如"长垛"考试：画帛为五规，置之于垛，距一百零五步，以一石之弓，六钱之箭，列坐引射。试射三十发不出第三院为及第，入中院为上，入次院为次上，入外院为次。"骑射"考试：夯土为矮墙，其高与垛同，缀皮为两鹿，历置其上，用七斗以上弓，骑马射之。发而并中为上，有的中有的不中为次上，全部不中为次。"马枪"考试：断木为人，戴方板于顶。凡四偶人，互列垾上，驰马入垾，运枪左右触，枪长一丈八尺，

---

① 傅璇琮：《唐代科举与文学》，陕西人民出版社 2003 年版，第 409 页。
② 邝健行：《诗赋合论稿》，江苏古籍出版社 2002 年版，第 118 页。

直径一寸五分，重八斤，必板落而人不踣。皆以捷好不失者为上。"平射科"考试包括"平射"与"简射"。平射，"谓善能令矢发平直。十发五中，五居其次为上第；三中，七居其次为下第"。简射，"谓善及远而中。十发四中，六居其次为上第；三中，七居其次为下第；不及此者为不第"。①

三、进士科地位的上升

明经与进士作为唐代科举最为重要的两个科目，伴随考试内容与形式的变革以及文化教育政策的演变，其地位此消彼长。贞观、永徽之际，进士科地位开始上升，逐渐超乎明经科之上，而一枝独秀。究其缘由，主要在于进士科的考试内容较全面、考试方法灵活、录取标准较高，有利于选拔具有较高文化素质的通才，适应现实需要。相比之下，明经科考试偏重经书记诵，所考时务策只需文理粗通，不利于选拔创新型人才。此外，这一时期崇尚道家、佛教而抑制儒学的政策，也严重削弱了明经科地位。

(一) 考试竞争加剧

唐代各科取士并不平衡，其中，进士科考试竞争最为激烈。"玄宗时，士子殷盛，每岁进士到省者，常不减千余人"②；而其录取率，"大抵千人得第者百一二；明经倍之，得第者十一二"③。另据《文献通考·选举考二》载，唐代科举以德宗时为最盛，贞元十九年（803年）"都计举者，不过五七千人"。比较显示，唐代中期开始，科举考试已出现过分集中于进士科的局面。

从进士科录取人数及其年份分布来看，唐中期后，其录取数额趋于稳定，考试竞争加剧。据统计，唐代289年间，进士科共举行266科考试，共录取进士6642人，除三科未录外，每科最少取1人，最多取79人（咸亨四年，673年），平均每科约取25人。④ 据《文献通考》卷二九《选举考二》所载《唐登科记总目》：进士科取额最高和最低的几个年份，均在唐前期高宗、武后时期，其取额波动大，多可六七十人，少则不到10人；唐中期后取额以20至30人之间年份

① 《唐六典》卷5《尚书兵部》。
② 封演：《封氏闻见记》卷3《贡举》。
③ 《通典》卷15《选举三》。
④ 刘海峰：《科举考试的教育视角》，湖北教育出版社1996年版，第28页。

为最多，其次为三四十人和一二十人。①

就考试内容而言，以帖经和杂文最为难考。"高宗时，进士特难其选。"进士科考试改帖大经、加《论语》后，"举司帖经，多有聱牙孤绝倒拔筑注之目。文士多于经不精，至有白首举场者，故进士以帖经为大厄"②。《登科记考》卷九引《封氏闻见录》载，天宝初，达奚珣、李岩相次知贡举，为避免遗漏真才，对于帖经一项作变通："进士文名高而帖落者，时或试诗放过，谓之赎帖。"至于杂文考试，难度虽大，却最能考出举人的文才与水平。"试杂文者，一诗一赋，或兼试颂论，而题目多为隐僻。策问五道，旧例，三道为时务策，一道为商，一道为征事。近者，商略之中或有异同，大抵非精博通赡之才，难以应乎兹选矣。故当代以进士登科为登龙门，解褐多拜清紧，十数年间，拟迹庙堂。"③

（二）社会影响扩大

唐代进士科的崛起，对士人文化习俗、考试心态、教育导向和社会风尚产生了广泛的影响。

在文化习俗方面，围绕进士及第这一人生重大转折，形成了宴庆赋诗、题名、游园赏花、拜谒座师等活动。唐人韦绚《刘宾客嘉话录》记载："慈恩题名，起自张莒，本于寺中闲游而题同年，人因为故事。"五代时王定保记述："进士题名，自神龙之后，过关宴后，率皆期集于慈恩塔下题名。"④ 神龙为唐中宗年号（705—707 年）。慈恩塔又名慈恩寺塔，即今西安大雁塔，原为唐高宗永徽三年（652 年）玄奘主持修建，以保存由天竺带回长安的经卷佛像。大雁塔在慈恩寺内，规模颇大，位于曲江池西北，北对大明宫，是长安权贵和士大夫游乐胜地。关宴，即"曲江宴"，又称"曲江会"，是唐代进士及第后举行的盛大宴会。关试之后，及第进士凑钱在曲江池宴饮赋诗，并请教坊派乐队演奏助兴。其时，行市罗列，城内半空，公卿多挑选佳婿，有时皇帝亦登上曲江南岸紫云楼，垂帘观看。曲江宴会之后，新科进士们来到大雁塔题名。

唐德宗贞元十六年（800 年），白居易以第四名荣登进士第，曾赋诗表达喜

---

① 孙培青主编：《中国考试通史·卷一·先秦至隋唐五代》，首都师范大学出版社 2004 年版，第 176—177 页。

② 王谠：《唐语林》卷 8《补遗》。

③ 封演：《封氏闻见记》卷 3《贡举》。

④ 王定保：《唐摭言》卷 3《慈恩寺题名游赏赋咏杂纪》。

悦之情："慈恩塔下题名处，十七人中最少年。"他时年 28 岁，是同科进士中最年少者。唐制，在曲江宴会上，择进士少俊者二人为"探花使"，带领大家遍游长安名园。在此次宴会上，白居易当了一回探花使者。孟郊少年丧父，由慈母裴氏抚养成人，几经挫折，终于在贞元十二年（796 年）进士及第。此时已届 46 岁的孟郊，难掩激动之情，金榜题名时，挥笔写下《登科后》诗："昔日龌龊不足夸，今朝放荡思无涯。春风得意马蹄疾，一朝看尽长安花。"在曲江宴会上，孟郊又作《同年春宴》诗，叙述新科进士的喜悦："少年三十士，嘉会在良兹。高歌摇春风，醉舞摧花枝。……前贤与今人，千载为一期。明鉴有皎洁，澄玉无磷缁。永与泥沙别，各整云汉仪。"他还拜谒座师，并作《擢第后东归书怀献座主吕侍御诗》云："擢第谢灵台，牵衣出皇邑"，充分表达对座主吕渭的提携感激之情。①

这类诗歌在唐诗中多有所见，难以备举。上述白居易和孟郊的诗文，形象而生动地描绘出新科进士的欢乐、感恩心态，从一个侧面折射出唐代士人的生活与精神风貌。

在考试心态和教育导向方面，进士科的兴起，推动了唐代尚文之风的发展。进士科的崛起，产生了广泛的社会影响。由于杂文诗赋考试的兴起，从唐中期开始，社会注重文学风气日益盛行。另一方面，进士科地位的上升，使其成为士人入仕的首选途径。史载："缙绅虽位极人臣，不由进士者，终不为美，可致岁贡常不减八九百人。其推重谓之'白衣公卿'，又曰'一品白衫'；其艰难谓之'三十老明经，五十少进士'；其负倜傥之才，变通之术，苏张之辨说，荆聂之胆气，仲由之武勇，子房之筹划，弘羊之书计，方朔之诙谐，咸以是而晦之，修身慎行，虽处子之不若；其有老死于文场者，亦所无恨。"② 这段描述，真实地反映了进士科在士人心目中的崇高地位与无穷魅力。

唐代名臣张柬之，是汉留侯张良之后，世族大户子弟，幼习诗书，从小就熟读经史，博览群书，晚年无论是在监察御史、凤阁舍人、秋官侍郎任上，还是在武氏周朝和唐中宗朝两朝为相，都显示出了卓越的才干。但张柬之直到永昌元年（689 年）六十三岁时还是个小小的青城县丞，官运不济，有志难展。那

---

① 李茂肃主编：《科举文化辞典》，明天出版社 1998 年版，第 129、113 页。
② 王定保：《唐摭言》卷 1《散序进士》。

年他随千余名举人应进士科科考，不中；已经准备回家安度晚年了，压根儿就没想到自己后来还能位极人臣主宰朝纲。好在武则天拟废唐建周登基称帝，正需要大批人才，见进士科开科取士仅八人，很不满意，责怪主考官取人太少，另开贤良方正和明堂大礼两个恩科，命中书舍人刘允济重考下第落榜诸学子，张柬之应贤良方正科试，一举夺魁，这才终于及第登科，真正踏入仕途。

唐代进士科重诗赋，科场多趣事。天宝元年（742年），诗人钱起有一次住在驿舍，晚上正卧床看书，忽闻窗外有人吟诗："曲终人不见，江上数峰青"，钱起披衣赶到门外想向诗人讨教，却没有看见吟诗人。到天宝十年（752年）他应省试，因《楚辞》里有"使湘灵鼓瑟兮，令海若舞冯夷"的句子，试帖诗便以《湘灵鼓瑟》为题。钱起开头写得很顺利："善鼓云和瑟，尝闻帝子灵。冯夷空自舞，楚客不堪听。苦调凄金石，清音入杳冥。苍梧来怨慕，白芷动芳馨。流水传湘浦，悲风过洞庭。"五韵十句，一气呵成。诗人凭借惊人的想象力，把神女湘灵所鼓瑟曲的神奇力量渲染得淋漓尽致。可是最后还差两句一韵却无法收笔，冥思苦想中，他记起了驿馆中听到的"曲终人不见，江上数峰青"之句，便顺手牵羊用了上去，仿佛那人在十年前是有意为他应试而作诗一样，这两句竟是恰到好处。湘灵是神女，只在湘江之上偶尔露仙姿，鼓瑟一曲，随即隐去，当听瑟人还沉醉在仙乐中、迷恋在似真似幻的仙境里时，眨眼间，仙踪已杳，人已回到了现实世界，眼前只有一江如带，数峰如染。用这两句结尾，不仅帮助钱起考取了功名，而且使他的《湘灵鼓瑟》成了科场试帖诗的典范，千年科场，再也无人能够超越。

诗人杨衡，在代宗大历年间与弟弟杨凝、杨凌一起中了进士，时人称之为"三杨"。他对自己"一一鹤声飞上天"的诗句很得意，他有个感情不错的表弟应科考，及进士第，参加殿试时一时无措，偷用了这句。他知道后非常气愤，立即登门问罪："我那个'一一鹤声飞上天'呢？还在吗？"他表弟心中有愧，只好说："在呀，在呀。我知道兄长最喜欢这个句子，不敢多用，只是应应急，用完了就还。"

盛唐与白居易齐名的大诗人元稹自幼聪颖，博闻强记，十五岁举明经科及第，但唐代重进士轻明经，元稹交结宦官才在朝中做个知制诰，受到以牛僧孺为首的清流的鄙视。一次朝官们在一起吃瓜，有苍蝇飞来，武儒衡挥扇驱蝇，

看了元稹一眼，说："这东西从哪里飞来的?"从这种极度的傲慢轻蔑中可以看
出进士及第官员的自负心理。元稹不堪其辱，奋志砥砺，在二十七岁时重入科
场，终于及进士第，官拜监察御史，出了胸中恶气。这个故事虽属野史，但能
流传下来，从侧面折射出科场倚重进士科名的现象。

在社会风俗方面，伴随进士科的兴起，在士人群体中逐渐形成考试崇拜心
理。此外，从唐后期《进士登科记》的流传，也可见进士科影响之广泛。《东观
奏记》卷上载："大中十年（856年），郑颢知举，宣宗索科名记。"郑颢寻委当
行祠部员外郎赵璘，采访《诸家科目记》，撰成十三卷，自武德元年（618年）
至当朝。宣宗"敕宜付翰林，自今放榜后，并写及第人姓名及所试诗赋题目，
进入内，仍仰所司逐年编次"。《封氏闻见记》卷三也言："故当代以进士登科为
登龙门。""好事者记其姓名，自神龙（705—707年）以来迄于兹日，名曰《进
士登科记》，亦所以昭示前良，发起后进也。"更有甚者，落第举子将此类文献
奉若神明。进士张倬，"时初落第，两手捧《登科记》顶之，曰：'此千佛名经
也。'其企羡如此"[1]。

在进士科考试推动下，举子为备考诗、赋而产生了"文选学"。显庆年间
（656—661年），李善为《文选》作注，搜集资料颇多。其后，《文选》注本遂成
为士子赋诗作文的最佳范本。唐中期进士科的崛起，冲击了儒家经学教育，官
学地位开始下降。而"文选学"流行，则导致读书人片面追求文辞华丽，忽略
内容充实。这不仅削弱了经史的学习及德行修养，也直接影响到科举选才的效
度与信度。

第三节　唐代科举考试管理活动

科举考试管理包括科举立法、应举资格审查、考试实施与录取诸环节，是
科举选士的重要保障。唐代科举适应人才选拔的需要，建立了较为规范的考试

---

[1]《唐语林》卷4《企羡》。

管理制度，考试管理机构设置、科场规制和防弊措施多有创新之处。礼部和吏部分掌考选与任用的权力，明经、进士科实行三场考试，考试内容以经学和文学为主。此外，贡院的设置，州县试与省试的时间，放榜的方式及庆祝宴会等，渐成定制。这些考试管理制度、举措与习俗，对后世科举考试活动产生了深远影响。

一、应举资格

与隋代相比，唐代科举更具开放性。读书人只要家世清白、品行端正并具备一定文化才能，即可报考。武德五年（622 年）三月科举诏令提出："苟有才艺，所贵适时；洁已登朝，无嫌自进。宜令京官五品以上及诸州总管、刺史，各举一人。其有志行可录，才用未申，亦听自举，具陈艺能。"① 其"乡贡"考生，可根据报考条件，"怀牒自列于州县"②。唐前期乡贡"怀牒"自进，皆须于本籍贯，后期则不受此限。所谓"自进""自举"和"怀牒自列"，具有自由报考的性质，它突破了荐举的局限，是科举制演变的一大进步。

另一方面，由于科举考试旨在选拔行政官员，因此规定："其尝坐法及为州县小吏，虽艺文可采，勿举。"③ 同时，由于封建时代的传统观念限制，女子没有为官参政的机会，因而也不能应举。依据士、农、工、商的户籍分类规定，"凡习学文武者为士，肆力耕桑者为农，功作贸易者为工，屠沽兴贩者为商。工商之家不得预于士，食禄之人不得夺下人之利"④，因此，限制工商出身者参加科举考试。此外，出家为僧者，不得参加科举。

唐代科举常科分为郡县馆监试与省试（礼部试）两级考试，各有一定的文化要求。省试应举者主要包括"生徒"与"乡贡"两类：前者来源于官办学校，是由国子监和府州官学所选送的考生；后者来源于私学和自学者，是经县、州（府）考试合格而解送的社会考生。生徒与乡贡统称"贡举人"或"举人"，也称"贡士"或"贡人"。如"进士科贡举人""明经科贡人"等。乡贡在唐代有

---

① 《唐大诏令集》卷 102《荐举上·京官及总管刺史举人诏》。
② 《新唐书》卷 44《选举志上》。
③ 《新唐书》卷 44《选举志上》。
④ 《唐六典》卷 3《尚书户部》。

严格规定，由府州县荐之于尚书省，经户部审查相关档案材料后，获得省试资格。随着科举考试的推广，"乡贡"考生所占比例日益扩大。此外，还有两类考生具有参加省试的资格：其一，皇亲三等以下、五等以上的宗室子弟，若未入国学，而从师或居家习业，成绩相当者，由宗正寺考试选拔合格，经国子监审核、统一报送礼部应举。其二，在职但属于试官或无官品的杂色出身者，经申请批准也可参加省试。

制科应试资格较为宽松，无论是前资官①或现任官员均可参加。制举考生主要来源于三方面：一是未取得科第资历、无官职的一般读书人，包括中央官学生员；二为取得常科出身但尚未出仕者；三为现任各类官员。各类考生制举及第后，因考前身份差异而授予不同官职。武举也分为两级考试，无论常科或制科，可自由报考，不受各种服徭役者身份限制。如"平射之科，不拘色役，高第者授以官，其次以类升"②。

二、分级分类考试

从科举考试程序来看，唐代大致分为科第出身考试及任官考试两大类，前者包括地方与中央两级考试。以常科考试为例，应举者只有通过馆监试或州县解试，才有资格参加礼部省试，省试通过者才获得科第出身；再经吏部选试或制举及第，才能进入仕途。这种分级分类考试程序在唐前期逐步确立，直至唐末五代基本未变。

（一）解试

唐代科举第一级为国子监、学馆和州县举办的分科考试，合格者发给"解状"，送往尚书省参加省试，因而称之为"解试"。每年秋天，由国子监和县州（府）长官分别对申请应举者进行学业考试，并于冬季第二个月将及第者"解送"尚书省应举。《通典》卷十五《选举三》叙述其选拔、解送过程："自京师郡县皆有学焉。每岁仲冬，郡县馆监课试其成者，长吏会属僚，设宾主，陈俎豆，备管弦，牲用少牢，行乡饮酒礼，歌《鹿鸣》之诗，征耆艾、叙少长而观

---

① 唐代官员任满之后，须解任停官待选，这类人员称为"前资官"，属于参加制举及吏部科目选的一种身份。
②《通典》卷15《选举三》。

焉。既钱，而与计偕。"乡贡考生，"委本县考试，州长重覆，取其合格，每年十月随物入贡"①。武举考试也类似："若州府岁贡，皆孟冬随朝集使以至省，勘责文状而引试焉，亦与计科偕。"②

在考试管理上，国子监考务由监丞具体负责。"凡六学生每岁有业成上于监者，以其业与司业、祭酒试之。明经，帖经、口试、策经义；进士，帖一中经、试杂文、策时务，征故事。其明法、明书、算，亦各试所习业。登第者白祭酒，上于尚书礼部。"③ 州府考试一般由功曹司功参军负责。"州县学生，当州试。并艺业优长者为试官，仍长官监试。其试者通计一年所授之业，口问大义十条。得八已上为上，得六已上为中，得五已下为下。"④ 州试一般为三场，报考进士者试帖经、杂文和时务策；也有增为五场，考诗、歌、文、赋及贴经。

解试的录取标准及名额，根据分科选拔人才的要求而定。如州县试，"凡贡举人，有博识高才强学待问无失俊选者，为秀才，通二经已上者为明经，明闲时务，精熟一经者为进士，通达律令者，为明法，其人正直清修，名行孝义，旌表门闾，堪理时务，亦随宾贡，为孝弟力田。凡贡人，上州岁贡三人，中州二人，下州一人。若有茂才异等，亦不抑以常数"⑤。州试第一名习称"解元"，又称"解头"，而由京兆、河南、太原等府解送者，其府试第一名则称"府元"。

(二) 省试

省试是唐代尚书省举办的中央一级的科举考试。唐开元二十四年（736 年）之前，这项考试由吏部考功员外郎主持，故称"考功试"；其后由礼部侍郎或其他知贡举官主持，因称"礼部试""礼闱"。省试一般在春季举行，故别称"春闱"。贡举人到尚书省报道，呈交家状和文解，由户部集阅、查核。其后，往往请谒权要，并参加朝见，接受皇帝召见，行拜谒先师之礼。开元五年（717 年）九月诏令："诸州乡贡明经、进士见讫，宜令引就国子监，谒先师。学官为之开讲，质问疑义，仍令所司优厚设食。两馆及监内得解举人，亦准此。"⑥ 以进士

① 王定保：《唐摭言》卷 1《统序科第》。
②《唐六典》卷 5《尚书兵部》。
③《唐六典》卷 21《国子监》。
④ 王定保：《唐摭言》卷 1《两监》。
⑤《唐六典》卷 30《三府督护州县官吏》。
⑥《唐会要》卷 76《贡举中·缘举杂录》。

科为例，其选拔程序大体包括以下三个重要环节，贯穿于考前、考试之中及考后全过程。

1. 行卷与公卷

唐代科举保留察举遗风，应试进士科不仅看考试成绩，还须参考公卿名士的推荐。举子奔走于名公巨卿之门，投献自己的诗文，寻求知己提携，称为"行卷"。"唐人举进士必行卷者，为缄轴录其所著文以献主司也。"① 其式为裁纸一幅，用墨边线成 16 行，每行不过 11 字，字迹须端正。考前自荐与名士推荐，是影响进士考试及第与否的一个重要参数。

为了全面地考察应举者的才能，开元二十九年（741 年）十月，韦陟就任礼部侍郎后，开始实行纳"省卷"，允许进士科应举者，将其平日诗文卷轴纳于尚书省礼部，供主考官参阅，然后依常式考核，结合考试成绩决定取舍。② 相对于向私人"行卷"，纳"省卷"又称为"公卷"。这一改革举措提高了人才选拔的透明度与公信力，其后遂形成惯例。

唐代后期，行卷、公荐之风盛行，虽衍生权贵操纵科举、士人弄虚作假等弊端，但也确实选拔了一批杰出人才。如白居易初次赴京应举，名未振，以诗歌谒著作郎顾况，其《赋得原上草送友人》名句"野火烧不尽，春风吹又生"，赢得了顾氏"有句如此，居天下有甚难"③ 的赞誉，而为之延誉。贞元十六年（800 年），二十八岁的白居易，以第四名登进士第，成为"十七人中最少年"。杜牧应举进士科，太学博士吴武陵赏其文才，以其《阿房宫赋》向主考官力荐，因此，杜牧考前被崔郾侍郎定为第五名。牛僧孺应试，也得到一代名士韩愈、皇甫湜的推荐，声名大振而中进士。类似事例，在唐人史传、文集中屡见不鲜，折射出唐代科举的特色。

2. 三场考试

唐代省试日期并不固定，一般在正月或二月举行，也有在三月或上年十二月者。考场原设在尚书省吏部，开元二十四年（736 年），省试职权移至礼部，始置贡院。贡院位于长安皇城东北，坐北面南，外有棘篱围护，以防弊端，又

---

① 《演繁露》卷 7《唐人行卷》。
② 《旧唐书》卷 92《韦安石附韦陟传》。
③ 王定保：《唐摭言》卷 7《知己》。

称"棘闱"。此外，东都洛阳也设有考场。作为主持科举考试的独立机构，贡院设有专门印信。

由于科举制度初创，科目众多，分科考试的项目与场次不尽相同。如秀才科仅试策一项，明法科试帖、策两项，明书、明算二科，均试帖与口义两项。唐初，进士科考试，仅有时务策五道，可一场考毕。明经科考试，最初试墨策十道，考试也只有一场。其后，随着考试内容的增加与选士科目的演变，明经、进士科逐渐形成三场考试制度。三场考试成为进士科省试的又一重要环节。

调露二年（680 年），考功员外郎刘思立奏请进士科增考帖经、杂文二项内容，永隆二年（681 年）得到高宗诏准，由此形成了三场考试之基本格局：先帖经，再试杂文，后试策，逐场淘汰。将帖经列为首位，体现了科举选士对儒家经典的重视；另一方面，在进士科考试发展过程中，由于考试测量的客观需要，帖经与杂文考试的内容及顺序也发生了某些变化。其演化趋势为由偏重帖经转向崇尚杂文：帖经考试从帖小经到帖大经，最后允许以诗赎帖；杂文考试从考箴、铭、论、表、送等实用文体，逐渐演变为侧重诗赋；三场考试最终形成杂文、帖经、策论三场之序。

明经科的三场考试模式稍迟确立。永隆二年（681 年），明经科增试帖经，取十帖得六以上者，然后试墨策；约在神龙元年（705 年）至开元二十五年（737 年）之间，最终形成三场考试制度。① 《唐六典》卷四《尚书礼部》记载："凡明经，先帖经，然后口试，并答策，取粗有文理者为通。""旧制，诸明经试每经十帖，《孝经》二帖，《论语》八帖，《老子》兼注五帖，每帖三言，通六已上；然后试策十条，通七，即为高第。"开元二十五年（737 年）规定，明经科帖十通五以上；口试经术大义十条，通六以上；并答时务策三道。由此可见，明经科考试内容逐渐增多，最终形成帖经、经问大义、时务策之常制。

各场考试之间，有数日间隔。至于每场考试时间，一般为自早至夕一天。唐后期，进士科杂文及对策考试，每场可延至夜晚，但至多以三条烛燃尽为限，到时交卷。《唐摭言》卷十五《杂记》载，咸通（860—874 年）、光启（885—888 年）年间，韦承贻题贡院都堂西南隅诗句："三条烛尽钟初动，九转丹成鼎

---

① 孙培青：《中国考试通史·卷一·先秦至隋唐五代》，首都师范大学出版社 2004 年版，第 324页。

未开。残月渐低人扰扰，不知谁是谪仙才？白莲千朵照廊明，一片升平雅颂声。才唱第三条烛尽，南宫风景画难成。"

总之，三场考试作为检测知识与才能的重要手段，在明经、进士科选拔人才过程中发挥不可替代的作用。这种考试模式的创立，奠定了其后科场的基本规制，为宋元明清科举考试所承袭。

3. 通榜与放榜

在评卷与录取环节，唐代省试也形成一些显著特征。

其一，评卷方式与考试形式相适应，帖经及经义考试须当众改定，力求透明、公平。《唐会要》卷七五《贡举上》载，开元二十五年（737 年）二月敕令："其所问明经大义日，须对同举人考试。应能否共知，取舍无愧，有功者达，可不勉欤！""天宝十一年（752 年）七月，举人帖及口试，并宜对众考定，更唱通否。"这种评卷方式，符合帖经、经义这类客观题考试特点，有利于考生监督，防止考官改卷失误及舞弊。而杂文和对策考试，除偶有当众考定成绩外，考官一般均需假以时日，细加斟酌，以保证评卷结果的可靠性与公正性。

其二，考试成绩在录取中虽占较大权重，但并非唯一决定因素，主考官还参酌权臣与名师的评价，确定应试者的去留与及第排名。唐代进士科考试，允许人们向主考官推荐优秀人才，称为"公荐"或"通榜"。唐中后期，省试放榜前，主考往往与朝中权臣、文坛巨子相互通气，共同拟定及第者名单，俗称"通榜贴"。此举虽为慎重选才，采信于社会舆论，有利于全面考察举子才能，但客观上助长了科场攀缘权势之弊端。

其三，试行试卷复核，完善考试录取办法。开元二十五年（737 年）规定："其应试进士等唱第讫，具所试杂文及策，送中书、门下详覆。"[1] 唐代以三省为最高政务机构，礼部将贡举考试结果呈送中书门下审查和备案，是对考试权的一种监督与制衡，以防取士不公。其后，试卷"详覆"一度停废。至建中三年（780 年）诏令恢复："应进士举人等，自今已后……如才堪及第者，送名中书门下，重加考覆。如实才堪，即令所司追纳告身，注毁官甲，准例与及第。至选日，乃稍优与处分。"[2] 中书门下若发现问题，可进行重试。长庆元年（821 年）

---

[1]《唐会要》卷 75《贡举上·帖经条例》。
[2]《唐会要》卷 76《贡举中·进士》。

三月发榜后，因有言取士不公，穆宗曾令中书舍人王起、主客郎中知制诰白居易等人，对礼部所取 14 名进士重试，竟有 10 人落第，礼部侍郎钱徽因此被贬职。

唐代科举"通榜"流传不少感人故事。大诗人张籍，仕途并不顺意，到五十岁时还做着太常寺太祝的小官，但他的名望在当时并不亚于与他同期的韩愈和白居易。割据一方的大军阀李师道邀请他去做官，他虽穷困，却不愿受聘，于是写了首《节妇吟——寄东平李司空师道》："君知妾有夫，赠妾双明珠；感君缠绵意，系在红罗襦。妾家高楼连苑起，良人执戟明光里。知君用心如日月，事夫誓拟同生死。还君明珠双泪垂，何不相逢未嫁时。"表面看来，此诗是写男女间的缠绵之情，如果不看副题，确是一首感人至深的爱情诗。但诗人却是借此喻彼，以女人自况，辞谢李师道之聘，语气委婉而坚决。他做京官时，进京应试的举子很多都先向他呈送自己的作品，希望能得到他的举荐。举子朱庆余，在张籍任水部员外郎时进京赴考，受他《节妇吟》的启发，也以女人自况写了一首《闺意——近试上张水部》，很有情趣，成为不朽之作："洞房昨夜停红烛，待晓堂前拜舅姑。妆罢低声问夫婿，画眉深浅入时无？"

诗中以新婚喻考试、以舅姑喻考官、以夫婿喻张籍，而他自比新娘，打扮得漂漂亮亮，怀着忐忑不安的心情等待见公婆叔姑；因初到婆家，诸事未谙，临行低声询问夫婿，看自己的打扮是否得体。它的现实意义却是问张籍：自己的诗才能否合考官心意。

张籍对这首诗很欣赏，读后回诗一首："越女新妆出镜心，自知明艳更沉吟。齐纨未足时人贵，一曲菱歌敌万金。"

朱庆余因得张籍赏识，声名顿起，故顺利中榜，大功告成。

唐代科举考试，一般是先放榜后详覆。考试结果揭晓后，按录取等第排列张榜公布。长庆三年（823 年）后，改为先详覆再放榜。进士放榜情形，《唐摭言》卷十五《杂记》中曾有生动描述："进士旧例于都省考试，南院放榜，张榜墙乃南院东墙也。"墙高丈余，外有矮墙。拂晓之际，自北院取榜，张挂于南院高墙上。进士榜头，竖粘黄纸四张，以羊毫笔淡墨婉转书写"礼部贡院"四字。其第一名为"状头"或"状元"。

（三）选试

科举常科考试及第，仅具备做官的资格，只有经过吏部"选试"合格，才授予相应官职。因此，这项考试又称"关试""释褐试"。"释褐"即脱去布衣，换上官服。选试若不合格，须等三年才能再试。韩愈于贞元八年（792年）进士及第，但此后十年里却三试吏部而落选，后通过辟署才步入仕途。

作为铨选官员最为重要的环节，文官选试归属吏部，武官选试由兵部主持。每年五月，颁格于州县，选人合格者，由州县官或任官处具状保送，列其罢免、善恶之状，十月会于尚书省。自十一月开始，至次年三月完成铨选。贞观二年（628年）一度改制，十九年（645年）又恢复。

选试的科目，盛唐时期主要有试判入等、博学宏辞、书判拔萃三种，中晚唐则增设《开元礼》、三礼、三传、三史等新的吏部科目。史言："凡试判登科谓之'入等'，甚拙者谓之'蓝缕'。选未满而试文三篇，谓之'宏辞'；试判三条，谓之'拔萃'。中者即授官。"① 总体来看，选试的内容主要包括身、言、书、判四个方面。先考书、判，看其是否"楷法道美""文理优长"；再试身、言，看其是否"体貌丰伟""言辞辩正"。具体而言，因铨选科目不同，选试的内容与形式也存在一定差异。如博学宏辞科试诗、赋、策；平判入等、书判拔萃科，均试判；而开元礼、三礼、三传、三史等科目选，其考试形式、内容与评定标准，与礼部相应科目多有相同。

三、科场管理活动

为了公平、有效选拔人才，唐代统治者重视科场管理。从考官选派到考试防弊，逐步形成相应的惯例、规章与举措，为科举选士提供了有力保障。围绕选贤与防弊的管理目标，唐代科举以求才为本，注重考试程序化，并运用法律手段调节、规范各级考试活动，从而发挥了考试管理的积极作用。

（一）考官派遣

唐代贡举分类分级，考试权限与职能各有分工。"有官阶出身者，吏部主之；白身者，礼部主之。其吏部科目、礼部贡举，皆各有考官。大抵铨选属吏部，贡举属礼部，崇文馆生属门下省，国子学生属国子监，州府乡贡属长官，职司在功曹司功。"② 科举各级考官的选派，依据相关法令规定，大致与其担当

---

① 《新唐书》卷45《选举志下》。
② 《册府元龟》卷639《贡举部·总序》。

的职责相符。

在科举的第一级考试中，乡贡、生徒分别由州县与国子监考试，其考官例由地方长官及国子监丞充任。实施过程中，由于国子监考官委任受到礼部影响，因此，大和七年（833年）八月敕令重申："每年试帖经官，以国子监学官充，礼部不得别更奏请。其宏文、崇文两馆生斋郎，并依令试经毕，仍差都省郎官两人复试。"①

省试属于中央政府主管的考试，级别高而影响大，其主考官常以皇帝的名义任命。省试主考官习称"知贡举""知举"，或称"主司""有司""主考"，初期为吏部考工员外郎担任。考功员外郎虽有抡才实权，但仅为从六品上，属下级官员。随着进士科的崛起，考功员外郎官微权重、难以服众的矛盾激化。开元二十四年（736年）春，进士科考试中主考官李昂与考生李权之争，导致常科考试管理权转移及主考官职提升。省试改由礼部侍郎主持，官阶为正四品上，属于六部大员。永泰元年（765年），开始于长安、洛阳设置两都贡举，礼部侍郎官号皆以"知两都"为名，每年两地单独发放及第名额。大历十一年（776年），停东都贡举，此后不置。②

知贡举的选派，须具备品德、学识和处事才干等条件；一般应有科举出身，其中以进士出身者为多，但也有例外，如李麟、李德裕、权德舆等人。"开元时以礼部侍郎专知贡举，其后或以他官领，多用中书舍人及诸司四品清资官。"③唐代以中书舍人知贡举者，有三四十人之多；以其他官员权知贡举者则有国子祭酒、兵部侍郎、户部侍郎、尚书左丞、刑部侍郎、太常少卿、工部侍郎、吏部尚书、左谏议大夫、尚书左仆射、尚书右丞、刑部尚书、吏部尚书等官。从权知贡举官品来看，绝大部分集中在正四品上至正五品上之间，少数为三品乃至二品，实以中级偏高官员为主。由此可见，唐代对省试之重视。④

（二）科场管理特点

在唐代科举选士实践中，考试管理者注重立法管理，加强考试制度建设，

---

① 《唐会要》卷 59《礼部尚书》。
② 王定保：《唐摭言》卷 1《两都贡举》。
③ 《文献通考》卷 30《选举考三》。
④ 孙培青：《中国考试通史·卷一·先秦至隋唐五代》，首都师范大学出版社 2004 年版，第248—249 页。

以防止考试舞弊发生，逐渐形成以下一些特点。

1. 立法治考

科举考试是以诏令的形式发布、实施的，具有法律效应。唐初规定："凡贡举非其人者、废举者、校试不以实者，皆有罚。"① 这条法令明确公布了各级考官的法律责任，对贡举作弊起约束作用。唐高宗时诏修《律疏》，对"贡举非其人"的条款作新的补充和疏解，增加"应贡举而不贡举"者要治罪的法律规定。对于贡举失人的惩处，提出依据"德行"与"试业"之不同分别对待。若"德行乖僻"，举送状文有假，则按原律治罪；若考试不及第，则减轻二等论罪；若贡举人五分之三及第者，则免罪。同时，放宽主考官阅卷"课试"不实的量罪标准，对不自觉失误者则从宽处治。② 对于考生也有条规约束。如考前举人签名合保，属于考试诚信承诺，具有法律效应。一般是五人一保，若有作弊被查，同保人三年不得赴举。这些规定促进了科举考试的发展。

2. 程序化管理

唐代科举选士，从报考时间与条件、考场设置到考官阅卷、考生档案管理，均纳入程序化管理。以省试管理为例，试前，应举者须集中尚书省，履行相关手续与仪式。主考官及随员入住贡院，承印试卷。贡院设有都堂，作为考官收发试卷、处理考务的场所。考生自备生活及考试用具，入场点名。时人记载："元和（806—820年）中，举进士，见有司钩校苛切。既试尚书，虽水炭脂炬餐具，皆人自将，吏一唱名乃得入，列棘围，席坐庑下。"③考后由礼部阅卷，中书门下详覆，允许考生查卷与陈诉。建立科举甲历制，将有关科举的诏令、奏疏、条例及贡举人的考试材料等立卷建档，为人才选拔和使用提供客观依据。尚书省吏部、中书省、门下省分设存储选人档案的"甲库"，互相制约和监督。

3. 以求才为本

唐代科举管理以求才为本，科场之禁甚宽，一些条规可灵活运用。如吏部铨选之封名考试条例，时有变动。天册元年（695年）敕令："人无求备，用匪一途。理当才地并升，轮辕兼授。或收其履历，或取其学行。糊名考判，立格

① 《新唐书》卷44《选举志上》。
② 《唐律疏议》卷9《贡举非其人》。
③ 《新唐书》卷179《舒元舆传》。

注官，既乖委任之方，颇异铨衡之术。"因而停止吏部糊名考试。开元十五年（727 年），为防范选试舞弊，又"依例糊名试判"①。在进士科省试中，一些主考官可根据选才需要，变更科场条例，反映出唐代科举考试管理的灵活性与进步性。② 宋人朱翌曾感叹："李揆取士，不禁挟书，大陈书于庭，多得实才。和凝知举，撤棘闱，大开门，士皆肃然无哗，上下相应，故可书。今为二公之所为，则不成礼闱矣。"③ 这是唐宋科场管理的一个显著差异。

4. 重视防弊

为了维护公平竞争和考试信度，唐代科举实行多项防弊措施。除了前文所述考前结保、考后当众判定帖经与墨义成绩、吏部糊名考试外，在考试过程中还实行严格搜检、"别头试"、当朝重臣子弟回避、考官锁院等防弊措施。"阅试之日，皆严设兵卫，荐棘围之，搜索衣服，讥诃出入，以防假滥焉。"④ 对于贡举官亲故应试者另行考试，以避嫌疑。规定，礼部侍郎掌管贡举，其亲故参加省试，须另设考场，由吏部考功员外郎举行专门考试。据《唐摭言》卷八所载，"别头"及第，始于上元二年（761 年）钱令绪、郑人政、王俤、崔志恂等 4 人。尽管唐代糊名考试仅限于吏部选试，"别头试"时有兴废，考官锁院亦非严格封闭，但这几项防弊属于创举，对于宋代完善科场管理制度产生了直接而重要的影响。

（三）考试管理成效

总体而言，唐代科举考试管理适应了人才选拔的需要，在考试实践中收到显著成效。通过制定一定的考试规程和惩戒舞弊措施，唐政府对科举考试活动进行制度化、规范化管理，既适应了大规模选拔性考试公平竞争的客观要求，也有利于维护考试的公正性与权威性。一些主持贡举的官员，总结自身的考试管理经验，积极建言献策，改进考试方法，推动了科举考试管理制度的发展。同时，围绕科举选士问题，曾出现考官与考生的争执乃至贵族子弟与寒士、科举出身者与依靠门第者不同利益群体之间的激烈斗争，由此引发一些重要的科

①《唐会要》卷 75《选部下·杂处置》。
② 刘海峰：《科举考试的教育视角》，湖北教育出版社 1996 年版，第 47 页。
③ 朱翌：《猗觉寮杂记》卷下。
④《通典》卷 15《选举三》。

场案。科举选士之争，以科举出身的新官僚集团的胜利而告终，从而巩固了科举制度。

另一方面，处于开创阶段的唐代科举管理，保留了荐举的痕迹，对于公平公正选才产生一定的负面影响。进士科考试允许行卷、公荐，不完全依据考试成绩作为录取的主要标准，这种选士方式本意是要考察应举者平日的水平与声誉，选拔真才，但由于仕途奔竞，公荐往往演变为达官贵人权力请托、徇私舞弊的手段。这种现象在唐后期日益普遍，严重阻碍了人才的选拔。在藩镇割据、政治动荡的社会环境下，考试舞弊之风弥漫唐末科场，社会矛盾激化，加速了唐王朝的崩溃。

第四节　各级官学生员的学业考试活动

科举选士作为隋唐以降选拔官员的基本制度，与各级学校教育密切相关，对这一时期官学教育发展产生重要影响。从中央官学到州县学，逐渐建立完整的学业考试评价体系，包括平时学业考试、学年考试和毕业考试。这些学校考试活动与科举考试既相关联，亦存在一定的差异。总体而言，"在教育与考试的依存互动中，以中央与州县官学为主体、私学与家庭教育为补充的多元教育格局，奠定了科举选士的人才基础，对科举生源、考试科目和考试内容产生重要影响。另一方面，科举制的确立与推广，对学校教育和社会教育活动具有潜在的导向与控制作用"①。

隋唐国子监是中央官学的主干部分，实行正规的统一考试制度。尤其是国子学、太学、四门学，教学内容基本相同，都在九经与《论语》《孝经》等范围之内，教学的方式方法也基本一致，都是教读与讲，单经独进，因此考核的制度和方法也大致相同。《唐六典》卷二一《国子监》规定了国子学的考试细则，而太学和四门学之"督课试举如国子博士之法"，律学、书学、算学之"督课试

---

① 张亚群：《唐代科举与学校教育的关系》，见杨学为主编《中国考试简史》第二章第四节，高等教育出版社 2009 年版，第 62—63 页。

举如三馆博士之法"。《新唐书》卷四四《选举制上》论述国子监考试，也只列举统一的考试制度，并未分别介绍各类官学考试。这表明，考察隋唐中央官学的学业考试制度，可以国子学作为典型代表。

一、平时学业考试

前已述及，国子监所辖各类官学考试包括平时考试和学年考试、毕业考试，不同时期略有变化。总体来看，其平时学业考试主要包括旬试、月试和季试三类，这里主要就其基本要求和演化轨迹略作补充。

1. 旬试

国子监各学每旬举行一次考试。《唐六典·国子监》国子博士督课之法规定："每旬前一日，则试其所习业。"其中注明："试读者每千言内试一帖；试讲者每二千言内问大义一条，总试三条，通一及全不通，斟量决罚。"《新唐书·选举志上》记载："旬给假一日。前假，博士考试，读者千言试一帖，帖三言，讲者二千言问大义一条，总三条，通二为第，不及者有罚。"旬试是由本馆博士主持的平时考试，规定在放旬假前一日举行，所考内容为本旬之内所授的课业，采用试读和试讲的方式。试读不是帖经，试讲就是口义，即口问大义。试题数量为总试三条，通二条为及格，通二条以下为不及格，通一条或全不通者，根据不同程度给予不同处罚。这种定期的考试，表明在教学上强调复习巩固，其要求偏重记忆背诵，但也要求有所理解，能讲出大义。

2. 月试

唐朝前期国子监并无月试制度，后期为适应教学评价的变化，进行考试改革，建立月试制度。旬试每十天为一个考试周期，对社会安定时期的教学活动，能够发挥一定的督促作用。但自天宝末年"安史之乱"爆发后，唐朝统治走向衰落，社会动荡不已，官学难以维持正常的教学秩序，教学管理也逐渐松懈，因而将旬试改为月试。相比于旬试，以月为考试的周期，从考试次数来说减少了三分之二，每月考试集中为一次。史载，国子监实行月试，始于唐宪宗元和元年（806 年）四月。当时，国子祭酒冯伉奏请"每月一度试"，"敕旨从之"①。

---

① 《册府元龟》卷 604《学校部·奏议三》。

月试减轻了博士与学生的负担，比较切实可行，遂成为唐朝后期国子监比较固定的一种学业考试方式。

3. 季试

季试是每季末将此季内所学课业进行一次考试。唐前期实行正常的旬试制度，每月有三次学业考试，每季考九次，因而并不强调要求月试与季试。唐后期社会动荡，严重冲击国子监的正常教学活动与管理制度，对监内学生能实行月试已不容易，对于附监修业的士人，需区别对待，要求更为灵活，减少考试次数，改为实行季试。会昌五年（845 年）正月，武宗颁布《加尊号后郊天赦文》规定："应公卿百僚子弟及京畿内土人寄客修明经进士业者，并隶名太学，每一季一度，据名籍分番于国子监试帖，三度帖经全通者，即是经艺已熟。向后更不用帖试。如三度全不通，及三度托事故不就试者，便落下名籍，至贡举时不在送省之限。"[①] 由于每季一试涉及参加科举考试的资格问题，因而为办学者所重视，由国子监官员主持。及至五代时期，政权更迭频繁，社会更加动荡，国子监虽然照例设立，但已不能维持正常的教学活动和月试制度，只得改行季试。后唐宰臣崔协，以中书侍郎平章事兼判国子祭酒，在《请令国子监学生束脩光学等钱充公使奏》要求："自今后，凡补监生，须令情愿住在监中修学，则得给牒收补，仍据所业次第，逐季考试申奏。其勘到见管监生一百七十八人，仍勒准此指挥。"[②] 五代时期，中央官学已远不如唐代，办学规模极度萎缩，此时监生不满二百人。这份奏议对这些监生所强调的只有两条，即住监修学和逐季考试，由此证明，五代中央官学仍实行季试。

二、岁试

唐代中央官学，按年度为教学阶段，每近岁终，举行年度考试。岁试总括一年之内的课业进行考试，是对学年课业学习的集中检测，其考试成绩作为升进的重要依据。《新唐书》卷四四《选举上》记载："岁终，通一年之业，口问大义十条，通八为上，六为中，五为下。"《全唐文》卷一七所载唐中宗《令入学行束脩礼敕》中也要求："每年国子监所管学生，国子监试。……并选艺业优

---

① 《全唐文》卷 78《武宗皇帝·加尊号后郊天赦之》。
② 《全唐文》卷 839《崔协·请令国子监学生束脩光学等钱充公使奏》。

长者为试官监试。"这表明，作为培养行政管理人才的最高学府，国子监为最高统治者所关注，并订立教学评价管理规章。国子监生员的年度学业考试，由国子监组织实施，以各类官学的博士为考试官，考试内容包括一年所教授的课业。岁试采用口试方式，主试教官口问经籍大义十条，学生当面回答，根据回答情况，按三等的标准评定成绩。学生答对八条，评为上等；答对八条以下、六条以上，评为中等；只答对五条，评为下等。学生岁试成绩记录在案，主管者依据其成绩累计情况，决定对学生的奖惩。

三、毕业考试

国子监生员完成规定的学业课程，申请毕业出仕，则上报国子监，由主管官员举行毕业考试，以判定能否合格。

1. 毕业考试特点

国子监毕业考试与岁试具有较大差异，主要有四个方面：一是考生条件不同。参加毕业考者须能通两经以上、完成规定学业，而参加岁试的学生，只是学习一年的课业，并未学完培养计划规定的学业。二是主管者层次不同。毕业试由国子监管理，祭酒和司业主持考试；岁试由各类官学具体管理，由博士任试官。三是考试的要求与形式不同。毕业考试要求皆依"考功"，模拟科举考试方式，实行三场考试，明经试帖经、口试，策经义；进士帖一中经，试杂文，策时务政事。而岁试只要求通一年内课业，口问大义十条而已。四是考试目的与作用不同。参加毕业试者，目的是登第，验证学业完成，取得参加科举考试之资格，由国子监举送礼部，赴省试。而参加岁试，旨在检测年度学业成绩，决定能否转入下年度课业学习。

从国子监所属国子学、太学、四门学的毕业考试的形式来看，已与科举考试衔接，属于唐代科举选士的初级考试，其地位等同于州县"解试"。国子监学生通过这项考试，就获得参加中央一级科举考试——礼部"省试"的资格。由此可见，这是国子监学子一道重要关口。凡是要取得参加科举考试资格者，均须努力跨过毕业考试的门槛。

2. 考试形式

唐代中央官学培养目标在于通过科举考试入仕，因此，其学业考试形式与科举考试相近，主要有四类，现略述其特点与作用如下。

（1）帖经，这是测试经书熟练程度的基本方法。《通典》卷一五《选举三》记载："帖经者，以所习经掩其两端，中间开唯一行，裁纸为帖，凡帖三字，随时增损，可否不一，或得四、得五、得六者为通。"这种考试方式，促使学生记诵经书，文注精熟，学生只要肯用功记诵，就不难应付。规定必读必试的经书，范围有限，大多数学生对一般帖题都能正确回答，程度相近，分不出优劣，也就难以取舍。为了便于区分学业水平高低，考官可以提高帖题的难度，使之变为考生的一道难关，以淘汰一部分学生。帖经考试的最大弊端是只考察学生的记诵能力，而忽略思维能力，容易导致学生死记硬背。

（2）口试，也称口义，就是口问经文大义。口试是针对帖经这种考试方式的偏向而提出的纠偏救弊的措施，测试学生对经书义理的理解程度。由主考当面提问，学生回答对所提经文义理的理解，学生若对经文义理未加深究，也就不能融会贯通地加以阐释。这种口试方式可公开进行，随即说明通或不通，并当场宣布考试成绩。

（3）杂文，这是选择进士科应当考试的项目。主考命题两道，指定限用何种文体，学生按照限定的文体写杂文两篇。选用何种文体，并非国子监自主决定，而是受进士科考试要求的影响，与科举杂文所用文体相适应。中唐时期，进士科考试文体逐渐稳定，杂文题为一诗一赋，国子监也仿照实行。诗赋可学而能，学生们个个学习诗赋，能写诗赋，通过诗赋写作，可以考察知识、才华以及写作能力。

（4）策试，这是历史较长的传统考试项目，也是国子监各学毕业试中一项基本考试形式。各科策试的形式相同，而内容却不同。明经科所度为经义策，进士科所试为时务策。策试的要求，既要熟识经史，又要通晓时务；既要鲜明主张，又要写作技巧。应付策试并不容易，需要经历一定的学习过程。为学习前人成功经验，要读前人成功策文，因此学生收集诵读前人旧策，模拟别人文章，为应付策试作准备。在此背景下，《文选》学应时而兴起。不过，在考场中匆忙写成的策文，极少有思想独创、风格新颖的出色文章。

总体来看，唐代选士科目众多，既选拔擅长经术、文学的行政管理通用人才，也录取法律、文字书法、算学、军事等专门人才，推动了群体文化素质的提升。以书法艺术为例，由于科举考试以文取士，应举者多注重文字书法，培养书画审美情趣，由此促进了唐代士人书法水平的普遍提升。①

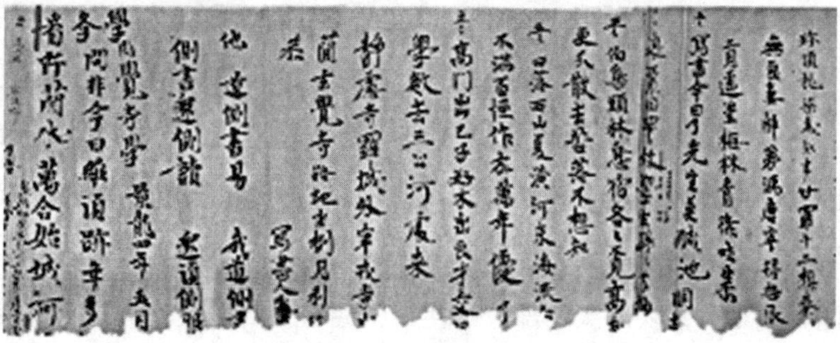

图 5-1　学生抄《论语》

南宋学者赵彦卫在《云麓漫钞》卷五中指出："唐人书皆有楷法，今得唐碑，虽无书人姓氏，往往可观。说者以为唐以书判试选人，故人竞学书，理或然。国朝亦重楷法，如欧阳永叔、蔡君谟诸公是也。自苏、黄、米一洗翰墨蹊径，而行书多矣。"韩国磐先生对此亦有精辟分析："不论在学的生徒，应考的举子，当官的，以及依靠抄写为生的书手、经生，都讲究书法，成为一种风尚。唐朝的书法特别发达，造诣很高，绝不是偶然的。"② 而当今考古发现，更为我们展示了难得的文物标本。

1967 年在新疆吐鲁番阿斯塔那古墓出土的一卷唐代文书，内容为唐代一位学生抄写《论语·郑氏注》的家庭作业，卷末附有一首催老师下课的打油诗："写书今日了，先生莫咸池（嫌迟），明朝是贾（假）日，早放学生归。"卷末题记显示，这份卷宗抄写年代为唐景龙四年（710 年），抄写者是一个叫卜天寿的十二岁学生，文中虽有一些错字，但字迹很工整。③ 这一事例生动体现了唐代科举考试对儒学汉字教育影响之深广。

① 张亚群：《科举制下通识教育传统的演变及其启示》，载《华中师范大学学报》（哲学社会科学版）2009 年第 4 期。
② 韩国磐：《卜天寿〈论语郑氏注〉写本和唐代的书法》，见《隋唐五代史论集》，三联书店1979 年版。
③ 王瑟：《看看唐代孩子的家庭作业》，载《光明日报》2015 年 5 月 11 日。

第五节　五代十国科举考试活动

五代十国是唐宋科举制演变的过渡阶段。唐天祐四年（907 年），朱温称帝于汴州（今河南开封），是为后梁。其后，中原继起王朝有后唐、后晋、后汉、后周。在南方地区及山西境内，则有前蜀、后蜀、吴、南唐、吴越、闽、楚、南汉、荆南（南平）、北汉十个政权。这一时期，尽管政治分裂，战争频仍，但在王朝兴替中，科举考试仍延续不断，选拔了一批儒学人才。

一、五代科举考试概述

五代各政权存在时间虽短，但大多采用科举考试制度。后汉隐帝乾祐二年（949 年）三月，有举人呼噪于贡院门，军士执之欲问罪，忠州刺史史德珫却为士人解脱。元人胡三省对此颇加赞许："五季自梁以来，虽皆右武之时，而诸州取解，礼部试进士未曾废。唐明宗天成二年（927 年），敕新及第进士有闻喜宴，今后逐年赐钱四百贯。其进士试诗赋、文策、帖经、对义。盖朝廷犹重科举之士。史德珫虽将家子，亦爱护士流。"① 这段史实说明，科举考试在时人心目中占有重要地位。

这一时期，除后梁、后晋各停贡举二年外，虽干戈迭兴，科举考试却未间断。后梁天成二年（927 年）十二月，礼部贡院鉴于对经学的学习不断衰退，将有碍人才培养，奏请科举时加强经学考试内容："进士帖经，本朝旧制，盖欲明先王之旨趣，阅多士之文章，近代已来，此道稍坠，今且上从元辅，下及庶僚，虽百艺者极多，能明经者甚少，恐此一节，或滞群才，既求备以斯难。"明宗敕准："自此进士试杂文后，据所习本经，一一考试，须帖得过三已上者即放及第者。"②

1. 科举考试科目、形式的演变

五代贡举科目沿袭唐代，主要包括进士科、诸经学（即九经、五经、明

---

① 司马光：《资治通鉴》卷 288《后汉纪三》。
②《五代会要》卷 22《进士》。

经)、五科(即三传、三礼、三史、《开元礼》、学究)和其他科目(童子、明法、明算、道举等)。受社会政治、教育状况、取士标准等因素制约,原有考试科目地位、影响及考试内容、形式发生了某些变化。总体而言,进士科虽受尊崇,但取士人数下降。据《五代登科记总目》所载,五代历次进士科考试,及第者一般只有十余人,最少者4人,最多者为25人。自后晋天福六年(941年)始,诸科(含明经)及第人数远超过进士科。明经科受士人青睐,考试规模稳步扩大。天福五年(940年),礼部侍郎张允奏称:"每岁明经一科,少至五百以上,多及一千有余,举人如是繁多,试官岂能精当?"① 与明经相关的经史诸科以及童子科,地位上升,影响扩大;明法、明算、道举偶有开设,趋向衰落,制举也明显减少。

在考试程序与考试内容方面,进士科考试仍为三场,但考试内容与形式则出现新的变化。注重经义考试,帖经要求逐渐降低乃至受冷落,而诗赋考试仍有较高地位。后周广顺三年(953年)正月,户部侍郎、权知贡举赵上交奏请:"进士元试诗赋各一首,帖经二十帖,对义五道。今欲罢帖经、对义,别试杂文二首,试策一道。"八月,刑部侍郎、权知贡举徐台符乃奏:"请别试杂文二首外,其帖经、对义,亦依元格。"② 得到批准。

明经科考试内容与形式屡有变动。其及第标准降低,并以问义代帖经,以墨义代口义,强化经义考试。广顺三年正月,赵上交奏准:诸经墨义对一百五十道,五经对墨义一百道,学究对墨义五十道。及至八月,徐台符奏改为:"九经请都对墨义六十道,其帖经对策,依元格。五经亦请对墨义六十道,帖经对策依元格。"③

上述进士、明经诸科考试方式,从帖经向经义、口义,再向墨义的演变,反映了科举考试发展的基本趋势,有利于客观、公正地选拔人才。五代科举考试方式的变革,促进了宋代科举制度的演化与完善。

2. 科举选士的特点

五代为社会激烈动荡时代,科举考试缺乏稳定的政治、教育环境,尽管如

---

① 《旧五代史》卷148《选举志》。
② 《五代会要》卷22《进士》。
③ 《五代会要》卷23《科目杂录》。

此，统治者仍然重视科举选士的政治功能，举办各科考试，录用经术、文学人才，借以扩大其统治基础。与唐代相比，这一时期中原各王朝的科举考试，具有以下一些特征：

第一，科举考试频率高，具有连续性。唐代以来，贡举考试一般每年一次。五代诸政权统治的 52 年间，除了后梁乾化四年（914 年）、贞明七年（921 年）及后晋天福四年（939 年）5 次停贡举外，其余年份均未间断。据《登科记考》卷二五、二六统计，其间共举行进士科考试 47 次。在兵荒马乱的战争年代，科举考试得以延续，实属不易。

第二，取士标准降低，经史诸科兴盛。五代统治者继承唐后期科举制特点，重视经史考试。马端临指出：“五代自晋汉以来，明经诸科中选者，动以百人计。”就其缘故，乃受社会动荡、士人风尚影响：“丧乱以来，文学废坠，为士者往往从事乎帖诵之末习，而举笔能文者固罕见之，国家亦姑以是为士子进取之途，故其所取反数倍于盛唐之时也。”① 相较于进士科考试，经史诸科考试内容偏重记诵，录取标准较宽，因此吸引了更多的考生。

第三，科举及第人数众多，发挥重要的政治作用。据有的学者统计②，五代中原五朝科举考试，不包括其他割据政权，其及第者总数多达 2290 人，其中进士科录取 680 人，经史诸科录取 1610 人。相比之下，唐代科举最为兴盛的玄宗至代宗 66 年间，科举及第者总数为 1879 人；唐代最后 52 年间，科举及第者也仅有 1623 人，均少于五代科举取士人数。科举录取人数的增加，从一个侧面反映了五代科举的盛况，也扩大了科举制的影响。

不仅如此，这一时期科举所选拔的人才，在国家政治、社会文化等领域发挥了举足轻重的作用。据统计③，在五代 46 位宰相中，半数以上出身科举，而枢密、翰林（或端明）学士中大部分亦出身科举。五代状元中以王溥（922—982 年）、王朴（905—959 年）成就最高。王溥于后周、宋初历任宰相，为宋太祖赵匡胤所称誉。他曾集唐人苏冕所撰《会要》及杨绍复（或云崔铉）所撰《续会要》，补其缺漏，撰成《唐会要》100 卷；又采集五代史料，著有《五代会

---

① 《文献通考》卷 30《选举三》。
② 谢青、汤德用主编：《中国考试制度史》，黄山书社 1995 年版，第 120 页。
③ 李国锋：《士人与五代中枢政治》，载《河南师范大学学报》（社会科学版）2002 年第 1 期。

要》30 卷，保存了极为珍贵的史料。王朴在后周先后出任左谏议大夫、权知开封府事，枢密使、检校太保等要职，还制礼作乐，考订声律，校正历法，修订刑律，所撰《大周钦天历》《律准》等，并行于世。

第四，科举考试舞弊之风盛行，科举考试管理改革兴起。五代科举考试的管理机构，在中央仍为礼部，在地方为州府。在地方选拔、解送过程中，州府之上行政机关"道"的作用日益增强，"滥举"现象时有发生。从后梁开始，中央政府就屡次下令整顿诸道贡举，要求从严考试与解送举人。为了维护科举考试公平，后唐统治者明令禁止请托。同光二年（924 年）三月敕令吏部、礼部："翰林考艺，必尽于精详；灭私徇公，无从于请托，仍委三铨、贡院，榜示省门，晓告中外。"[1] 后周广顺二年（952 年），开始在常科贡举考试中实行糊名防弊措施。史载，赵上交任礼部侍郎，"会将试贡士，上交申明条制，颇为精密。始复糊名考校，擢寇湜甲科，及取梁周翰、董淳之流，时称得士"[2]。尽管这项防弊手段因故未能坚持，但是，它开了宋代科举常科糊名考试之先河。

第五，确立宾贡进士名额，扩大了科举制的域外影响。自唐穆宗长庆元年（821 年）开始录取域外举子作为宾贡进士附列进士榜后以来，新罗等外国士人考取宾贡进士者络绎不绝。据统计[3]，唐代宾贡科及第的新罗人有金云卿等 58 人，五代后梁、后唐宾贡登科者则有高第等 31 人。《太平广记》卷五三引《续仙传》记录了这方面的典型事例："金可记，新罗人也。宾贡进士，性沉静好道，不尚华侈，或服气炼形，自以为乐。博学强记，属文清丽。美姿容，举动言谈，迥有中华之风。俄擢第，不仕，于终南山子午谷葺居，怀隐逸之趣。"

后唐天成五年（930 年），中书门下奏文表明，此后每榜进士取一名宾贡。值得注意的是，后周时，中国科举制度开始为高丽王朝所效法。韩国史籍《增补文献备考》卷一八四《选举考·科制一》记载："双冀，后周人，随册使来，以病留，王表请为僚属。冀献议设科，遂受以文柄。"这表明，五代科举考试的实施，推动了中国科举考试制度向朝鲜半岛的传播与移植。

---

① 《册府元龟》卷 641《贡举部·条制三》。
② 《宋史》卷 262《赵上交传》。
③ 刘海峰、李兵：《中国科举史》，东方出版中心 2004 年版，第 141 页。

二、十国科举考试举隅

五代时期，南方一些割据政权也模仿唐代及中原王朝政治制度，设科取士。据有的学者研究①，十国中除了北汉、荆南、楚之外，其余七国都或多或少实行过科举制度。这些政权举办的科举考试尽管为时短，大多缺乏连续性，但客观上促进了科举制度的推广和文化教育的传播。

1. 前蜀、后蜀的科举

前蜀为唐西川节度使、唐王王建所立，首府成都，辖有今四川和甘肃东南部、陕西南部、湖北西部，925 年为后唐所灭。共历二主，统治 23 年。其后主王衍，崇尚学问，于乾德四年（922 年）举行制科考试。白衣蒲禹卿对策，后主"以其言有益，擢为右补阙"②。次年，又诏置贤良方正、博通经史、明达吏治、识洞兵机、沉滞丘园五科，策试举人。

后蜀为后唐西川节度使、蜀王孟知祥所建，首府成都，辖有今四川和陕西南部、甘肃东南部、湖北西部，共历二主，统治 33 年。其后主孟昶在广政十二年（949 年），"置吏部三铨，礼部贡举"③。后蜀选拔的进士有王归、王贲、句中正等人。史载，成都华阳人句中正，"明德（934—937 年）中，授崇文馆校书郎，复举进士及第。中正精于字学，凡古文、篆、隶、行、草诸书，无所不工，常与宰相毋昭裔书《文选》等书行世"④。

2. 吴越、闽科举

吴越为镇海节度使钱镠所建，首府杭州，辖有今浙江及江苏一部分，共历五主，统治 72 年。钱元瓘继位时曾用后唐年号，于长兴三年（932 年）设置择能院，"掌选举殿最"，以沈崧主持，礼贤举士。⑤

闽为唐武威军节度使王潮之弟王审知所建，称闽王；933 年，其子延钧称帝，建都长乐（今福州），辖今福建之地，共历六主，统治 37 年。在闽建国之

①刘海峰、李兵：《中国科举史》，东方出版中心 2004 年版，第 148 页。
②《幸蜀记》，转引自孙培青主编《中国考试通史·卷一·先秦至隋唐五代》，首都师范大学出版社 2004 年版，第 502 页。
③《新五代史》卷 64《后蜀世家·孟知祥》。
④《十国春秋》卷 56《后蜀·句中正传》。
⑤《资治通鉴》卷 277《后唐纪》"明宗长兴三年"。

前，王审知奉中原王朝为正统，举办地方性的拔解考试，再赴中原参加省试。如后梁、后唐时，闽人中进士者 7 人，其中贞明四年（918 年）陈逖考中状元；长兴三年（931 年）及第进士江文蔚曾对南唐科举建立起过重要作用。①

3. 吴、南唐的科举

吴为唐淮南节度使杨行密建于扬州，辖今江苏、安徽、江西和湖北等省的一部分，937 年被南唐取代，共历四主，统治 36 年。吴国曾设礼贤院，高祖杨隆演时曾由王潜主持选官之事，士人张翊"以射策中第"②。

南唐为李昇所建，首府金陵（今南京）。曾灭闽、楚、吴，极盛时辖有今江苏、安徽淮河以南和福建、江西、湖南、湖北东部，共历三主，统治 39 年。李昇在升元（937—943 年）年间，开科取士，李征古、陈起、汪涣等人进士及第，只是此时科举取士尚未常规化、制度化。③ 李璟保大十年（952 年）二月，"始命翰林学士江文蔚知贡举，进士庐陵王克贞等三人及第。……时执政皆不由科第，相与沮毁，竟罢贡举"④。但在徐铉的奏请下，次年下令恢复贡举。南唐共开科 17 次，有 93 人进士及第。⑤ 南唐管辖福建期间，割据泉州、漳州的留从效，曾"每岁取进士、明经，谓之'秋堂'"⑥。由此可见，南唐实为南方政权中科举较盛的国度。

4. 南汉科举

南汉为唐清海军节度使刘隐之弟刘龑建于广州（今属广东），国号越，后改称汉，辖今广东、广西，971 年为北宋所灭，共历四主，统治 55 年。乾亨四年（920 年），高祖刘岩采纳兵部侍郎杨洞潜建议，开始设学校，置选部，开贡举，录取进士、明经 10 余人。"如唐故事，岁以为常。"⑦ 南汉进士姓名可考者，有状元简文会、梁嵩，进士钟允章、王宏等。

值得注意的是，这一时期，还有专门记载科举考试的书籍问世。五代南汉南昌人（今属江西）王定保，本为唐昭宗光化三年（900 年）进士，曾入南汉刘

---

① 刘海峰、李兵：《中国科举史》，东方出版中心 2004 年版，第 149 页。
②《十国春秋》卷 11《张翊传》。
③ 郑学檬：《五代十国史研究》，上海人民出版社 1991 年版，第 87 页。
④《资治通鉴》卷 290《后周纪一》。
⑤《续资治通鉴长编》卷 16《太祖·开宝八年》。
⑥《宋史》卷 483《漳泉留氏世家》。
⑦《十国春秋》卷 11《吴·张翊传》。

隐幕府为官，于后周时著成《唐摭言》15 卷，备载唐代科举考试遗闻轶事，颇有参考价值。另有蜀人杨九龄撰《蜀桂堂编事》20 卷，"中纪广政举试事，载诗、赋、策题及知举、登科人姓氏，且云科举起于隋开皇，或以为自唐太宗始者，非也。又撰《要录》十卷，亦为士林所称道"①。《蜀桂堂编事》虽已散佚，但以上说明后蜀对科举考试之崇尚。

五代十国时期，有的士人参加科举考试虽落第，但坚持不懈，至北宋初年高中榜首。《三字经》中有这样一段话："若梁颢，八十二，对大廷，魁多士，彼既成，众称异。"梁颢何许人也？严格说来，应该算是五代十国时期的人，却偏偏又是宋太宗乙酉科的状元郎。不说他前几十年是如何闯关，单说他中进士点状元，从五代后晋天福三年（938 年）起就不断地进京应试，历经后汉和后周两个短命朝代，直到宋太宗雍熙二年（985 年）才考中进士点为状元。前后凡四十七年，应会试四十场，中状元时已是八十二岁高龄，满头白发，步履蹒跚。他被宋太宗点为状元后，太宗问其年岁，他作《谢恩启》一篇作答，自称"皓首穷经，少伏生之八岁；青云得路，多太公之二年"。虽然垂垂老矣，此番言语，也显出头角峥嵘，不枉天下第一的名头。他还曾赋《登第诗》："天福三年来应试，雍熙二载始成名。饶他白发巾中满，且喜青云足下生。观榜更无朋辈在，到家唯有子孙迎。也知年少登科好，怎奈龙头属老成。"教育史上的这段佳话，反映了士子应试的艰辛历程。

综上所述，五代十国时期，中国虽处于分裂状态，但科举制度仍得到继承和发展，它成为南北各政权所共同推行的制度，发挥着广泛、积极的作用。这一时期，科举制度的传承与考试实践，不仅有利于政治上走向统一，也为宋代科举制变革与推广奠定了重要基础。

①《十国春秋》卷 56《后蜀·杨九龄传》。

第六章

私学教育活动

　　隋唐五代时期，特别是唐代实行了开放的文教政策，促进了私人办学活动的发展。这是唐代私学发达的重要动因。作为官学教育的重要补充，私学教育对于社会的合理流动和分层，起到了重要的作用。私学学生可以自由地进入官学听课，两者间在具体运作等方面不存在明显的社会歧视现象。在隋唐时期，私学活动蓬勃发展，作为与学校教育并驾齐驱的教育实践，私学不仅涉及文化普及等初等教育内容，更是对高等教育的学科发展产生了一定的影响。此期私学教育活动，是中国古代私学教育的高峰，对后世产生了深刻影响。

第一节　私学管理活动

隋唐五代时期，私学得到了迅速发展。[①] 书院就产生于该时期。在当时举办私学，既无严格的政府审批，也谈不上政府的注册管理，在基层教育层面上，完全放手民间办学。私学管理活动的动力主要来自办学者自身的教育理想、规范化要求和社会舆论影响。在这种无形的社会环境影响下，形成了丰富多彩的私人办学景象。

一、私学办学活动

私学与官学同为隋唐教育的重要实现形式，"私学与官府所办的官学相对而存在，中国历代由民间私人身份所办理的学校机构或组织的教育活动，都属于私学"[②]。在隋唐时期，官学与私学之间通道顺畅，私学学生也可以进入官学学习。"许百姓任立私学，欲其寄州县学受业者，亦听。"[③] 在举办主体上，私学大多是以个人、家庭、族群、村落等作为基本的主办者，儒家传统对主办者产生深刻影响，使之对教育投入有进一步改善的动力。举办私学是出于家庭、家族对知识的传承的希望，为通过高层次的科举进入社会主流提供平台。在教育对象方面，大多是限于承办者本身的子女，也有一些吸纳外来者的现象，但在低层次的私学中，主要还是以村落、家族、家庭子弟的教育为主。

私学从教育程度上主要分为初等私学和高度私学两个层次。初等教育即小学包括家塾、村塾、族塾、乡校等模式，它解决了普及大众教育的问题。高等私学即大学主要是书院式的讲学之类，它是培养社会精英的需要。大学的专门

---

① 关于隋唐私学的研究有：高明士《唐代私学的发展》，载台湾《文史哲学报》1971 年第 20 期；严春华《中唐时期的私学与家学探析》，载《湖南科技大学学报》（社会科学版）2007 年第 5 期；孙培青《中国教育史研究·隋唐分卷》，华东师范大学出版社 2009 年版；高碧英《唐代私学教育研究》，四川师范大学 2011 年硕士论文，等。

② 孙培青主编：《中国教育史研究·隋唐分卷》，华东师范大学出版社 2009 年版，第 203 页。

③ 王溥：《唐会要》卷 35《学校》。

经学教育主要是由隐居读书（习业山林寺院）和私人讲学（书院教育等）来体现，在隋唐时期它们常以科举考试、获得功名作为重要的学习导向。

官学与私学的关系甚为微妙。从影响力上来说，官学兴盛，私学会衰落，如官学衰落，则私学会兴盛。在唐朝的特点是，高祖、太宗重视儒学，官学鼎盛，贞观时期"国学之盛，近古未有"[1]，然高宗时期已渐渐薄于儒学，武则天时期轻视儒学而重视佛学，"国家太学之废，积岁月矣。堂宇芜秽，殆无人踪，诗书礼乐，罕闻习者"[2]。官学的衰落就是私学兴起的希望，它为私学的发展提供了很好的土壤。[3]

学校办学，首要的是分层、分类管理。纵向等级制和横向分类制是社会组织结构的核心要义，在教育领域的表现是它将人们对教育的诉求提升到一个新的高度。对于入学年龄，根据人等、需要进行不同分类，以达到古代圣王所立标准："古先哲王立学官，掌教国子以六德、六行、六艺，三教备而人道毕矣。《礼记》曰：'化人成俗，必由学乎。'学之于人，其用盖博。故立太学以教于国，设庠序以化于邑，王之诸子、卿大夫士之子及国之俊选皆造焉。八岁入小学，十五入太学。春秋教以《礼》《乐》，冬夏教以《诗》《书》。是以教洽而化流，行成而不悖。自天子以至于庶人，未有不须学而成者也。"[4]此处所说的八岁与十五岁，可以看作是基础教育与高等教育，私学与官学的入学学龄。

私学管理活动，首先是办学活动、管理活动，相对于官学依据政府的政令，私学的办学主体在民间，主要是个人、家庭、家族或者村、社等基层单位，类似个体与集体的集合。"他们觉得有需要就可以办，不必向政府报告并等待政府批准才去办。私学的规模大小不限，可大可小。"[5]隋唐时期是中国传统社会的黄金时代，政府对民间大体是松散管理，甚至无管理状态。民间需要办学的时候就自己办学，并不需要等待政府的审批，办学的规模、设施也是因地制宜，没有统一的程式。隋唐时期的私人办学，在宽松的政治环境下，得到了充足的发

---

① 王定保：《唐摭言》卷1《两监》。

②《全唐文》卷213《陈子昂·谏政理书》。

③ 关于官学衰落的原因，童岳敏认为：主要原因不应归咎于统治者对官学教育的漠视，而在于朝廷的经济状况，国家的财力不足以应付官学日常的运转，也无力对校舍作进一步的修葺改善。见童岳敏《唐代的私学与文学》，苏州大学2007年博士论文，第25页。

④《旧唐书》卷88《韦思谦传》。

⑤ 孙培青主编：《中国教育史研究·隋唐分卷》，华东师范大学出版社2009年版，第203页。

展。《隋书》卷七五《儒林传》有云："京邑达乎四方，皆启黉校。齐鲁赵魏，学者尤多，负笈追师，不远千里，讲诵之声，道路不绝。"①这段文字充分反映出隋文帝杨坚执政时期民间私学蓬勃发展的景象。政府在推动私学大发展的过程中，起到了无为而治的作用，充分调动了民间办学的积极性。同时，中国传统文化对于读书的尊重，也是私学兴旺的一个重要因素。

隋唐时期私学的办理各有不同。对于唐代私学发展的理解，有学者认为可分为三个阶段：一是唐高祖至唐高宗时期传统型的私学发展；二是武则天至唐玄宗时期传统的经学私人讲学开始衰落，蒙学性质的私塾得到较快发展；三是"安史之乱"后，士子隐居山林寺院潜心读书成为潮流，并且家族学院也开始兴盛。②这样的分类是按照时代的特征来划分的，毕竟私学的举办与政治形势、社会发展紧密联系，政治宽松时，私学发展会快些；科举逐渐正常化后，私学教育也做了相应的改变；当国力衰微时，隐居读书、保全家庭又成为一种教育需求。

举办私学，需要主办者的积极作为和奉献精神。权德舆《唐故太中大夫守太子宾客上柱国襄阳县开国男赐紫金鱼袋罗公墓志铭》记载："乡校废落，而冗吏猥多，被病者舍医事求淫祀，公皆去其弊而图其利，人人得尽四支之敏，而务十全之术。修起经师弟子以理庠塾，每岁以廉茂计偕者，倍于他邦，化条简易，和气浃洽。"③文中提到罗公利用自身资源，积极兴办医院、学校，促进了乡村私学的发展。这种自发办学，多秉承传统儒家的文章道德，以一种济世心态服务乡亲。这样一心造福于乡里的热心人士，在各处都有所见。权德舆《彭城郡王赠太师刘公墓志铭》："比屋之人，被缦胡而挥孟劳，不知书术。公乃修先师祠堂，选幼壮孝悌之伦，春秋二仲，行释菜乡饮酒之礼，生徒俎豆，若在洙泗。私门耽耽，公署沈沈，自从事掾史，迨纪纲之仆，禀稍有伦，采章不紊，接士必下以词气，推贤而容其出处。"④兴办私学对于启蒙落后乡村的思想起到了重要作用。

---

① 《隋书》卷 75 《儒林传》。
② 唐晓涛、吴争春：《唐代私学发展的阶段性特点》，载《玉林师范学院学报》（哲学社会科学版）2003 年第 2 期。
③ 《全唐文》卷 506。
④ 《全唐文》卷 506。

政府官员对教育的重视，是地区教育发展的重要保障。贞元三年（787年）宇文炫"请京畿诸县乡村废寺，并为乡学"①，用寺庙资产兴学，是兴办教育的一种重要手段，在后代被不断效仿。佛儒之争，宗教始终要让位于现实的政治需要。苗晋卿则"出俸钱三万为乡学本，以教授子弟"②。自己出钱兴办助学则是直接的助学方式，体现了唐代人对捐资助学的重视。

政府在官学机构，实行人性化的管理，有意在天气炎热时给国子监学生放假，让他们回乡在家自学，到科举考试时再回到学校："国子监诸生等，既非举时，又属暑月，在于馆学，恐渐炎蒸。其有欲归私第，及还乡贯习读者，并听。仍委本司长官，具名申牒所由，任至举时赴监。东京监亦准此。"③

私学在隋唐的勃兴，与科举制度的形成和确立有关。教育的功能一是知识传播，二是选拔人才。相对于门荫而言，不分等级，只以应试成绩论英雄是古代民主政治的一大进步，它打破了传统出身论对于官位长期的垄断与世袭，是贵族阶层和平民阶层斗争的产物，从而扩大了政权统治基础，从根本上改良了长期以来在教育过程和结果上的不公平现象。"三百年来，科第之设，草泽望之起家，簪绂望之继世。孤寒失之，其族馁矣；世禄失之，其族绝矣。"④科举打破了门阀贵族对教育的垄断。在扩大了科举参与面的基础上，私学的入世功能被充分动员。然而公平性的解决并不是一蹴而就，随着科举制推行的深入，权力还是可以渗透进科举，导致一部分人在科场上失去了成就感，隐读就成了回避功名的另一种读书方式。正因为有了科举这个指挥棒，民间举办私学的热情也随之高涨。

二、科举体制下的家学活动

私学也应包括家学的影响，家学是一种特殊性质的私学，它规模小、知识较为单一，但其育人动机强烈，并且对子女的影响极其深远。一个人是否能读书破万卷，家学的影响是重要的。家学活动有传承文化和读书入仕两个层面。

① 《唐会要》卷35《学校》。
② 《旧唐书》卷113《苗晋卿传》。
③ 《册府元龟》卷50《帝王部·崇儒术第二》。
④ 王定保：《唐摭言》卷9《好及第恶登科》。

一般人家的家庭教育，多就子女孙辈所必要掌握的识字、明理方面有所拾掇；而对于那些有志向进入主流社会的人家来说，他们更多的是以历史先贤、社会贤达为榜样，学而优则仕。这也成为读书人一直向上的重要途径。

在耕读守望的隋唐时期，这样的例子也比比皆是。例如，"张砺，字梦臣，磁卅滏阳人也。祖庆，父宝，世为农。砺幼嗜学，有文藻。在布衣时，或睹民间争竟，必为亲诣公府，辨其曲直，其负气也如此"①。家学有别于其他教育方式，它有其家庭的性格，往往爷父子三代性格一脉相承。家庭乃至家族的价值观、秉性在教育活动乃至日常的各种行为意识中得到潜移默化的传播。据胡端撰《淮安郡文学梁公墓志铭》载：梁玄德"弱不好弄，长而博学，业擅乡赋，名彰省司……能以经典亲授子孙，不坠弓裘，克绍堂构"②。这些有学问的祖辈、父辈更是将教育子孙作为家族文化传承中非常重要的一件大事。对于一般家庭而言，家学的学习成本相对较低，父母等直系亲属作为启蒙老师。爷爷亲授孙辈，也是常有的事。

在家学教育的师资力量中还包括那些有知识、有远见的家庭女性成员，她们对子孙的教育影响力很大，家风很大程度取决于母亲的内涵，"母仪家风"，一个历经数代而不堕的家族中，女性柔韧又刚强的一面起到一定作用。所以过去表彰家庭，常常对夫人、母亲给予诰命的荣誉，是因为家庭女性的地位无人可以替代。《先太夫人河东县太君归祔志》有云："某始四岁，居京城西田庐中，先君在吴，家无书，太夫人教古赋十四首，皆讽传之。以诗礼图史及剪制缕结授诸女，及长，皆为名妇。"③这位太夫人所施加的影响，是贫寒家庭对志向的追求和坚守，家庭的其他女性成员也因此有很大的提升。元稹母亲对他的教育是一个很好的例证："稹八岁丧父。其母郑夫人，贤明妇人也；家贫，为稹自授书，教之书学。稹九岁能属文。十五两经擢第。二十四调判入第四等，授秘书省校书郎。二十八应制举才识兼茂、明于体用科，登第者十八人，稹为第一，元和元年（806 年）四月也。制下，除右拾遗。"④母亲对子女的教育，细致而绵长，并且从效果上来说，容易

---

① 《旧五代史》卷 98《张砺传》。
② 周绍良、赵超：《唐代墓志汇编续集》，上海古籍出版社 2001 年版，第 770 页。
③ 《柳宗元集》卷 13《先太夫人河东县太君归祔老》。
④ 《旧唐书》卷 166《元稹传》。

得到社会的认可。《三字经》中的"昔孟母，择邻处。子不学，断机杼"就是这个道理，它体现了女性教育在家庭教育中所焕发出来的巨大力量。所以在过去，孩子选择对象，家庭教育和父母素质，亦是一个重要的参考条件。

在中国古代的大部分时期，儒家的教育理念使得读书人在教育的继承上，具有一种新老更迭的文化自觉。如张文诩，家有藏书千卷，用来培养子侄，使他们能获得较高的社会地位。"张文诩，河东人也。……有书数千卷，教训子侄，皆以明经自达。"① 这是有作为的读书人对于家族的义务。子孙后代的教育关系家庭乃至家族的荣辱兴衰，因此有名望的家族都非常重视。《唐故济阳江君墓志铭》载："（江）君少而俊拔，材力过人，交结豪右，使气任侠，尝因暇日，兵曹（其父）诫之曰：'我之族代有文人，尔不能修之而又坏之乎？'君曰：'比者大人宽慈，愚不知，故谬其所为，今日承训，请退学矣。'由是敛迹读书，非有命使，未尝出门。"② 社会上的读书气息，就是这样通过家学实现了代际传递，同时传承的还有家族内在实力的延续。"李愚，字子晦。自称赵郡平棘西祖之后，家世为儒。父瞻业，应进士不第，遇乱，徙家渤海之无棣，以诗书训子孙。愚童龀时，谨重有异常儿，年长方志学，遍阅经史。慕晏婴之为人，初名晏平。"③家学中所演示的榜样力量、上进氛围是维系家庭发展的重要手段。无论是升平还是乱世，家学始终是一个家庭教育维系的重要途径，即使是在困难时期，对子孙的诗书教育，仍然非常受到重视，因为教育是一个家庭的未来。

隋唐世家虽然与南北朝时期的门阀特权相比，在政治上、经济上的特权有所削弱，但是作为家族的文化传承方面的功能却大为加强。因此，隋唐世家对于家庭成员的教育就显得尤为重要，尤其是在作为世家内涵的家风传承方面。《新唐书·宰相世系表序》云："唐为国久，传世多，而诸臣亦各修其家法，务以门族相高，其材子贤孙不殒其世德，或父子相继居相位，或累数世而屡显，或终唐之世不绝。"门第意识在代际传承上起到重要作用。柳玭在《家训》中这样解释家风的地位："夫门地高者，可畏不可恃。可畏者，立身行己，一事有坠先训，则罪大于他人。虽生可以苟取名位，死何以见祖先于地下？不可恃者，

---

① 《隋书》卷 77《张文诩传》。
② 周绍良、赵超：《唐代墓志汇编续集》，上海古籍出版社 2001 年版，第 825 页。
③ 《旧五代史》卷 67《唐书·李愚传》。

门高则自骄,族盛则人之所嫉。实艺懿行,人未必信,纤瑕微累,十手争指矣。所以承世胄者,修己不得不恳,为学不得不坚。"在这里,家学的教育提升到家族荣辱存亡的高度,动之以情、晓之以理,从门第、理想、德行、经验等角度分述了家族承继者对骄奢淫逸行为的警觉。这种时刻想着保有家族荣耀的忧患意识,贯穿于高门私学教育的思想中枢。唐代家法重视品德养成,讲求忠义孝悌,认为行王道者必须勤勉治学,方能成器。

柳玭的《家训》还谈了对家法的具体理解:"予幼闻先训,讲论家法。立身以孝悌为基,以恭默为本,以畏怯为务,以勤俭为法,以交结为末事,以弃义为凶人。肥家以忍顺,保友以简敬。百行备,疑身之未周;三缄密,虑言之或失。广记如不及,求名如偿来。去吝与骄,庶几减过。苟官则洁己省事,而后可以言守法;守法而后言养人。直不近祸,廉不沽名。廪禄虽微,不可易黎甿之膏血;榎楚虽用,不可恣褊狭之胸襟。忧与福不偕,洁与富不并。比见家门子孙,其先正直当官,耿介特立,不畏强御;及其衰也,唯好犯上,更无他能。如其先逊顺处己,和柔保身,以远悔尤;及其衰也,但有暗劣,莫知所宗。"①这段话要求子孙在行为处事时,要能够孝悌为基、恭默为本、畏怯为务、勤俭为法,这些要义,对于一出生有富有贵的世家子弟来说,尤为重要。家风严谨者,往往能够约束子孙门人,小心行事。可以想见,当教师拿起家训捧读的情形,是那么自然。唐代世家大族,为了使自己在历史上形成的优越社会地位得以长期保持,往往通过门当户对的婚姻,自设一套礼法来显示他们的贵族特质。但是仅靠这些还不行,士族子弟只有通过走仕途做高官的方式来继续坐拥他们的权势。隋唐时期,官员的选拔已经制度化,从魏晋时期的九品中正制向科举制转变,"凡进必考"在唐代就形成了规范,当然这里的进主要是科举,只有勤学苦练后的科举才最具有实际的价值。并且进入仕途的主要途径已有科举来决定。在中宗之后有"方闻国家之仕进者,必举于州县,然后升于礼部、吏部,试之以绣绘雕琢之文,考之以声势之逆顺,章句之短长,中其程式者,然后得从下士之列。虽有化俗之方,安边之画,不由是而稍进,万不有一得焉"②。科举的势力终于盖过了门阀上的光环,这也给了贫寒子弟更多进入官场、走向上

---

① 《全唐文》卷 816《柳玭·家训》。
② 骐昶:《韩昌黎文集校注》卷 3《上宰相书》。

层社会的机会。

家学除了官宦之家重视之外，一般士人家庭也非常重视以家学的方式传承自己的思想。如萧瑀临终遗书曰："生而必死，理之常分。气绝后可著单服一通，以充小敛，棺内施单席而已，冀其速朽，不得别加一物。无假卜日，惟在速办。自古贤哲，非无等例，尔宜勉之。"① 又卢承庆临终诫其子曰："死生至理，亦犹朝之有暮。吾终，敛以常服。晦朔常馔，不用牲牢。坟高可认，不须广大。事办即葬，不须卜择。墓中器物，瓷漆而已。有棺无椁，务在简要。碑志但记官号、年代，不须广事文饰。"② 在两段文字中，家长都将自己临终之前对死亡问题的布置叮嘱后人，这既是长辈最后一次对子孙的直面教育，同时更是体现他们平时一贯坚持的对家庭成员的教育活动，在他们的话语中，无神论、简葬和精神升华说得到充分的体现。而临终讲话，更在某种意义上占有道德上的至高地位。

第二节　私学大师的讲学活动

学问高始终是受到社会尊重的。中国社会传统讲求"天地君亲师"，教师这个职业，普遍受到社会的尊重。从事私学教育的读书人，大多数是科举的失意者，但也有许多例外，科举的成功者也积极地参与教育的活动。从事教育活动是读书人在出仕受挫情况下寻求的一种职业。盖所谓大师者，多为在某一领域有较高成就的人，他们的学问对学生起到重要的引领作用。私学大师的来源，一是朝廷官员，二是民间大儒，三是隐逸高人。他们的讲学形式多种多样，有聚徒教授、隐居讲学、一对一辅导等。经历了隋末的动荡之后，唐代的私人讲学进入了一个新的发展时期。相对于以前的专注章句注疏、恪守经史子集的传统教学来说，唐代私人讲学则更具有创新的学术内质。

---

① 《旧唐书》卷 63《萧瑀传》。
② 《旧唐书》卷 81《卢承庆传》。

一、官员的教育反哺活动

官员对教育的重视尤其反映在高层次的专经教育上，因为它既体现了社会需求，也是最高统治者的热切盼望："方今区宇一家，烟火万里，百姓乂安，四夷宾服，岂是人功，实乃天意。朕惟夙夜祗惧，将所以上嗣明灵，是以小心励己，日慎一日。以黎元在念，忧兆庶未康，以庶政为怀，虑一物失所。虽求傅岩，莫见幽人，徒想崆峒，未闻至道。唯恐商歌于长夜，抱关于夷门，远迹犬羊之间，屈身僮仆之伍。其令州县搜扬贤哲，皆取明知今古，通识治乱，究政教之本，达礼乐之源。"①对于人才的渴求，是历代统治者维护政权的必要举措。

国家体制需要用教育来影响政策的制定和执行。官员作为读书人的榜样，他们更是积极推行这种策略。官员们比较喜欢收徒，既有扩大社会影响力的自身利益考量，同时也有意识地将自己的学问传于后人。传统儒家思想认为，道德文章甚或高于行政作为，因此一般知识文化比较深厚的官员大都比较喜欢这样的一种模式，出则拜将入相，退则聚徒授课，并且由于官员所在位置的不同，比之一般的学者，立场和角度都比较独特。

官员的教书行为，又为那些希望结交官员投身官场的人大开了方便之门，所以官员的授学行为常常受到许多学生的关注。隋朝的曹宪就是这种情况。"曹宪，扬州江都人也。仕隋为秘书学士。每聚徒教授，诸生数百人。当时公卿已下，亦多从之受业。宪又精诸家文字之书，自汉代杜林、卫宏之后，古文泯绝，由宪，此学复兴。"②曹宪的复兴古文之功，则非一般的官员教学所能比拟。官员的授学也常常与他自身的经历有关，有些官员仕途不畅，转而开展教学活动。如李善，他曾经是朝廷官员，因事发配，在遇赦后以教书为业，由于名气大，许多学生从远方纷至沓来。"李善者，扬州江都人。方雅清劲，有士君子之风。……除潞王府记室参军，转秘书郎。乾封中，出为经城令。坐与贺兰敏之周密，配流姚州。后遇赦得还，以教授为业，诸生多自远方而至。又撰《汉书辩惑》三十卷。载初元年卒。"③与李善有相似经历的，还有欧阳询的受学经历，

---

① 《隋书》卷 2 《高祖纪下》。
② 《旧唐书》卷 189 上《曹宪传》。
③ 《旧唐书》卷 189 上《李善传》。

"欧阳询，潭州临湘人，陈大司空頠之孙也。父纥，陈广州刺史，以谋反诛。询当从坐，仅而获免。陈尚书令江总与纥有旧，收养之，教以书计。虽貌甚寝陋，而聪悟绝伦，读书即数行俱下，博览经史，尤精《三史》。仕隋为太常博士。高祖微时，引为宾客。及即位，累迁给事中。"①江总教育故人之子，也算是一种古道遗风。

官员讲学的优势在于可以利用自己的知识资源、行政资源在教育条件改善、教育资源配置方面起到很好的作用。同时强调人的主观能动性，官员对于社会的认知也通过讲学的形式得以延续，隋唐时期官员很重视讲学，包括重视教育自己的子侄，道理即在于此。如韩愈在《左迁至蓝关示侄孙湘》中通过给他的侄孙韩湘的诗，表达他愤懑的情绪："一封朝奏九重天，夕贬潮阳路八千。欲为圣明除弊事，肯将衰朽惜残年！云横秦岭家何在？雪拥蓝关马不前。知汝远来应有意，好收吾骨瘴江边。"这种赠送诗歌，也是对子侄教育的一种形式。

张士衡也是这样的人，"士衡九岁居母丧，哀慕过礼。博士刘轨思见之，为泣下，奇其操，谓文庆曰：'古不亲教子，吾为君成就之。'乃授以《诗》《礼》。又从熊安生、刘焯等受经，贯知大义。仕隋为余杭令，以老还家。大业兵起，诸儒废学。唐兴，士衡复讲教乡里。幽州都督燕王灵夔以礼邀聘，北面事之。太子承乾慕风迎致，谒太宗洛阳宫，帝赐食，擢朝散大夫、崇贤馆学士"②。庙堂与江湖可以朝夕相望，官员的学者声望更增添其从政的资本。而不同的人生经历，也为这种求学增加了异样的风采。官学相长在这里得到很好的验证。

《新唐书》记载独孤及"喜鉴拔后进，如梁肃、高参、崔元翰、陈京、唐次、齐抗皆师事之。"③，崔祐甫称其："后进有才而业未就者，教诲诱掖之。"④这样积极提携后进的官员，给官场上带来了清新的空气。官员的教学活动既是人才培养的需要，也为挑选合格的政府官员和社会精英提供坚实的基础。在危机四伏的官场，读书者入仕，要有很强的折兑能力，能够将儒学与官学合而为一，否则，学问越大则危难越重。马光能够较好地做到这点，与他同时负有名

① 《旧唐书》卷 189 上《欧阳询传》。
② 《新唐书》卷 198《张士衡传》。
③ 《新唐书》卷 162《独孤及传》。
④ 《全唐文》卷 409《崔祐甫·独孤公神道碑铭并序》。

望的"六儒"中的其他五位，皆未能善终。"马光，字荣伯，武安人也。少好学，从师数十年，昼夜不息，图书谶纬，莫不毕览，尤明《三礼》，为儒者所宗。开皇初，高祖征山东义学之士，光与张仲让、孔笼、窦士荣、张黑奴、刘祖仁等俱至，并授太学博士，时人号为六儒。然皆鄙野无仪范，朝廷不之贵也。士荣寻病死。仲让未几告归乡里，著书十卷，自云此书若奏，我必为宰相。又数言玄象事。州县列上其状，竟坐诛。孔笼、张黑奴、刘祖仁未几亦被谴去。唯光独存。尝因释奠，高祖亲幸国子学，王公以下毕集。光升座讲礼，启发章门。已而诸儒生以次论难者十余人，皆当时硕学，光剖析疑滞，虽辞非俊辨，而理义弘赡，论者莫测其浅深，咸共推服，上嘉而劳焉。山东《三礼》学者，自熊安生后，唯宗光一人。初，教授瀛、博间，门徒千数，至是多负笈从入长安。后数年，丁母忧归乡里，遂有终焉之志。以疾卒于家，时年七十三。"①马光则能出入庙堂，犹如帝师；退入林下，桃李芬芳，不仅是他的学识人品，更和他对政治的准确把握，对社会形势的研判密不可分。

　　在一定程度上，部分官员由于对朝政的不满，以教学来寄情于岁月，王义方就是这样的人。王义方具有传奇色彩，他出身贫寒，但学习刻苦，更得魏徵以侄女妻之。"王义方，泗州涟水人也。少孤贫，事母甚谨，博通《五经》，而謇傲独行。初举明经，因诣京师，中路逢徒步者，自云父为颍上令，闻病笃，倍道将往焉，徒步不前，计无所出。义方解所乘马与之，不告姓名而去。俄授晋王府参军，直弘文馆。特进魏徵甚礼之，将以侄女妻之。义方竟娶徵之侄女，告人曰：'昔不附宰相之势，今感知己之言故也。'转太子校书。"②然而其个性耿直，敢于与朝廷权臣李义府较真，给皇帝上奏本，弹劾李义府的枉法行为："臣闻附下罔上，圣主之所宜诛；心狠貌恭，明时之所必罚。是以隐贼掩义，不容唐帝之朝；窃幸乘权，终齿汉皇之剑。中书侍郎李义府，因缘际会，遂阶通显。不能尽忠竭节，对扬王休，策蹇励驽，祗奉皇眷，而反凭附城社，蔽亏日月，请托公行，交游群小。贪冶容之美，原有罪之淳于；恐漏泄其谋，殒无辜之正义。虽挟山超海之力，望此犹轻；回天转日之威，方斯更劣。此而可恕，孰不可容！金风届节，玉露启涂，霜简与秋典共清，忠臣将鹰鹯并击。请除君侧，

---

①《隋书》卷75《马光传》。
②《旧唐书》卷187上《忠义传·王义方》。

少答鸿私，碎首玉阶，庶明臣节。"①然而皇帝却不甚满意，将其贬官莱州，"高宗以义方毁辱大臣，言词不逊，左迁莱州司户参军。秩满，家于昌乐，聚徒教授。"②王义方在任期满后，索性聚众教学。

想来，受人排挤的日子颇为难熬。王义方的事迹很有传奇色彩，比如他对人的信任，他对奸臣枉法行为的一意举报，都体现了他的传统儒士方直的一面。然而这却不见容于当权者，所以被贬。王义方聚徒教授的举动，在社会上起到一种示范性作用，并将他对政治、社会的理解通过直接的教学活动和间接社会引领传播下去。

二、民间大儒的讲学活动

民间大儒即所谓以习儒为业的经师，因为他们大多是博学通经之士，在学问上造诣深厚，同时多居于家乡或山林，专以授徒讲学为业，所以民间向来对这些人在道德上给予很高的评价。如王恭"少笃学，博涉六经。每于乡间教授，弟子自远方至数百人。贞观初，征拜太学博士"③。一些人做学问并成为大儒，他们的金字招牌对求学者具有很强的号召力。大儒的学术影响力和品牌号召力，在社会上具有广泛的作用。

同时这些名儒优雅的生活格调也颇为一些胸怀博学知识分子的认可和仰慕。窦常在大历十四年（779 年）进士登第后，"结庐种树，不求苟进，以讲学著书为事，凡二十年不出。"④表现了一个学者超然世外的情怀。卢鸿在开元年间隐于嵩山，玄宗征拜谏议大夫而不就，"鸿到山中，广学庐，聚徒五百人"⑤。皇帝征召而不就，在这些人的心中，权力和学问自有一番衡量。这些人通过授学对社会产生重要影响，这种影响显然与低级私学教师动辄生活无有着落的状况相反。同样是私学教师，从大儒到乡野教师，中间横跨了众多实际存在的层次和等级，不同程度、级别上的教师，社会认同程度的差异是巨大的。

元德秀是一个颇具神奇色彩的人物，他的行为、学识及社会影响都到了可

---

①《旧唐书》卷 187 上《忠义传·王义方》。
②《旧唐书》卷 187 上《忠义传·王义方》。
③《旧唐书》卷 73《孔颖达传附王恭传》。
④《旧唐书》卷 155《窦群传附窦常传》。
⑤《新唐书》卷 196《卢鸿传》。

以称之为英雄的地步。"元德秀，字紫芝，河南人。质厚少缘饰。少孤，事母孝，举进士，不忍去左右，自负母入京师。既擢第，母亡，庐墓侧，食不盐酪，藉无茵席。服除，以窭困调南和尉，有惠政。黜陟使以闻，擢补龙武军录事参军。"元德秀的社会影响力，更在于他迥异于常人的行为方面。"德秀不及亲在而娶，不肯婚，人以为不可绝嗣，答曰：'兄有子，先人得祀，吾何娶为？'初，兄子襁褓丧亲，无资得乳媪，德秀自乳之，数日湩流，能食乃止。既长，将为娶，家苦贫，乃求为鲁山令。前此堕车足伤，不能趋拜，太守待以客礼。有盗系狱，会虎为暴，盗请格虎自赎，许之。吏白：'彼诡计，且亡去，无乃为累乎？'德秀曰：'许之矣，不可负约。即有累，吾当坐，不及余人。'明日，盗尸虎还，举县嗟叹。"①这其中元德秀在婚姻上的观念，对罪犯的信任都是超越常人的认知，所以被人们作为范例来看。义释大盗、为民除害是造福一方的好事。

社会舆论对一个人的影响力尤为重要，它可以使得一个人很快地成长起来并建立较为牢固的社会影响力。他的影响力反过来又可以造就新的社会人才。元德秀的道德在当时社会，甚至连皇帝都很赏识。"玄宗在东都，酺五凤楼下，命三百里县令、刺史各以声乐集。是时颇言帝且第胜负，加赏黜。河内太守辇优伎数百，被锦绣，或作犀象，瓖诡光丽。德秀惟乐工数十人，联袂歌《于蔿于》。《于蔿于》者，德秀所为歌也。帝闻，异之，叹曰：'贤人之言哉！'谓宰相曰：'河内人其涂炭乎？'乃黜太守，德秀益知名。"②敢于不畏上，坚持自己的理想，敢冒死在五凤楼请命是传统道德赋予元德秀的一种力量。

元德秀生活简朴，不置家产，常以琴酒自娱，时人皆以为其门下弟子而为荣。宰相房琯对其评价甚高，成语"紫芝眉宇"即止于此。"所得俸禄，悉衣食人之孤遗者。岁满，笥余一缣，驾柴车去。爱陆浑佳山水，乃定居。不为墙垣扃钥，家无仆妾。岁饥，日或不爨。嗜酒，陶然弹琴以自娱。人以酒肴从之，不问贤鄙为酬饫。是时程休、邢宇、宇弟宙、张茂之、李岧、岧族子丹叔、惟岳、乔潭、杨拯、房垂、柳识皆号门弟子。德秀善文辞，作《蹇士赋》以自况。房琯每见德秀，叹息曰：'见紫芝眉宇，使人名利之心都尽。'苏源明常语人曰：'吾不幸生衰俗，所不耻者，识元紫芝也。'"元德秀德行高洁，"天宝十三载卒，

---

① 《新唐书》卷 194《卓行传·元德秀》。
② 《新唐书》卷 194《卓行传·元德秀》。

家惟枕履箪瓢而已。潭时为陆浑尉，庀其葬。族弟结哭之恸，或曰：'子哭过哀，礼欤？'结曰：'若知礼之过，而不知情之至。大夫弱无固，性无专，老无在，死无余，人情所耽溺、喜爱、可恶者，大夫无之。生六十年未尝识女色、视锦绣，未尝求足、苟辞、佚色，未尝有十亩之地、十尺之舍、十岁之僮，未尝完布帛而衣，具五味而餐。吾哀之，以戒荒淫贪佞、绮纨粱肉之徒耳。'"①作为一位在民间有重大影响力的人物，他对于物欲的淡泊，当真堪称时代楷模。史官们也给予他很高的评价，在《旧唐书·文苑传》中将元德秀单独列传，全篇共424字，与李华、萧颖士、陆据、崔颢、王昌龄、孟浩然、王维、李白、杜甫、李商隐等文坛大家并列，大诗人李白全篇319字，杜甫也不过478字，可见元德秀在当时社会的广泛影响力。

　　民间大儒的形成，有民众对他们赖以成名的传奇通过各种形式加以传播，而在舆论的构成中，有名望者的肯定无疑是至为重要的一个环节，它是依据有名望者极大的社会影响力而快速建构起社会对新生儒者的认同，在某种意义上就是"清议"所形成的品学认定，中国传统社会很看重这一点。在传统中国社会中，朝堂与江湖相同，城乡关系、士儒关系都因紧密联系的一元社会而显得极为重要。有名望者所形成的意见与民间出产的儒者形成掎角之势。中国自古儒官互通，民间大儒的声望对于那些期盼有一番大作为的求学者具有极大的诱惑力。元德秀品行高洁，崇拜者众多，马卢符就是其中之一，与元的交往在马卢符的墓志铭中有记载："公九岁贯涉经史，鲁山令元德秀，行高一时，公往师焉。鲁山令奇之，号公为'马孺子'，为之著《神聪赞》，由是名闻。"②在这里，马卢符由于元德秀的赏识而成名，其本身反映了大儒在社会上的影响力的强悍，而马卢符也因此踏进社会名流的门槛。

　　房晖远是家传儒学，幼有志向，很早便成为名家，许多人来投奔他。后来涉足官场，更以其学术水平和能力为儒生所折服。"房晖远，字崇儒，恒山真定人也。世传儒学。晖远幼有志行，治《三礼》《春秋三传》《诗》《书》《周易》，兼善图纬，恒以教授为务。远方负笈而从者，动以千计。齐南阳王绰为定州刺史，闻其名，召为博士。周武帝平齐，搜访儒俊，晖远首应辟命，授小学下士。

　　①《新唐书》卷194《卓行传·元德秀》。
　　②《全唐文》卷639《李翱·秘书少监史馆修撰马君墓志》。

……会上令国子生通一经者，并悉荐举，将擢用之。既策问讫，博士不能时定臧否。祭酒元善怪问之，晖远曰：'江南、河北，义例不同，博士不能遍涉。学生皆持其所短，称己所长，博士各各自疑，所以久而不决也。'祭酒因令晖远考定之，晖远览笔便下，初无疑滞。或有不服者，晖远问其所传义疏，辄为始末诵之，然后出其所短，自是无敢饰非者。所试四五百人，数日便决，诸儒莫不推其通博，皆自以为不能测也。"①这种博闻强识的功力，对于平息舆情起到重要效果，同时也以这种活动方式确立威望。

作为政权的文化支撑，儒生受皇室重视的例子不绝于史书，《隋书》卷七五记载："辛彦之，陇西狄道人也。……彦之九岁而孤，不交非类，博涉经史，与天水牛弘同志好学。后入关，遂家京兆。周太祖见而器之，引为中外府礼曹，赐以衣马珠玉。时国家草创，百度伊始，朝贵多出武人，修定仪注，唯彦之而已。"②在隋唐五代，承平与乱世交替。在乱世中，英雄们想取得成就，经常借鉴读书人的号召力，招揽他们进入政权从而巩固自己的执政地位，同时这些人多半可以用他们的才学为政权多做有益之事。

名利常常互相滋养，那些民间大儒学问好、名气大，自然容易引起他人注意。后生常向权威者提出挑战，如刘炫的行为，就常为人所诉。"刘炫聪明博学，名亚于焯，故时人称二刘焉。天下名儒后进，质疑受业，不远千里而至者，不可胜数。论者以为数百年已来，博学通儒，无能出其右者。然怀抱不旷，又啬于财，不行束脩者，未尝有所教诲，时人以此少之。"③ 学问好然而人品有缺陷，就难融于社会。道德文章首尾相连，先道德后文章，道德虚而文章实，隋唐时期甚为重之。

民间大儒成名的动因很多，如崔廓，因为出身寒微，屡受屈辱，于是逃入山中发愤读书，成一时之大名望，同时他的名望还在于他高义的一面。《隋书》记载："崔廓，字士玄，博陵安平人也。……廓少孤贫而母贱，由是不为邦族所齿。初为里佐，屡逢屈辱，于是感激，逃入山中。遂博览书籍，多所通涉，山东学者皆宗之。既还乡里，不应辟命。与赵郡李士谦为忘言之友，每相往来，

---

① 《隋书》卷 75 《房晖远传》。
② 《隋书》卷 75 《辛彦之传》。
③ 《隋书》卷 75 《刘焯传》。

时称崔、李。及士谦死，廓哭之恸，为之作传，输之秘府。士谦妻卢氏寡居，每有家事，辄令人谘廓取定。"①崔廓学问做得好，受到山东学者的拥戴，而其对于好友遗孀及家庭的照顾，更是受到社会的褒誉。名儒赖以成名的，既有文章也有道德。

乱世之中，儒者往往隐匿民间，宁愿聚徒讲学，不愿出仕，方昊就是这样的一位儒者："（方昊）生于唐末，唐亡，耻非所仕，遁隐岩谷中。（吴越）武肃王常招之，不肯往，聚徒讲学于上贵精舍，以终其身。乡人化之，称为静乐先生。"② 远离政治和是非之地，这也是儒者非常时期保全自己的一种很好的方式。

唐人所写的笔记小说中，也有这样的记载。袁郊《甘泽谣·魏先生》中讲魏先生，既精广儒学，又博通乐章，在短暂的致仕后，恰逢乱世，并与李密相遇，而此时的李密，蛰居乡野，以教书为掩护，魏先生能一语中的，勘破他的性格总总。"魏先生生于周，家于宋，儒书之外，详究乐章。隋初，出游关右，值太常考乐，议者未平，闻先生来，竞往谒问。先生乃取平陈乐器，与乐官苏夔、蔡子元等，详其律度，然后金石丝竹，咸得其所。内致清商署焉。太乐官敛帛二百段以酬之。先生不复入仕，遂归梁宋，以琴酒为娱。及隋末兵兴，杨玄感战败，谋主李密亡命雁门，变姓名以教授。先生同其乡曲，由是遂相来往。常论钟律，李密颇能，先生因戏之曰：'观吾子气沮而目乱，心摇而语偷。气沮者，新破败；目乱者，无所倚；心摇者，神未定；语偷者，思有谋于人。今方捕蒲山党，得非长者乎?'李公惊起，执先生手曰：'既能知我，岂不能教我欤?'先生曰：'吾子无帝王规模，非将相才略，乃乱世之雄杰耳。'"③此小说既有对李密成王败寇式的套路分析，但同时又将这种大师识人之神刻画得淋漓尽致。魏先生是乱世中的智者，能够看出身边的李密非等闲之辈，实乃乱世中的枭雄，并婉拒了李密求学的请求。

民间大儒辈出，隋朝时的王通，是一位在《隋书》中无传，新旧《唐书》中的王绩（其弟）、王勃（其孙）、王质等人的传中略有提及的人物，在其身后弟子私谥其为"文中子"。王通其人，在教育史上也常有提及，毛礼锐、沈灌群

---

① 《隋书》卷 77 《崔廓传》。

② 《十国春秋》卷 88 《吴越·方昊传》。

③ 袁郊：《甘泽谣·魏先生》。

主编的《中国教育通史》第二卷第六章《隋唐的教育》专辟一节，专门介绍王通的教育思想，可见其在教育史上的重要地位。

王氏家学渊源深厚，王通也曾广学天下之学，受书于东海李育，学诗于会稽夏琠，问礼于河东关子明，正乐于北平霍汲，考易于族父仲华。公元603年王通西游长安，见隋文帝献太平十二策，但其主张并未得到认可。后居河汾白牛溪，以著书讲授为业，弟子千余人。王通讲学时，弟子门生趋之若鹜，关于其座下弟子情况，有如下记录："门人窦威、贾琼、姚义受《礼》，温彦博、杜如晦、陈叔达受《乐》，杜淹、房乔、魏徵受《书》，李靖、薛方士、裴晞、王珪受《诗》，叔恬受《元经》，童常、仇璋、薛收、程元备闻《六经》之义。"①这些说法也受到质疑，被认为有夸大的成分。《文苑英华》亦有相关记载："此溪（白牛溪）集门人常以百数，唯河南董恒（常）、南阳程元、中山贾琼、河东薛收、太山姚义、太原温彦博、京兆杜淹等十余人称为俊颖。"②一般认为，河南董常、太山姚义、京兆杜淹、南阳程元、中山贾琼、河东薛收、太原温大雅等十余人皆出其门下。③其他的人还有待考证。对于王通的行为，后世看法不一，有人认为他是真名士，也有人认为他华而不实。

王通在龙门隐居之际，"睹隋室之将散，知吾道之未行，循叹凤之远图，宗获麟之遗制，裁成大典，以赞孔门。讨论汉、魏，迄于晋代，删其诏命为百篇以续《书》。甄正乐府，取其雅奥，为三百篇以续《诗》"④。王通追寻孔子遗风，以诗歌咏志的浩瀚来表达对王朝更迭的关注："薛收问《续诗》。子曰：'有四名焉，有五志焉。何谓四名？一曰化，天子所以风天下也。二曰政，蕃臣所以移其俗也。三曰颂，以成功告于神明也。四曰叹，以陈诲立诚于家也。凡此四者，或美焉，或勉焉，或伤焉，或恶焉，或诚焉，是谓五志。'"⑤王通所言，颇有一代宗师之风范。在与弟子的对话中，将自己对于王道、为人君臣的理解用自己的方式加以表达："子谓文士之行可见：谢灵运小人哉！其文傲，君子则谨；沈休文小人哉！其文冶，君子则典。鲍照、江淹，古之狷者也，其文急以怨；吴

---

① 《中说·关朗篇》。
② 《全唐文》卷131《王绩·游北山赋》注。
③ 孙培青：《隋唐五代教育论著选》，人民教育出版社1993年版，第25页。
④ 《全唐文》卷191《杨炯·王勃集序》。
⑤ 《中说·事君篇》。

筠、孔珪，古之狂者也，其文怪以怒；谢庄、王融，古之纤人也，其文碎；徐陵、庾信，古之夸人也，其文诞。或问孝绰兄弟。子曰：鄙人也，其文淫。或问湘东王兄弟。子曰：贪人也，其文繁。谢眺，浅人也，其文捷；江捴，诡人也，其文虚。皆古之不利人也。子谓颜延之、王检、任昉有君子之心焉，其文约以则。"①一种学术思想的流传，必定有它的传播途径、受众和独特形式，王通的案例为我们提供了很好的例证。

大儒在私人讲学时，常常将对政治、文学的主张通过授课的方式加以表达。可以想见，在老师的引导下，学生对社会的认知又加深了一层。在整个隋唐时代，聚徒讲学已经蔚然成风。这种众星拱月般的师生授课模式，有利于师生感情的培养、师生间的交谊活动，也有利于授课知识的传播。对学业的尊崇、对教师的膜拜，在一系列间成为一种模式。对聚徒教授的理解有云："学以道尊，礼为教首。事克师古，人焉生惑？眷言彼甲，惟德润身。敦诗说礼，奉守先王之训；博闻强识，能为君子之儒。是以生徒骏奔，负笈云集。横经纷其满席，执礼烂其盈门。故能春秋匪懈，享祀不忒。教胄子之威仪，陈乡人之揖逊。登以素品，射从薄物。稽诸匏叶，有若蘩蒜，桑弧不类于桃弧，兔首岂齐于狸首？同刘昆之故事，习俎豆于私室。异祭遵之前式，陈礼容于军旅。古则无议，今亦何伤？徒小有言，责其行礼。欲崇北海之术，谨遵东观之词。"②此语道破了聚徒教授的形式与效用。

三、隐逸高人的讲学活动

中国古代王朝的发展常有它的自身规律，初期讲求与民生息，中期繁荣稳定，晚期腐败溃烂，末期天下动荡，周而往复，中国的古代王朝大多上演这样的故事。许多对时局不满的儒者，常常隐逸山野，多以教书谋生，聊度时光。《新唐书》中讲到张士衡，说其"九岁居母丧，哀慕过礼。博士刘轨思见之，为泣下，奇其操，谓文庆曰：'古不亲教子，吾为君成就之。'乃授以《诗》《礼》。又从熊安生、刘焯等受经，贯知大义。仕隋为余杭令，以老还家。大业兵起，

①《中说·事君篇》。
②《全唐文》卷459《胡运·对聚徒教授判》。

诸儒废学。唐兴，士衡复讲教乡里"①。政局不稳定是造成高士隐匿的主要原因，同时隐逸也是一种生存之道。

那些在学问上有所造诣但在人际关系上处理欠妥的名士如刘焯者，优游岁月，不亦乐乎。刘焯曾与刘炫论义，深挫诸儒而引来怨恨，于是优游乡里。隐逸著述教学，成了官场失意者的一种较好的归宿。"（开皇）六年，运洛阳《石经》至京师，文字磨灭，莫能知者，奉敕与刘炫等考定。后因国子释奠，与炫二人论义，深挫诸儒，咸怀妒恨，遂为飞章所谤，除名为民。于是优游乡里，专以教授著述为务，孜孜不倦。"②

空门中方外之士，则是另一种隐逸的代表。道行高深之后，就可入帝门。道士王远知和隋炀帝的过从，可作一例。"道士王远知，琅邪（琊）人也。祖景贤，梁江州刺史。父昙选，陈扬州刺史。远知母，梁驾部郎中丁超女也。尝昼寝，梦灵凤集其身，因而有娠，又闻腹中啼声，沙门宝志谓昙选曰：'生子当为神仙之宗伯也。'远知少聪敏，博综群书。初入茅山，师事陶弘景，传其道法。后又师事宗道先生臧兢。陈主闻其名，召入重阳殿，令讲论，甚见嗟赏。及隋炀帝为晋王，镇扬州，使王子相、柳顾言相次召之。远知乃来谒见，斯须而须发变白，晋王惧而遣之，少顷又复其旧。炀帝幸涿郡，遣员外郎崔凤举就邀之，远知见于临朔宫，炀帝亲执弟子之礼，敕都城起玉清玄坛以处之。及幸扬州，远知谏不宜远去京国，炀帝不从。"③ 隋炀帝后来的日子果然一天天不好过起来，最后落得被弑命运。隋唐时期，僧道的神话一直广为流传，既和佛教、道教的兴盛相关，同时也符合社会对超越世界的一种美好期待。

儒士从入世到出世转变，往往有其性格的因素。唐朝时的吴筠，可以看作是其中的代表。"吴筠，鲁中之儒士也。少通经，善属文，举进士不第。性高洁，不奈流俗。乃入嵩山，依潘师正为道士，传正一之法，苦心钻仰，乃尽通其术。开元中，南游金陵，访道茅山。久之，东游天台。"④儒、道、墨、法，其中有一定的可互通之处。隐逸者大多有与众不同之处，性情高洁就是其中之一，

①《新唐书》卷198《张士衡传》。
②《隋书》卷75《刘焯传》。
③《旧唐书》卷192《王远知传》。
④《旧唐书》卷192《吴筠传》。

而以内心修为追求外在超脱，是儒者消极出世的表现。

读书人常在入世和出世的两难间徘徊，"穷则独善其身，达则兼济天下"是读书人对自己的内在要求。"史德义，苏州昆山人也。咸亨初，隐居武丘山，以琴书自适。或骑牛带瓢，出入郊郭廛市，号为'逸人'。高宗闻其名，征赴洛阳。寻称疾东归。公卿已下，皆赋诗饯别，德义亦以诗留赠，其文甚美。天授初，江南道宣劳使、文昌左丞周兴表荐之，则天征赴都，诏曰：'苏州隐士史德义，志尚虚玄，业履贞确，谦冲彰于里闬，孝友表于闺庭。固辞征辟，长往严陵之濑；多谢簪裾，高蹈愚公之谷。博闻强识，说《礼》敦《诗》，缮性丘园，甘心畎亩。朕承天革命，建极开阶，寤寐星云，物色林壑。顺祯期而捐薜带，应休运而解荷裳；粤自海隅，来游魏阙，行藏之理斯得，去就之节无违。风操可嘉，启沃攸伫，特宜优奖，委以谏曹。可朝散大夫。'"[1]史德义学问高深，避世隐逸更使其声名大噪。唐高宗李治、武则天等最高统治者纷纷征召其人。统治者对隐逸高人的推崇和征召，既表现了朝廷高度重视有学问的读书人，也是对那些有学问的读书人敞开怀抱，要纳才为己用，使人才不至于真正在学问、思想上流落江湖，成为社会的一个隐患。这也是历来统治者的一个基本人才观。

卢鸿是隐逸之人，玄宗皇帝多次征召其进京，方姗姗来迟，见到皇帝不下拜，皇帝给予其官职也谢绝，最终选择在山中结庐讲学，门下弟子五百余人。"卢鸿，字颢然，其先幽州范阳人，徙洛阳。博学，善书籀。庐嵩山。玄宗开元初，备礼征再，不至。五年，诏曰：'鸿有泰一之道，中庸之德，钩深诣微，确乎自高。诏书屡下，每辄辞托，使朕虚心引领，于今数年。虽得素履幽人之介，而失考父滋恭之谊，岂朝廷之故与生殊趣邪？将纵欲山林，往而不能返乎？礼有大伦，君臣之义不可废也。今城阙密迩，不足为劳，有司其赍束帛之具，重宣兹旨，想有以翻然易节，副朕意焉。'鸿至东都，谒见不拜，宰相遣通事舍人问状，答曰：'礼者，忠信所薄，臣敢以忠信见。'帝召升内殿，置酒。拜谏议大夫，固辞。复下制，许还山，岁给米百斛、绢五十，府县为致其家，朝廷得失，其以状闻。将行，赐隐居服，官营草堂，恩礼殊渥。鸿到山中，广学庐，聚徒至五百人。及卒，帝赐万钱。鸿所居室，自号宁极云。"[2]其与皇帝的交往，

<hr />

[1]《旧唐书》卷 192《史德义传》。
[2]《新唐书》卷 196《隐逸传·卢鸿》。

既体现儒家道德中的重德行，也体现出家人的出世心态。

智者大师（智顗）（538—597 年）是南朝陈、隋时代的一位高僧，中国天台宗的开宗祖师，俗姓陈，字德安，荆州华容（今湖北潜江西南）人。智者大师有专门回忆其勤奋学习的一番话："吾少婴勤苦，备历艰关。游学荆、扬、雍、豫，唯著一纳。三十余年，冬夏不释体。上至天子，下至士民，虽有所施，受而不私。一果一缕，人众已后，尚不希念，况故侵之。所以然者，众宝尊重。若能增益，名甘露苑；若有减捐，即蒺梨国。自饱自伤，因倒因起，可以意得，何俟多言！夫人发心，随有所作。为读诵听学讲说经行忏悔供养舍力，未有首尾，慎莫中止，中止者违本心。若再有所作，至前止处，留难即起。修业不成，今生现障，后弥障道。此行人大忌，应须竭力，善始令终。业既坦然，报亦圆满。此亦可意得。昔有一寺，师徒数百，昼夜禅讲，时不虚过。有净人窃听说法，闻已用心，每扬簸洮汰，系念有习，谓以净心扬簸不善，以禅净水洮汰不尽，随有所作，念念用心，一时执爨观火，烧薪念念，就尽无常，迁逝复速。于是蹲踞灶前，寂然入定，火灭汤泠。维那惧废众粥，以白上座。上座云：此是胜事，众宜忍之。慎勿惊触，听其自起。数日方觉。往上座所，具陈所证，叙法转深。上座止曰：尔向所言，皆我境界；而今所说，非我所知。勿复言也。因而顾问：颇知宿命不？答云：薄知。又问：何罪为贱，何福易悟？答云：此贱身者，前世之时，乃是今日徒众老者之师，亦是少者之祖师。徒众所学，皆昔所训。尔时多有私客，恒制约不敢侵众。然有急客，辄取小菜，忘不陪备，由此谴责。今为众奴，前习未欠，薄修易悟，宿命罪福，其事如是。一众闻此，悲不能胜。鉴镜若斯，岂可不慎？同学照禅师于南岳众中，苦行禅定，最为第一。辄用众一撮盐作斋饮，所侵无几，不以为事，後行方等。忽见相起，计三年增长至数十斛，急令陪备，仍卖衣资，买盐偿众。此事非久，亦非传闻，宜以为规，莫令后悔。吾虽寡德行，远近颇相追寻。而隔岭难为徒步，老病出入，多以众驴迎送。此是吾客私计功酬直，令彼此无咎。吾是众生，驴亦我得，既舍入众，非复我有。我不合用，非我何言？举此一条，余事皆尔。"[1] 对于人生、贵贱、平等、物我等看法，充分体现了智者大师的独特的眼光和智慧，他这番

---

[1]《全隋文》卷 32《智顗·训知事人》。

对弟子的教诲，是佛法精要的现实化和世俗化，具有深远的道德观和方法论意义。

第三节　私学的学习活动

私学的学习由于师资、时间、形式等方面的原因，更强调学生自学的作用。一般私学缺少名师，学生的学习多半靠着老师的严厉和自己的勤奋，因此也是很辛苦的。如徐文远，自幼家贫，依靠兄长卖书的机会，自学成才，这无疑是一种自我成长的私学活动。"徐文远，齐尚书令孝嗣之孙，江陵被虏，至长安，家贫，无以自给。兄林，鬻书为事。文远每阅书肆，不避寒暑，遂通《五经》，尤精《左氏》。"①这种自学成才的例子，是传统教育灵活性的一大体现，也体现出私学的教育设施相对简单，办学成本较低。

一个时代教育的发展，要考察它的教学内容、学习活动、教育交游等诸多环节。它们是一个相连而生的体系，尤其私学教育，由于其相对的灵活性，缺少官府的那种固有程式，因此更具有考察的意义。在对其实际操作的考察中，会体现出一些时代因素。

一、教学内容日趋成熟

隋唐私学教育按照传统分法，可以分为小学与大学两个层次，小学是基础教育阶段，主要是在启蒙教育的基础上，教学生掌握初步的识字、写字并具备阅读基础书籍的能力。而大学则是专经教育，培养当时社会所需的专门人才。它以科举考试为指向，以取得功名为依归，在大学阶段的学习，更多的要靠自学者自身的领悟，再加上名师的指点，同时针对科举考试的特点，进行强化训练。随着科举考试的逐渐成熟，经学在南北朝时期的分裂局面结束了，特别是唐朝贞观、永徽时期，颜师古校订《五经定本》和孔颖达主编《五经正义》，经

---

① 刘肃：《大唐新语》卷 12《劝勉》。

学完成了统一，而由历史分裂造成了的经学演绎不同的局面也自此消失。①

　　初级私学的教学内容，根据不同的授课类型，在教材的选配上会有一些不同之处。但启蒙的读物大致相似，如《千字文》《开蒙要训》《兔园册府》《蒙求》等，这些书中涉及的内容广博，较好地将社会对于幼童的识字要求和学生的年龄特点结合起来，既有传统文化的熏陶，同时还普及各类人文知识。从历史比较的视野来看，这些书之所以能够在当时成为教师的首要选择并且流传后世，与其较为严密的知识结构、伦理体系等密切相关。

　　隋唐五代时期的学习条件比之前时代有明显改善，特别是造纸术推广以后，书本逐渐成为学习的主要载体，这毕竟比之前的竹简时代要大大推进了一步。

　　根据现有的史料，学生所学的内容，基本局限于传统的儒家学说。如对唐人留下的墓志铭的考察，在这些故主的生平介绍中，除了有人为的溢美成分之外，它还将这些人物从小受到启发的书籍列入其中，可见这些书籍对其影响，如《唐故柏公墓志铭》："公生有殊状，幼有老风，天资聪明，性本忠孝。七岁就学，达诗书之义理，十年能赋，得体物之玄微。十五以司空武功授太仆寺丞。"传统儒学的《诗经》《尚书》等教学内容是各类学生学习的主要参照。②不同的人对于教学内容的理解也各不一致，而《孝经》《论语》《左传》等对强化学生向更精深的道德文章发展起到了一个标杆的作用。

　　除了传统的儒学典籍，当代有名的诗词歌赋也受到私学教育的重视，这在当时人的回忆中，也有体现。元稹在《白氏长庆集序》中说："予尝于平水市中，见村校诸童竞习诗，召而问之，皆对曰：'先生教我乐天、微之诗。'"③ 该段表现了当时乡村教育对诗歌的重视，"竞"展现了这种重视的度。对诗词歌赋的认可，不局限于古代，新创造的诗歌等优秀篇章，因其内容、节奏、反映时代的现实性，更受到乡村教师的重视。

　　私学机构的师生关系的处理，与官学也有不一致的地方。"以经学为主的官

---

　　①《隋书·儒林传》云："大抵南人约简，得其英华；北学深芜，穷其枝叶。"这一概括形象地阐明了由于南北朝对峙而形成的南北学风之差异。
　　② 周绍良、赵超：《唐代墓志汇编续集》，上海古籍出版社 2001 年版，第 910 页。
　　③《元稹集》卷 51《白氏长庆集序》。

学秉承经学尚师法、重师承的传统，而诗赋文章是尚性灵，重个性发展的。"①相比而言，私学的师资多是落魄的下层科举人士，他们较少重视师承，所以在师生关系上比官学更具有灵活性，也使得私学的发展更为迅速。这样的现象，正如严耕望所说："尚情灵，重个性发展，不重师承。时风所煽，人不相师。"②所谓情灵，既注重个性的发展，对于拜师等明显受制约的行为，则不太重视。这其实也与一定的求学成本、对读书效用的认同有关。

二、学生的学习活动

在研究私学时，还有一种读书人对社会道德予以各种不同形式的宣教。在这方面研究者重视程度不够，常将其看作社会的内容，其实它也是教育的内容。如张文诩"博览文籍，特精《三礼》，其《周易》《诗》《书》及《春秋三传》，并皆通习。……尝有人夜中窃刈其麦者，见而避之，盗因感悟，弃麦而谢。文诩慰谕之，自誓不言，固令持去。经数年，盗者向乡人说之，始为远近所悉。邻家筑墙，心有不直，文诩因毁旧堵以应之。文诩尝有腰疾，会医者自言善禁，文诩令禁之，遂为刃所伤，至于顿伏床枕。医者叩头请罪，文诩遽遣之，因为其隐，谓妻子曰：'吾昨风眩，落坑所致。'其掩人之短，皆此类也。州县以其贫素，将加振恤，辄辞不受。每闲居无事，从容长叹曰：'老冉冉而将至，恐修名之不立！'以如意击几，皆有处所，时人方之闵子骞原宪焉。终于家，年四十。乡人为立碑颂，号曰张先生。"③这种乡贤以自身道德感化社会，对社会的影响不可谓不大，张文诩所达到的境界，已接近儒学所推崇的完人的地步。这样以自身言行对社会产生影响，并且这种影响随着口耳相传，是一种个人影响社会的模式。

不同类型的私学学生的生活不尽相同，聚集读书本属不易，在一些地区由于教学区域的广大，住宿的现象也是常有的。如《太平广记》的记载："开元二

---

① 严春华：《中唐时期的私学与家学探析》，载《湖南科技大学学报》（社会科学版）2007 年第 5 期。
② 严耕望：《唐人习业山林寺院之风尚》，见《严耕望史学论文选集》，台北联经出版事业公司1991 年版，第 309 页。
③《隋书》卷 77《张文诩传》。

十九年二月，修武县人嫁女……去女家一舍，村中有小学。时夜学，生徒多宿。"①这则材料告诉我们住宿生在唐朝的乡村已经常见了。

武则天掌权初期，曾"大搜遗逸，四方之士应制者向万人"②。朝廷的这种求才行为大大提高了隐逸人士的社会声誉，在这种循环作用的影响下，隋唐时期有许多文人选择以隐居山林寺院的"出世"方式达到"入世"的目的。然栖身寺庙所享受的待遇是不一的。李绅在未发迹时贫寒，曾以佛经为文稿："初贫，游无锡惠山寺，累以佛经为文稿，被主藏僧殴打，终身所憾焉。"③这种被打之感终身相随。柳璨的处境稍微好些："少孤贫，好学，僻居林泉，昼则采樵，夜则燃木叶以照书。"④ 但其处事之艰难跃然纸上。

在日常的学习过程中，也有学生将老师难倒的例子。韩昶《自为墓志铭》记载："至六七岁，未解把笔书字，即是性好文字，出言成文，不同他人所为。张籍奇之，为授诗，时年十余岁。日通一卷，籍大奇之。试授诸童，皆不及之。能以所闻，曲问其义，籍往往不能答。受诗未通两三卷，便自为诗。"⑤这是典型的一对一的教授方法，而由于学生的优秀，有时竟能够将老师问住。

受政治影响，寻求心灵平静而将眼光投入山林，是当时向学者的一种追求，这种理解与其生活环境相关。每个个体的学习体会有自身的特色。柳宗元的《晨诣超师院读禅经》将这样一种在寺庙读书的情景描述得淋漓尽致："汲井漱寒齿，清心拂尘服。闲持贝叶书，步出东斋读。真源了无取，妄迹世所逐。遗言冀可冥，缮性何由熟。道人庭宇静，苔色连深竹。日出雾露余，青松如膏沐。澹然离言说，悟悦心自足。"⑥ 此诗所表现的晨读禅经的情景和感受，委婉表达出读书者内心深处对社会、对人生的看法。表面上看似在禅院读经，指责世人追逐名利的荒诞，实则却是他认为佛家与儒家有相通之处。在畅读的同时，诗句更表现了他对禅院的清静幽雅的喜爱。这种在入世与出世之间的徘徊，反映了柳宗元在官场上不断受打击后的一种境界，而其时社会上对于隐居的热衷，

① 李昉：《太平广记》卷 494《修武县民》。
② 刘肃：《大唐新语》卷 8《文章》。
③ 范摅：《云溪友议》卷上《江都事》。
④《旧唐书》卷 179《柳璨传》。
⑤《全唐文》卷 741《韩昶·自为墓志铭》。
⑥《全唐诗》卷 351《柳宗元·晨诣超师院读禅经》。

与知识分子的这种认知密切相关。

在私学的主办者中，力量最单薄的是自学，也就是自己为自己办学。许多通过各种渠道鼓励读书的人家，为那些爱好读书的平民子弟提供了希望的灯火。《隋书》卷七五《刘焯传》记载："刘焯，字士元，信都昌亭人也。……武强交津桥刘智海家素多坟籍，焯与炫就之读书，向经十载，虽衣食不继，晏如也。遂以儒学知名，为州博士。"① 刘焯兄弟二人正是依靠这些书籍，寒窗苦读，不惧生活贫寒，终因学业有成，成为知名的儒生。

学生之间相互学习也是私学学生学习活动的一种，史书记载关于陈贶与众人交学就是其中一例。"处士陈贶者，闽中人。少孤贫好学，出游庐山，刻苦修进，诗书至数千卷，有诗名，闻于四方。慵于取仕。隐于山麓，岁时伏腊，庆吊人事，都未暂往，时辈多师事之。……有诗数百首，骨务强梗，出于常态颇有阆仙之致，脍于人口。"② 陈贶与江为、刘洞、夏宝松的交游，均有记录，并且每个人的感受也俱不同。"江为……游庐山白鹿洞，师事处士陈贶，居二十年，有风人之体。"③ "刘洞，庐陵人也。少游庐山，学诗于陈贶，精思不懈，至浃日不盟。……诗长于五言，自号五言金城。"④ "夏宝松，庐陵吉阳人也。少学诗于建阳江为。……与处数年，终就其业，与诗人刘洞俱显名于当世。"⑤ 与陈贶的交往，江为有风人之体，刘洞精思不懈，夏宝松名扬于世，彼此之间相得益彰。

行千里路、读万卷书一直是读书人的心中理想，也是私学学生学习活动的一种。唐文宗时期的刘珂（字希仁，元和末年进士，文宗朝宏文馆学士）曾历时数年，千里求学，阅历丰富，足迹遍布四方。他在《与马植书》中写道：

> 先此二十年，予方去儿童心，将事四方志，若学山者以一篑不止，望嶷岑于上，誓不以邱陵其心而尽乎中道也。志且未决，适曹天谴，重罹凶咎，日月之下，独有形影。存之以予此时宜如何心哉？苟将尽余息以鸿同大化。或有论予者，相晓以古道，且曰："若身未立于时，若名未扬于人。若且死，独不畏圣人之经戒，俾立身扬名之意邪？"蹴然而恐，震骇且久，

---

① 《隋书》卷 75《刘焯传》。
② 龙衮：《江南野史》卷 6《陈贶》。
③ 马令：《南唐书》卷 14《江为传》。
④ 马令：《南唐书》卷 14《刘洞传》。
⑤ 马令：《南唐书》卷 14《夏宝松传》。

曰:"微夫子,吾几得罪于圣人矣。噫!圣人之言天戒也,天戒何可违乎!"

历数岁,自洙泗渡于淮,达于江,过洞庭三苗,逾郴而南,涉浈江,浮沧溟,抵罗浮,始得师于寿春杨生。杨生以传书为道者也。始则三代圣王死,而其道尽留于《春秋》,《春秋》之道,某以不下床而求之,求之必谋吾所传不失其指。每问一卷,讲一经,说一传,疑周公、孔子、左丘明、公羊高、谷梁赤,若回环在座,以假生之口以达其心也。迤来数年,精力刻竭,希金口木舌,将以卒其业。虽未能无愧于古人,然于圣人之道,非不孜孜也。既而曰:"以是为驾说之儒,曷若为行道之儒邪?"贮之于心有经实,施之于事有古道,犹不愈于堆案满架,于笔砚间邪?徒念既往者未及孔门之宫墙,自谓与回、牛相上下。传经意者,家家自以为商、偃,执史笔者,人人自以为迁、固。此愚所以愤悱,思欲以圣人之为市南宜僚,以解其纷,以衡石轻重,俾将来者知圣代有谯周焉。此某所以蓄其心者。

元和初,方下罗浮,越梅岭,泛赣江,浮彭蠡,又抵于匡庐。匡庐有隐士茅君,腹笥古今史,且能言其工拙赘蠹,语经之文,圣人之语,历历如指掌。予又从而明之者,若出井置之于泰山之上,其为见非不宏矣。长恨司马子长谓挚诸圣贤者,岂不然乎哉?脱渐子长之言,予之厄穷其身,将淬磨其心,亦天也。是天有意,我独无恙,何也?夫然,亦何必瞖吾目然后《国语》,刖吾足然后《兵法》,抵宫刑然后《史记》邪?予是以自忘其愚瞽,故有《三传指要》十五卷,《汉书右史》十卷,《黄中通理》三卷,《翼孟》三卷,《隋监》一卷,《三禅五革》一卷。每撰一书,何尝不罩精潜思,绵络指统。或有鼓吹于大君之前曰:"真良史矣。"且曰:"上古之人,不能昭明矣。"某其如何,有知予者,相期不啻今人,存之信然乎哉?此古人所以许一死以谢知己,诚难事也。如不难,亦何为必以古人期于今人待邪!

刘珂在有一定的阅历之后,于学术的造诣大为精进,著书多卷并在天人之际的思考上也屡有建树。

三、私学师生的交游活动

学习因交流而相长,师生、同学、朋友等关系之间的交流显得非常重要。

"刘炫，字光伯，河间景城人也。少以聪敏见称，与信都刘焯闭户读书，十年不出。炫眸子精明，视日不眩，强记默识，莫与为俦。左画方，右画圆，口诵，目数，耳听，五事同举，无有遗失。"① 良好的学习氛围，会对学生起到很好的引导，而刘炫五事并举的特长，更是令人赞叹。在学生的学习中，注重突出学生的个性，这是私学教育的一个特点。那些学有所获的学生，也常常敢于挑战现有的学术权威，并成为新的儒学权威，成为世人新的追捧对象。"时者儒沈重讲太学，授业常千人，文远从之质问，不数日辞去。或问其故，答曰：'先生所说，纸上语耳。若奥境，彼有所未见者，尚何观？'重知其语，召与反复研辩，嗟叹其能。性方正，举动纯重，窦威、杨玄感、李密、王世充皆从受学。"②正是通过这样的形式，不断出现新的儒学大师，浩荡的私学教育体系也这样不断地涌现出精英来。

唐代私学教育，在师生关系上也呈现多元化的状态。一些家境贫困的学生可以通过为教书先生做些事情换取学习机会。《左散骑常侍裴公墓志铭》："少好学，家贫，甘役劳于师，雨则负诸弟以往。卒能通开元礼书，中甲科。"③裴氏在幼年时凭借给老师做事而谋得了读书机会，寥寥数语讲述了一段既艰辛又奋斗的往事。

学界牵连着政界，乱世中的读书人也常有种种无奈，他们多是到私学中担任教职，多少也是对自己多年所学的一种应用。然而乱世中的知识分子，在某些时候的抉择、行为，却很难摆脱历史的局限性。"刘晞者，涿州人也。父济雍，累为本郡诸邑令长。晞少以儒学称于乡里，尝为唐将周德威从事，后陷于契丹，契丹以汉职縻之。"④ 对于读书人来说，名节是很重要的；也有专于读书而不喜欢入仕的人，崔觐就是一个例子。"崔觐，梁州城固人。为儒不乐仕进，以耕稼为业。老而无子，乃以田宅家财分给奴婢，令各为生业。觐夫妻遂隐于城固南山，家事一不问。约奴婢递过其舍，至则供给酒食而已。夫妇林泉相对，以啸咏自娱。山南西道节度使郑余庆高其行，辟为节度参谋，累邀方至府第。

---

① 《隋书》卷 75《刘炫传》。
② 《新唐书》卷 198《徐文远传》。
③ 《全唐文》卷 655《唐裴公墓志铭》。
④ 《旧五代史》卷 98《晋书·刘晞传》。

为吏无方略，苦不达人事，余庆以长者优容之。太和八年（834年），左补阙王直方上疏论事，得召见，文宗便殿访以时事。直方亦兴元人，与觐城固山为邻，是日因荐觐有高行，诏以起居郎征之。觐辞疾不起。卒于山。"①崔觐散去家财，隐于山林，夫妻啸咏自娱，这活脱脱是一种笑傲江湖的生活。如崔觐这般洒脱，看淡仕途、名利、钱财者，实则少见。

私学大师与政治的结合，是教育作为政治疏导功能的体现，徐文远与李密的交往活动就是一例。"时洛阳饥，文远自出城樵拾，为李密所得。密使文远南向坐，备弟子礼拜之，文远谢曰：'前日以先王之道授将军，今将军拥兵百万，威振四海，犹能屈体老夫，此盛德也，安敢不尽？将军若欲为伊、霍，继绝扶倾，吾虽老，犹愿尽力；如为莽、卓，乘危迫险，则仆耄矣，无能为也！'密顿首曰：'幸得位上公，思所以竭力，先征化及刷国耻，然后入见天子，请罪于有司，惟先生教之。'答曰：'将军，名臣子，累世尽节，前陷玄感党，迷未远而复，今若终之以忠，天下之人所望于将军者。'密顿首曰：'恭闻命。'俄而世充专制，密又问焉，对曰：'彼残忍而意褊促，必速于乱，将军非破之不可以朝。'密曰：'常谓先生儒者，不学军旅，至筹大计，乃明略过人。'"②乱世枭雄尊敬儒家大师，不仅是从学术和个人情感上说，其实质也是服从于怀柔四方的政治目的，千古霸业都需要有名望的读书人的支持和参与。在李密与徐文远的对话中，儒家所推崇的君臣之义、仁义名节通过文远之口显现，这种忠奸之分、道统之辩实际是维持政权稳定性的需要。

读书人在求学交往的过程中，由于学业的增长所表现出来的人生观、世界观的改变，是学习后所带来的重大成果。唐代诗歌中有许多诗篇表现了这样的主题，如"身未立间终日苦，身当立后几年荣。万般不及僧无事，共水将山过一生"③，就是表现了读书人在历经不同学习经历后，所表现出来的对生活的看法及生命的追求。"云山已老应长在，岁月如波只暗流。唯有禅居离尘俗，了无荣辱挂心头。"④ 此诗是对游学生活的一种场景描述，并以禅学的深邃去表现对

①《旧唐书》卷192《崔觐传》。
②《新唐书》卷198《徐文远传》。
③《全唐诗》卷693《杜荀鹤·题道林寺》。
④《全唐诗》卷692《杜荀鹤·题开元寺门阁》。

世俗的理解。"庐阜东林寺，良游耻未曾。半生随计吏，一日对禅僧。泉远携茶看，峰高结伴登。迷津出门是，子细问三乘。"① 此诗则是作者与禅僧品茗、交流以及思考的详细描述。

学业的提升，往往更在于与他人的交流。对问题的理解和灵感的产生往往是交游瞬间所迸发出来的想法。私学的学习活动，除了教育机构所组织的教学活动外，与他人交往过程中所受的教益，对于提升个人的学习能力和学业水平有很大的帮助。

第四节　私学学生的求学活动与儒者的社会理想

科举给贫寒之士进入主流社会以期望，使社会不同阶层合理流动，他们希望通过自己的努力，摆脱困境并改变家庭甚至家族的命运，这样的例子不绝于史书。沈遘曾经就是这样："沈遘，字期远，睢阳人也。父振，贝州永济令，累赠左谏议大夫。遘幼孤，以苦学为志，弱冠登进士第，释褐除校书郎，由御史台主簿拜监察御史，凡五迁至金部郎中，充三司判官。广顺中，以本官知制诰。"②这些成功的例子同时又成为范本，激励那些正在贫苦状态下学习的学子，以更大的动力去争取功名。

自学状态是私学除了教师教授之外的最主要的学习模式，它由于合适的教育环境、可行的教学内容、较好的成功范例，而成为一代又一代读书人成才的主要方式。当然，考究具体的私学学生活动，首先要重视教师对私学学生的培养。

私学学生的入学年龄一般在六七岁就可以入学，相对于官学较为严格的年龄要求，它要自由得多。学生在求学的过程中，常常随着年龄的增长而有不同的心理活动，并且因人而异。在留存于世的各种材料面前，师生的教育活动环境仍然是值得关注的一个重要内容。

---

① 《全唐诗》卷 704 《黄滔·题东林寺元祐上人院》。
② 《旧五代史》卷 131 《周书·沈遘传》。

一、学生的求学活动

读书承载着社会的道统与良知，在由儒学构成的社会价值体系中，各种道德观密布其中。读书人看重气节，在义和利之间，常选择义。路敬淳的人生遭遇虽然有些许凄凉，但他那种对朋友的高义，着实令人敬佩。路敬淳集气节、至孝、坚忍、才学于一身，在蹉跎岁月中艰难赴行，确属不易。"路敬淳，贝州临清人。父文逸，遇隋季大乱，阖门死于盗。文逸遁免，流离辛苦，自伤家多难，闭口不食，行者哀其穷，强饮食之，更负以行，乃得脱。贞观末，官申州司马。敬淳少力学，足不履门。居亲丧，倚庐不出者三年。服除，号恸入门，形容癯毁，妻不之识。后擢进士第。天授中，再迁太子司议郎兼修国史、崇贤馆学士。数受诏纂辑庆恤仪典，武后称之。尤明姓系，自魏、晋以降，推本其来，皆有条序，著《姓略》《衣冠系录》等百余篇。后坐綦连耀交通，下狱死。神龙初，赠秘书少监。"①

白履忠因博学而为人称道，在有影响力的人物的举荐下入阁为官，一展所学。"白履忠，陈留浚仪人也。博涉文史。尝隐居于古大梁城，时人号为梁丘子。景云中，征拜校书郎。寻弃官而归。开元十年，刑部尚书王志愔表荐履忠隐居读书，贞苦守操，有古人之风，堪代褚无量，马怀素入阁侍读。"②隋唐时期，人们对于气节等精神层面的重视程度要远高于对物质成就的赞誉。

有些贫寒的读书人常为稻粱谋，白天干活，晚上看书。"马怀素，字惟白，润州丹徒人。客江都，师事李善，贫无资，昼樵，夜辄然以读书，遂博通经史。擢进士第，又中文学优赡科，补郿尉。积劳，迁左台监察御史。"③马怀素的例子告诉我们"十年寒窗无人晓，一朝成名天下知"的历史注脚，同时也为那些在贫寒境地里奋进的人们做出了榜样。

尹知章的求学之路如有神助，并被写入正史。"尹知章，绛州翼城人。少虽学，未甚通解，忽梦人持巨凿破其心，内若剂焉，惊悟，志思开彻，遂遍明

①《新唐书》卷199《路敬淳传》。
②《旧唐书》卷192《白履忠传》。
③《新唐书》卷199《马怀素传》。

《六经》。诸生尝讲授者，更北面受大义。"① 他的这种神游经历，对一般渴求进步的知识人来说，只有神往而已。

相对学生的清寒，底层教师生活的困苦也是一样。如浙江湖州的乡村教师蒋琛，"精熟二经，尝教授于乡里，每秋冬，于霅溪太湖中流设网罟以给食"②。那种在冬天苍茫寒气里觅鱼的情景是乡村教师生活的一个真实缩影。

对于那些惶惶于史书的著名人物来说，一般人的境遇则关注较少。《因话录》卷六《羽部》："窦相易直，幼时名秘。家贫，受业村学。……一日近暮，风雪暴至，学童悉归家不得，而宿于漏屋之下，寒争附火，惟窦公寝于榻。"这既是一种基层幼童艰苦求学的画面，同时乡村学校简陋可见一斑。那种学生在破屋漏雨的氛围中争相烤火的情境，虽千载仍让人历历在目。

潘徽则是另外一种代表，"潘徽，字伯彦，吴郡人也。性聪敏，少受《礼》于郑灼，受《毛诗》于施公，受《书》于张冲，讲《庄》《老》于张讥，并通大义。尤精三史。善属文，能持论。陈尚书令江总引致文儒之士，徽一诣总，总甚敬之。释褐新蔡王国侍郎，选为客馆令。隋遣魏澹聘于陈，陈人使徽接对之。澹将返命，为启于陈主曰：'敬奉弘慈，曲垂饯送。'徽以为'伏奉'为重，'敬奉'为轻，却其启而不奏。澹立议曰：'《曲礼》注曰：'礼主于敬。'《诗》曰：'维桑与梓，必恭敬止。'《孝经》曰：'宗庙致敬。'又云：'不敬其亲，谓之悖礼。'孔子敬天之怒，成汤圣敬日跻。宗庙极重，上天极高，父极尊，君极贵，四者咸同一敬，五经未有异文，不知以敬为轻，竟何所据？'徽难之曰：'向所论敬字，本不全以为轻，但施用处殊，义成通别。《礼》主于敬，此是通言，犹如男子'冠而字之'，注云'成人敬其名也'。《春秋》有冀缺，夫妻亦云'相敬'。既于子则有敬名之义，在夫亦有敬妻之说，此可复并谓极重乎？至若'敬谢诸公'，固非尊地，'公子敬爱'，止施宾友，'敬问''敬报'，弥见雷同，'敬听''敬酬'，何关贵隔！当知敬之为义，虽是不轻，但敬之于语，则有时混漫。今云'敬奉'，所以成疑。聊举一隅，未为深据。'澹不能对，遂从而改焉。"③潘徽的学习经历，既印证了学无常师的特点，同时他在对待具体学术问题上，也

---

① 《新唐书》卷 199《尹知章传》。
② 《太平广记》卷 309《蒋琛》。
③ 《隋书》卷 76《潘徽传》。

能够经常交流、反复推敲，显示了学习的严谨。

朱子奢积极向同乡顾彪学习《春秋左氏传》，由而奠定了其学识的基础，此乃其腾达之始。"朱子奢，苏州吴人也。少从乡人顾彪习《春秋左氏传》，后博观子史，善属文。隋大业中，直秘书学士。及天下大乱，辞职归乡里，寻附于杜伏威。武德四年，随伏威入朝，授国子助教。贞观初，高丽、百济同伐新罗，连兵数年不解，新罗遣使告急。乃假子奢员外散骑侍郎充使，喻可以释三国之憾，雅有仪观，东夷大钦敬之，三国王皆上表谢罪，赐遣甚厚。"①

二、私学的文化传承

教育的功能，除了人才的选拔，还有文化的传承，这是更高层次上教育所承担的责任。学校里的教育是有形的，而民间高义之士对社会产生的影响则是无形的。李士谦的故事则说明了这个问题，"李士谦，字子约，赵郡平棘人也。髫龀丧父，事母以孝闻。母曾呕吐，疑为中毒，因跪而尝之。……隋有天下，毕志不仕。自以少孤，未尝饮酒食肉，口无杀害之言。至于亲宾来萃，辄陈樽俎，对之危坐，终日不倦。李氏宗党豪盛，每至春秋二社，必高会极欢，无不沉醉喧乱。尝集士谦所，盛馔盈前，而先为设黍，谓群从曰：'孔子称黍为五谷之长，荀卿亦云食先黍稷，古人所尚，容可违乎？'少长肃然，不敢弛惰，退而相谓曰：'既见君子，方觉吾徒之不德也。'士谦闻而自责曰：'何乃为人所疏，顿至于此！'……性宽厚，皆此类也。其后出粟数千石，以贷乡人，值年谷不登，债家无以偿，皆来致谢。士谦曰：'吾家余粟，本图振赡，岂求利哉！'于是悉召债家，为设酒食，对之燔契，曰：'债了矣，幸勿为念也。'各令罢去。明年大熟，债家争来偿谦，谦拒之，一无所受。他年又大饥，多有死者，士谦罄竭家资，为之糜粥，赖以全活者将万计。收埋骸骨，所见无遗。至春，又出粮种，分给贫乏。赵郡农民德之，抚其子孙曰：'此乃李参军遗惠也。'或谓士谦曰：'子多阴德。'士谦曰：'所谓阴德者何？犹耳鸣，己独闻之，人无知者。今吾所作，吾子皆知，何阴德之有！'"②李士谦不仅表现了它的孝道、高义，更是以一种儒者的智慧拯救民众。李氏在社会的影响力是巨大的，他的言传身教

---

① 《旧唐书》卷189上《儒学传上·朱子奢》。
② 《隋书》卷77《李士谦传》。

对时人有很大的启发，也以儒家的道统对那些不规范者起到制约作用，这就是广义上私学文化传承的影响力。

教育的官私之分，本没有太严格的界限。由于政府小财政的特点，官方无力承担全部的教育功能，而社会组织和个人力量能够承担部分教育职能。魏晋南北朝长达三百八十多年的分裂状态，私学教育始终处于一个离乱状态。隋唐时期通过教育净化社会、遍达礼仪，无疑是统治者教育的一大目的。而达到这种效果，仅仅靠政府办学是不够的，这就谈到私学的作用。特别是基础性的私学，它对培养"知礼节，识廉耻，父慈了孝，兄恭弟顺"的社会伦理和社会文化起到重要的作用。

儒家文化是讲求道德的，道德文章自始至终是儒者高举的旗帜，罗道琮的例子为此做了一个很好的注脚。"罗道琮，蒲州虞乡人也。祖顺，武德初，为兴州刺史。勤于学业，而慷慨有节义。贞观末，上书忤旨，配流岭表。时有同被流者，至荆、襄间病死，临终，泣谓道琮曰：'人生有死，所恨委骨异壤。'道琮曰：'我若生还，终不独归，弃卿于此！'瘗之路左而去。岁余，遇赦得还，至殡所，属霖潦弥漫，尸柩不复可得。道琮设祭恸哭，告以欲与俱归之意，若有灵者，幸相警示。言讫，路侧水中，忽然涌沸。道琮又咒云：'若所沸处是，愿更令一沸。'咒讫，又沸。道琮便取得其尸，铭志可验，遂负之还乡。当时识者称道琮诚感所致。道琮寻以明经登第。高宗末，官至太学博士。每与太学助教康国安、道士李荣等讲论，为时所称。寻卒。"[1]这种临终托事和承诺重千斤的高义感人肺腑，人们为这种高义附加了神秘的因素。

对孝道的尊崇，是教育的另一种职能。"王友贞，怀州河内人也。父知敬，则天时麟台少监，以工书知名。友贞弱冠时，母病笃，医言唯啖人肉乃差。友贞独念无可求治，乃割股肉以饴亲，母病寻差。则天闻之，令就其家验问，特加旌表。友贞素好学，读《九经》皆百遍，训诲子弟，如严君焉。口不言人过，尤好释典；屏绝膻味，出言未曾负诺，时论以为真君子也。"[2]忠孝是传统教育的两个重要精神支柱，它对维系道德的传播有重要作用。而教育的内容又常常和人们的信仰相连，以至于民间迷信盛行。"吴、楚之俗多淫祠，仁杰奏毁一千七

---

① 《旧唐书》卷 189 上《罗道琮传》。
② 《旧唐书》卷 192《王友贞传》。

百所，唯留夏禹、吴太伯、季札、伍员四祠。"①这是社会精神世界存在的重要现象。

教育的文化传承功能，在那些已知的社会杰出人士身上表现更为突出，他们的努力构成了中国传统教育中巨大的社会意向。"狄仁杰字怀英，并州太原人也。祖孝绪，贞观中尚书左丞。父知逊，夔州长史。仁杰儿童时，门人有被害者，县吏就诘之，众皆接对，唯仁杰坚坐读书。吏责之，仁杰曰：'黄卷之中，圣贤备在，犹不能接对，何暇偶俗吏，而见责耶！'后以明经举，授汴州判佐。时工部尚书阎立本为河南道黜陟使，仁杰为吏人诬告，立本见而谢曰：'仲尼云：观过知仁矣。足下可谓海曲之明珠，东南之遗宝。'荐授并州都督府法曹。其亲在河阳别业，仁杰赴并州，登太行山，南望见白云孤飞，谓左右曰：'吾亲所居，在此云下。'瞻望伫立久之，云移乃行。"②狄仁杰被誉为中兴名臣，其身世传奇，有阎立本等人的大力赏识，有异乎常人的智慧、淡定，有对传统儒学的个人见解，种种意向，终成就一位伟大的政治家的人格魅力。

后梁开国之君朱温的父亲，就是一个传统的私学教书先生。"太祖神武元圣孝皇帝，姓朱氏，宋州砀山午沟里人也。其父诚，以《五经》教授乡里，生三子，曰全昱、存、温。诚卒，三子贫，不能为生，与其母佣食萧县人刘崇家。全昱无他材能，然为人颇长者。存、温勇有力，而温尤凶悍。"③ 朱诚家贫难以为继，以传统的儒学书本生存于乡里，而其之所以存于史书，还在于其子朱温的历史地位。但他的经历客观表现了基层乡村教师的境况，而其家境的贫困，使其妻儿四人落入佣食他人家的窘境。

三、儒者的社会理想

大定元年（581 年），北周静帝禅位于大丞相杨坚，改元开皇，建立隋朝。开皇三年（583 年）四月，杨坚下《劝学行礼诏》，表达教育对于国家的至关重要之意："建国重道，莫先于学，尊主庇民，莫先于礼……朕受命于天，财成万物，去华夷之乱，求风化之宜。戒奢崇俭，率先百辟，轻徭薄赋，冀以宽弘。

①《旧唐书》卷 89《狄仁杰传》。
②《旧唐书》卷 89《狄仁杰传》。
③《新五代史》卷 1《梁本纪第一》。

而积习生常，未能惩革，闾阎士庶，吉凶之礼，动悉乖方，不依制度。执宪之职，似塞耳而无闻，莅民之官，犹蔽目而不察。宣扬朝化，其若是乎？古人之学，且耕且养。今者民丁非役之日，农亩时候之余，若敦以学业，劝以经礼，自可家慕大道，人希至德。岂止知礼节，识廉耻，父慈子孝，兄恭弟顺者乎？始自京师，爰及州郡，宜祗朕意，劝学行礼。"①在新皇言之凿凿的教育动员令的背后，是一个在历经长达三百八十余年分裂后建立新的教育体系的渴望，是对社会结构与伦理关系重新调整的动员令。

教育的功能之一在于使人类的社会理想薪火相传。这些埋想之语，翻看史书可常见："古语云：'容体不足观，勇力不足恃，族姓不足道，先祖不足称，然而显闻四方，流声后胤者，其唯学乎？'信哉斯言也。晖远、荣伯之徒，笃志不倦，自求诸己，遂能闻道下风，称珍席上。或聚徒千百，或服冕乘轩，见重明时，实惟稽古之力也。"②传统儒家注重仁道，因此那些载入史书的也多是这方面的典型，树立典型是传统社会的一种道德做法，在历史上不绝于耳。

在史书中，对于那些有一定地位的人物诠释，往往带有一定的臆想成分。其史料的来源值得怀疑，但它具有生活逻辑上的真实性，因此又有它的学术价值。如吴越国时期的钱镠，"钱镠，字具美，杭州临安人也。临安里中有大木，镠幼时与群儿戏木下，镠坐大石指麾群儿为队伍，号令颇有法，群儿皆惮之。及壮，无赖，不喜事生业，以贩盐为盗。县录事钟起有子数人，与镠饮博，起尝禁其诸子，诸子多窃从之游。豫章人有善术者，望牛斗间有王气。牛斗，钱塘分也，因游钱塘。占之在临安，乃之临安，以相法隐市中，阴求其人。起与术者善，术者私谓起曰：'占君县有贵人，求之市中不可得，视君之相贵矣，然不足当之。'起乃为置酒，悉召县中贤豪为会，阴令术者遍视之，皆不足当。术者过起家，镠适从外来，见起，反走，术者望见之，大惊曰：'此真贵人也！'起笑曰：'此吾旁舍钱生尔。'术者召镠至，熟视之，顾起曰：'君之贵者，因此人也。'乃慰镠曰：'子骨法非常，愿自爱。'因与起诀曰：'吾求其人者，非有所欲也，直欲质吾术尔。'明日乃去。起始纵其子等与镠游，时时贷其穷乏。"③

---

① 《隋书》卷47《柳昂传》。
② 《隋书》卷75《儒林传》。
③ 《新五代史》卷67《吴越世家》。

钱镠自小就有的领导群小及诸多豪举，加上术士的神乎其神的观人之术，为其后来的成功做了很好的预设，加上身边人对之特别的关照，用心理学的话说，就是钱镠自小就向着术士所预设的方向在发展，因而有后面的成功。适度的心理暗示对人才的成长起着重要的作用。

由私学系统所构成巨大的伦理规范，对社会结构的稳定和伦理基础的构建起到重要作用。"宁居家严，事寡姊恭甚。尝撰《家令》训诸子，人一通。又戒曰：'君子之事亲，养志为大，吾志直道而已。苟枉而道，三牲五鼎非吾养也。'疾病不尝药，时称知命。"①在这些流传下来的社会理念中，独特的个性特征显得特别突出，比如生病不吃药，既敢称乎天命。读书人的社会理想，无非是希望自己的理解能够于身后得到家人、族人乃至社会一般人的价值认同。因此隋唐时期留下了大量的这方面的充满社会理想和道德关怀的资料，如颜真卿对于政治的理解，便是其中一例。"政可守，不可不守。吾去岁中言事得罪，又不能逆道徇时，为千古罪人也。虽贬居远方，终身不耻。绪汝等当须会吾之志，不可不守也。"②

私学与其他官办教育一样，承担为社会输送精英人才的功能。特别是在隋唐时期，科举选士渐成为人才选拔的主渠道，教育的应试功能趋向明显，私学教育的功能为之一新。隋唐时期是一个理想与激情互相碰击的时代，乱世承平接替演绎。社会有段较为稳定的发展期，在唐开元以后，四海升平，"士无贤不肖，耻不以文章达"③，进士身份成了社会重要地位的象征，缙绅虽然位极人臣，如果不是以进士进身者，终难以不为人所诟病。科举给予私学同样的渠道，这也是私学蓬勃发展的一个重要原因，体制外和体制内可以互通，亦或者说本就是没有太严格的体制内外之别。然读书人的社会理想，却成了隋唐时期重要的教育现象。

四、私学活动对学科发展的促进作用

中国古代高等教育在隋唐五代时期形成一个高峰，其中，私学对于高等教育各学科，具有重要的促进作用。这种作用是通过私人讲学、自学等教育活动，对各科知识、教学方式方法进行创新性探究，不断推动各科教育教学的发展。

---

① 《新唐书》卷163《穆宁传》。
② 《全唐文》卷337《颜真卿·与绪汝书》。
③ 《通典》卷15《选举三》。

如天文学研究。刘炫通算术，与其他学者修天文律历，著有《算术》一卷，刘焯《皇极历》对于日月食及其发生时间地点的记载，比前代更为精进。"开皇二十年……太子征天下历算之士，咸集于东宫。刘焯以太子新立，复增修其书，名曰《皇极历》。"①无独有偶，耿询追随高智宝创造了一种浑天仪，用水运转并与天象结合，还制作了精巧刻漏，可以在马上使用。耿询"见其故人高智宝以玄象直太史，询从之受天文算术。询创意造浑天仪，不假人力，以水转之，施于暗室中，使智宝外候天时，合如符契。……高祖配询为官奴，给使太史局。……询作马上刻漏，世称其妙。炀帝即位，进欹器。"②这些自主的探究行为，不同程度促进了天文学的发展。

在医学上，家传仍是主要形式。"许智藏，高阳人也。祖道幼，尝以母疾，遂览医方，因而究极，世号名医。诚其诸子曰：'为人子者，尝膳视药，不知方术，岂谓孝乎？'由是世相传授。"又有"宗人许澄，亦以医术显。……有学识，传父业，尤尽其妙。历尚药典御、谏议大夫，封贺川县伯。父子俱以艺术名重于周、隋二代。"③医学有专门的公立学校，但是在民间，自学成才、家学传授依然是一个重要途径。

文字学方面也有不少精进。"曹宪……仕隋为秘书学士。每聚徒教授，诸生数百人。当时公卿已下，亦多从之受业。宪又精诸家文字之书，自汉代杜林、卫宏之后，古文泯绝，由宪，此学复兴。大业中，炀帝令与诸学者撰《桂苑珠丛》一百卷，时人称其该博。宪又训注张揖所撰《博雅》，分为十卷，炀帝令藏于秘阁。"④曹宪以授徒研究形式，推动古文字的复兴与发展，得到了高度认可。

同时，史学在私学领域也受到了广泛关注。颜师古叔父游秦，"撰《汉书决疑》十二卷，为学者所称，后师古注《汉书》，亦多取其义耳。"⑤这些民间儒士，在做学问的时候，亦广泛涉猎各种史料。

自学是这一时期个人成才的重要形式。如李德裕，"幼有壮志，苦心力学，

①《隋书》卷18《律历志下》。
②《隋书》卷78《艺术·耿询传》。
③《隋书》卷78《艺术·许智藏传》。
④《旧唐书》卷189上《儒学·曹宪传》。
⑤《旧唐书》卷73《颜师古传》。

尤精两汉书、《左氏春秋》"①。隋唐时期自学是适合人成长的一种重要方式，李德裕后来功成名就，和幼时的努力密不可分。再如路敬淳，在家刻苦自学，遍读典籍，不出门庭而成为家谱学家。"敬淳尤勤学，不窥门庭，遍览坟籍，而孝友笃敬。遭丧，三年不出庐寝。服阕，方号恸入见其妻，形容羸毁，妻不之识也。"② 用功如此，世所罕见。

除了上述学科，数学、农学等学科亦有不同程度发展。程舜英对此评价，"这是继承两汉以来私人教育的传统，天文、医学、小学、史学等均是私学中突出的内容"③。可见，古代自然科学教育在此阶段得到一定的发展。然而，科举考试的盛行，使儒学教育一枝独秀，过多削弱了科学教育的应有地位。中古后期，学科性的科学发展始终处于从属地位，这不能不说是一件憾事。

第五节　唐末五代的书院生活

书院发源于唐代。唐代高等私学发展鼎盛的标志性载体就是书院，书院是科举制度和社会需求联姻的产物。学界对于书院的区分，有不同的认识。邓洪波认为："书院是新生于唐代的中国士人的文化教育组织，它源自民间和官府，是书籍大量流通于社会之后，数量不断增长的读书人围绕着书，开展藏书、校书、修书、著书、刻书、读书、教书等活动，进行文化积累、研究、创造、传播的必然结果。"④笔者认同此说，但其概念是广义的，狭义的书院是带有教育功能的教学场所，本节所指的书院介乎两者之间，是指具有教学活动的教学场所。

一、唐末书院的读书活动

书院有官方和民间之分，民间书院又有私人读书之所和家塾族学两种形式。

---

① 《旧唐书》卷 174《李德裕传》。
② 《旧唐书》卷 189 下《儒学·路敬淳传》。
③ 程舜英：《中国古代教育制度史料》，北京师范大学出版社 2011 年版，第 400 页。
④ 邓洪波：《中国书院史》（增订版），武汉大学出版社 2012 年版，第 2 页。

私人场所常常清新雅致，家族性质则更容易发展长远。书院本身是科举时期的产物，由于选官的需要，朝廷急需有文化、稳定又可靠的后备人才，隋唐时期民间社会力量强大，他们常常以家族式的方式选拔人才。其中家族书院是民间书院的一个重要展现形式。

关于书院的起源，传统的观点认为是唐玄宗时期的丽正、集贤书院，但也有认为有更早的书院，如光石山书院，还有地方志中记载的玄宗之前的四所书院，因此推定出书院产生于唐初的结论。①当然，更有信服力的定论，还有待书院史研究的不断深入。

唐朝末年，书院得到了迅速发展。"夫书院非古也……至唐末，校官又旷厥官，而乡大夫之有力者，始各设书院，教其子弟。"②关于书院的数量，据邓洪波对地方史志记载的考证，有41所之多。它们是：瀛洲书院、李公书院、张说书院、松洲书院、光石山书院、丽正书院、文献书院、九峰书院、青莲书院、邺侯书院、罗山书院、杜陵书院、费君书院、张九宗书院、海棠池书院、儒溪书院、李宽中秀才书院、施肩吾书院、桂岩书院、梁山书院、景星书院、李渤书院、南溪书院、凤翔书院、文山书院、德润书院、蓬莱书院、韦宙书院、草堂书院、登东书院、青山书院、丹梯书院、东佳书院、鳌峰书院、清闻读书院、和平书院、卢藩书院、西溪书院、孔林书院、天宁书院、皇寮书院。③

唐末五代的书院，特别是民间书院，多以家族为纽带。家族是以血脉为纽带的宗法团体，由于小农经济和伦理关系的原因，他们一般是聚族而居，经过几代甚至十几代、几十代的发展之后，家族人口数以百千计，成为社会力量的重要部分。对于家族的长远发展而言，经济地位和社会地位同等重要，要在社会中博取地位，家族中就一定要有人在仕途上有所建树，从基础抓起的话，家族书院就应运而生。

唐大顺年间（890—891年）的江州（今江西九江）陈氏家族书院——东佳书堂是隋唐早期家族书院的代表。大顺元年（890年）陈氏家族的第七代主持人

---

① 邓洪波：《中国书院史》（增订版），武汉大学出版社2012年版，第2页。
② 王昶：《天下书院总志·序》。
③ 邓洪波：《中国书院史》增订本，武汉大学出版社2012年版，第27—29页。陈元晖《中国古代的书院制度》、王镜第《书院通证》及周书龄《书院制度之研究》共列有17所，此处取邓说。

陈崇制定了《江州陈氏家法三十三条》，中有云："立书堂一所于东佳庄，弟侄子姓有赋性聪敏者，令修学。稍有学成应举者。"① 家法对于家族子弟的蒙童教育，定有详细规则："立书屋一所于住宅之西，训教童蒙。每月正月，择吉日起馆，至冬月解散。童子年七岁，令入学，至十五岁出学。有能者令入东佳。逐年于书堂内次第抽二人归训，一人为先生，一人为副。其纸笔墨砚，并出宅库，管事收买应付。"②

《宋史·陈兢传》中已有记载："伯宣子崇为江州长史，益置田园，为家法戒子孙，择群从掌其事，建书堂教诲之。僖宗时尝诏旌其门。南唐又为立义门，免其徭役。崇子衮，江州司户；衮子昉，试奉礼郎。"③ 因此，徐晓望认为陈氏的书堂应是晚唐的陈崇所建，而后由南唐时期的陈衮改建为书院，即为东佳书院。④

家族书院最大的特点在于教学活动中的向上性。家族举办的书院常以世俗的博取功名和家族精神的传递为核心，为了实现这样的目标，家族对书院给予经费支持并且积极主动地开放办学，这是家族书院能够走得长远的重要因素。

唐代书院的主要功能在于它的藏书，教学的职能也逐渐开始显现。同时，对于文人的文化追求来说，书院常选址于幽静淡雅靠近山林之处。晚清的郭嵩焘在《新建金鄂书院记》中说："书院之始，当唐元和时，而莫及衡州之石鼓……名山胜境，灵秀之都，清淑之气钟焉。集诸生讲习其中，藏书以实之，谓之书院。"⑤ 有唐一代，书院逐渐成为读书人追求学问的重要私学场所，并在后世得以发扬光大。

在家族书院中，读书与传承两者有机结合，形成了巨大的书院发展驱动力，对书院的发展起到重要作用。从历史的眼光看待书院的发展，书院的兴起是唐宋之际社会文化环境的产物。肖永明认为，科举制度下社会流动的加速及社会成员对文化的崇尚，为书院的兴起和发展提供了良好的氛围与社会基础；雕版印刷的发展带来了书籍数量的增加以及书籍传播面的扩大，为书院发展提供了

---

① 陈增荣等：《义门陈氏宗谱》。
② 陈增荣等：《义门陈氏宗谱》。
③ 《宋史》卷 456《陈兢传》。
④ 徐晓望：《唐五代书院考略》，载《教育评论》2007 年第 3 期。
⑤ 杨坚点校：《郭嵩焘诗文集》，岳麓书社 1984 年版，第 524 页。

良好的物质条件；唐宋之际官学系统的衰颓为书院的发展提供了足够的空间；唐宋之际的私学教育活动或直接演变为书院教育，或为书院产生、发展提供了办学思路和运行模式的启发。①书院的产生和发展，和社会环境的变迁是紧密联系的。

同时，时代因素促成了唐末更多书院的涌现。隐居山野是另外一种读书方式。福建建阳的鳌峰书院与福建政和的梧峰书院都是创建者隐居山野之作。鳌峰书院创办者熊秘是唐末右散骑常侍兵部尚书，在唐乾符年间（874—879年）领兵入闽守温陵（今泉州），后在建阳兴办家塾，以教子弟。梧峰书院创办者许延二是唐宣宗时期的银青光禄大夫，掌管银库，因被御史刘姑卿陷害，贬降楚州山阳县令，后为避仇家，远抵南方寻找隐居之地几经周折，至现在政和定居并创办了梧峰书院。

唐代书院的教学活动，保存的史料不多，但在唐诗中却有很好的体现。如卢纶在《同耿拾遗春中题第四郎新修书院》所云："得接西园会，多因野性同。引藤连树影，移石间花丛。学就晨昏外，欢生礼乐中。春游随墨客，夜宿伴潜公。散帙灯惊燕，开帘月带风。朝朝在门下，自与五侯通。"②在诗中，作者既描写了新修书院的环境，也表现了在书院中读书的欢乐之情，为今天的人们再现了唐代书院生动活泼、怡然自乐的学习画卷。快乐学习、愉悦生活是这些书院的学习特点。

在官府所办的书院中，讲学活动可以分为皇帝讲学、学士为皇帝讲学及其他讲学三个层次。《旧唐书》记载，"时中书舍人徐坚，自负文学，常以集贤书院学士多非其人，所司供膳太厚，尝谓朝列曰：'此辈于国家何益，如此虚费，将建议罢之。'说曰：'自古帝王功成，则有奢纵之失，或兴池台，或玩声色。今圣上崇儒重道，亲自讲论，刊正图书，详延学者。今丽正书院，天子礼乐之司，永代规模，不易之道也。所费者细，所益者大。徐子之言，何其隘哉。'"③张说对陆坚建议的反驳，有力维护了书院的尊严和声誉，并说明书院的价值和发展方向，同时也表明唐玄宗曾在书院与学士们讲经论道。

---

① 肖永明：《唐宋之际的社会文化环境与书院的兴起》，载《人文杂志》2007年第6期。
②《全唐诗》卷278，此诗又名《同钱员外春中题薛载少府新书院》。
③《旧唐书》卷97《张说传》。

同时，在开元十一年（723年）夏，"诏学士侯行果等侍讲《周易》《庄》《老》，频赐酒馔。学士等燕饮为乐，前后赋诗奏上凡数百首，上每嘉赏。院中既有宰臣侍讲，屡承珍异之赐。"①学士为皇帝讲学，皇帝礼待学士，这是丰富的教学活动场景，这些都是书院重要的学习活动。

还有学士对写御书手、书直等人进行的教学活动。书直等百余人，多为三卫五品散官以上的子孙，进入书院后月课岁考。刘海峰认为，集贤书院有以学士为教师、御书手为学生的教学活动。②这些都构成了唐朝书院学习活动的重要内容。

二、五代书院的教学活动

五代时期的中国政权，延续唐末的混乱状态，然而这一时期的读书人，也常读书于山林，结庐在深山，勇于担当在干戈中拯斯文于不坠的社会责任，正如钱穆在《五代时之书院》中所说的，它是黑暗中的一线光明，潜德幽光，必大兴于后世。五代时期的书院，继承唐末传统，在官办和民办的两条路线中发展。官办书院的史料，由于时代久远，保存的并不多，从现有史料倒是可发现这一时期民间书院的发展更为蓬勃。据邓洪波统计，"五代十国半个多世纪（907—960年），民间书院共有13所，其中新建12所，兴复唐代书院1所。其地域分布，北及幽燕之区，南达珠江流域，集中在今江西、福建、广东、河南、北京地区，基本上仍在唐代书院分布的范围之内。"③

其中比较有代表性的是窦氏书院，位于今天北京的昌平县，由后周谏议大夫窦禹钧创建。范仲淹在《窦谏议录》记载，窦禹钧，范阳人。唐天祐（904—907年）末，官幽州掾。唐亡，历仕各代，后周时官至太常太卿，谏议大夫。史称其人精于词学，义行高笃，家法为一时表式。尝"构一书院，四十间，聚书数千卷，礼文行之儒，延置师席。凡四方孤寒之士贫无供需者，公咸为出之，无问识不识，有志于学者，听其自至"。因此，远近贤明之士赖以举于世者甚众，而其五个儿子仪、俨、侃、偁、僖也"见闻益博"，相继登科，时称"燕山

---

① 王应麟：《玉海》卷167《宫室》。

② 刘海峰：《唐代集贤书院有教学活动》，载《上海高教研究》1991年第2期。

③ 邓洪波：《五代十国时期书院述略》，载《湖南大学学报》（社会科学版）2002年第2期。

窦氏五龙"。①

由此可知，窦氏书院的规模宏大，藏书丰富，资金充足。在此基础上，书院的教学活动有声有色，不仅能够礼延师儒，同时也使得自家的窦氏子弟及远近志学之士皆得研习、肄业其中，这样的集藏书与讲学于一体的书院，对于周边的读书人，包括那些家境贫寒之士，是一个重要的福音。书院的办学业绩也因为其广泛的影响力，而有"潜德幽光"之感。

五代时期的南唐中书舍人徐锴（920—974）在《陈氏书堂记》中称东佳书堂有"堂庑数十间，聚书数千卷，田二十顷"②。杨亿在《雷塘书院记》中对唐代早期的书院有一个宏观的描述："先是，寻阳陈氏有东佳学堂，豫章胡氏有华林书院，皆聚坟索以延俊髦，咸有名流为之纪述。讲道论义，况力敌以势均；好事乐贤，复争驰而并骛。宜乎与二家者鼎峙于江东矣。"③唐代书院在教育、家族的多种价值维系中得到了迅速发展。大顺元年（890年）陈氏家族第七代主持陈崇主导制定《江州陈氏家法三十三条》，后又制定《陈氏推广家法十五条》："如有资性刚敏人物清醇者，严教举业，期达道以取青紫。"④ 其培养本族弟子借读书之道登上显贵的意图非常明确，良好的家风及优秀的学习环境，为达成这样的目标创造了条件。

家族对于教育的重视，收到了显著的效果。以前文所举陈氏家族为例，陈姓子弟不断有步入仕途者，担任县令、州参军等职，并且形成了人才上的良性循环现象。唐僖宗、南唐烈祖、宋太祖、太宗、仁宗等皇帝相继褒扬陈氏为"义门"，同时一些权臣、文士晏殊、王禹偁等人也以撰记、题诗等形式，赞美其家族事业。陈家很聪明地将这些置于显要位置，这对家族的长远发展来说，无疑是一件很好的事情。根据其第八、九、十世登科名录记载，自陈皓开始，有20多人中进士，他们或为大夫、县令、参军等，逐渐形成家族富贵，并不断繁衍，良性循环，唐宋时期共有5位皇帝予以褒奖，诸多达官名士为其撰记题词，东佳书院是中国古代家族书院发展的典型代表。

---

① 《范文正公文集》卷3《窦谏议录》。
② 《全唐文》卷888《徐锴·陈氏书堂记》。
③ 《武夷新集》卷6《南康军建昌县义居洪氏雷塘书院记》。
④ 陈增荣等：《义门陈氏宗谱》。

书院建立和创建者自身的思考和发展密切相关。比如匡山书院，在后唐长兴年间（930—933 年），由罗韬创建。匡山书院的特别意义还在于，它的创建得到了政府的褒奖，后唐皇帝李嗣源还颁赐院额，发布敕书予以表彰，其称：

> 朕惟三代盛时，教化每由于学校；六经散后，斯文尤托于士儒。故凡闾巷之书声，实振国家之治体。前端明殿学士罗韬，积学渊源，莅官清谨，纳诲防几之鉴，允协朕心；赏廉革蠹之箴，顾存宸席。寻因养病，遂尔还乡。后学云从，馆起匡山之下；民风日益，俗成东鲁之区。朕既喜闻，可无嘉励，兹敕翰林学士赵凤大书"匡山书院"四字为扁额。俾从游之士乐有赡依，而风教之裨未必无小补焉！①

邓洪波认为，这是中国历史上第一个由皇帝发布的表彰民间书院的文告，至少有两点应该引起我们特别的注意，一是它标志着朝廷对民间书院的正式承认，书院从此具有了合法性；二是朝廷对书院的认同，在于它有托斯文、裨风教，即能"振国家之治体"的学校功能，它表明自唐代龙溪松洲书院开始的教学活动经过二百余年的发展，已经得到了官方的肯定。②

民间有识之士的兴办书院的活动，在"天下未有兴学之议，士大夫亦无讲于学者"的荒蛮时代，能够"慨然以圣人之学为己任"，起圣殿，树经阁，开辟匡山，创建书院，"延收四方，启愚发覆，吐词为经"，并得到最高当局的嘉奖，这是前古未有的盛事，影响深远，至宋明而不绝，正如明儒曾皋《匡山书院记》中所言："宋儒黄勉斋、饶思鲁去先生且三百年，犹想慕遗风而来，反复精粗道器之辨，若就先生质证于一堂，学者得闻，遂各有省，敦贻之哉！"③ 在这方面，匡山书院在宋元两代一直兴学不断，正好印证了此番论述。

再如华林书院，五代时胡珰创建，始创于南唐保大四年（946 年）以前。据胡逸驾《祭华林始祖侍御史城公祖妣耿氏夫人二墓文》，书院"筑室百区，广纳英豪，藏书万卷，俾咀其葩。出其门者，为相为卿，闻其风者，载褒载嘉"④。在书院发展过程中，不断发展，传至宋初胡仲尧时期，又得到皇帝赐颁御书和

---

① 宋瑛：《同治泰和县志·学校》。
② 邓洪波：《五代十国时期书院述略》，载《湖南大学学报》（社会科学版）2002 年第 2 期。
③ 谢旻、陶成等：《雍正江西通志》卷 132。
④ 载宣统《甘竹胡氏十修族谱》卷 1。

名公巨卿题赠，更为壮大声望。

嵩阳书院的前身是河南登封县太室山麓的太乙书院，后周世宗显德二年（955年）创建，位于中岳嵩山，阴阳风雨会为钟灵毓秀，风景优美，自汉以来，皇帝就酷爱来此休闲，各种神仙道场杂陈期间，人文景致众多。该书院的基址在汉代名为万岁观，隋炀帝时期改名为嵩阳观，唐高宗时又改名为太乙观，同时还派隐士刘道合主持其事。至后唐清泰元年（934年）起，进士庞士曾在此聚徒讲学三年之久，后来避乱之士常聚于山中。后周时期创建了书院。宋代时书院先后改名为太室、嵩阳，随着历史发展，后名列"天下四大书院"之中。纵观宋代的辉煌，则缘起于后周的创始，清朝河南巡抚王日藻在《嵩阳书院记》中曾说，"五代日寻干戈，中原云扰，圣人之道绵绵延延几乎不绝如线矣，而书院独繁于斯时，岂非景运将开，斯文之未坠，已始基之欤！"[1]在乱世中保有文明的种子，是民族之大幸。

洪州奉新县（今属江西）的梧桐书院，为南唐时期罗靖、罗简兄弟创建的讲学之所，书院依嵯峨而特秀的梧桐山建造，又有冯水的环抱而映带，山水相会、风景怡人，是一块修身养性的宝地。其时两兄弟以圣贤性理之学教授生徒，从学者络绎不绝，争相事之，以致南唐国相、郡守交相"辟召"。[2]讲学活动的良好效果，提升了书院知名度和美誉度，吸引周边读书人前来求学。二百余年之后的宋嘉熙四年（1240年），其裔孙罗伯虎"尊祖以善其族"，在原址上重建书院，建祠奉祀，请徐应云作《梧桐书院记》，"载其本末，系之词，俾歌，以祀先生"，其词称：

> 栖碧梧兮朝阳，若有人兮霞裙月裳。冯水驶兮泱泱，若有人兮溯风而航。蕙有馥兮兰芳，奠桂酒兮椒浆。企潜直兮心莫忘，驾云驭兮徜徉。惠我后人兮世昌，山水无穷兮先生不亡！[3]

这些文人雅士的用词，意在表明书院对于文化种子的保留和传承，在历史中的重要作用，如"山水无穷兮先生不亡"那样，万世永光。

唐末五代时期的书院与后世相比，尚处于发展时期，许多为读书人自己的

---

[1] 耿介：《嵩阳书院志》卷下。
[2] 《康熙奉新县志·人物志》。
[3] 《同治奉新县志》卷2。

书舍或收藏经籍之所，也有学者认为尚不属于严格意义上的书院。同时，要看到唐末五代的书院与两宋时期书院有着无法割裂的渊源关系，唐五代书院的大量涌现，为宋代重要的教育组织形式——书院的形成奠定了重要基础。

唐末五代书院身处乱世，在形式上的一个重要特征，常常是结庐山林，这些读书人所酷爱的茂林修竹，成为大自然中的一种真实写照。福州福清的闻读书院，是唐代水部郎中陈灿的读书所在，所在地闻读山原名为小隐岩，后因陈灿在此筑室读书改名。

考察古人创办书院的过程，能够感悟到中国古代士人的人生理想与社会追求，达则兼济天下，穷则独善其身，是中国传统知识分子儒士结合的重要体现。细究起来，唐末五代的书院，不仅是书院发展的开端，更肇起宋代书院的兴旺。它创办活动中的意识形态，在后世的私学教育、现代教育中均有着一些影子，世俗办学和内在追求常常相互依附，并不断进行自我均衡。杨巨源在《题五老峰下费君书院》中写道："解向花间栽碧松，门前不负老人峰。已将心事随身隐，认得溪云第几重。"在唐代后期政治逐渐走向失衡的情况下，士人们在追求内圣外王之路上已经困难重重，只能择幽静之处，潜心读书，陶冶性情，同时在内心深处期待着一个政治清明、社会稳定的美好时代。

第七章
家庭教育活动

　　自有家庭，便有家庭形态的教育。一个人来到世上，最初接受的便是家庭教育，它与之后的学校教育、社会教育共同促进人的发展。家庭教育是"家庭成员之间的相互教育，通常多指父母或其他年长者对儿女辈进行的教育"①。先秦时期就很重视家庭教育，所以才有了广为人知的"孟母三迁"。魏晋南北朝时期政权更迭频繁，官学教育受到影响，但家庭教育极其兴盛，尤其是那些文化世家与名门望族，凭其家学渊源或特有权势，通过各种方式的家庭教育培养本族子弟，以延续家族名望和社会地位。及至隋唐五代时期，我国开始实行科举考试制度，众多举子通过科考走上了仕途，"学而优则仕"② 在更大程度上的实现使得社

---

① 顾明远主编：《教育大辞典》第一卷，上海教育出版社 1990 年版，第 11 页。
②《论语·子张》。

会向学之风日盛，"万般皆下品，唯有读书高"，凡"五尺童子耻不言文墨"①。在这样的背景下，无论皇室宗亲、官僚贵族还是布衣百姓，无不重视家庭文化教育。同时随着整个民族文化发展到前所未有的繁荣阶段，文明开化达到历史最高水平，家庭礼仪教育和女子教育也较前代有了长足的进步。

第一节　皇子教育活动

中国古代社会中的皇子是一个特殊的群体，作为国家最高统治者的继承人，他们虽无衣食之忧，却负有王朝兴衰之重。因此，在结束了魏晋以来长期的分裂割据与战乱之后，隋统治者尤为重视对后继之人的培养，唐及五代历朝君王中更是出现了皇子教育的"典范"，对后世帝王之家的教育活动产生了深远的影响。

一、日常生活教育

皇子们大都"生自深宫之中，长居妇人之手，不以高危为忧惧，岂知稼穑之艰难"②，对宫廷之外的生活了解有限，难以体察民间疾苦，所以贤君明主就在平素言行中，对子弟耳提面命，遇事必诲。隋朝开国君主文帝杨坚（541—604），幼年曾在寺庙之中生活，自小养成了节俭的习惯，开创大隋基业之后，他认为节俭关系到国家的长治久安，因此虽掌管天下，仍然奉行节俭，力禁奢华，甚至食不重肉，此举颇得民心。对于皇室子弟，他也提出生活要节俭。一次，太

图 7-1　隋文帝杨坚

---

① 杜佑：《通典》卷 15《选举三》。
② 吴兢：《贞观政要》卷 4《教戒太子诸王》。

子杨勇穿着华丽的"蜀铠"四处炫耀，文帝看到后很担忧，唯恐他沾染上奢侈的陋习，于是就把自己往日所穿的旧衣服、所用的刀子和所吃的肉酱等物品交付给太子，让其明白创业之艰辛与守业之重责并诫之曰："我闻天道无亲，唯德是与，历观前代帝王，未有奢华而得长久者。汝当储后，若不上称天心，下合人意，何以承宗庙之重，居兆民之上？吾昔日衣服，各留一物，时复看之，以自警戒。今以刀子赐汝，宜识我心。"① 君王以自己的经历来教育子弟，让他们看到只有经过往日之功，才能有今日之为，这种教育方式具有很强的说服力。

唐太宗李世民（599—649），是享誉史册的开明君主，开创了历史上著名的"贞观之治"。他在位期间国家政治清明、经济发展、社会安定、武功兴盛，为后来的"开元盛世"奠定了重要的基础。李世民反思隋朝灭亡的教训和皇子们的生活环境，结合自己的经历，感到必须加强对皇子们的教育，培养合格的接班人，才能保证王朝的长治久安。贞观十七年（643年），晋王李治被立为太子，唐太宗担心他对世间百姓疾苦所见甚少，对其"遇物必有诲谕"②，在各种场合借物喻理，深入浅出讲述为君之道，培养他作为未来一国之君所需要的素养。比如在用餐时看到饭食，唐太宗就问李治："汝知饭否？"③ 然后就解释一日三餐是怎么来的，教育他征集劳役不能

图 7-2　唐太宗李世民

占用农时季节："凡稼穑艰难，皆出人力，不夺其时，常有此饭。"④ 见李治骑马，太宗指着马说道："能代人劳苦者也，以时消息，不尽其力，则可以常有马也。"⑤ 太宗用马匹比作民力，教育李治作为国君要懂得让百姓休养生息，不可

①《隋书》卷45《文四子列传》。
② 吴兢：《贞观政要》卷4《教戒太子诸王》。
③ 吴兢：《贞观政要》卷4《教戒太子诸王》。
④ 吴兢：《贞观政要》卷4《教戒太子诸王》。
⑤ 吴兢：《贞观政要》卷4《教戒太子诸王》。

耗尽其力。见到船只，太宗以船与水的关系来比喻君民关系："舟所以比人君，水所以比黎庶，水能载舟，亦能覆舟。尔方为人主，可不畏惧！"① 看到弯曲的树木，太宗教育李治要明白"纳谏"的重要性："此木虽曲，得绳则正；为人君虽无道，受谏则圣。此傅说所言，可以自鉴。"② 这种家庭教育，融道理于一事一物之中，所见之物皆成教材，能最大程度上发挥教育的功能，达到教育的目的。

皇子的家庭教育，往往"以史为鉴"，通过评述以往历史教训，教育子弟们要忠君行孝，好自为之。由于君王大都广读经史，历史典故、前朝成败熟记于心，各种素材信手拈来，所以这种家庭教育方式很有优势。史载贞观十年（636年），太宗李世民把吴王李恪、魏王李泰等皇子召来，说道："自汉以来，帝弟帝子，受茅土、居荣贵者甚众，惟东平及河间王最有令名，得保其禄位。如楚王玮之徒，覆亡非一，并为生长富贵，好自骄逸所致。汝等鉴诫，宜熟思之。……我闻以德服物，信非虚说。比尝梦中见一人云虞舜，我不觉竦然敬异，岂不为仰其德也！向若梦见桀、纣，必应斫之。桀、纣虽是天子，今若相唤作桀、纣，人必大怒。颜回、闵子骞、郭林宗、黄叔度，虽是布衣，今若相称赞道类此四贤，必当大喜。故知人之立身，所贵者惟在德行，何必要论荣贵。汝等位列藩王，家食实封，更能克修德行，岂不具美也？且君子小人本无常，行善事则为君子，行恶事则为小人。当须自克励，使善事日闻，勿纵欲肆情，自陷刑戮。"③ 唐太宗通过比较世人对桀、纣和四贤的态度，认为一个人或被憎恶，或受尊崇，与其地位贫富无关，而完全在于其德行。人以德立世、以德服人，有德之人即为君子，无德之辈即是小人。对于皇子们来说，要学东平王和河间王才能保证自己的禄位，如果像晋朝楚王司马玮那样骄奢淫逸、放纵无度，必然导致封国覆亡的结局。

由于特殊的家庭结构，皇帝与皇子不可能经常见面，所以除"面授"之外，有时候还会以书信的方式对皇子们进行教育。李世民的三子吴王恪，史载"善

① 吴兢：《贞观政要》卷 4《教戒太子诸王》。
② 吴兢：《贞观政要》卷 4《教戒太子诸王》。
③ 吴兢：《贞观政要》卷 4《教戒太子诸王》。

骑射，有文武才"①，太宗对其非常疼爱和欣赏，认为李恪"英果类我"②，寄予厚望，甚至曾有"立储"之意。贞观十二年（638年），李恪官授安州都督，赴职之前，太宗传书诫之曰："吾以君临兆庶，表正万邦。汝地居茂亲，寄惟藩屏，勉思桥梓之道，善偁间、平之德。以义制事，以礼制心，三风十愆，不可不慎。如此则克固盘石，永保维城。外为君臣之忠，内有父子之孝，宜自励志，以勖日新。汝方违膝下，凄恋何已，欲遗汝珍玩，恐益骄奢。故诫此一言，以为庭训。"③ 李世民在信中谆谆叮嘱爱子，做事要以义、礼为重，经常勉励自己，以求不断完善，并告诫李恪要警惕各种恶劣风气和罪愆，不可骄奢放纵。书信是古代常用的一种沟通交流方式，私人信件更是常作为感情表达的载体，所用言辞诚恳殷切，意味深长，以情动人，往往具有意想不到的教育效果。

有时君主还通过撰写文章或编纂书籍的方式，对子弟们进行教育。相对于信件来说，文章和书籍是一种比较正式的教育方式，涉及的范围较广，影响较大。唐太宗长子李承乾，秉性聪慧，颇识大体，曾几次监国，代太宗处理政务，很受太宗喜爱。但随着时日增长，李承乾不思进取，养尊处优，生活日渐奢靡腐化，史书载其"及长，好声色，慢游无度"④。李世民感到这种现象在皇家子弟中并非一例，为此很是忧心，亲写《诫皇属》一文："朕即位十三年矣，外绝游观之乐，内却声色之娱。汝等生于富贵，长自深宫，夫帝子亲王，先须克己，每着一衣，则悯蚕妇；每餐一食，则念耕夫。至于听断之间，勿先恣其喜怒。朕每亲临庶政，岂敢惮于焦劳？汝等勿鄙人短，勿恃己长，乃可永久富贵，以保终吉。先贤有言：逆吾者是吾师，顺吾者是吾贼，不可不察也。"⑤ 李世民告诫众皇属，尽管皇家子弟生活在宫廷之中，享有荣华富贵，但在平素生活中必须能够约束自己，不能奢靡放纵，沉迷声色。他教育皇子们不可凭个人喜怒滥用民力，恣意妄为，穿衣吃饭要想到蚕妇耕夫的辛劳，决断案件要有法有据，处理政务要尽力而为。贞观七年（633年），唐太宗命魏徵编录《自古诸侯王善恶录》一书作为皇家家庭教育的教材。这本书选自历史上帝王及诸侯王积善积

① 《新唐书》卷80《太宗诸子传·郁林王恪》。
② 《新唐书》卷80《太宗诸子传·郁林王恪》。
③ 《旧唐书》卷76《太宗诸子传·吴王恪》。
④ 《旧唐书》卷76《太宗诸子传·恒山王承乾》。
⑤ 刘清之：《戒子通录》卷1《诫皇属》。

恶所造成的成败得失故事，按历史顺序和善恶两类，编辑成册，用以教育皇家子孙以古为鉴，注重道德修养。①

在皇子的教育过程中，对于他们的良好行为，皇帝也会及时表扬予以肯定和鼓励。唐肃宗李亨于开元二十六年（738 年）被立为皇太子，之后经常陪父皇玄宗李隆基用膳。有次进膳时一道菜是烤羊腿，玄宗就让太子李亨来切割。李亨切割完毕后，发现手上全是油渍，就用桌子上的饼子来揩拭双手。玄宗看到，心里很是不快。但是李亨用饼子擦过油渍后，并没有弃而不食，相反把沾满油渍的饼子放到口中毫不犹豫地吃了起来。玄宗见此，龙颜大悦，对太子说道："福当如是爱惜。"② 玄宗通过表扬李亨的行为，教育太子一餐一食都不可浪费，要懂得爱惜富足的生活。

皇帝教育皇子也会使用惩罚的手段，以此敦促其及时改正过错，并让皇子们为自己不当行为负责。隋文帝杨坚的三子杨俊，开皇元年（581 年）被封为秦王，早年屡有功绩，得到文帝的奖励，之后生活日渐奢侈，"盛治宫室，穷极侈丽……香涂粉壁，玉砌金阶。梁柱楣栋之间，周以明镜，间以宝珠，极荣饰之美。"杨坚认为他这样做过于"奢纵"，就罢免了他的官职以作惩戒，只给他留有封王的名号，并传其口谕曰："我戮力关塞，创兹大业，作训垂范，庶臣下守之而不失。汝为吾子，而欲败之，不知何以责汝！"有人为其求情复官，认为杨俊"但费官物营廨舍而已"，惩罚过重。文帝曰："我是五儿之父，若如公意，何不别制天子儿律？……安能亏法乎？"在杨俊染疾死后，文帝为警示他人，命"送终之具，务从俭约"，杨俊生前所享用的"侈丽之物"，③ 也被悉数焚烧。从以上两例可以看出，表扬和惩罚是皇子家庭教育活动中常用的方式，在衣食住行各个方面都可见到，而且由于"君无戏言"，帝王的褒贬之辞更会对皇子们的言行产生巨大的教育作用。

二、文化知识教育

毫无疑问，皇子们作为统治阶级的上层，必须要具备一定的文化知识。但

---

① 毕诚：《中国古代家庭教育》，商务印书馆 1997 年版，第 90 页。
②《太平广记》卷 165《唐玄宗》。
③《隋书》卷 45《文四子列传》。

如何给皇子们传道、解惑，教授哪些学问，在"家天下"的古代社会，这既是帝王家事，也是整个王朝和国家需要考虑的问题。皇子们的文化知识教育在隋唐五代的各个时期都得到了重视，并不断加以完善。

　　隋代在东宫设置"门下坊"和"典书坊"。门下坊设左庶子二人、内舍人四人及录事、主事令史等官，典书坊设右庶子二人、舍人、通事舍人各八人，这些人主要负责皇太子的文化与道德教育。到了唐代，门下坊改为左春坊，典书坊改为右春坊。唐初，高祖李渊设立小学，"以诏皇族子孙及功臣子弟"①，在皇子们的府邸之中，也都有各自的师傅来辅助和教育。

　　唐贞观年间，唐太宗加强了对太子的教育，重新设立"三师三少"，"太子太师、太傅、太保各一员；太子少师、少傅、少保各一员，三师三少之职掌，教谕太子。无其人，则阙之"②。太宗还规定了相关的尊师礼仪，太子见到老师，"每见，迎拜殿门，三师答拜，每门必让。三师坐，太子乃坐。与三师书，前名惶恐，后名惶恐再拜"③。三师前来宫中授课时，太子要在殿门外迎候，见到三师要先行礼参拜，然后才是三师答礼回拜。入宫门时要让三师先行，进门三师入座后，太子才能坐下。太子写给三师的求教书信，必须在前面写上"惶恐"，结尾写上"惶恐再拜"，以示对三师的尊重。

　　唐太宗在东宫设置崇文馆，命魏徵、虞世南、颜师古等人购买天下图书，选善长书法者缮写，然后藏于皇家秘书库，供皇室子弟阅读。之后皇家馆学不断巩固和发展，馆学教官之职亦多由一品中书门下平章事、六部尚书、宰相等兼领。至唐玄宗时，馆学藏书已十分丰富，并在东宫特设图书馆。④

　　唐代皇子们在弘文馆和崇文馆中读书学习，大都是修习儒家经典，以经为主兼习史书。据《唐令拾遗》《大唐六典》等资料记载，皇子们被要求统一修习的有《孝经》和《论语》，《左传》和《礼记》要修习三年，《毛诗》《周礼》《仪礼》修习两年半，《周易》《公羊传》《谷梁传》《尚书》修习一年半。《旧唐书》记载，皇子李弘师从郭瑜学习《春秋左传》《礼记》等内容，皇子李贤学习《尚

---

① 王溥：《唐会要》卷 35《学校》。
② 《旧唐书》卷 44《职官三》。
③ 《新唐书》卷 49 上《百官四上》。
④ 毕诚：《中国古代家庭教育》，商务印书馆 1997 年版，第 90 页。

书》《礼记》《论语》。①

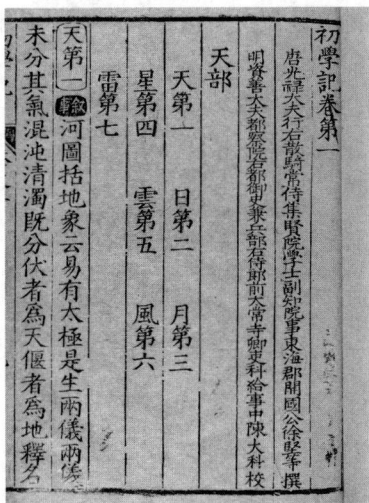

图 7-3 《初学记》

图 7-4 《贞观政要》

除了必要的经史，徐坚等人编纂的《初学记》、吴兢编辑的《贞观政要》等，都是皇家家庭教育的教材。史载："唐玄宗谓张说曰：'儿子等欲学缀文，须检事及看文体。《御览》之辈，部帙既大，寻讨稍难。卿与诸学士撰集要事并要文，以类相从，务取省便，令儿子等易见成就也。'说与徐坚、韦述等，编此进上，诏以《初学记》为名。赐修撰学士束帛有差，其书行于代。"②

另载，唐宪宗曾问宰相曰："'天子读何书即好？'权德舆对曰：'《尚书》哲王轨范，历历可见。'上曰：'《尚书》曾读。'又问郑余庆曰：'《老子》《列子》如何？'奏曰：'《老子》述无为之化，若使资圣览为理国之枢要，即未若《贞观政要》。'"③

此外，唐代皇室子孙颇爱书法和音律。由于唐代非常重视书法，两馆中书法是学习的重要一项。这一时期不但有很多大书法家出现，皇子们的书法也颇有造诣。例如，唐睿宗之子李隆范，"好学工书，雅爱文章之士"④。有些皇子还钟情于音律，如唐玄宗李隆基"性英断多艺，尤知音律，善八分书"⑤。

① 《旧唐书》卷 86 《高宗中宗诸子传》。
② 刘肃：《大唐新语》卷 9 《著述》。
③ 王谠：《唐语林》卷 2 《文学》。
④ 《旧唐书》卷 95 《睿宗诸子传》。
⑤ 《旧唐书》卷 8 《玄宗本纪上》。

两馆讲学一般采用集中讲授的形式，教学方法大致有讲论、问难、诵读和读书知道四种方式。讲论分为制讲和常讲。制讲是在皇帝或太子视学、春秋释奠孔夫子庙以及皇太子齿胄入学时举行。常讲是指学校日常课程的讲授，是以知识的传授和详微细致地阐发精义为目的。

皇子们在两馆的学习也有休假放松的时候，如规定每十天给假一天，称为"旬假"。每年放假两次，一次在五月称为"田假"；一次在九月称为"授衣假"，假期通常为一个月。考试一般分为三种：举行于旬假前日的称为"旬试"，相当于平时测验；举行于年终的称"岁试"，相当于学年考试；举行于结业时的，称升格考试，相当于毕业考试。考试的内容也是有所规定的，为大经一，小经一，或中经二，或《史记》《前后汉书》《三国志》各一，或时务策五道。经史皆试策十道，经通六，史及时务通三，背帖《孝经》《论语》共十条，通六条者为及格。主要方法为贴经、口问、策论。①

但到了开元年间，唐玄宗设立十王宅和百孙院，让皇子们统一居住在其内。据《旧唐书》记载："先天之后，皇子幼则居内，东封年，以渐成长，乃于安国寺东附苑城同为大宅，分院居，为十王宅。令中官押之，于夹城中起居，每日家令进膳。又引词学工书之人入教，为之侍读。……外诸孙成长，又于十王宅外置百孙院。每岁幸华清宫，宫侧亦有十王院，百孙院，宫人每院四百，百孙院三十四人。"② 皇家子弟文化知识的传授，改由皇帝选派的师傅们在院中统一进行，类似于集体授课。

在皇子师傅的选拔方面，皇帝可称得上是做到了天下之选。如唐太宗李世民认为皇子们多为中智之人，需要有名师来教辅："上智之人，自无所染，但中智之人无恒，从教而变，况太子师保，古难其选。成王幼小，周、召为保傅，左右皆贤，日闻雅训，足以长仁益德，使为圣君。秦之胡亥，用赵高作傅，教以刑法，及其嗣位，诛功臣，杀亲族，酷暴不已，旋踵而亡。故知人之善恶诚由近习。朕今为太子、诸王精选师傅，令其式瞻礼度，有所裨益。"③ 李世民强调

① 黄林纳：《试论唐代皇子教育与唐代政治的关系》，载《重庆科技学院学报》（社会科学版）2009 年第 9 期。
②《旧唐书》卷 107《玄宗诸子·凉王璿传》。
③ 吴兢：《贞观政要》卷 4《论规谏太子》。

要为皇子们慎选师傅，以贤人为师可为明主，奸佞作傅会成暴君。

所以在贞观年间，李世民为皇子们选派的师友，均为德才兼备的贤能。① 这些人中有些还是归唐的前朝老臣，德高望重、备受尊崇，如太子少师李纲曾在隋开皇末年担任太子杨勇的太子洗马、尚书右丞，入唐后又担任唐高祖朝的太子詹事、礼部尚书，贞观四年（630 年），太宗拜李纲为太子少师；萧瑀是南朝梁武帝之后，其父为梁明帝，出身帝王之家；著名史学家李百药，隋初为东宫通事舍人，太子舍人，东宫学士，贞观元年（627 年），拜为中书舍人，贞观四年（630 年），选任为太子右庶子；温彦博，隋朝为文林郎，直内史省，入唐任中书侍郎，太子右庶子。

有的师傅是博学鸿儒。其中有陆德明，隋末唐初经学家，太宗为秦王时选为文学馆学士；孔颖达，唐代儒学大师，唐高祖时为国子学博士，参与《隋史》纂修，主修《五经正义》，贞观七年（633 年），被任命为太子右庶子；赵弘智，唐代经学家，太宗任之为太子舍人，弘文馆学士，后为太子右庶子；杜正伦，隋时秀才，博学多识，太宗诏为太子左庶子，兼崇贤馆学士。此外，还有唐代著名史学家、五代史志及《周书》编修者令狐德棻；唐代著名书法家、"欧体"字创始人欧阳询；唐代著名儒学家、训诂专家颜师古等，均被选为太子师友，助其学习儒家经典及史学名著。

李世民还从当代名臣中为皇子们精选师傅。这些人大多是朝中宰辅，如房玄龄，因帮助太宗铲除隐太子建成党，夺取帝位，太宗即位后备受礼遇，摄太子詹事，兼礼部尚书；高士廉，长孙皇后之舅，于贞观元年（627 年），拜为侍中，贞观十二年（638 年），摄太子少师；于志宁，名臣之后，太宗每次征战，均让他侍从左右，视其为亲信，兼太子詹事；张玄素，为官以清慎著名，对太子承乾事无大小，如有所失必以死谏。

三、治国安邦的教育

在皇子们的教育中，培养他们治理国家的才能是核心内容。尤其是对太子的教育，始终是围绕如何成为一个君主进行的。唐太宗李世民晚年在确定立李治为太子后，亲自撰写《帝范》一书，对其加强日后作为人主的教育。

---

① 孙钰华、盖金晖：《略论唐太宗的太子教育》，载《新疆师范大学学报》（哲学社会科学版）1997 年第 4 期。

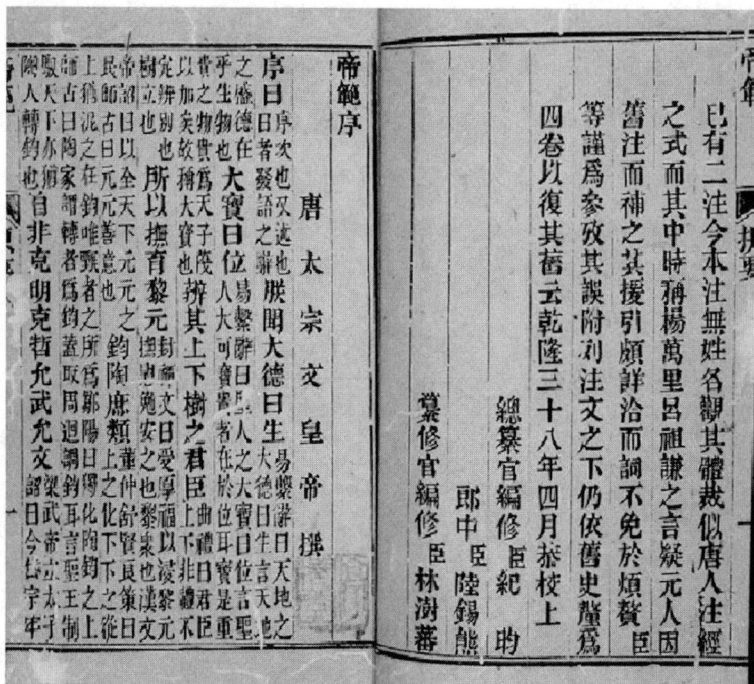

图 7-5　《四库全书》中收录的《帝范》

　　在这部书中，李世民首先告诉太子李治关于国君之本与治理国家应该遵循的基本原则。一国之君是"人主之体，如山岳焉，高峻而不动；如日月焉，贞明而普照。兆庶之所瞻仰，天下之所归往"，要有山岳岿然不动的尊崇和日月普照大地的情怀。治国安民应该"宽大其志，足以兼包；平正其心，足以制断。非威德无以致远，非慈厚无以怀民。抚九族以仁，接大臣以礼。奉先思孝，处位思恭，倾己勤劳，以行德义"①。君王要志向广大，宽厚慈爱，勤政爱民，奉行仁礼，倡导德义，如此才能够涵容万物，天下畏服，四海归附，国泰民安。

　　关于用人之道，李世民嘱咐李治可利用分封亲族之法巩固帝位，保障太平，但建亲分封要力行中道。"夫六合旷道，大宝重任。旷道不可偏制，故与人共理之；重任不可独居，故与人共守之。是以封建亲戚，以为藩卫，安危同力，盛衰一心，远近相持，亲疏两用，并兼路塞，逆节不生。"天下广袤疆土，至尊帝位，仅凭君王一人之力难以固守，需要分封宗亲诸侯，以封地作为护王室之屏障。但太宗提醒李治，"封之太强，则为噬脐之患；致之太弱，则无固本之基。

―――――――――

　　① 成晓军：《帝王家训》，湖北人民出版社 1994 年版，第 44 页。

由此而言，莫若众建宗亲而少力，使轻重相镇，忧乐是同，则上无猜忌之心，下无侵冤之虑"①，所以分封诸侯既不可使其太强而威主，也不能使其过弱而无益，这样才能互不猜忌，忧乐同心，共享太平。

除皇室宗亲外，治国安邦还需有大批俊杰贤能，但并不是每一个君主都善于选贤任能。李世民反复叮咛太子："故舟航之绝海也，必假桡楫之功；鸿鹄之凌云也，必因羽翮之用；帝王之为国也，必藉匡辅之资。""夫国之匡辅，必待忠良。任使得人，天下自治。"舟船渡海借助船桨，鸿鹄高飞凭借羽翼，治理国家也必须要依靠贤才。但这些贤达之人如果未遇明主，"莫不戢翼隐鳞"，隐藏于世，所以凡明君都会"旁求俊乂，博访英贤，搜扬侧陋。不以卑而不用，不以辱而不尊"②，无论他的居所如何僻陋，地位如何卑微，经历如何坎坷，只要是有用之才，都应为我所用。

才有文武之分：武以定国，文可安邦。"至若长气亘地，成败定乎笔端；巨浪滔天，兴亡决乎一阵。当此之际，则贵干戈而贱庠序。及乎海岳既晏，波尘已清，偃七德之余威，敷九功之大化。当此之际，则轻甲胄而重诗书。是知文武二途，舍一不可，与时优劣，各有其宜。武士儒人，焉可废也。"李世民为行伍出身，以武立国，自然告知秉性懦弱的李治，在国难危机时刻要依靠忠勇武士，在平常时期兵甲也不宜全除，"农隙讲武，"以"习威仪"；③ 同时作为一代明君，李世民深知，帝王切不可好战，以防穷兵黩武，待天下既定，百废待兴之时，兴国安民，礼乐教化，还需凭借文儒之术。所以文治、武功不可偏废，文臣、武将各有所用。

有了贤才，君主还要量才而用。李世民告诉李治要"智者取其谋，愚者取其力，勇者取其威，怯者取其慎，无智愚勇怯，兼而用之。故良匠无弃材，明主无弃士。不以一恶忘其善，勿以小瑕掩其功。割政分机，尽其所有。……今人智有短长，能有巨细。或蕴百而尚少，或统一而为多。有轻才者，不可委以重任；有小力者，不可赖以成职"。才无大小，各有所长，选配官吏要根据政务职责所需，用其所长，避其所短，务必做到人尽其才。"得其人则风行化洽，失

---

① 成晓军：《帝王家训》，湖北人民出版社 1994 年版，第 45—46 页。
② 成晓军：《帝王家训》，湖北人民出版社 1994 年版，第 50 页。
③ 成晓军：《帝王家训》，湖北人民出版社 1994 年版，第 72、70 页。

其用则亏教伤人。"① 国君如果能在委任官吏上做到知人善任，那么他就可以高枕无忧了。

对于君主自身来说，李世民告诫李治，一国之君虽贵为天子，富有四海，但生活上要力行节俭，禁戒骄奢。君主如果"处薄而行俭"，则"风淳俗朴，比屋可封"；如果"极其骄奢，恣其嗜欲"，则会加重徭役和赋税，导致民力竭尽，民怨渐生，国将有倾危之患。人主之作为，不只是一人一家之事，而是关乎举国之民风，社稷之安危。"奢俭由人，安危在己。五关近闭，则嘉命远盈；千欲内攻，则凶源外发。……骄出于志，不节则志倾；欲生于心，不遏则身丧。"② 奢俭与安危，最终都是由君主自己决定的。世人皆知"成由俭朴败由奢"，帝王本人必须遏制私欲，节制骄奢，否则无异于引火焚身，招致覆国之祸。

处理政务，李世民教导李治，既要虚心纳谏，又要明辨谗言。由于君王久居深宫，难以亲见民生疾苦，"恐有过而不闻，惧有阙而莫补"。所以君主要允许臣子诤言进谏，"言之而是，虽在仆隶刍荛，犹不可弃也；言之而非，虽在王侯卿相，未必可容。其义可观，不责其辩；其理可用，不责其文。"不管谏诤者身份是否高贵，论辩是否充分，表达是否有文采，只要言之成理，合乎大义，当政者就要接受。相反，如果君主拒绝接受劝谏，对"说者拒之以威，劝者穷之以罪"，日久就会"恣暴虐之心，极荒淫之志。其为壅塞，无由自知"③，如此则离身死国亡不远了。

李世民教导李治："明王纳谏，病就苦而能消；暗主从谀，命因甘而致殒。"君主既要纳忠言，还要拒谀言。谏言犹如苦口的良药，难以下咽但有益病体；谀言则是飘香的毒酒，饮之甘美却命丧其中。天子位至极尊，更愿意听到的是顺耳顺心的甜言蜜语，而不是难以接受的逆耳之辞。所以要做有为之君，切记"砥躬砺行，莫尚于忠言；败德败正，莫逾于谗佞"④。远离谗佞之徒，警惕阿谀之言，谨防谄媚之态，以绝奸佞之危。

---

① 成晓军：《帝王家训》，湖北人民出版社 1994 年版，第 53 页。
② 成晓军：《帝王家训》，湖北人民出版社 1994 年版，第 63 页。
③ 成晓军：《帝王家训》，湖北人民出版社 1994 年版，第 56 页。
④ 成晓军：《帝王家训》，湖北人民出版社 1994 年版，第 58 页。

治理国家还需要赏罚分明，奖惩得当。李世民告诉李治："仁爱下施，则人不凋弊；教令失度，则政有乖违。防其害源，开其利本，显罚以威之，明赏以化之。威立则恶者惧，化行则善者劝。适己而妨于道，不加禄焉；逆己而便于国，不施刑焉。故赏者不德君，功之所致也；罚者不怨上，罪之所当也。"① 惩罚用以止恶，奖赏是为劝善。刑不滥罚，被罚之人就不会有何怨言；赏不妄行，受赏之人始有公平之感。如果君王单凭个人偏好或喜怒，随意赏罚，则犹如纵恶抑善，必然失其功效。所以君王一切恩赏与惩戒都应从社稷安危出发，要尽力做到赏罚有章，轻重有度，此乃国家治理之要义。

至于农事，李世民说："农为政本。仓廪实则知礼节，衣食足则知廉耻。……国无九岁之储，不足备水旱；家无一年之服，不足御寒暑。……求什一之利，废农桑之基。以一人耕而百人食，其为害也，甚于秋螟。莫若禁绝浮华，劝课耕织，使人还其本，俗反其真，则竞怀仁义之心，永绝贪残之路，此务农之本也。"② 太宗告诫李治，农业为国之根本，切不可为追求一时的蝇头小利，舍本求末，荒废农桑之基业。国君应躬身亲为，重视农耕，督促百姓远离浮华恶习，回归耕织之本原。由此社会风气会变得日益淳朴，仁义之心也都竞相有之。国家强盛，社会安定，百姓富足，全赖农之根本。

第二节　普通家庭教育活动特点

隋唐五代时期，皇族之外的普通人家同样重视子孙后代的教育，尤其是在实行科举取士制度之后，国家选贤任能的方式发生了根本性的改变，普通子弟也可凭借科考步入仕途，"既登第，遂食禄，既食禄，必登朝，谁不欲也"③。所以各个家庭都会通过各种方式和设施对子弟进行文化知识和伦理道德教育，望其将来高中举业，光耀门庭。综观这一时期普通家庭教育活动，主要有以下特点。

---

① 成晓军：《帝王家训》，湖北人民出版社 1994 年版，第 65 页。
② 成晓军：《帝王家训》，湖北人民出版社 1994 年版，第 66—67 页。
③ 李肇：《唐国史补》卷下。

一、家庭教育活动方式多样

相对于学校教育而言，家庭教育活动更加灵活多样。从教育活动的承担者方面来说，大致有三种情况：父亲传业于子女，亲友教授晚辈，母亲训诲子弟。①"父教其子，兄教其弟"②，无论在中原地区还是边远地方，这些都是常见的家学教育形式。五代后唐时魏州（今河北冀州一带）人刘赞，年幼时由做县令的父亲刘玭亲自教授《诗》《书》，并被要求穿上青布衣衫，以示立志做个读书人；在吃饭时，其父只让刘赞吃蔬菜，不能食肉，因为这些肉是用朝廷的俸禄所买的，"尔欲食肉，当苦心文艺，自可致之"③。唐僖宗时，河南固始人林淘迁入福建闽清地区，当时此处文化教育比较落后，为了不耽搁子孙的教育，林淘"买书教子，积谷济贫，名著当时"④。五代时期，儒生李瞻业考进士不中，又遇到连年战乱，举家迁徙到渤海之滨的无棣县，"以诗书训子孙"⑤，后唐天成二年（927年），其子李愚官拜为相。晚唐名相白敏中，则是由兄长教授学业。白敏中是唐朝大诗人白居易的从弟，因"敏中少孤，为诸兄之所训厉，长庆初，登进士第"⑥。唐代文学家元结也是受教于兄长，"十七始知书，乃授学于宗兄先生（元）德秀。……天宝十二载举进士"⑦。除父兄外，其他亲属长辈也会承担家学教育活动的责任，如唐朝名将封常清自幼跟随外祖父生活，后外祖父因犯罪被流放至安西（今新疆库车县）充军，看守胡城的南门，封常清也随之到此。外祖父颇爱读书，常在城门楼上"教其读书"，在外祖父的指导下，封常清"多所历览"⑧，日后成为一代名将，并两度入朝为官。

在这一时期的家庭教育活动中，母亲教子也是非常普遍的现象。唐代书法家颜真卿幼年丧父，"母殷氏躬加训导"，由于家境贫困买不起纸砚，他就用笔蘸黄土水在墙上练字，勤学苦读。在母亲的诲育下，颜真卿"既长，博学，工

---

① 李国钧、王炳照主编：《中国教育制度通史》第二卷，山东教育出版社1999年版，第412页。
② 杜佑：《通典》卷15《选举三》。
③《旧五代史》卷68《唐书·刘赞传》。
④《闽清县志》卷7《独行传》。
⑤《旧五代史》卷67《唐书·李愚传》。
⑥《旧唐书》卷166《白居易传附白敏中》。
⑦《全唐文》卷344《颜真卿·唐故容州都督兼御史中丞本管经略使元君表墓碑铭并序》。
⑧《旧唐书》卷104《封常清传》。

辞章，事亲孝。开元中，举进士"①；唐代诗人元稹，八岁时父亲去世，因为家境贫困上不起学，其母亲郑夫人是一个贤明之人，"为稹自授书，教之书学"②，所以元稹在九岁时便能写得一手好文章，十五岁时两经擢第。与元稹、白居易同一时代的另外一个诗人李绅，"六岁而孤，母卢氏教以经义"③，元和初，登进士第。唐懿宗朝宰相杨收，七岁丧父，其母"长孙夫人知书，亲自教授"④，杨收在十三岁时便能通晓儒家经义，善于著作文章，被当地人称为"神童"。

寡母抚孤自然比其他家庭更多一份艰辛，她们不但把子女养大成人，而且还要承担起家庭教育的责任，但作为母亲，她们义无反顾，为世人所称道。唐玄宗时期，隰城丞薛元暖与其弟什邡县令薛元晖都是早年辞世，二人共留下七个儿子：彦辅、彦国、彦伟、彦云及薛据、薛摠、薛播。薛元暖的妻子林氏，"有母仪令德，博涉五经，善属文，所为篇章，时人多讽咏之"，她不但抚育四个儿子，同时还负担起三个侄子的养育重担。薛家兄弟七人，"悉为林氏所训导"⑤，并在开元、天宝中二十年间，全都考取进士，连中科名，光耀门楣。唐肃宗乾元元年（758 年），信安县吏李涛去世后，夫人独孤氏"罢助祭之事，专以《诗》《礼》之学训成诸孤，亲族是仰，比诸孟母"⑥。唐代宗大历三年（768 年），岭南推官张诚死后，遗有幼子三人，妻子陆氏"勤求衣食，亲执《诗》《书》，诲而道之，咸为令子"⑦。

从家庭教育活动的方式上来说，多是以正面督促激励为主。唐朝侍御史赵武孟，年少时喜欢到田间游玩打猎，还把捕获的猎物送给母亲，本以为母亲会非常开心，没想到母亲竟哭着说："汝不读书而田猎如是，吾无望矣。"⑧ 并拒绝食用那些猎物。母亲的眼泪对武孟触动很大。他幡然醒悟，遂勤学苦读，博通经史，应举高中，官拜右台侍御史，并撰《河西人物志》十卷。唐代名臣柳仲郢，生于官宦世家，家教甚严，其母韩氏为督促儿子学习，"常粉苦参黄连，

---

① 《新唐书》卷 153《颜真卿传》。
② 《旧唐书》卷 166《元稹传》。
③ 《旧唐书》卷 173《李绅传》。
④ 《旧唐书》卷 177《杨收传》。
⑤ 《旧唐书》卷 146《薛播传》。
⑥ 周绍良主编：《唐代墓志汇编》下册，上海古籍出版社 1992 年版，第 1793 页。
⑦ 李昉等：《文苑英华》卷 898《岭南观察推官赠尚书工部侍郎吴郡张公神道碑》。
⑧ 《旧唐书》卷 92《赵彦昭传》。

和以熊胆，以授诸子，每夜读书，使嚼之以止睡"①。所以仲郢自幼便勤读经史，尤其是对《史记》《汉书》以及魏晋南北朝等时期的历史进行了深入的研读，并且手抄誊录这些著作，与其他经史三十多篇合辑编为《柳氏自备》，经常翻阅。

有的父母会根据子弟秉性因材施教。唐高宗朝侍御史刘藏器，在幼子刘知几十二岁时，教授其《古文尚书》，虽有所学，但进步很慢，刘知几似乎也没有兴趣。一次刘藏器在给其他儿子们讲授《春秋左氏传》，刘知几贸然前去听讲，并叹曰："书如是，儿何怠！"② 刘藏器对此很是意外，随即为其讲授《左传》，一年即讲诵完毕，未过几载，刘知几便通览群史。刘藏器没有强求儿子专精一经，而是依据其爱好，培养其专长，引导刘知几日后走上了治史之路，写出了中国第一部史学理论专著《史通》。

而唐代著名书法家欧阳询的妻子徐氏，在丈夫去世后，为了能让幼子欧阳通继承父业，便想法引导儿子研习书法。由于欧阳询的书法手迹家藏有限，大多散落在民间，广为流传，徐氏便让欧阳通拿着钱到市场上去购买。欧阳通看到父亲的墨宝如此受人喜爱，深受鼓舞，于是不惜花重金购回若干，回家之后昼夜研习，"乃刻意临仿以求售，数年，书亚于询，父子齐名，号'大小欧阳体'"③。

唐末五代时的颜诩则善于运用侧面教育的方式，也有很好的效果。颜诩系唐代太师颜真卿之后，先祖是南北朝时期的家教思想家、文学家颜之推。颜诩自幼受到良好的家风熏陶，教育子女从不当面责备，而是用侧面教育的方法促其自省。有时他听到子弟与宾客嬉戏，有失规矩，则"手写韦昭《博弈论》，署于屋壁，使之自愧"。这种家教方式能够在避免伤害孩子自尊心的同时，培养他们的自我约束能力，达到家庭教育的目的。正因为他家教方法高超，故"家人未尝见其喜愠"，而"一门百口，家法严肃，男女异序，少长敦睦，子侄二十余人皆服儒业"。④

---

① 司马光：《家范》卷 3《母》。
②《新唐书》卷 132《刘子玄传》。
③《新唐书》卷 198《儒学上·欧阳通传》。
④ 马令：《南唐书》卷 15《颜诩传》。

然而，唐代画家阎立本却以自身为"教训"，从"反面"来教育子孙。史载："太宗尝与侍臣泛舟春苑，池中有异鸟，随波容与。太宗击赏，数诏座者为咏，召立本令写焉。时阁外传呼云：'画师阎立本。'时已为主爵郎中，奔走流汗，俯伏池侧，手挥丹粉，瞻望座宾，不胜愧赧。退诫其子曰：'吾少好读书，幸免墙面，缘情染翰，颇及侪流。唯以丹青见知，躬厮役之务，辱莫大焉！汝宜深诫，勿习此末伎。'"① 阎立本善于绘画，尤擅长肖像画和历史人物画，其作品备受世人推重，甚至被时人列为"神品"。但是他觉得正是因为会作画，才使自己像奴仆一样去侍奉他人，即便是侍奉天子，他也认为这是莫大的耻辱。所以阎立本告诫子孙，要以此为戒，不要学习这种技艺。

二、家庭教育内容注重诗文

由于科举制度的实行，隋唐五代时期的家庭教育活动大都以科举考试为主，同时还有日常生活和伦理道德教育，这些内容在一些教子诗歌或人物故事中可以经常见到。

唐代诗人韩愈，为鼓励其子韩昶用心读书，特写诗歌《符读书城南》：

> 木之就规矩，在梓匠轮舆。人之能为人，由腹有诗书。
>
> 诗书勤乃有，不勤腹空虚。欲知学之力，贤愚同一初。
>
> 由其不能学，所入遂异闾。两家各生子，提孩巧相如。
>
> 少长聚嬉戏，不殊同队鱼。年至十二三，头角稍相疏。
>
> 二十渐乖张，清沟映污渠。三十骨骼成，乃一龙一猪。
>
> 飞黄腾踏去，不能顾蟾蜍。一为马前卒，鞭背生虫蛆。
>
> 一为公与相，潭潭府中居。问之何因尔，学与不学欤。
>
> 金璧虽重宝，费用难贮储。学问藏之身，身在则有余。
>
> 君子与小人，不系父母且。不见公与相，起身自犁锄。
>
> 不见三公后，寒饥出无驴。文章岂不贵，经训乃菑畬。
>
> 潢潦无根源，朝满夕已除。人不通古今，马牛而襟裾。
>
> 行身陷不义，况望多名誉。时秋积雨霁，新凉入郊墟。

————————————

① 《旧唐书》卷 77《阎立本传》。

灯火稍可亲，简编可卷舒。岂不旦夕念，为尔惜居诸。

恩义有相夺，作诗劝踟蹰。①

韩愈在诗歌中描述了两个人的成长经历，由于有"学与不学"的不同，两人也从孩提时期的"同队鱼"变成了三十岁之后"一龙与一猪"，所以要想做公与相，"潭潭府中居"，需要勤读诗书，身藏学问。在另一首诗歌《示儿》中，韩愈也表达了这一思想：

始我来京师，止携一束书。辛勤三十年，以有此屋庐。

此屋岂为华，于我自有馀。中堂高且新，四时登牢蔬。

前荣馔宾亲，冠婚之所于。庭内无所有，高树八九株。

有藤娄络之，春华夏阴敷。东堂坐见山，云风相吹嘘。

松果连南亭，外有瓜芋区。西偏屋不多，槐榆翳空虚。

山鸟旦夕鸣，有类涧谷居。主妇治北堂，膳服适戚疏。

恩封高平君，子孙从朝裾。开门问谁来，无非卿大夫。

不知官高卑，玉带悬金鱼。问客之所为，峨冠讲唐虞。

酒食罢无为，棋槊以相娱。凡此座中人，十九持钧枢。

又问谁与频，莫与张樊如。来过亦无事，考评道精粗。

趑趄媚学子，墙屏日有徒。以能问不能，其蔽岂可祛。

嗟我不修饰，事与庸人俱。安能坐如此，比肩于朝儒。

诗以示儿曹，其无迷厥初。②

韩愈在诗中叙述了自己"携书"来京师，经过三十年的辛劳，终于有此屋庐，与卿大夫为友。他以自身的经历，告诉儿子书中自有高官厚禄、荣华富贵。

唐代诗人卢仝，在家庭教育活动中，对儿子读书、书法、行为习惯都提出了明确的要求，如他在《寄男抱孙》一诗中写道：

别来三得书，书道违离久。书处甚粗杀，且喜见汝手。

殷十七又报，汝文颇新有。别来才经年，囊盎未合斗。

当是汝母贤，日夕加训诱。尚书当毕功，礼记速须剖。

喽啰儿读书，何异擢枯朽。寻义低作声，便可养年寿。

---

①《全唐诗》卷341《韩愈·符读书城南》。
②《全唐诗》卷342《韩愈·示儿》。

莫学村学生，粗气强叫吼。下学偷功夫，新宅锄藜莠。

乘凉劝奴婢，园里揎葱韭。远篱编榆棘，近眼栽桃柳。

引水灌竹中，蒲池种莲藕。捞漉蛙蟆脚，莫遣生科斗。

竹林吾最惜，新笋好看守。万箨苞龙儿，攒迸溢林薮。

吾眼恨不见，心肠痛如掐。宅钱都未还，债利日日厚。

箨龙正称冤，莫杀入汝口。丁宁嘱托汝，汝活箨龙不。

殷十七老儒，是汝父师友。传读有疑误，辄告谘问取。

两手莫破拳，一吻莫饮酒。莫学捕鸠鸽，莫学打鸡狗。

小时无大伤，习性防已后。顽发苦恼人，汝母必不受。

任汝恼弟妹，任汝恼姨舅。姨舅非吾亲，弟妹多老丑。

莫恼添丁郎，泪子作面垢。莫引添丁郎，赫赤日里走。

添丁郎小小，别吾来久久。脯脯不得吃，兄兄莫捻搜。

他日吾归来，家人若弹纠。一百放一下，打汝九十九。①

卢仝虽然身在外地，仍然不忘对儿子的教导，教育儿子读书要有计划，《尚书》《礼记》应逐一翻阅，而且要低声吟读，不要胡乱吼喊，没有读书人的样子；放学后要帮助家人干活，不要四处游荡惹事，不可贪杯饮酒，更不能像有些孩童一样"捕鸠鸽、打鸡狗"；要养成好的习惯，如果不听话，是会挨板子受惩罚的。

盛唐时期的大诗人杜甫，非常注重对儿子的教育，在《宗武生日》一诗中，对儿子提出了期望：

小子何时见，高秋此日生。自从都邑语，已伴老夫名。

诗是吾家事，人传世上情。熟精文选理，休觅彩衣轻。

凋瘵筵初秩，欹斜坐不成。流霞分片片，涓滴就徐倾。②

杜甫希望儿子能继承祖业，把诗歌传承下去，同时也告诫儿子不可玩物丧志，要用心读书。在另一篇家教诗歌《又示宗武》中，杜甫更明确要求儿子饱读经史，勤作文章，持之以恒，日后方能登堂入室，学有所成：

觅句新知律，摊书解满床。试吟青玉案，莫羡紫罗囊。

① 《全唐诗》卷 387《卢仝·寄男抱孙》。
② 《全唐诗》卷 231《杜甫·宗武生白》。

假日从时饮，明年共我长。应须饱经术，已似爱文章。

十五男儿志，三千弟子行。曾参与游夏，达者得升堂。①

晚唐杰出诗人杜牧，在文学创作上成就不凡，在教育子女上也很有见地。由于出身官宦，他具有强烈的仕途功名之心。在《冬至日寄小侄阿宜诗》一诗中，他教育子侄要广读诗书，以求"学而优则仕"：

我家公相家，剑佩尝丁当。旧第开朱门，长安城中央。

第中无一物，万卷书满堂。家集二百编，上下驰皇王。

多是抚州写，今来五纪强。尚可与尔读，助尔为贤良。

经书括根本，史书阅兴亡。高摘屈宋艳，浓薰班马香。

李杜泛浩浩，韩柳摩苍苍。近者四君子，与古争强梁。

愿尔一祝后，读书日日忙。一日读十纸，一月读一箱。

朝廷用文治，大开官职场。愿尔出门去，取官如驱羊。②

杜牧家中藏书万卷，内容丰富，他要求侄子涉猎经史子集、诗词歌赋，日读十纸，月读一箱，日后才能官场得意。

杜牧除了教育子侄要饱读诗书之外，还提出要注意读书的方法与态度：

万物有丑好，各一姿状分。唯人即不尔，学与不学论。

学非探其花，要自拔其根。孝友与诚实，而不忘尔言。

根本既深实，柯叶自滋繁。念尔无忽此，期以庆吾门。③

杜牧要求子女们读书学习不能只求其表，而要深究其里；不要华而不实，而要诚实专心，从根本上做扎实的学问。

唐代宗大历年间（766—779 年），散文家、诗人李华，在对子孙进行的家庭教育中，特别注意对子孙行为礼仪的教育，而且认为有针对性地读书可以达到教育的目的。他在给外孙的书信中写道："吾小时犹省长幼，每日两时栉盥，起居尊行，三时侍食，饮食讫，然后敢食，犹责不如礼。今者诸子日出高眠，争览盘器，何曾有此仪，可为叹息！……汝等当学读《诗》《礼》《论语》《孝经》，此最为要也。……阿马来，说汝诵得数十篇诗赋。丽丽已能承顺十五姊颜色，十七伯极钟

---

① 《全唐诗》卷 231《杜甫·又示宗武》。
② 《全唐诗》卷 520《杜牧·冬至日寄小侄阿宜诗》。
③ 《全唐诗》卷 524《杜牧·留诲曹师等诗》。

念。吾旅病，乍闻甚慰，意凡人不患尊行不慈训，患身不能承顺耳。"①

河南洛阳人赵轨，在隋高祖时曾做过齐州别驾，也很重视对儿子的道德教育。他的东邻家种着一棵桑树，树冠很大，枝叶伸到了赵轨家，所以桑葚成熟后有些就落在了他家的院子里。赵轨知道后便叫人把桑葚都拾起来，送还给邻居，并告诫自己的儿子说："吾非以此求名，意者非机杼之物，不愿侵人，汝等宜以为诫。"② 赵轨对儿子们的家庭教育，不是用空洞的说教，而是从日常生活中类似"送还桑葚"这样的小事中，对他们进行道德品质的教育。他们在赵轨言传身教的影响下，也都不敢有丝毫侵占他人财物的私念，均为官清廉，留名于世。

类似事情在唐武宗时也曾出现，尚书左垂李景让在年幼时父亲就去世了，母亲郑氏个性严谨，对儿子训导有方。据记载，有次连日大雨，家中宅壁突然坍塌，在墙中竟发现了数量可观的钱币。郑氏知晓后不但分文未动，而且还命人将这些钱财仍放归原处，并对家人说："吾闻不勤而获，犹谓之灾。士君子所慎者，非常之得也。若天实以先君余庆，悯及未亡人，当令诸孤学问成立，他日为俸钱入吾门，此未敢取。"③ 勿动非己之物，不贪他人之财，这样的家庭教育对于孩子的成长来说具有深远的影响，所以李景让在为官之后不妄取财，清白廉明，为世人所称道。

三、家庭教育重视环境建设

家庭教育活动中很注重子弟培养的环境和设施，子弟读书之处既有便利的生活设施，又有良好的教育环境。唐代曾长期管理国子监的江西人幸南容，熟谙教育之事，为幸氏子弟精心建造的读书场所，在高安郡北六十里的两山之间。据幸元龙《桂岩书院记》描述："一山自

图 7-6　今江西省高安市桂岩书院

---

① 《全唐文》卷 315《李华·与外孙崔氏二孩书》。
② 《隋书》卷 73《赵轨传》。
③ 王谠：《唐语林》卷 7《补遗（起武宗至昭宗）》。

右而左者如笏，外蟠两溪，一山自左而右者如带……环两山之间，厥地邃而深，水泉清洌而草木敷茂者，即桂岩也。"① 这里空气清新，风景宜人，犹如一处世外桃源。

唐代江州陈氏家族的东佳书堂，建在聚居地之外，"于居之左二十里曰东佳，因胜据奇，是卜是筑，为书楼堂庑数十间，聚书数千卷"②。因为此处"因胜据奇"，环境宜人，且没有生活琐事的烦扰，子弟在此可以安心读书。

图 7-7　东佳书堂全图

唐代名臣穆宁，重视子弟教育，专门择地建造书堂供其读书，史料记载："……于是考州之东四十里，因僧居之外，阶庭户牖，芳草拳石，近而幽，远而旷。澶漫平田，潏沸温泉，可以步而适，可以濯而蠲，谓尔群子息焉游焉。"③书堂建于僧居之外的幽盛之地，有利于陶冶性情，修身养性。

据徐铉《洪州华山胡氏书堂记》记载，五代时期南唐膳部员外郎胡珰以为"学者当存神闲旷之地，游目清虚之境"，"然后粹和内充，道德来应。于是列植松竹，间以葩华。涌泉清池，环流于其间，虚亭菌阁，鼎峙于其上。处者无斁，游者忘归，兰亭、石室不能加也"。"昔陶丘公、李八百皆修道于此。是知人境相得，其道乃光，勤而行之，古犹今也。"④ 胡氏及其子孙在华林山原有的"山水特秀、英灵所踞"的自然条件之上，修建屋舍、庭院，构造了利于读书、修身的教育环境。宋代王禹偁的《寄题义门胡氏华林书院》一诗对华林书院的环

① 《雍正江西通志》卷 126《艺文》。
② 《全唐文》卷 888《陈氏书堂记》。
③ 《全唐文》卷 409《穆氏四子讲艺记》。
④ 《徐公文集》卷 28《洪州华山胡氏书堂记》。

境做了一番描述，全文如下：①

　　　　水阁山斋架碧虚，亭亭华表映门间。

　　　　力田岁取千箱稻，好事家藏万卷书。

　　　　旋对杯盘烧野笋，别开池沼养溪鱼。

　　　　吾生未有林泉计，空愧妨贤卧直庐。

　　家庭教育中为便于子弟读书，除建造屋舍外，大都还统一配备书籍与日常用具，并有专人负责或管理。如在东佳书堂，"除现置书籍外须令添置。于书生中立一人掌书籍，出入须令照管，不得遗失。……其纸墨笔砚，并出宅库主事收买应付"②。胡氏于华林书院内"筑屋百区……藏书万卷"，"四斋肄业，讽诵讴吟"。③

　　家庭中的书斋无论是在所住之地还是另设他处，除提供读书所用之物外，子弟的饮食起居往往皆在其内。《唐国史补》卷中记载裴佶去看望其姑姑，其姑父令"且憩学院中"，《唐语林》卷六记载裴佶姑父令其"憩外舍"，可见学院在外舍中，并有住宿之处。《太平广记》卷四六七崔棁条记载，"晋太常卿崔棁游学时，往至姑家，夜与诸表昆季宿于学院"，同书卷一七〇郑絪条记载，郑絪"戒子弟涵、瀚已下曰：'刘景他日有奇才，文学必超异。自此可令与汝共处于学院，寝馔一切，无异尔辈。'"郑絪让刘景与子弟共处于"学院"，其内除读书之外，还有生活设施，可供食宿。

第三节　普通家庭启蒙教育内容

　　隋唐时期普通家庭的启蒙教育内容，主要包括教子为学、教子节俭、忠君爱国及为人处世等方面，这些教育活动内容可以通过这一时期的教子诗（包括教弟、教侄等诗）、家训等典籍表现出来。

---

① 王禹偁：《小畜集》卷 10。
② 陈增荣：《义门陈氏宗谱》。
③ 奉新县志编委会：《奉新古代书院》，1985 年，第 158、160 页。

一、教子为学

隋唐时期确立科举选士制度，对社会政治、文化风尚、学校教育和家庭教育产生广泛影响。读书的热潮带动了家庭教子为学的升温。

谈到学习，首先要端正为学的态度，珍惜时日，把握时机。那么，在教育子侄惜时方面，则有很多代表人物。

许善心母范氏，隋高阳北新城（今属河北）人。其子许善心年幼时，有一次去当地首富孔鱼家，孔鱼要其子孔绍新和善心对饮谈论，很晚才归家，范氏流着泪对儿子说："汝是寡妇之子，为俗所轻，自非高才异行，不可以求仕进。孔绍新是当朝允子，易获声誉。彼宜逸乐，汝宜勤苦，何地殊而相效乎。"① 指出身为寡妇之子，许善心必须勤奋刻苦，具备高才异行，方能做官进取。从此，许善心闭门读书，后官至朝散大夫，摄左亲卫武贲郎将，授通议大夫，终成大器。

柳公绰，字起之，京兆华原人，历任湖南观察使、御史大夫、山南东道节度使等，官至刑部、兵部尚书。祖父正礼，为邠州士曹参军，父亲子温，官至丹州刺史。其家世素重为学。其子柳仲郢重视经营家学，"家有书万卷，所藏必三本：上者贮库，其副常所阅，下者幼学焉"，"退公布卷，不舍昼夜。《九经》《三史》一钞，魏、晋已来南北史再钞，手钞分门三十卷，号《柳氏自备》"。② 柳仲郢之子柳玭，承袭祖上风范，完成《柳氏家训》，教诫子孙要勤于自修："所以承世胄者，修己不得不恳，为学不得不坚。夫人生世，以己无能而望他人用，以己无善而望他人爱。无状则曰：'我不遇时，时不急贤。'亦由农夫卤莽种之，而怨天泽之不润，虽欲弗馁，其可得乎？"③ 这段话教育柳氏后代子孙，要继承家业就要提高自身的修养，勤于读书治学。没有任何才能，而希望有人重用，行为不端，而求别人尊重，当得不到重用和尊敬时，就感叹生不逢时，这与农夫不精耕细作而希望有一个好的收成，当收成不好的时候，就抱怨风雨不时是同样的道理。

正是在柳氏家风影响下，柳仲郢四子璞、珪、璧、玭中，三子皆科举及第，

---

① 刘清之：《戒子通录》卷8《许善心母》。
② 刘昫：《旧唐书》卷165，列传第一百一十五，《柳公绰》，清乾隆武英殿刻本。
③ 《全唐文》卷816《家训》。

璞以史学见长，著有《春秋三氏异同义》《天祚长历》等；珪、璧以文学著名，诗文秀整而典雅，深受当时文坛大家杜牧、李商隐的称誉；玭擅长史述及家训，据《宋史·艺文志二》，传世的著作有《续贞陵遗事》和《柳氏序训》。

唐代僧人王梵志，原名梵天，黎阳（今河南浚县东南）人。他的家训诗寓庄于谐，诗中寄寓深刻的人生哲理。其中，涉及为人处世、教养子女、见义勇为、安贫乐道等诸多方面。他讲述了教育子女勤奋好学的道理："黄金未是宝，学问胜珍珠。丈夫无伎艺，虚沾一世人。"① 这首诗阐述了黄金对于一个人不见得是最宝贵的，反而学问的价值更甚于珍珠，作为一个大丈夫，没有一技之长，则枉为人。同时，他在《养子莫徒使》中，激励子女要"先教勤读书。一朝乘驷马，还得似相如"②。诗中同样表达了王梵志对"取富贵"的追求。

杜荀鹤，字彦之，唐池州石埭（今安徽石埭）人，四十六岁才中进士。他写过几首诗，体现了对弟弟求学的殷殷期盼。在《喜从弟雪中远至有作》中，他写道："深山大雪懒开门，门径行踪自尔新。无酒御寒虽寡况，有书供读且资身。便均情爱同诸弟，莫更生疏似外人。昼短夜长须强学，学成贫亦胜他贫。"这首诗告诫弟弟要着力于读书求知来提高自身的素养。在另一首劝学诗《送舍弟》中，他教诫弟弟要抓紧时间学习文化知识："我受羁栖惯，客情方细知。好看前路事，不比在家时。勉汝言须记，闻人善即师。旅中无废业，时作一篇诗。"此外，在《题弟侄书堂》中，告诫弟侄们在动荡时期也要求学不止："何事居穷道不穷，乱时还与静时同。家山虽在干戈地，弟侄常修礼乐风。窗竹影摇书案上，野泉声入砚池中。少年辛苦终身事，莫向光阴惰寸功。"③

唐代淑德郡主作《教子诗》勉励子弟为学须立志："我本世胄深宫质，下嫁祝门妇道执。汝父从戎干戈戢，命我避难江南入。下抚双郎时训饬，上侍老祖年九十。念汝生父丧原隰，生死茫茫不相及。人生励志应早立，汝宜经史勤时习。莫负我身亲炊汲，汝父汝祖各饮泣。"④ 诗中描述了郡主养育子弟的艰辛，教育儿子立志求学，不要辜负她的培养和父祖的期望。

---

① 张锡厚校辑：《王梵志诗校辑》卷4《养子莫徒使》，中华书局1983年版，第117页。
② 张锡厚校辑：《王梵志诗校辑》卷4《养子莫徒使》，中华书局1983年版，第117页。
③ 分见《全唐诗》，卷692、691、692。
④ 陈尚君：《全唐诗补编》，中华书局1992年版，第1580页。

卢肇，字子发，唐代江西宜春文标乡人，唐会昌三年（843 年）状元，先后在歙州、宣州、池州、吉州做过刺史。他曾作《嘲小儿》及《送弟》来勉励儿子和弟弟要珍惜学习的光阴，自学成才。在《嘲小儿》中，他用轻快的语言教育儿童珍惜宝贵的年华："贪生只爱眼前珍，不觉风光度岁频。昨日见来骑竹马，今朝早是有年人。"在《送弟》中，他首先表明家里的艰苦现状，以此来勉励弟弟要勤于读书："去日家无担石储，汝须勤若事樵渔。古人尽向尘中远，白日耕田夜读书。"①

要勤于读书，不光要教育子侄珍惜时日，最重要的是要引导其如何读书，读哪些经典。唐代诗人杜牧、卢仝及杜甫在此方面即是典范。

二、教子节俭

自古有"静以修身，俭以养德"之说，隋唐时期也不例外。从隋代赵轨，到唐太宗李世民、宰相姚崇、大臣李袭誉及柳玭，再到五代时期的符存审、钱宽，他们都十分重视对子孙节俭美德的培养。

赵轨，洛阳人，生活在北朝末年和隋代，做过北魏待御史。其父赵肃，为官以清廉自居，不治产业。赵轨承袭父志，廉洁为官，并对子弟言传身教。他在齐州任别驾四年，隋文帝赐物三百段、米三百石作为奖励，并招之入朝，与牛弘一起修订律令格式。临行前父老相送者皆挥涕曰："别驾无官，水火不与百姓交，是以不敢以壶酒相送。公清若水，请酌一杯水奉饯。"② 赵轨受而饮之。在这样的家庭教育之下，他的两个儿子都以居官廉洁而闻名于世。

东汉以后，厚葬成风。唐代宰相姚崇为官清廉，他在遗令中嘱咐子孙，不要为其厚葬，并用孔子、梁鸿等古圣先贤的实例来表明简葬的必要性："昔孔丘亚圣，母墓毁而不修；梁鸿至贤，父亡席卷而葬。昔杨震、赵咨、卢植、张奂，皆当代英达，通识今古，咸有遗言，属以薄葬。或濯衣时服，或单帛幅巾，知真魂去身，贵于速朽，子孙皆遵成命，迄今以为美谈。"他认为，厚葬不仅浪费钱财，而且还易于招来墓盗，"死者无知，自同粪土，何烦厚葬，使伤素业"③。

---

① 《全唐诗》卷 551《送弟》。
② 《隋书》卷 73《循吏·赵轨传》。
③ 《旧唐书》卷 96《姚崇传》。

李袭誉，甘肃临洮人，隋末为冠军府司兵，唐初召授太府少卿，封安康郡公，后历任扬州大都督府长史、江南道巡察大使。他为官以居家俭约自处，所得俸禄皆散给宗亲。他常对子孙说："吾近京城有赐田十顷，耕之可以充食；河内有赐桑千树，蚕之可以充衣；江东所写之书，读之可以求官。吾没之后，尔曹但能勤此三事，亦何羡于人。"① 在朝期间，他目睹很多公卿子弟挥霍无度，一旦父辈失势，则难以独立生存，因此他非常重视培养子孙的谋生能力。他的教子之道得到大家的赞赏，"时论尤善之"②。

柳玭在其《柳氏家训》中训诫子孙要"立身……以勤俭为法"，这是祖训中做人的重要法规。为官则要"洁己省事，而后可以言守法，守法而后可以言养人。直不近祸，廉不沽名。廪禄虽微，不可易黎甿之膏血；榎楚虽用，不可恣褊狭之胸襟。忧与福不偕，洁与富不并"。这说明做官之人要洁身自好、减损繁务，这样才可以谈得上是遵守法纪；遵守法纪之后才谈得上使人民休养生息。正直而不招致灾祸，廉洁而不沽名钓誉。官府发给的俸禄虽然很少，但不可以夺取民脂民膏，刑具虽用，但不可放纵狭隘的心胸，优惠和福运不能同时到来，廉洁与富贵不同时存在。同时，柳玭对一些家族中先辈当官正派，但是发展到子孙辈就衰落的情况甚为惋惜，并用所见所闻来警醒柳氏子孙要了解其中奥妙，"非贤不达"③。

符存审，字德详，官至后唐宣武军节度使。他身经百战，多次负伤。他将战场上所中的箭头悉数保存，用以教育诸子："予本寒家，少小携一剑而违乡里，四十年间，位极将相，其间屯危患难，履锋冒刃，入万死而无一生，身方及此，前后中矢仅百余。"④ 他用这些箭头来教育子弟不要奢侈浪费，珍惜来之不易的优裕生活。

钱宽，五代时杭越节度使钱镠的父亲。钱镠在临安的家乡兴造楼房，"车徒雄盛，万夫罗列"⑤。他对钱镠讲究排场的行为颇为不满，一方面想劝儿子别太

① 《旧唐书》卷 59《李袭誉传》。
② 刘肃：《大唐新语》卷 3《清廉》。
③ 《全唐文》卷 816《家训》。
④ 《旧五代史》卷 56《唐书·符存审传》。
⑤ 政协临安市文史工作委员会：《锦城史话》临安文史资料第 9 辑，2003 年（内部资料），第 54 页。

奢侈，但是怕其不肯听从。于是，他每听到儿子回乡，便立即回避。这个行为引起钱镠的疑惑，借此机会，他教育钱宽要为官节俭："吾家世田渔为事，未尝有贵达如此。尔为十三州上将，三面受敌，与人争利，恐祸及吾家，所以不忍见汝。"[1] 钱镠终于认识了自己的错误，改掉了奢侈习气。

三、忠君爱国

隋唐时期，建立强盛、统一的中央集权国家，社会、经济、文化获得巨大发展。这种背景下，父母将忠君爱国思想渗透在家庭教育之中，从小培养子孙的赤子情怀。

冼夫人，又名谯国夫人，高凉（今广东阴江西）人，隋朝南方少数民族南越的首领。冼夫人以维护国家统一为己任，训诫其孙冯魂忠君爱国。在击败叛军王仲宣后，隋高祖册封她为谯国夫人，并赐以钱物。皇后又以首饰及宴服一袭赐之。谯国夫人将这些赐物各藏于一库。每岁时大会，就将赐物陈列于庭，告诫子孙："汝等宜尽赤心向天子，我事三代主，唯用一好心，今赐物具存，此忠孝之报也。愿汝皆思念之。"[2]冼夫人通过展示朝廷恩赐之物来教育子孙，只要对朝廷赤胆忠心，就会获得优厚的回报。冼夫人过世之后，隋文帝谥其为"诚敬夫人"，百越人称她为"圣母"，这也与她教诫子孙忠君爱国有重要关系。

崔氏，郑善果母，二十岁夫死疆场，独自养育善果，教子以严。因父死于王事，遂年幼即拜使持节，袭爵开封县公，食邑 1000 户。十几岁时，又进封武德郡公，寻为鲁斋太守。崔氏担心儿子不珍惜父辈用生命换来的地位，因而竭尽全力地教子勤政。每次升堂听事，崔氏总是坐在竹帘后观其决政。见善果公正处理，崔氏则大喜；见其行事不公，回家即蒙被而泣，终日不食。崔氏教诫善果："吾非怒汝，乃愧汝家耳。吾为汝家妇，获奉洒扫，如汝先君，忠勤之士也，在官清恪，未尝向私，以身徇国，继之以死，吾亦望汝副其此心。汝既年少而孤，吾寡妇耳，有慈无威，使汝不知礼训，何可负荷忠臣之业乎？汝自童子承袭茅土，位至方伯，岂汝身致之邪？安可不思此事而妄加瞋怒，心缘骄乐，堕于公政！内则坠尔家风，或亡失官爵，外则亏天子之法，以取罪戾。吾死之

---

[1] 王钦若：《册府元龟》卷817，中华书局 1982 年版，第 9724 页。
[2] 《隋书》卷 80《列女传·谯国夫人》。

日，亦何面目见汝先人于地下乎？"① 崔氏用善果父为官清廉谨慎，将身心奉献国家，直到为国战死的事实教育其子，激励他不坠先辈家风。在这样的家庭教育下，善果清廉为政，崔氏也以善于教子闻名。

崔卢氏，唐代胡苏县令崔行谨之妻、大臣崔玄暐之母。丈夫去世后，她独自抚育儿子，崔玄暐"少有学行"，"举明经，累补库部员外郎"②。崔卢氏常常教诫儿子要为官"忠清"："坐食俸禄，荣幸已多"，"若不忠清，何以戴天履地"。③ 这表明，既然入朝为官，如果不能做到忠诚清廉，以什么立身天地之间？正如孔子所说，即使每天杀牛、宰羊、屠猪来奉养父母，也还是不孝。崔玄暐谨遵母亲教诲，官至宰相，"以清谨见称"④。

唐代诗人孟浩然的《送莫甥兼诸昆弟从韩司马入西军》一诗中，显示出诗人对祖国的热爱和对边疆安定的期望。"念尔习诗礼，未曾违户庭。平生早偏露，万里更飘零。坐弃三牲养，行观八阵形。饰装辞故里，谋策赴边庭。壮志吞鸿鹄，遥心伴鹡鸰。所从文且武，不战自应宁。"⑤

由于战争纷扰，隋唐时期家庭教育中出现很多教子从军报国的诗篇。这是特定时代的产物。

李商隐，怀州河内（今河南沁阳）人，晚唐时期著名诗人。他有着"欲回天地"的雄才大略，但生不逢时，理想始终未得实现。因此，他将一生未得施展的抱负寄托在儿子身上，希望儿子长大能从军报国。在《骄儿诗》中，他教育儿子："爷昔好读书，恳苦自著述。憔悴欲四十，无肉畏蚤虱。"⑥ 你父亲刻苦读书，勤恳著文，以致面目憔悴，骨瘦如柴，经不起跳蚤虱子的叮咬，然而仍无补于国事，所以你不要像我那样走科举仕途之路，应弃文学武："儿慎勿学爷，读书求甲乙。穰苴司马法，张良黄石术。便为帝王师，不假更纤悉。况今西与北，羌戎正狂悖。诛赦两未成，将养如瘤疾。儿当速成大，探雏入虎穴。当为万户侯，勿守一经帙。"⑦ 面对"羌戎正狂悖"的现实，要认真攻读兵书战

---

① 《隋书》卷 80《列女传·郑善果母》。
② 《旧唐书》卷 91《崔玄暐传》。
③ 孔平仲：《续世说》卷 8《贤媛》。
④ 孔平仲：《续世说》卷 8《贤媛》。
⑤ 《全唐诗》卷 160。
⑥ 《全唐诗》卷 541。
⑦ 《全唐诗》卷 541。

策，学好辅佐君王的真实本领，只有这样，才能建功立业。

唐代诗人李白饱含豪情壮志及爱国情怀，教子诗《送外甥郑灌从军三首》及《送族弟绾从军安西》即体现了他的这种思想。在《送外甥郑灌从军三首》中，他教育外甥要"丈夫赌命报天子，当斩胡头衣锦回"。他告诫外甥虽手挺丈八蛇矛，出陇西大漠，弯弧弓拂羽箭的模样可使白猿哀啼。但是，"破胡必用龙韬策"，只有用头脑才会大获全胜，缴获的兵甲将堆积成为熊耳山那样高。他还鼓励外甥不要急于回家，到兵役期满的时候回来不迟，等到"斩胡血变黄河水，枭首当悬白鹊旗"① 之时才是凯旋的时刻。在《送族弟绾从军安西》中，他教育族弟要："尔随汉将出门去，剪虏若草收奇功"，向西击破万恶的侵略者。"君王按剑望边邑，旄头已落胡天空"，匈奴侵略者的命数已尽，系颈投降吧！明年你就能"入蒲萄宫"②来报告胜利的消息。

四、为人处世

教子为人处世是我国古代家教的主题，隋唐五代时期也是如此。这些思想集中反映在众多的教子诗及各种家训篇章中。

隋朝时期，家庭教育中以房彦谦教子"清白"及赵轨教子不贪图小利为典型。房彦谦，字孝冲，清河（今属河北）人，房玄龄之父。仕北齐为齐州主簿，开皇中为长葛令，后授都州司马。他虽家资殷实，但为官清贫，将家资和官俸大多周恤亲友。他教育儿子要保持清白之节操："人皆因禄富，我独以官贫。所遗子孙，在于清白耳。"③ 这表明他能够遗留给子孙的，只有"清白"二字而已。房玄龄遵循父亲教训，虽位高官大，从不自殆其功，最终留得一个清白名声，成为一代名臣。

到了唐代，从皇族、官僚家庭到平民家庭都重视对子弟的为人处世教育。这里略举数例。

白居易，字乐天，祖籍太原（今山西太原市），晚年居洛阳香山，自号香山居士，唐朝大诗人。他经历了官场的高低起伏，因此对人生有了更为深刻的认

①《全唐诗》卷 176。
②《全唐诗》卷 176。
③《隋书》卷 66《房彦谦传》。

识。他不主张子弟熟读经书以求显达，在《狂言示诸侄》中，他教侄子物质欲望不要过于膨胀，应知足常乐："一裘暖过冬，一饭饱终日。勿言舍宅小，不过寝一室。何用鞍马多，不能骑两匹。"他用浅显易懂的语言，使侄儿们懂得，对财物不要有过多的贪求，并希望他们理解自己的人生态度："如我优幸身，人中十有七。如我知足心，人中百无一。傍观愚亦见，当己贤多失。"① 观察别人是否知足，愚蠢者也看得出来；而自己要做到知足，贤能者也多有过失。在《闲坐看书贻诸少年》中，他进一步指出物欲不能过度膨胀的道理："多取终厚亡，疾驱必先堕。"劝诫后辈不要干名要利，以此来保身免祸。此外，他还作《遇物感兴因示子弟》教子处世要刚柔相济："圣择狂夫言，俗信老人语。我有老狂词，听之吾语汝。吾观器用中，剑锐锋多伤。吾观形骸内，骨劲齿先亡。寄言处世者，不可苦刚强。龟性愚且善，鸠心钝无恶。人贱拾支床，鹊欺擒暖脚。寄言立身者，不得全柔弱。彼固罹祸难，此未免忧患。于何保终吉，强弱刚柔间。上遵周孔训，旁鉴老庄言。不唯鞭其后，亦要轭其先。"② 如何才能平安度过人生呢？应当不偏不倚，处于强弱刚柔间。为了说明这个问题，他连用几个比喻，"剑锐锋多伤"，"骨劲齿先亡"，说明处世不可太刚直。这实际上也是诗人"穷则独善其身，达则兼济天下"的思想体现。

刘禹锡，字梦得，洛阳（今属河南）人，唐朝文学家、哲学家。贞元时举进士，登博学宏词科，授监察御史。在《口兵戒》中，他认为言语对于人的伤害甚于武器，教育子弟要谨言慎语："五刃之伤，药之可平。一言成痾，智不能明。"所以，还是少说为妙："辩为诈媒，默为德基。玉椟不启，孰能瑕疵？䶂麋深居，孰谓可嗤？"言语应成为自我保护的屏障，并提出多吃饭、少说话的处世哲学："戒哉！我口之启，尔心之门。无为我兵，当为我藩。以慎为键，以忍为阍。可以多食，勿以多言。"③ 在《犹子蔚适越戒》中，他以青铜礼器的制作和保养来比喻人的处世为官，阐述了谨慎为人的观点："若知彝器乎？始乎斫轮，因入规矩，剞中廉外，枵然而有容者，理腻质坚，然后如密石焉。风戾日晞，不副不聱，然后青黄之，鸟兽之，饰乎瑶金，贵在清庙。其用也羃以养洁，

---

① 《全唐诗》卷453。
② 《全唐诗》卷459。
③ 《刘禹锡集》卷20。

其藏也椟以养光，苟措非其所，一有毫发之伤，儡然与破甑为伍矣。"这说明，青铜礼器的制作要花费大量艰苦的劳动，其保养也很费功夫，但一旦不慎，有毫发之伤则身价大跌，与破瓦罐为伍。同样，人的成长也要耗费本人和家庭的大量心血，所以处世为官也要小心谨慎："汝之始成人，犹器之作朴，是宜力学为砻研，亲贤为青黄，睦僚友为瑶金，忠所奉为清庙，尽敬以为冪，慎微以为椟，去怠以护伤，在勤而行之耳。"他认为，爬得越高，跌得越惨："夫伟人之一顾逾乎华章，而一非亦惨乎黥刖。行矣，慎诸！吾见垂天之云在尔肩腋间矣！"① 正因如此，他把防止出现任何过错看得比什么都重。

图 7-8 姚崇

姚崇，陕州硖石（今河南三门峡南）人，历任武则天、睿宗、玄宗朝宰相。他晚年作《遗令诫子孙文》，不要因为教诫子孙处于高位而骄侈，要防止自满："古人云：'富贵者，人之怨也。'贵则神忌其满，人恶其上；富则鬼瞰其室，虏利其财。"对于家产，他告诫子孙不要争夺，争产无论是非曲直都要受他人的嗤笑："比见诸达官，身亡已后，子孙既失覆荫，多至贫寒，斗尺之间，参商是竞。岂惟自玷，仍更辱先，无论曲直，俱受嗤毁。"②

舒元舆，唐元和间（806—820 年）进士，累迁至监察御史、刑部员外郎。在家书《贻诸弟砥石命》中，他教诫诸弟做人须砥砺，并用宝剑前后的变化来说明此问题的重要性："惨翳积蚀，仅成死铁"，"苍惨剥落，若青蛇退鳞，光劲一水，泳涵星斗。持之切金钱三十枚，皆无声而断，愈始得之利数十百倍。"由此，他联想到，如果"忘弃砺名砥行之道，反用狂言放情为事，蒙蒙外埃积成垢恶，日不觉痼，以至于戕正性，贼天理，生前为造化剩物，殁复与灰土俱委，此岂不为辜负日月之光景邪！"③ 由此可知，人的善性如果不经常砥砺，就会被物欲和外界的不良影响所残害，最后失去本性，成为造化的剩物。

①《刘禹锡集》卷 20。
②《旧唐书》卷 96《姚崇传》。
③《全唐文》卷 727。

唐朝诗人杜牧在《留诲曹师等诗》中曰："孝友与诚实，而不忘尔言。根本既深实，柯叶自滋繁。念尔无忽此，期以庆吾门。"[1] 他以此来教育子弟以孝友诚实作为治学之根本。

唐代法照和尚在《寄劝俗兄弟二首》中劝诫兄弟要和睦："同气连枝本自荣，些些言语莫伤情。一回相见一回老，能得几时为弟兄？""兄弟同居忍便安，莫因毫末起争端。眼前生子又兄弟，留与儿孙作样看。"[2] 同时，两首诗也表达出，作为家长要为子弟做出好榜样的思想。

童蒙读本《太公家教》中有大量篇幅教导儿童如何依照礼法来为人处世。如："其父出行，子须从后。路逢尊者，齐脚敛手。尊人之前，不得唾地。尊人赐酒，必须拜受。尊者赐肉，骨不与狗。尊者赐果，怀核在手。若也弃之，为礼大丑。对客之前，不得垂涕，亦不漱口"，"与人共食，慎莫先尝。与人同饮，莫先起觞。行不当路，坐不当辇。路逢尊者，侧立道旁"、"未见尊者，莫入私房。若得饮食，慎莫先尝。"[3] 这些简练语言所表达的丰富内涵，为儿童立身处世树立了榜样。

第四节　家庭礼仪教育活动

自古以来，礼仪教育在家庭教育活动中具有重要地位。隋唐五代时期，家庭礼仪教育多集中表现为孝道教育与礼法道德教育，这些教育活动对传承家庭礼仪道德与维护社会秩序稳定发挥了重要作用。

一、孝道教育

(一) 制度确立：褒奖孝行，推广孝道

《孝经·开宗明义章第一》云："子曰：'夫孝，德之本也，教之所由生

---

[1] 《全唐文》卷524。
[2] 陈尚君：《全唐诗补编》，中华书局1992年版，第939页。
[3] 转引自高国藩：《敦煌写本〈太公家教〉初探》，载《敦煌学辑刊》1984年第1期。

也。'"孝，是德行的根本。因此，隋唐统治者为了巩固自身统治，十分重视对孝道的推广，逐步建立一整套机制，对其进行相应的褒奖及惩罚。

　　唐朝伊始，高祖即颁布《旌表孝友诏》："宏长民教，敦睦风俗，宜加褒显，以劝将来。可并旌表门闾，蠲免课役，布告天下，使明知之。"[①] 唐朝皇帝即位时，大赦天下文书中多会涉及对孝子的旌表。如《神尧即位赦》："孝子顺孙、义夫节妇，旌表门闾。孝悌力田、鳏寡孤独，量加赈恤。"《太宗继位赦》："其有至孝纯著，达于乡党，征诣阙庭，厚加褒擢。"[②] 上述旌表的颁布，有助于孝行氛围的形成和深化。另外，天宝三年（744 年）十二月敕："自今已后，宜令天下家藏《孝经》一本，精勤教习；学校之中，倍加传授，州县官长明申劝课焉。"[③] 上述文书充分证明朝廷大力推行以忠孝为中心的道德观念来"治国、平天下"。

图 7-9　唐高祖李渊

　　对于不孝行为，《唐律疏义》规定了相应惩罚措施，如："凡同居之内，必有尊长，尊长既在，子孙无所自专。若卑幼不由尊长，私取用当家财物者，处罪。""子孙不得别籍：诸祖父母、父母在而子孙别籍异财者，徒三年。""依令，诸子均分，老人共十孙，为十一份，留一份于老者。""诸詈祖父母、父母者绞，殴者斩，过失杀者流三千里，伤者徒三年。""诸妻妾詈夫之祖父母、父母者徒三年，殴者绞，伤者皆斩。""诸妻妾殴詈故夫之祖父母、父母者，徒三年，殴者绞，伤者皆斩。""谓告言诅祖父母、父母；及祖父母、父母在，别籍异财者；若供养有阙；居父母丧，身自嫁娶，若作乐释服从吉；闻祖父母、父母丧，匿不举哀；诈称祖父母、父母死。疏义曰：善事父母曰孝，既有违犯，是名'不

---

① 《全唐文》卷 1《高祖皇帝》。
② 宋敏求：《唐大诏令集》卷 2《帝王·即位赦上》。
③ 王溥：《唐会要》卷 35《经籍》。

孝'。"① 如上所述，唐朝对当时的不孝行为视情节轻重予以惩罚，这样明确的处罚措施给世人以警醒，起到了维护社会孝行孝道的良好作用。

(二) 三老五更、乡饮酒礼

隋唐时期举办诸如拜三老五更、乡饮酒礼等一系列尊老敬老的教育活动。三老，是古代掌教化的乡官。战国时间里及县，均有三老，汉初乡、县也有三老，由年在五十岁以上者担任。五更，是年老致仕而有经验之乡间耆老。天子十分重视三老五更，以此来尊养老人。

《隋书·礼仪志》载："仲春令辰，陈养老礼。先一日，三老五更斋于国学。皇帝进贤冠、玄纱袍，至璧雍，入总章堂。列宫悬。王公已下及国老庶老各定位。司徒以羽仪武贲安车，迎三老五更于国学。并进贤冠、玄服、黑舄、素带。国子生黑介帻、青衿、单衣，乘马从以至。皇帝释剑，执珽，迎于门内。三老至门，五更去门十步，则降车以入。皇帝拜，三老五更摄齐答拜。皇帝揖进，三老在前，五更在后，升自右阶，就筵。三老坐，五更立。皇帝升堂，北面。公卿升自左阶，北面。三公授几杖，卿正履，国老庶老各就位。皇帝拜三老，群臣皆拜。不拜五更。乃坐，皇帝西向，肃拜五更。进珍羞酒食，亲袒割，执酱以馈，执爵以酳。以次进五更。又设酒酏于国老庶老。皇帝升御坐，三老乃论五孝六顺，典训大纲。皇帝虚躬请受，礼毕而还。"②

《新唐书·礼乐志》载："銮驾既至太学，三老、五更及群老等俱赴集，群老各服其服。太常少卿赞三老、五更俱出次，引立于学堂南门外之西，东面北上；奉礼赞群老出次，立于三老、五更之后；太常博士引太常卿升，立于学堂北户之内，当户北面。侍中版奏'外办'。皇帝出户，殿中监进大珪，皇帝执大珪，降，迎三老于门内之东，西面立。侍臣从立于皇帝之后，太常卿与博士退立于左。三老、五更皆杖，各二人夹扶左右，太常少卿引导，敦史执笔以从。三老、五更于门西，东面北上，奉礼引群老随入，立于其后。太常卿前奏'请再拜'。皇帝再拜，三老、五更去杖，摄齐答拜。皇帝揖进，三老在前，五更从，仍杖，夹扶至阶，皇帝揖升，俱就座后立。皇帝西面再拜三老，三老南面答拜，皇帝又西向肃拜五更，五更答肃拜，俱坐。三公授几，九卿正履。殿中

---

① 骆承烈：《中国古代孝道资料选编》，山东大学出版社 2003 年版，第 296 页。
②《隋书》卷 9《礼仪志四》。

监、尚食奉御进珍羞及黍、稷等，皇帝省之，遂设于三老前。皇帝诣三老座前，执酱而馈，乃诣酒尊所取爵，侍中赞酌酒，皇帝进，执爵而酳。尚食奉御以次进珍羞酒食于五更前，国老、庶老等皆坐，又设酒食于前，皆食。皇帝即座。三老乃论五孝六顺、典训大纲，格言宣于上，惠音被于下。皇帝乃虚躬请受，敦史执笔录善言善行。礼毕，三老以下降筵，太常卿引皇帝从以降阶，逡巡立于阶前。三老、五更出，皇帝升，立于阶上，三老、五更出门。侍中前奏'礼毕'。皇帝降还大次。三老、五更升安车，导从而还，群官及学生等以次出。明日，三老诣阙表谢。"①

由此可知，隋唐时期的皇帝都亲自参加三老五更礼，且同国老、庶老等一起宴饮，仪式的各环节充分体现尊老敬老的特点。仪式进行过程中三老要"论五孝六顺、典训大纲"，"皇帝乃虚躬请受"，说明皇帝非常重视长者的意见。同时，唐朝对三老五更的人选有明确的规定："所司先奏三师、三公致仕者，用其德行及年高者一人为三老，次一人为五更，五品以上致仕者为国老，六品以下致仕者为庶老。"② 这体现了统治者对尊老敬老传统的倡导和示范作用。

乡饮酒礼，是百姓中礼敬老人的另外一种形式。唐朝实施乡饮酒礼，开始于太宗贞观六年（632年）七月，太宗诏曰："每年令州县长官，亲率长幼，齿别有序，递相劝勉，依礼行之。庶乎时识廉耻，人知敬让。"③ 此后，乡饮酒礼遂成为唐代礼仪的重要组成部分。

地方上的乡饮酒礼一般于每年冬季举行，其主要内容为"言孝子养亲及物遂性之义"④。《新唐书·礼乐志》载："州贡明经、秀才、进士身孝悌旌表门闾者，行乡饮酒之礼，皆刺史为主人。先召乡致仕有德者谋之，贤者为宾，其次为介，又其次为众宾，与之行礼，而宾举之。主人戒宾，立于大门外之西，东面；宾立于东阶下，西面。将命者立于宾之左，北面，受命出，立于门外之东，西面，曰：'敢请事。'主人曰：'某日行乡饮酒之礼，请吾子临之。'将命者入告，宾出，立于门东，西面拜辱，主人答拜。主人曰：'吾子学优行高，应兹观

---

① 《新唐书》卷 19《礼乐志》。
② 《新唐书》卷 19《礼乐志》。
③ 《唐会要》卷 26《乡饮酒》。
④ 杜佑：《通典》卷 73《乡饮酒》。

国，某日展礼，请吾子临之。'宾曰：'某固陋，恐辱命，敢辞。'主人曰：'某谋于父师，莫若吾子贤，敢固以请。'宾曰：'夫子申命之，某敢不敬须。'主人再拜，宾答拜，主人退，宾拜送。其戒介亦如之，辞曰：'某日行乡饮酒之礼，请吾子贰之。'"① 可以看出，与三老五更礼一样，乡饮酒礼具有重要的教育作用，其主要功能在于教化人们尊敬老人，培养良好的尊老敬老的社会风尚，具有深远的社会影响。

（三）皇室家族以身示范，发扬孝道

隋唐时期的皇室家族继承两汉以来以孝治天下之传统，重视对孝道的传播与发扬。

以儒家经典《孝经》为例，《孝经·广至德章第十三》云："教以孝，所以敬天下之为人父者也。教以悌，所以敬天下之为人兄者也。教以臣，所以敬天下之为人君者也。"可以看出，儒家思想要求在家庭或家族内部父慈子孝，兄爱弟敬，这是国家安定的基本前提。《孝经·广要道章第十二》云："子曰：教民亲爱，莫善于孝。

图 7-10　唐玄宗李隆基

教民礼顺，莫善于悌。移风易俗，莫善于乐。安上治民，莫善于礼。"基于此，《孝经》中蕴含的重视礼乐孝悌的思想主旨，在维护宗法社会的等级秩序、维护社会稳定方面发挥着无可替代的积极作用。因此，唐代皇帝大都听过大臣讲解《孝经》，唐玄宗甚至亲自为之注释。如《孝经·三才章第七》云："子曰：夫孝，天之经也，地之义也，民之行也。"唐玄宗御注云："孝为百行之首，人之常德。"《孝经·广扬名章第十四》云："君子之事亲孝，故忠可移于君"，唐玄宗御注曰："以孝事君则忠"。从上述注疏可以看出，以唐玄宗为代表的唐代皇帝，深刻体悟孝道为重要的道德规范，并亲自作为尊老敬老的表率，将此德行教化于天下，天下百姓自会尽力侍奉双亲，达到长治久安之统治目的。

据《新唐书》记载："襄城公主，下嫁萧锐。性孝睦，动循矩法，帝敕诸公主视为师式。有司告营别第，辞曰：'妇事舅姑如父母，异宫则定省阙。'"② 在

①《新唐书》卷 19《礼乐志》。
②《新唐书》卷 83《诸帝公主》。

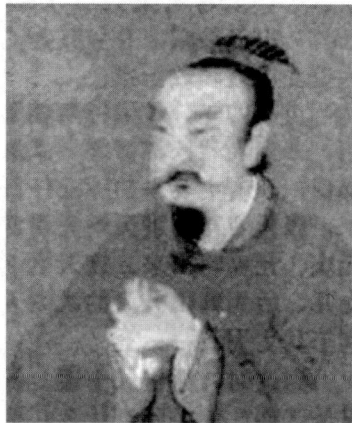

图 7-11　唐德宗李适

唐太宗之前，公主下嫁，都不对公婆、丈夫行妇礼。在唐太宗的大力提倡下，自南平公主下嫁王敬直起，以"妇事舅姑"遂成为一种规范。

到唐德宗建中年间，要求公主守礼："旧例，皇姬下嫁，舅姑反拜而妇不答，至是乃刊去愿礼，率由典训。"① 长公主万寿公主下嫁郑颢，唐宣宗下诏："先王制礼，贵贱共之。万寿公主奉舅姑，宜从士人法。"不仅如此，宣宗常常教导公主要"无鄙夫家，无忤时事"②，不要因为自己身份高贵而鄙视丈夫、公婆。

（四）官僚家族的孝道教育活动

隋唐时期，官僚家族教育的主要表现形式为长辈对子孙的言传身教，耳提面命；主要内容即是孝道教育，我们可以通过家训及诫言来一窥全貌。

柳公绰极尽孝道，侍奉继母如生母："公绰天资仁孝，初丁母崔夫人之丧，三年不沐浴。事继亲薛氏三十年，姻戚不知公绰非薛氏所生。"元和六年（811年），公绰任湖南观察使，"湖南地气卑湿，公绰以母在京师，不可迎侍，致书宰相，乞分司洛阳，以便奉养，久不许。八年，移为鄂州刺史、鄂岳观察使，乃迎母至江夏"③，这里迎养的正是其继母薛氏。在他的言传身教之下，三个孙子柳珪、柳璧、柳玭都是当时闻名于世的孝子。

以柳玭为例，他承袭祖上的威严风范，并结合自身经历，完成了柳氏"治家"训诫，以此来训诫子孙推行孝道。《柳氏家训》中曰："予幼闻先训，讲论家法。立身以孝悌为基，以恭默为本，以畏怯为务，以勤俭为法，以交结为末事，以气义为凶人。"④ 这段话表明，柳玭从小即听闻祖先的遗训，讲论家族的法规，懂得做人应以孝悌为基础，以谦恭少语为根本，以谨慎的细心为必需，以勤劳节俭为法则，将交游结党看作本事，将背信弃义视为凶残。作为一部比

① 王溥：《唐会要》卷 6《公主·杂录》。
②《新唐书》卷 83《诸帝公主》。
③《旧唐书》卷 165《柳公绰传》。
④《旧唐书》卷 165《柳公绰传》。

较系统、完整的家范，《柳氏家训》对训育柳氏子孙后代起到了重要作用，也为今人了解当时的家族孝道提供了重要范本。此外，柳玭对子孙的孝道教育思想还体现在另一部家范《诫子孙》之中，他认为："夫名门右族，莫不由祖考忠孝勤俭以成立之，莫不由子孙顽率奢傲以覆坠之。成立之难如升天，覆坠之易如燎毛。余家本以学识礼法称于士林，比见诸家于吉凶礼制有疑者，多取正焉。……至于孝慈友悌，忠信笃行，乃食之醯酱，可一日无哉?"① 在这篇诫言中，柳玭探讨了家业兴衰的缘由：大凡那些豪门势族，没有一个不是由于父祖的忠诚孝廉、勤恳节俭而建立起来的，也没有一个不是由于子孙的愚妄轻率、奢侈傲慢而覆没坠毁的。他认为，成家立业正如升天一样艰难，覆没坠毁就如燎毛一般容易，并用每天需要吃的酱和醋来比喻说明孝敬父母、关怀子女、尊敬兄长、爱护弟弟的必要性，给子孙继承家业后应做的努力指明了方向。

唐代中晚期著名诗人杜牧，在其代表作品《留诲曹师等诗》中充分揭示了孝对于做人的重要作用："万物有丑好，各一姿状分。唯人即不尔，学与不学论。学非探其花，要自拨其根。孝友与诚实，而不忘尔言。根本既深实，柯叶自滋繁。念尔无忽此，期以庆吾门"②，说明人的好坏在于后天的学与不学，但学要学根本，而不要华而不实，学做人的根本就在于孝、友、诚实，根本扎深扎牢，其枝叶自然繁茂。

唐玄宗时期，穆宁以教育子弟闻名于世，"宁好学，善教诸子，家道以严称。事寡姐以悌闻。通达体命，未尝服药"。将孝悌教育放在道德教育的首位。他常训诫儿子："君子之事亲，养志为大，直道而已。慎无为谄，吾之志也。"强调一个君子要服事父母，承顺他们的心意是最关键的。同时，要求儿子们奉行正直之道，否则，即使供给父母再丰厚的食品，也不能令其满意。在他的悉心训诫之下，四个儿子穆赞、穆质、穆员、穆赏对父母孝敬，对兄弟友悌，其品行为世人所仰。时人"以滋味目之，赞俗而有格为酪，质美而多入为酥，员为醍醐，赏为乳腐。近代士大夫言家法者，以穆氏为高"③。

唐代名臣崔邠，以孝治家而称于世。据《新唐书》记载："崔邠字处仁，贝

---

① 《全唐文》卷 816《诫子孙》。
② 《全唐诗》卷 524《留诲曹师等诗》。
③ 《旧唐书》卷 155《穆宁传》。

州武城人。父俭，三世一爨，当时言治家者推其法。……崔氏四世缌麻同爨，兄弟六人至三品，邠、郇、郸凡为礼部五，吏部再，唐兴无有也。居光德里，构便斋，宣宗闻而叹曰：'郸一门孝友，可为士族法。'因题曰'德星堂'。后京兆民即其里为'德星社'云。"① 正因为崔氏家族以孝谨为家法之根本，家中尊长能够以身作则，友善亲友，才得以四世同爨、和睦共处。

裴守真，是唐代孝子的典范。《旧唐书》记载："守真早孤，事母至孝。及母终，哀毁骨立，殆不胜丧。复事寡姊及兄甚谨，闺门礼则，士友所推。……十四年卒，谥曰'孝'。"正是因为裴守真对父母极尽孝道，照顾姐妹，后代也继承其孝悌品质，其子"子余居官清俭，友爱诸兄弟"②。

（五）民间家庭的孝道教育活动

隋唐时期，民间家庭同样承袭了重视孝道教育的传统。唐五代民间极为重视孝道，敦煌民歌中多有反映，如《皇帝感》中："资父事母而爱同，夙兴夜寐问温恭"，《敦煌零拾·天下传孝十二时》中："子父恩深没多时，递户相劝须行孝"，又："董永卖身葬父母，天下流传孝顺名"，又："孝养父母莫生嗔，第一温言不可得，处分小语过于珍。"③ 在民间广为流传的孝道教育范本中，以王梵志诗及《太公家教》堪称最佳。

唐代诗人王梵志十分重视家礼，诗中为世人讲述了为人处世、孝敬父母、教养子女等诸多道理。他将孝心放在做人儿女的首位，"你若是好儿，孝心看父母。五更床前立，即问安稳不。天明汝好心，钱财横入户。王祥敬母恩，冬竹抽笋与。孝是韩伯俞，董永孤养母。"在他看来，只有存孝道的家庭才能不断门户，若是娶妻之后就不管父母，如此的儿女就算被人"打煞"也没有人来"袒护"："你孝我亦孝，不绝孝门户。只见母怜儿，不见儿怜母。长大娶得妻，却嫌父母丑。耶娘不睬眙，专心听妇语。生时不供养，死后祭泥土。如此倒见贼，打煞无人护。"④ 同时，他也指出："欲得儿孙孝，无过教及身。一朝千度打，有罪更须嗔。"⑤ 这也反映出平民家庭与官僚家庭以说理的方式来传承孝道的方式

---

① 《新唐书》卷 163《崔邠传》。
② 《旧唐书》卷 188《裴守真传》。
③ 金贤珠：《唐五代敦煌民歌》，文史哲出版社 1994 年版，第 77 页。
④ 陈尚君辑校：《全唐诗补编》，中华书局 1992 年版，第 702 页。
⑤ 陈尚君辑校：《全唐诗补编》，中华书局 1992 年版，第 99 页。

有所不同，可以通过"打"来教育子女。当然，受佛教思想的影响，当时的家庭教育中也渗透了缘分与前世因果的观念，这在王梵志的诗中也有体现："孝是前身缘，不由相仿习。儿行不忆母，母恒行坐泣。儿行母亦征，项脑连脑急。闻道贼出来，母愁空有骨。儿回见母面，颜色肥没忽。"① 总之，王梵志以其通俗生动的诗句，为我们展现了深刻的人生哲理，这些道理对今人依然有重要的教育意义。

《太公家教》一书"应该成于唐代，且作者很难确定"②，此童蒙读本在中唐到北宋时期流传很广。王重民先生指出："《太公家教》是从中唐到北宋初年最盛行的一种童蒙读本。""这个童蒙读本的流传之广，使用时间之长，恐怕再没有第二种比得上它的。"③ 这从一个侧面表明该书在当时民间家庭教育中发挥了重要作用。《太公家教》提倡世人要孝顺父母，将孝养父母作为安身立命之本："立身行道，始于事亲。孝无始终，不离其身"，"孝是百行之本，故云其大者乎"，"善能行孝，勿贪恶事"，同时，将孝道教育蕴含在具体的日常行为之中："孝心事父，晨省暮参。知饥知渴，知暖知寒。忧时共戚，乐时同欢。父母有疾，甘羹不餐。食无求，无求饱。居无求，安闻乐。闻乐不乐，闻戏不看。求乐闻，喜不爱。不修身体，不整衣冠。父母疾愈，整亦不难"。不仅如此，书中还提出："事君尽忠，事父尽孝"，"孝子不隐情于父，忠臣不隐情于君"，④ 将孝养父母与忠于国君并提，体现了孝道之于家庭正如忠诚之于国家的重要性，这些劝子孙后代行孝的语句时至今日依然发人深省，令人深思。

总之，在这种孝道教育下，隋唐时期的社会秩序甚为有序。但是，任何事物的发展都需有度，否则过犹不及。愚孝行为即是孝道教育发展到极端地步的表现。赵王杲"性至孝，常见帝风动不进膳，杲亦终日不食。又萧后当炙，杲先请试炷，后不许之"⑤。李德饶"性至孝，父母寝疾，辄终日不食，十旬不解衣。及丁忧，水浆不入口五日，哀恸呕血数升。及送葬之日，会仲冬积雪，行

---

① 陈尚君辑校：《全唐诗补编》，中华书局 1992 年版，第 336 页。
② 朱明勋：《中国家训史论稿》，巴蜀书社 2008 年版，第 137 页。
③ 王重民：《敦煌古籍叙录》，中华书局 1979 年版，第 220 页。
④ 高国藩：《敦煌写本〈太公家教〉初探》，载《敦煌学辑刊》1984 年第 1 期。
⑤《隋书》卷 59《炀三子列传》。

四十余里，单缞徒跣，号踊几绝。会葬者千余人，莫不为之流涕。"① 有些孝子
为了证明自己的至孝，不惜守丧几十年，如"华原人韩难陀，父亡，庐于墓侧，
凡十六载"②。不仅如此，还出现以死报亲者，王博武侍母至广州，渡沙涌口，
遇暴风，母溺死，"博武自投于水"③ 而死。上述极端的愚孝行为，值得当代为
人子女者深刻反思，"身体发肤，受之父母，不敢毁伤，孝之始也"④，孝顺父母
理应采用正确的方式，才能不负父母的养育之恩。

二、礼法道德教育

家庭遵礼守道是社会稳定的基础，符合最高统治者根本要求。因此，隋唐
时期，无论是皇族、士族，还是庶民百姓，无不重视家庭的礼法道德教育。

(一) 皇族家庭的礼法道德教育

以太宗李世民为代表的隋唐皇帝对汉魏六朝时期的传统进行发展，重视睦
亲教育对自身统治的重要性。太宗李世民在《帝范》的"建亲"章中谈到："且
敦穆九族，放勋流美于前；克谐烝乂，重华垂誉于后。无以奸破义，无以疏间
亲。察之以德，则邦家俱泰，骨肉无虞，良为美矣。"⑤

凡明君贤相，都崇尚节俭以治理国家，隋唐时期也不例外。太宗李世民在
《帝范·崇俭篇》中曰："夫圣世之君，存乎节俭。富贵广大，守之以约；睿智
聪明，守之以愚。不以身尊而骄人，不以德厚而矜物。"由此可知，在政治清明
的朝代，其君主必然保持节俭的美德。富有四海，贵为天子，安于俭约而不奢
侈；智慧聪明，安于愚拙而不自恃。不以地位高贵而骄人，不以恩德广厚而居
功。"茅茨不剪，采椽不斫，舟车不饰，衣服无文，土阶不崇，大羹不和。"他
们并不是讨厌荣华，不喜欢美味，"乃处薄而行俭。故风淳俗朴，比屋可封"⑥，
此节俭之德也。

同时，太宗提出诫盈和崇俭"斯二者荣辱之端"，"奢俭由人，安危在己。

---

① 《隋书》卷 72 《李德饶传》。
② 《册府元龟》卷 139 《帝王部·旌表三》。
③ 《新唐书》卷 195 《孝友传·王博武》。
④ 《孝经·开宗明义章》。
⑤ 《帝范》卷 1 《建亲第二》。
⑥ 《帝范》卷 3 《崇俭第八》。

五关近闭，则嘉命远盈；千欲内攻，则凶源外发。是以丹桂抱蠹，终摧荣耀之芳；朱火含烟，遂郁凌云之焰"，由此可知，骄奢与否由人的意志决定。"不节则志倾；欲生于心，不遏则身丧。故桀纣肆情而祸结，尧舜约己而福延。可不务乎！"①

（二）士族家庭的礼法道德教育

隋唐时期，社会秩序的动乱更凸显出礼法秩序的重要性，因此，士族家庭愈加重视礼法道德的培养与传承。

唐朝中期，宰相李晟"理家以严称，诸子侄非晨昏不得谒见，言不及公事，视王氏甥如己子"②。在他的严格教育之下，子侄皆明晓长幼尊卑，对长辈晨问昏省。子弟公私分明，不以家事干扰国事，由此形成了良好的家风。

在晚唐时期，世间称家法者，推柳氏为楷模："初公绰理家甚严，子弟克禀诫训，言家法者，世称柳氏云。"由于其祖父及父亲对家教的重视，柳公绰及弟弟公权从小即受到较好的礼法教育。公绰"性谨重，动循礼法。属岁饥，其家虽给，而每饭不过一器，岁稔复初。家甚贫，有书千卷，不读非圣之书，为文不尚浮靡。"③

柳公绰弟公权，唐代著名书法家，能吟诗作赋，精于四书五经，曾任翰林侍书学士、弘文馆学士、谏议大夫、工部尚书等职。他先后在穆宗、敬宗、文宗三朝为学士，直言进谏，深得皇帝赏识，"穆宗政僻，尝问公权笔何尽善，对曰：'用笔在心，心正则笔正。'上改容，知其笔谏也"；文宗"便殿对六学士，上语及汉文恭俭，帝举袂曰：'此浣濯者三矣。'学士皆赞咏帝之俭德，唯公权无言，帝留而问之，对曰：'人主当进贤良，退不肖，纳谏诤，明赏罚。服浣濯之衣，乃小节

图 7-12　柳公权

---

① 《帝范》卷 3 《崇俭第八》。
② 《旧唐书》卷 133 《李晟传》。
③ 《旧唐书》卷 165 《柳公绰传》。

耳.'时周墀同对,为之股慄,公权辞气不可夺。帝谓之曰:'极知舍人不合作谏议,以卿言事有诤臣风彩,却授卿谏议大夫'。"①

柳公绰子仲郢,历任监察御史、京兆尹、户部侍郎、山南西道节度使等,官至刑部尚书。仲郢从小受到良好的家庭教育,"(仲郢)母韩,即皋女也,善训子,故仲郢幼嗜学,尝和熊胆丸,使夜咀咽以助勤"②。他继承柳氏家风,以礼法道德来维持家道,"仲郢有父风,动修礼法","(牛)僧孺叹曰:'非积习名教,安能及此'";"仲郢以礼法自持,私居未尝不拱手,内斋未尝不束带。三为大镇,厩无名马,衣不熏香"。③

柳仲郢子柳玭指出败家五大过失:其一,自求安逸,靡甘淡泊;其二,不知儒术,不悦古道;其三,胜己者厌之,佞己者悦之;其四,崇好慢游,耽嗜麹糵;其五,急于名宦,昵近权要。④ 上述五种大错,危害盛于痤疽,痤疽用砭石可治,而此五种过失医师也无法治愈。《家训》最后归纳"中人以下"和"上智"两种人对待人生的态度,告诫子孙要明于取舍:"唯上智则研其虑,博其闻,坚其习,精其业。用之则行,舍之则藏,苟异于斯,岂为君子。"⑤

(三) 平民家庭的礼法道德教育

隋唐时期,民间家庭教育继承了儒家传统,以忠孝仁义为主要内容,以传统礼仪为日常行为规范。《太公家教》及王梵志诗,是当时民间礼仪道德教育的最佳范本,在民间具有广泛的影响。

《太公家教》自出现之后,很快闻名于世。"当是有唐村落间老校书为之,太公者,犹曾、高祖之类,非渭滨之师臣,明矣。"⑥ 其内容不仅涉及道德观念,还包括日常行为。《太公家教》提倡世人要重视家庭教育,为人处世要谨慎言行:"教子之法,常令自慎,勿得随宜。言不可失,行不可亏。"要莫贪钱财、戒酒远色:"他篱莫越,他事莫知。他户莫窥,他嫌莫道。他贫莫讥,他病莫欺。他财莫取,他色莫侵。他强莫触,他弱莫欺。他弓莫挽,他马莫骑……财

---

① 《旧唐书》卷165《柳公绰传》。
② 《新唐书》卷163《柳公绰传》。
③ 《旧唐书》卷165《柳公绰传》。
④ 《全唐文》卷816《袁循》。
⑤ 《全唐文》卷816《袁循》。
⑥ 王明清:《玉照新志》卷5。

能害己，必须远之。酒能败身，必须戒之。色能致乱，必须弃之。忿能积恶，必须忍之。心能造恶，必须戒之。口能招祸，必须慎之。"要与人为善、劝恶行善："见人善事，必须赞之。见人恶事，必须掩之。邻有灾难，必须救之。见人打斗，必须谏之。意欲去处，即须审之。见人不是，即须语之。不如己者，必须教之。好言善述，必须学之。非是时流，必须避之。恶人欲染，必须避之。罗网之鸟，悔不高飞。吞钩之鱼，恨不忍饥。人生误计，恨不三思。"同时，《太公家教》还教育孩子从小注重日常生活礼节："尊人之前，不得唾地。尊人赐酒，必须拜受。尊者赐肉，骨不与狗。尊者赐果，怀核在手。若也弃之，为礼大丑。对客之前，不得唾涕，亦不漱口。忆而莫忘，终身无咎。"还有教育孩子谨慎交友的内容："居必择邻，慕近良友""近朱者赤，近墨者黑。蓬生麻中，不扶自直。白玉投屋，不污其色。近佞者谄，近偷者贼。近痴者愚，近圣者明。近贤者德，近淫者色"，"近鲍者臭，近兰者香。近愚者暗，近智者良"，"结交为友，须择良贤"。① 这些"家训"，为我们展示了栩栩如生的家庭教育场景，言辞质朴，道理深刻，值得深深感悟。

王梵志诗中亦多有重视家庭礼仪道德教育的内容，如劝诫世人在会宾客时，要"在席有尊卑。诸人未下箸，不得在前椅"，幼卑者不要坐在上座，拿筷先吃。尊长与客人说话时，要"侧立在傍听。莫向前头闹，喧乱作鸦鸣"。看见来客应马上站起，"尊亲尽远迎。无论贫与富，一概总须平"。同时，还劝诫弟兄间要和睦相处："兄弟须和顺，叔伲莫轻欺。财物同箱柜，房中莫蓄私"，"兄弟相怜爱，同生莫异居。为人欲得别，此则是兵奴"，"孔怀须敬重，同气并连枝。不见恒山鸟，孔子恶闻离"。② 当然，由于时代的限制，诗中难免出现一些佛教因果报应的观念以及及时行乐的思想，需要我们明辨之。

---

① 高国藩：《敦煌写本〈太公家教〉初探》，载《敦煌学辑刊》1984 年第 1 期。
② 张锡厚校辑：《王梵志诗校辑》卷 4，中华书局 1983 年版，第 114、109、116、105、106、108 页。

第五节　家庭女子教育活动

隋唐时期沿袭了魏晋南北朝时期女子在家接受家庭教育的传统，而且教育内容要更加丰富多元。隋唐时期的女子家庭教育活动主要包括由孝道教育及礼法道德教育组成的家庭礼仪教育活动，经史教育及佛道教育在内的家庭女子文化修养教育活动及书法教育、音乐教育、舞蹈教育等其他教育活动。

一、家庭女子的礼仪教育活动

(一) 孝道教育活动

孝是做人的重要道德规范，也被视为妇女最重要的品德。隋唐时期大力提倡孝道，唐玄宗也曾亲注《孝经》，在《孝经注序》中说："子曰：'吾志在《春秋》，行在《孝经》。'是知孝者，德之本欤。"① 上有所好，下必趋之，孝道教育遂成为教育中的重中之重。

对于女子而言，她们接受教育的过程主要在家庭中进行。那么，作为女教的经典之作，《女孝经》《女论语》为我们展现了当时对女子德行的各种规范。《女孝经》，作者郑氏，从其《进女孝经表》中可知，郑氏的侄女被册封为唐玄宗的第十六子永王璘之妃，此书正是她教育侄女为妇之道而作。该书分十八章，借曹大家（班昭）之口宣传礼法，主要阐述了我国古代女子孝道的道德规范。《女论语》是先由宋若莘仿《论语》而作，后由其妹宋若昭修订完成。据《旧唐书·后妃传下》所载："著《女论语》十篇，其言模仿《论语》，以韦逞母宣文君宋氏代仲尼，以曹大家等代颜、闵，其间问答，悉以妇道所尚。若昭注解，皆有理致。"② 这部书全面阐述了我国古代女子立身处世的原则和应具备的才能，被后人称为"女教经典"。

《女孝经》中首篇"开宗明义章"说："夫孝者，广天地，厚人伦，动鬼神，

---

① 《全唐文》卷 41《元宗·孝经注序》。
② 《旧唐书》卷 52《后妃传下》。

感禽兽"①。接着，从《后妃章》到《庶人章》，分别阐述后妃、夫人、邦君、庶人四类妇女孝的规范，并相应地提出四类孝行的要求。

《后妃章》中对后妃之孝的要求为："后妃之德，忧在进贤。不淫其色，朝夕思念，至于忧勤，而德教加于百姓，刑于四海，盖后妃之孝也。"作为对天下人起示范作用的一个群体，后妃的孝行首先是忧患不能推举贤才；其次是不求男女淫欲；再次是勤于考虑国家大事；第四是对百姓施行德教，并且严于律己。

《夫人章》中对夫人之孝的要求为："居尊能约，守位无私。审其勤劳，明其视听。《诗》《书》之府，可以习之。礼乐之道，可以行之……然后能和。其子孙保其宗庙。盖夫人之孝也。"对夫人孝行的要求主要是，注重自身修养，学习文化，明其视听，生活上要勤劳简朴，只有做好以上两点才能更好地教育子女、和睦家庭，给子女做一个好的榜样。

《邦君章》中对邦君之孝的要求为："非礼教之法服不敢服，非诗书之法言不敢道，非信义之德行不敢行；欲人不闻，勿若勿言。欲人不知，勿若勿为。欲人勿传，勿若勿行。"作为邦君，做到了这"三不敢""三勿"，就能使家庭和睦，国泰民安。

《庶人章》中对庶人之孝的要求为："为妇人之道，分义之利，先人后己，以事舅姑。纺织裳衣，社赋（社祭、贡税）蒸献（冬祭、贡税），此庶人妻之孝也。"庶人之妻的孝行主要表现在家室之内，要孝敬好公婆，教育好子女。

在皇家女子的孝道教育方面，可以从公主下嫁礼仪的调整来一窥究竟。初唐时期，唐高宗在《公主王妃不许舅姑父母答拜诏》中认为："天地之尊，人伦已极；舅姑之敬，礼经攸重。……如闻公主出降，王妃作嫔，舅姑父母，降礼答拜，此乃子道云替。"② 可见，当时公主出嫁已经废除见舅姑之礼。但到了开元之后，《详定公主郡县主出降仪敕》中则对觐见的礼仪进行反思："爰自近古，礼教陵替，公主郡主，法度僭差，姻族阙齿序之仪，舅姑有拜下之礼，自家刑国，有愧古人。今县主有行，将俟嘉命，俾亲执枣栗，以见舅姑，敬遵宗妇之仪，降就家人之礼，事资变革，以抑浮华。"③ 这里已经开始对舅姑对公主的拜

---

① 《女孝经·开宗明义章第一》。
② 《唐大诏令集》卷 42《公主王妃不许舅姑父母答拜诏》。
③ 《唐大诏令集》卷 42《详定公主郡县主出降仪敕》。

下之礼进行反省，认为是"有愧于古人"的行为。到了唐太宗时期，他教育下嫁的公主要孝敬舅姑。长女襄阳公主，下嫁萧锐后，孝顺公婆就如同侍奉自己的父母。太宗对此非常满意，令"诸公主视为师式"①。唐德宗建中年间，下令要求公主守礼："旧例，皇姬下嫁，舅姑反拜而妇不答，至是乃刊去愿礼，率由典训。"② 唐宣宗的长公主万寿公主下嫁郑颢，宣宗虽然十分宠爱她，但还是下诏："先王制礼，贵贱共之。万寿公主奉舅姑，宜从士人法。"公主觐见时，宣宗总是谆谆教导她："无鄙夫家，无忤时事。"③ 教育公主不要因为自己身份高贵而鄙视丈夫、公婆。总之，在唐太宗的提倡之下，自南平公主下嫁王敬直起，公主对公婆、丈夫行妇礼，便成为一种规范要求。

对于士族女子而言，同样要求她们在出嫁前要孝敬父母，在出嫁后要孝敬公婆。郑氏在《女孝经》的《广扬名章》中指出，对父母的孝敬，可以推广为处理其他人伦关系："女子之事父母也孝，故忠可移于舅姑；事姊妹也义，故顺可移于娣姒；居家理，故理可闻于六亲。是以行成于内，而名立于后世矣。"孝是伦理关系的基础，能做到孝，便能使家庭和睦。

图 7-13　唐高宗李治

《事舅姑章》中训导出嫁之后的女子应将公婆视同于父母："女子之事舅姑也，敬与父同，爱与母同。守之者义也，执之者礼也。鸡初鸣，咸盥漱，衣服以朝焉，冬温夏清，昏定晨省。敬以直内，义以方外，礼信立而后行。"要求女子要敬爱公婆，如同父母，守执义礼。鸡一叫便起床洗脸漱口，穿着整齐地去朝见他们。冬天使之温暖，夏天使之凉爽，晚上服侍就寝，早上看望请安，做到戒慎敬肃。

对于庶民女子而言，《女论语》提出了许多孝敬父母的具体准则："女子在堂，敬重爹娘，每朝早起，先问安康。寒则烘火，热则扇凉。饥则进食，渴则

---

① 《新唐书》卷 83《诸帝公主》。
② 王溥：《唐会要》卷 6《公主·杂录》。
③ 《新唐书》卷 83《诸帝公主》。

进汤。"在受到父母批评时，应"近前听取，早夜思量。若有不是，改过从长。父母言语，莫作寻常。遵依教训，不可强梁"。对于父母的责备，不能忽略，或视同寻常，应遵照而行。此外，"父母年老，朝夕忧惶。补联鞋袜，做造衣服。四时八节，孝养相当。父母有疾，身莫离床。衣不解带，汤药亲尝。祷告神祇，保佑安康"。如果不幸亡故，应做好丧葬："衣裳装殓，持服居丧。安埋设祭，礼拜家堂。逢周遇忌，血泪汪汪。"《女论语》把对父母的孝敬规定得十分具体细致，同时，从反面劝诫："莫学忤逆，不敬爹娘"，"如此妇人，狗彘豺狼"。[①]对于公婆，《女论语》训道："供承看奉，如同父母。"对公婆的话要言听计从，亲自安排照料舅姑的饮食起居："敬事阿翁，形容不睹。不敢随行，不敢对语。如有使令，听其嘱咐。"公公如有吩咐，要侧侍而听，遵行无误。对婆婆则"姑坐则立，使令便去"。侍奉公婆，早上开门要轻声，不要惊动二老；还要"洒扫庭堂，洗濯巾布。齿药肥皂，温凉得所"，"香洁茶汤，小心敬递。饭则软蒸，肉则熟煮"。夜间要安置好他们睡卧，然后再辞归回房。这些事情要"日日一般，朝朝相似"，久敬不倦，坚持不懈，这样才称得上贤妇，切不可对公婆恣慢无礼，高声大喊。[②]

图 7-14　女孝经图局部一

这一时期，在家庭孝道教育之下，出现了很多女子孝养父母、舅姑的典范：刘寂妻夏侯碎金，已嫁生女，父因疾失明，乃求与夫离绝，归家侍奉父与后母五年。父死，被发跣足，负土成坟，庐于墓侧，三年中每日仅一食。[③] 郑义宗妻

---

① 《女论语·事父母章第五》。
② 《女论语·事舅姑章第六》。
③ 《新唐书》卷 205《列女传》。

卢氏，冒贼刃护卫其姑，为贼捶击，几致于死。① 某幼女，与母于林莽间遇猛兽，号乎搏兽而救母。观察使表其异行，刺史以此升迁②。白居易在《蜀路石妇》中赞颂了一位"孝女"："传是此乡女，为妇孝且贞。十五嫁邑人，十六夫征行。夫行二十载，妇独守孤茕。其夫有父母，老病不安宁。其妇执妇道，一一如礼经。晨昏问起居，恭顺发心诚。药饵自调节，膳馐必甘馨。夫行竟不归，妇德转光明。后人高其节，刻石像妇形。"③ 由此可见这一时期对于孝道的重视与提倡。

（二）礼法教育活动

礼法道德教育是唐代女子家庭教育的重要组成部分，其核心是让女子更好地懂得为妇之道。

对于皇室女子而言，由于出身于皇家，公主往往天性骄纵，以致不能很好地遵守妇道。因此，唐代要求公主娴静端庄、温婉柔顺。这可以通过公主下嫁的册命了解当时的情况，如《新都郡主出降制》曰："内禀河洲之德，惠心明婉，柔范端庄。"《义安郡主出降制》曰："鸾台皇太子第二女义安郡主，重月降辉，发春扬彩，四德淳茂，六行恭修。"《寿昌仙源县主出降制》曰："鸾台相王长女寿昌县主第五女仙源县主，并禀灵天汉，渐训王门，质耀桃李，性芬兰蕙。"④ 唐玄宗在诸公主的册文中，也有同样的表示，如《册交河公主文》曰："凉国夫人李氏，柔懿成性，幽闲表仪，能修关雎之德，克奉蘋蘩之礼"；《册临晋公主文》曰："咨尔临晋公主，蹈和成性，体顺为心，颇协生知之敏，更承师氏之训，柔明益著，淑慎攸彰。"这些册文饱含着皇帝对皇室女子深深的爱护和期望。同时，作为皇家女子，万众瞩目，应成为天下人的表率。唐玄宗在《册交河公主文》中曰："尔其叶化番邦，竭诚妇道，膺兹宠命，可不慎欤！"在《册临晋公主文》中曰："尔其克遵法度，用广徽猷，发明阃德，垂范于后，可不慎欤！"⑤ 唐德宗时，《册嘉成公主文》中曰："王者以义睦宗亲，以礼敦风俗。"⑥

---

① 《新唐书》卷 205《列女传》。
② 《旧唐书》卷 136《刘滋传附刘赞传》。
③ 《全唐诗》卷 424《蜀路石妇》。
④ 《全唐文》卷 95《太宗徐贤妃》。
⑤ 《全唐文》卷 38《元宗十九》。
⑥ 《全唐文》卷 464《陆贽五》。

以上册文表明，唐朝皇室对公主们承担起教化天下这一表率责任的深切期盼。

对于士族家族的女子而言，针对服侍丈夫的问题，郑氏在《女孝经·广守信章》中，从天、地、人相互关系的角度对其进行了阐述："立天之道，曰阴与阳；立地之道，曰柔与刚；阴阳则柔，天地之始。男女夫妇，人伦之始。"对于如何服侍丈夫的问题，《女孝经·纪德行章》指出："女子之事夫也，缅箄而朝，则有君臣之严；沃盥馈食，则有父子之敬；报反而行，则有兄弟之道；受期必诚，则有朋友之信；言行无玷，则有理家之度，五者备矣，然后能事夫。"这表明，女子必须装束整齐去见丈夫，要像臣对君那样严肃；为他捧盆洗手，准备酒食，要像子对父那样敬重；返回的时间而出行，要像弟对兄那样道义；被嘱咐的事情要按期完成，要像对朋友那样守信；言行没有污点，对待家人能够宽容。此外，《女孝经·三才章》还提到："天之经也，地之义也，人之行之，天地之性，而人是则之。则天之明，因地之利，防闲执礼，可以成家。"而在家庭关系中，夫同天，妻同地。"夫者，天也，可不务乎！古者女子出嫁曰归，移天事夫，其义远矣。"因此，女子出嫁之后的归宿就是丈夫，所以服侍丈夫是天经地义的。尽管《女孝经》强调"妇从夫之令"，但是，并不提倡对夫绝对服从。《女孝经·谏诤章》中指出："昔者周宣王晚朝，姜后脱簪珥，待罪于永巷。"[1]宣王推迟上朝时间，其夫人姜后以自己使君王贪恋女色，失礼晚朝，因而摘去了首饰耳环，来到幽禁后妃的永巷，等待惩罚。这一举动使宣王从此凤兴夜寐，勤于政务，成为周室中兴之君。由此可知，丈夫言行不合乎礼法，妻子理应直言规劝。

由于士族家庭的结构复杂，成员较多，所以在这种家庭之中的女子还要承担和睦亲族的责任。《女孝经·广扬名章》中指出："女子之事父母也孝，故忠可移于舅姑；事姊妹也义，故顺可移于娣姒；居家理，故理可以闻于六亲。是以行成于内，而名立于后世矣。"即女子对父母的孝敬，要推广于处理其他人伦关系之中。郑氏在《女孝经·广要道章》中指出具体和睦亲族的做法："女子之事舅姑也，竭力而尽心；奉娣姒也，倾心而馨义；抚诸孤以仁；佐君子以智；与娣姒之言信；对宾侣之客敬"。这样便可达到"得六亲之欢心"的目的。

---

① 《女孝经·谏诤章》。

图 7-15　女孝经图局部二

对于古代庶民女子而言，在行、语、坐、立、听等方面都要合乎妇德准则。《女论语·立身章》中指出："行莫回头，语莫掀唇，坐莫动膝，立莫摇裙，喜莫大笑，怒莫高声。"同样，《太公家教》中也提到要明确男女有别，并限制男女交往的内容："女年长大，莫听游走。"如果放任男女自由交往就会造成"女人游走，逞其姿首。男女离合，风声大丑。污染宗亲，损辱门户"，同时，提出了男女交往的规范："妇人送客，不出闺庭。所有言语，下气低声。出行随伴，隐影藏形。门前有客，莫出齐听。"①

在服侍丈夫方面，同样提倡男尊女卑。对此，《女论语·事夫章》中指出："将夫比天，其义匪轻。夫刚妻柔，恩爱相因"；对待丈夫，要敬重如宾："夫有言语，侧耳详听；夫有恶事，劝谏谆谆。"但是，对丈夫的邪恶之举，必须加以劝阻："莫学愚妇，惹祸临身。"同时，要关心丈夫的安全："夫若出外，须记途程。黄昏未返，瞻望相寻。停灯温饭，等候敲门。莫学懒妇，先自安身。"还要关怀丈夫的身体："夫如有病，终日劳心。多方问药，遍处求神。百般治疗，愿得长生。莫学蠢妇，全不忧心。"不仅如此，还要照顾好丈夫的生活，备齐一年四季所穿的衣服。总的来说，《女论语》要求女子要和丈夫"同甘同苦，同富同贫，死同葬穴，生共衣衾"。

作为庶民家庭的女子，同样需要和睦亲邻。《女论语·和柔章》中指出："处家之法，妇女须能，以和为贵，孝顺为尊。翁姑嗔责，曾如不曾。上房下户，子侄宜亲。是非休习，长短休争。从来家丑，不可外闻。"对公婆的怒责，即使冤枉自己，也不应该计较，就像没有发生过一样。对幼小的子侄之辈，要怜爱。在妯娌之间，不要谈论是非，争竞长短，家中有丑恶之事，也不可自扬

---

① 高国藩：《敦煌写本〈太公家教〉初探》，载《敦煌学辑刊》1984 年第 1 期。

于户外。对于邻家女眷往来，要："礼数周全。往来动问，款曲盘旋。一茶一水，笑语忻然。当说则说，当行即行。闲是闲非，不入我门。"只有这样，才能达到内外和睦。

二、家庭女子的文化教养活动

（一）经史教育活动

唐代实行开放的文化教育政策，女子享有较高的社会地位。社会普遍重视对女子进行经史知识的传授，这些内容也成为家庭教育的重要组成部分。

唐代素来主张女子读书识字，尤其表现在上层家庭中。士大夫、书香门第的女子多半在七岁左右便开始读书识字，学习诗礼；商贾、武人、市民家庭的女子也有不少习文读书。一般而言，女子读书的目的，在于使她们知书达礼，便于学习三从四德等"事人之道"，而非学习知识、开发智力。李华在给外孙女的信中说："妇人亦要读书解文字，知今古情状，事父母舅姑，然可无咎"，"汝等当学读《诗》《礼》《论语》《孝经》此最为要也。"①。因此，士族家庭大多要求女子读《礼记》《诗经》《论语》《孝经》以及《列女传》《女诫》一类书籍。宋氏姐妹撰述的《女论语》于后世广为流传，若昭不仅担任宫中六局首席尚宫职位，同时还担任六宫嫔媛、诸王、公主、驸马的老师，这都得益于宋氏姐妹所受良好的家庭教育。据《旧唐书·后妃传》载："五女皆聪慧，庭芬始教以经艺，既而课为诗赋，年未及笄，皆能属文。长曰若莘，次曰若昭、若伦、若宪、若荀。若莘、若昭文尤淡丽……若莘教诲四妹，有如严师。"②

唐代女子在家庭中往往是经史并习。唐代墓志中，不乏女子精通经史知识的记载。如女子徐氏，"博经史"，其文学才能颇为出众。在唐代女子习经或习史的墓志记载中，大部分只是简略提及，并没有深入展开。如唐代秘书省秘书郎李彬夫人宇文氏出身名门，年少未嫁时，"组绣奇工之暇，独掩身研书，偷玩经籍，潜学密识，人不能探"③。可见其喜爱经书之程度。此外，有的墓志则明确提到了女墓主"性耽经籍"。这些都从一个侧面表现了女子在家庭中学习经史

①《全唐文》卷315《李华·与外孙崔氏二孩书》。
②《旧唐书》卷52《后妃传下》。
③ 周绍良主编：《唐代墓志汇编》，上海古籍出版社1992年版，第2426页。

典籍的情形。

在女子教育的教材中，除《女孝经》《女论语》启蒙书外，以《诗》《礼》最为普遍。如李氏，"能日诵数千言，习《礼》明《诗》，达音妙缋，德言容工，盖出人也"；张氏，"能读史书，善奏丝桐"①。孙夫人，"训女四德，示男六经，亲族娣姒，肃然心伏，凡在闺阃，莫不书绅"②；公孙氏，"博览经史"，且"好读《汉书》"③；郑氏，"尤精鲁宣父之经诰，善卫夫人之华翰，明左氏之传，贯迁固之书，下及诸史，无不该览"④；崔履恒，"读书通古今"⑤。由此可见唐代女子所学经典之丰富、学识之渊博。

（二）佛道教育活动

佛教在唐朝进入了一个鼎盛发展的时期，道教也因受到统治阶级的青睐而发展迅猛。因此，这一时期出现许多信奉佛、道教的女子。

对于女子而言，其佛道教思想的启蒙应该是从婚前开始的，甚至是从幼儿时期开始的，这自然与她们的家庭教育分不开。唐代女子范阳庐氏在她九岁的时候，听别人诵读佛教经文，便能烂记于心。

三、家庭女子的其他教育活动

（一）书法教育活动

唐朝时期，社会开始重视包括女童在内的儿童书法教育，这为唐代女子学习书法知识打下了坚实的基础。唐代女子在识字的过程中，需要临摹童蒙识字教材，所以专门临摹王羲之的千字文字体在当时风靡一时。⑥ 在女子学习知识的过程中，也同样与书法教育相伴随，如陆浑县令李氏为女儿李十七娘撰写的墓志中，就提到他的女儿不仅识得很多种花花草草，最重要的是她对那时的诗歌和古今圣贤的言辞，都喜欢亲自来书写。⑦ 唐代杰出的书法家欧阳询之子欧阳通在书法上取得的成绩就离不开母亲对他进行的书法指导。

---

① 《全唐文》卷 232《李氏张夫人墓志铭》《张氏女墓志铭》。
② 陆心源：《唐文拾遗》卷 25《贾中立·唐朝上柱国司马君夫人新安孙氏墓志铭》。
③ 周绍良主编：《唐代墓志汇编》，上海古籍出版社 1992 年版，第 648 页。
④ 周绍良主编：《唐代墓志汇编》，上海古籍出版社 1992 年版，第 2348 页。
⑤ 周绍良主编：《唐代墓志汇编续集》，上海古籍出版社 2001 年版，第 853 页。
⑥ 郑阿财：《敦煌蒙书研究》，甘肃教育出版社 2002 年版，第 26 页。
⑦ 周绍良主编：《唐代墓志汇编续集》，上海古籍出版社 2001 年版，第 1013 页。

在唐代墓志中，也有很多关于女子喜爱书法的记载，从一个侧面反映出家庭女子书法教育的兴盛。如河南洛州县令，其女"烟露嵘岩于画笔"①。另外，女子为父母撰写墓志表明女子书法的普及。如女儿"大娘"为父亲王将军撰写的墓志；女儿"十娘"为父亲杨氏撰写的墓志；女儿"三娘"为父亲刘氏撰写的墓志；张氏为父亲撰写的墓志；女儿为母亲苏氏撰写的墓志。② 此类事例，难以备举。

（二）音乐、棋艺教育活动

重视音乐修养是唐代女子又一特色。上至官宦人家，下至娼优女子，普遍学习琴瑟技艺。在此社会文化背景下，家庭女子教育也多传授音乐艺术。

学习音乐是女子家庭生活中的重要内容。如宰相宋璟之女善击羯鼓，专有一楼供宋氏击鼓风③；于頔之嫂颇知音律④。唐诗中也有很多诗句展现少女或妇人调弄乐器、学习歌舞的画面，"十二学弹筝，银甲不曾卸"⑤；"大妇能调瑟，中妇咏新诗"⑥ 等诗句，为我们描绘了一幅学习丝竹音律的美好场景。这一时期，家庭所开展的女子音乐教育以娱乐活动为主，如越国太妃燕氏墓志中提及"且丝竹非娱"。此外，柳宗元为崔氏所作墓志中也显示，崔氏在空暇时间喜听音乐。⑦

从唐代记载来看，不少女性在家庭教育中学习音乐，精通包括琴在内的多种乐器。如李府君训导子女就是"男笙女簧，"由儿子承家等为母撰写墓志铭中提到，其母"兼善管弦"。⑧ 此外，唐代贵族家庭女

图 7-16　《仕女弈棋图》

---

① 周绍良主编：《唐代墓志汇编》，上海古籍出版社 1992 年版，第 1143 页。
② 分见周绍良主编：《唐代墓志汇编》，上海古籍出版社 1992 年版，第 317、885、171、1253、1432 页。
③《太平广记》卷 205《宋璟》。
④《太平广记》卷 203《于頔》。
⑤《全唐诗》卷 539《李商隐·无题》。
⑥《全唐诗》卷 100《王绍棠·三妇艳》。
⑦ 周绍良主编：《唐代墓志汇编续集》，上海古籍出版社 2001 年版，第 193、853 页。
⑧ 周绍良主编：《唐代墓志汇编》，上海古籍出版社 1992 年版，第 2015、806 页。

子教育还包括学习围棋艺术。

(三) 绘画、舞蹈教育活动

在唐代女子家庭教育中，绘画教育及舞蹈教育都不是主要内容。因此，相关的记载并不多见。有关唐代女子在家庭中学习绘画的记载在墓志中只有一篇：陇西李夫人不但精通音乐，她在绘画方面也展现出了杰出的才能。① 而整个唐代出现的女画家也不为多见，这应该和她们家庭教育对绘画的不重视也有一定的关系。

在唐朝家庭中也能发现女子习舞的记录，如张氏之子撰写的墓志中，描述了洛阳女子张氏"能全对舞"的情形。②

(四) 女红教育活动

作为家庭的重要角色，女红是唐代女子必须掌握的基本技能。《女论语·学作章》强调："凡为女子，须学女工。"由此可见，女红之于女子的重要地位。民歌中也有"儿小教读书，女小教针补"的说法。这些教育内容，唐墓志中亦有记载，如赵郡李府君夫人博陵崔氏，"七岁读女史，十一就妇功，岂织纴组紃，不废事业，将前言往行，以成规矩"③。颍川陈夫人，"少习诗礼，长善笔礼……其于针刀之功，罔不尽妙"④。这些记载说明，唐代家庭对女红教育的崇尚。

图 7-17　唐代女红

① 周绍良主编：《唐代墓志汇编》，上海古籍出版社 1992 年版，第 905 页。
② 周绍良主编：《唐代墓志汇编续集》，上海古籍出版社 2001 年版，第 8 页。
③ 陆心源：《唐文拾遗》续拾卷 3《李宅心·大唐故监察御史赵郡李府君夫人博陵崔氏墓志铭》。
④ 周绍良主编：《唐代墓志汇编》，上海古籍出版社 1992 年版，第 2346 页。

第八章
社会教育活动

　　教育的形态可被分为家庭教育、学校教育和社会教育。家庭教育是人一生最早接触的教育；学校教育是人获取知识、技能，完善心智的重要途径，为人的一生发展奠定基础；社会教育是对人一生影响最大、最持久的教育。"社会教育"一词最早出现于 1835 年德国教育学者狄斯特威格的《德国教师陶冶的引路者》一书中。① 学界对于"社会教育"的内涵和外延的认识不一，按照通常的理解，本章的"社会教育"主要是指除了学校教育、家庭教育之外的第三种教育形态，包括民间佛、道两教的教育活动、民间风俗教育活动以及传统手工艺的传授活动。纵览我国古代教育，可以发现我国古代的传统教育体系主要是由儒家（儒教）教育、道家（道教）教育与佛教教育建构而成。其中，儒

---

　　① 詹栋梁：《现代社会教育思潮》，台湾五南图书出版有限公司 1991 年版，第 3 页。

家教育占据主导地位，道家教育与佛教教育则为辅助，三者可谓相辅相成，彼此影响和融通。隋唐五代时期，朝廷施行开明的宗教政策，道教和佛教在政权的大力扶植下，迅速发展，广泛传播，形成较为成熟和完善的、区别于官学教育和家庭教育的社会教育体系，举办了丰富多彩、形式多样、影响广泛的社会教育活动。

第一节　民间道教教育活动

道教作为中国土生土长的宗教，是中国文化的土特产。道教不仅仅是一种观念形态和神仙信仰，而且更是一种实体宗教，它有相应的组织机构、管理体系和传播途径。它通过师徒的授受来宣传其教义、繁衍其组织、扩大其影响。但这一切，都得归功于道教教育，如果离开了教育，道教就不能够向世人宣化、吸收门徒，更无法维持其发展。因此，在一定程度上说，道教教育与道教的发展是相生相随的。魏晋南北朝以后，随着道教组织在全国范围内的建立，道教教育也逐步完善起来。隋唐五代时期，尤其是唐代，道教在朝廷的人力扶植下，迅速发展，势力得到了极大扩张。各地道观林立，道徒众多，求仙学道之风遍及帝王公卿、平民百姓。

一、道教经典的传写

道教重视道经的功用，认为因经悟道，因悟成真，"寔天人之良药，为生死之法桥"[①]。唐代道士朱法满《要修科仪戒律钞》卷二《写经钞》说：

> 抄写经文，令人代代聪明，博闻妙赜，恒值圣代，当知今日明贤博达，皆由书写三洞尊经，非唯来生得益，及至见在获福。《大戒》云：抄写尊经一钱以上，皆得七十四万倍报。万钱已上，报不可称。[②]

而在该经的《受持钞》中，更认为与金玉重宝的施舍相比，道经的"讲说

---

① 上海书店出版社等编：《道藏》第 24 册，文物出版社、上海书店、天津古籍出版社联合出版1988 年版，第 749 页。
② 上海书店出版社等编：《道藏》第 6 册，文物出版社、上海书店、天津古籍出版社联合出版1988 年版，第 925 页。

书写受持，供养功德，胜彼百千万倍"①。因此，写经便成为道士道学修持的重要内容。杜光庭《道教灵验记》卷十二《杜简州〈九幽拔罪经〉验》，说杜武请古道士置道场，转读《九幽拔罪经》有灵验，古道士"因为写百余本《九幽经》，行于奉道之家，劝其持奉矣"②。

按照唐代道士受法位的等级，凡得法师传授三戒、五戒的道士，则称为清信弟子。《传授三洞经戒法箓略说》称："凡受戒，皆须诣师伏受抄写。"③ 这是受戒道士抄写《十戒经》的规定。除《十戒经》外，道士还受《老子道德经》。

唐代雕版印刷尚未流行，社会上传诵的道经多为写本。《开元道藏》编成后，已在全国十五道传写流播。《混元圣记》卷九载唐玄宗于天宝七年（748年）诏：

> 令内出一切道经，宜令崇玄馆即缮写，分送诸道采访使，令管内诸道转写。其官本便留采访，至郡亲劝持诵。④

开元二十一年（733年），唐玄宗将天下行政区由十道划分为十五道，置十五道采访使，行使颁行道经之责。天宝元年（742年），唐玄宗尊《庚桑子》为《洞灵真经》，《文子》为《通玄真经》，《列子》为《冲虚真经》，并于此年二月二十九日制："其《洞灵》等三经，望付所司，各写千卷，校定讫，付诸道采访使颁行。"⑤ 唐玄宗还直接向道观颁赐道经，宋人钱易《南部新书》称："天宝十载，写一切道经五本，赐诸观。"天宝十四年（755年），"颁《御注道德经》并疏义，分示十道，各令巡内佳写，以付宫观"⑥。当时崇玄馆专置经生写经，《唐会要》卷六十四"崇玄馆"条载：

> 贞元六年十二月，经事中卢微奏："太清宫崇玄馆元置楷书二十人，写道经已足，请不更补置。"敕旨依奏。

崇玄馆所写道经为范本，经过严格校定，供各地转写。唐代道教写经有严格的程式规定，据《洞玄灵宝三洞奉道科戒营始》卷一《置观品》，道观要设写

---

① 《道藏》第 6 册。
② 《道藏》第 10 册。
③ 《道藏》第 32 册。
④ 《道藏》第 17 册。
⑤ 《唐会要》卷 50《尊崇道教》。
⑥ 《唐会要》卷 36《修撰》。

经坛、校经堂、演经堂、熏经堂。该经卷二《写经品》，对写经的形式、书体、装潢、收藏等做了具体规定，仅写经形式就有十二相：金简刻文、银版篆字、平石镌字、木上作字、素书、漆书、金字、银字、竹简、壁书、纸书、叶书。该经卷五《上清大洞真经目》，规定道士女冠所受经戒法篆，应照目录抄写，装订入藏。

唐代写经之风颇盛，写经与造像往往被视为奉道的两大功德，一直为道俗两界所看重。朱法满在《要修科仪戒律钞》卷二《写经钞》中说：

> 《本际经》云：若复有人，纸墨缣素，刻玉镌金，抄写素治，装褫绦轴，流通读诵，宣布未闻，当知其人，已入道分，名书金格，列字玉篇。[1]

唐代道经在社会上广为传写，敦煌并非道教热点区域，但藏经洞发现的古道经写本，仍有500多卷。敦煌道经多系唐代写本，从敦煌道经题记可知，现存500余卷道经，大致可分为长安写本和敦煌写本两部分。敦煌道经中最早的卷子，是隋大业八年（612年）的长安写经，《老子变化经》末题：

> 大业八年八月十四日经生王俦写。用纸四张，玄都玄坛道士复校。装潢人秘书省写。[2]

唐代长安的写经，写经人为国子监学生、经生、道士，并经过三校程序。《老子道经卷上唐玄宗注》末题：

> 国子监学生扬献子初校，国子监大成王仙舟再校。开元廿三年五月□日，令史陈琛，宣德郎行主客主事专检校写书扬光乔，朝仪郎行礼部员外郎上柱国高阳郡开国公杨仲昌，正仪大夫行礼部侍郎上柱国夏县开国男姚弈，金紫光禄大夫礼部尚书同中书门下三品上柱国成纪县开国男林甫。[3]

在史籍与道经中，不乏道经传写的记载。《录异记》卷一载：道士司马凝正攻书好道，"咸通初，与道士白无隅、张坚白于洞真观缮写真经"[4]。《神仙感遇传》卷五《吴善经》载：唐宪宗得符一函，为天书玉字，中外无有识者，后得高道吴善经解读。宪宗"命太清宫别敕供给，兴唐观道士琼，执弟子之礼，备得其诀。琼以天书玉字写《道德》二经、《黄庭》内外篇、《生神》《度人》《消

---

① 《道藏》第 6 册。
② 李德范：《敦煌道藏》第 4 册，中华全国图书馆文献缩微复制中心 1999 年，第 2141—2146 页。
③ 李德范：《敦煌道藏》第 3 册，中华全国图书馆文献缩微复制中心 1999 年，第 1439—1440 页。
④ 杜光庭：《录异记》卷一《仙》，见《续修四库全书》第 1264 册，上海古籍出版社 2002 年版，第 466 页。

灾》诸经几十卷，又注解三洞箓、符、篆以为正音"①。

除了传抄，在雕版印刷术发明之后，道教的典籍也被用来刻印。最早的私人刻书家是唐末的纥干泉，范摅《云溪友议》卷下云："纥干尚书泉，苦求龙虎之丹十五余稔，及镇江右，乃大延方术之士，乃作《刘弘传》，雕印数千本，以寄中朝及四海精心烧炼之者。"② 纥干泉于唐宣宗大中年间任江南西道观察使，《刘弘传》是其集一批道士而作的烧炼之书。这是道教典籍刻印的最早记载。

五代时期，雕版印书进一步发展。公元908年，成都有个叫任知玄的官员就曾经自己出钱雇工，雕印了十卷杜光庭的《道德经广圣义》，并在五年内雕成460余版。③

与传写道家经典相对应的便是藏经。隋唐时期，众多名山道观皆收藏道经，作为镇山、镇观之宝。《一切道经音义妙门由起》引《遁甲开山图》说："名山石室藏道经有三十二所，其十九室有经一百六十九万五千八百三十一卷；其六室有经一万五千二百三篇，不名卷数；其六室有经直标名目，不说卷数；其一室有奇经妙图黄老发命河洛之文，不可称计。"④ 唐于敬之《桐柏真人茅山华阳观王先生碑铭》载：道士王轨"往于名山福地，感遇真经。晚居华阳，又摹写上清尊法，洞元洞神，符图秘宝。并竭钟魏之模楷，尽班倕之剞劂。缄封静室，永镇山门。"⑤ 杜光庭《录异记》卷六载："长安富平县北定陵后通关乡，入谷二十余里，有二洞，一名东女学，一名西女学"，其中西女学洞"龛内有道经数万卷，皆置于柏木板床之上。……其大顺年中，富平奉道人姓徐第七，曾于洞内取养生经出外传写，却送山洞中。"卷二又载："邵州城下，大江南面潭中，昔开元年天师申元之藏道士之书三石函于潭底。"⑥ 这些都说明了隋唐五代时期，民间流传的道教经典甚广。

道教的很多经典还通过生动的描写和情感的表达来感化人，从而使其更加通俗易懂，流传甚广。例如，道经《太上老君说报父母恩重经》通过太上老君

　　① 上海书店出版社等编：《道藏》第 10 册，文物出版社、上海书店、天津古籍出版社联合出版 1988 年版，第 906 页。
　　② 范摅：《云溪友议》卷下《羡门远》。
　　③ 王欣夫：《王欣夫说文献学》，上海古籍出版社 2000 年版，第 79 页。
　　④ 上海书店出版社等编：《道藏》第 24 册，文物出版社、上海书店、天津古籍出版社联合出版 1988 年版，第 733 页。
　　⑤《全唐文》卷 186。
　　⑥ 上海书店出版社等编：《道藏》第 10 册，文物出版社、上海书店、天津古籍出版社联合出版 1988 年版，第 863 页。

之口倡导孝道，但该经不是如《孝经》那样对社会各阶层践行孝道强行做出具体行为规范，而是极力描画出父母养育儿女之艰辛：

> 怀汝十月，如携重担，气息奔喘，剧于走驰，或时寒热，坐卧不安，腹皮拆裂，心胸填满，发落消瘦，不能饮食。临生产时，逆前一月，常怀忧怖，恐不相离，或有时安，或有时患。当生之日，命如风烛，四肢百脉，及以五藏，或如刀刺，或如钩牵，或热如火，或冷如水，比当解离，或死或生，尽世间苦，口不能述。既得生已，喜惧交集，诸苦诸痛，不可堪忍。三年携抱，日夜不离，坐卧不净，眠食失时，视儿气色，将息饥渴。或有疾病，父母心痛，闻子忍苦，母不能食，心口干燥。①

经书描绘了一幅真实而生动的育儿画卷，读之让人感同身受，激发起人们对父母之恩的深深感念，内化为报答父母的孝德孝行。经文结尾处写道，听众闻经深为感动："各怀涕泪，受斯语已，愈感孝诚，刻骨不忘，尊敬殷重，各还本国，稽首奉行。"②

二、民间道教信仰崇拜

隋唐五代，由于统治者对道教宠爱有加，崇信迷狂，上行下效，"举国上下崇道、信道、迷于道，如癫如狂！"③ 道教在民间十分流行。家家奉神，村村祭鬼，蔚然成风。"唐初以来，百姓多事狐神，房中祭祀以乞恩，食饮与人同之，事者非一主，当时有谚曰：'无狐魅，不成村。'"④ 其他还可从唐代志怪、传奇小说的大盛，山水诗、神仙诗的流行中找到佐证。如果说唐以前道教主要以神仙羽化、方术迷信影响一定范围的士子百姓，那么唐代道教则以道家哲学结合神仙长

图 8-1　白云观太上老君像

---

① 上海书店出版社等编：《道藏》第 11 册，文物出版社、上海书店、天津古籍出版社联合出版 1988 年版，第 470 页。
②《太上老君说报父母恩重经》，见《正统道藏·洞神部·本文类》第 197 部。
③ 黄世中：《唐诗与道教》，漓江出版社 1996 年版，第 73 页。
④《太平广记》卷 447《狐神》。

生、方术迷信席卷了整个唐代社会。道教以其长生不老诱惑很多世人信奉、膜
拜。唐代的许多诗人俗士对道教所宣扬的长生不老之术深信不疑。王昌龄在
《就道士问〈周易参同契〉①》中便叙述了自己向一位道士求借道书的情景：

> 仙人骑白鹿，发短耳何长？
>
> 时余采菖蒲，忽见嵩之阳。
>
> 稽首求丹经，乃出怀中方。
>
> 披读了不悟，归来问嵇康。
>
> 嗟余无道骨，发我入太行。

张九龄《登南岳事毕谒司马道士》云："吸精返自然，炼药求不死。"

李白《古风》之五："吾将营丹砂，永与世人别。"

纵观唐史，上自帝王卿相，下至平民百姓，信道教者极多。没有哪个朝代
像唐朝有那么多皇帝信道、崇道、殉道。信奉道教或有道教思想倾向的文人名
士更是比比皆是，不少将相名士将修道、悟道作为"第二职业"，房玄龄、贺知
章等甚至脱下朝服做了道士。"李淳风，岐州雍人也，其先自太原徙焉。父播，
隋高唐尉，以秩卑不得志，弃官而为道士，颇有文学，自号黄冠子，注《老
子》，撰《方志图》，文集十卷，并行于代。"② 王维崇佛有名，却极为赞赏随炼
金道士独居深云高峨的生活（《李处士独居》），引道士为"同心人"（《过李揖
宅》），直言"愿奉无为化，斋心学自然"（《奉和圣制庆玄元皇帝玉像之作应
制》），可见其时道教的深入人心。

唐末五代时期，战乱不已，很多文人雅士便遁
迹山林，修仙得道。《宋书·隐逸传》所说的"五季
之乱，避世宜多"，就反映了这个时期知识分子的基
本趋向。《新五代史》卷三十四云：

> 郑遨字云叟……唐昭宗时举进士不中，见
> 天下已乱……乃入少空山为道士……与道士李
> 道殷、罗隐之友善，世目以为三高士。遨种田，

图 8-2　李淳风

①《周易参同契》是一本求生求寿的书，为东汉炼丹家魏伯阳所著，是最早的系统论述炼丹的
经籍。

②《旧唐书》卷 79《李淳风传》。

隐之卖药自给，道殷有钓鱼术，钩而不饵，又能化石为金。

五代宋初的著名道士陈抟（871—989），原精习儒学，但遭遇乱世而入山学道，修炼仙丹。《南唐书》卷十五《隐者传》中说道："陈陶，世居岭表，以儒业名家。陶挟册长安，声诗历象，无不精究，常以台铉之器自负，恨乱世不得逞。……陶后以修养炼丹为事。"①

神仙崇拜，是道教信仰的一个主要特征。修道成仙本是道教修炼的终极目的，在道教的兴盛发展过程中，鼓噪起了世人对神仙的向往与追求，人们也以丰富的想象力创造了各种各样无所不能的神仙，以及多姿多彩、尽善尽美的神仙世界。道教在继承传统多神崇祀的基础上，吸收民间信奉的俗神，编制了自成体系的神仙谱系。比如众神之尊——太上老君，统御群神的"玉皇大帝"。"玉皇大帝"以下有紫微大帝、天皇大帝、后土皇地祇等"四御"，四御之下，又有南北二斗星君，下设三省六曹七十四司，主掌众生生死、善恶业报。除此之外，还有统管各级城隍、土地的神仙，乃至深入千家万户的灶神。"这千百万亿天神地祇，组成一个网络无边、赏罚严明的神权大网，长期以来，统治着人们的精神王国。"②

三、道教戒律、仪式对信徒的教化

道教作为土生土长的宗教，有自己独特的宗教仪式和弘道方式。其中，传经授戒和斋醮仪式是其宣教扬道、教化信众、普渡众生的重要方式。当道教弟子已经成为道门某阶品位的法师的时候，一般都要举行传经授戒仪式。首先，法师要按照《玉历》选择传经授戒的吉日，然后，法师和弟子都要沐浴斋戒三日，准备信物、券契（唐代法物多以金钮、青丝、帛布、香油、灯烛、刀、剪、笔、墨、砚、纸、手巾、法香等代替）。穿戴法服、法裙、法袍、冠帽，并有三五监斋法师陪同，举行隆重的传经授戒仪式。弟子授戒后三日，弟子再设斋谢恩，法师再授以经、籍、度三师的名讳、形状、居观方所，让弟子牢记，以备上章奏表使用。③

---

① 马令：《南唐书》卷15《隐者传》，四部丛刊续编（史部），上海涵芬楼景印明刊本。
② 卿希泰：《道教与中国传统文化》，福建人民出版社1992年版，第25页。
③ 任继愈：《中国道教史》，上海人民出版社1990年版，第292页。

　　凡是信奉道教的一切男女老少均可赴道观接受法师的授戒，传戒后便可称为道门弟子。儿童在七八岁后，便可授戒，得到男生、女生的道门称号。十岁以上，可授"三将军箓""十将军箓"以及三归戒、五戒等，加称"箓生"或"箓生弟子"。成年男女在没有授戒前，只能称为男人、女人，或者善男人、善女人。诚心入道，拜道门者，必须先授"三归戒"。所谓的"三归戒"，又叫"三宝"，即道宝、经宝、师宝，意指信徒要诚心归附无极大道，把自己的精神寄托于道教三十六部尊经，并且一切听从法师的教诲。三归戒，被视为众戒之首，是凡夫俗子入道的初学阶段，是教外在俗人士所必须接受的初级戒律。"三归戒者天地之枢纽，神仙之根柢，发行之初门，建心之元兆。道、经、师者，众常通也，抑恶举善，戒人天也。身、神、命者，生妙宝也，回元转化，根圣真也。归之于道、经、师，若赤子归母，众物依地，不可须臾失戒。"①

　　在授三归戒之后，对于那些潜心奉道的善男信女，法师可再授无上十戒、十四持身品等戒律。十戒具体内容是：不杀，慈念众生；不得妄作邪念；不，盗取非义财；不欺，善恶反论；不醉，常思净行；宗亲和睦，无有非亲；见人善事，心助欢喜；见人有忧，助为作福；彼来加我，志在不报；一切未得，我不有望。十四持身品即十四条为人处事的规则，其内容有：与人君言则惠于国，与人父言则慈于子，与人师言则爱于众，与人臣言则忠于上，与人兄言则友于弟；与人子言则孝于亲，与人友言则信于交，与人夫言则和于室，与人妇言则贞于夫，与人弟言则恭于礼，与野人言则劝于农也，与贤人言则志于道，与异国人言则名守其城，与奴婢言则慎于事。②

　　对于那些隐遁山林、潜心修道的信徒们，在道教戒律中也有着十分具体的规定。例如，《洞玄灵宝道学科仪》卷上"山居品"，对此有着专门的规定：

　　　　科曰：凡是道学，当知道之布化，圣人设法，接引初行，隐遁山林。出家之者，若道士，若女冠，当栖息山中，以求静念，不交常俗，引命自安，避诸可欲，去诸秽乱。居山制度，与世间有异，有十事因缘：一、不得

　　①　上海书店出版社等编：《道藏》第 3 册，文物出版社、上海书店、天津古籍出版社联合出版1988 年版，第 401 页。
　　②　张继禹主编：《中华道藏》第 42 册，《洞玄灵宝天尊说十戒经》，华夏出版社 2004 年版，第649 页。

领户化人；二、不不得交游贵胜，以求名利；三、不得行邪禁咒术；四、不得医卜取钱，与世有隔；五、不得与世俗妇女同床席坐卧，除异学山居清净者；六、当朝、中、日没人定、夜半鸡鸣等时，焚香然灯，敬礼十方天尊，悔过灭恶。礼时，从东方为始；七、日中后，不得食谷气物，非谷气者：水、玉、芝、石、松、木、黄精、云英、灵飞散、枸杞等，食无时，不在禁例；八、凡行山采药时，三步一弹指，十步一磬欬，举足下足，常当念道，想有神人在于崖间路侧，授我仙术，我得如修服之，白日升天；九、若少得道，分未能达，无自显扬，轻慢不及；十、当念己身，父母长育之恩勿忘。此谓十事，居山修道之要尔，服御方法，并具本文矣。①

从这些戒律的内容来看，戒杀、戒盗、戒酒、戒邪念、慎言、慎怨、与人友善、助人为乐等方面无所不包，涉及道教信徒的修身养生、做人处事，甚是全备。这些戒律规范着道教信徒的日常行为和行为方式，从而有效发挥了其社会教化功能。

除了道教的戒律外，道教在道观经常举行斋醮科仪活动。道教的斋醮仪式俗称"道场"或"法事"，是源于上古时期的祭祀仪式。在古代，祭祀之前，参与祭祀的人不仅要沐浴净身，戒荤食素，还要谨慎守戒。起初，这种仪式只是在道观内举行，参加者主要是道教徒。随着道教信徒的数量增多和扩张道教的现实需要，斋醮仪式便逐渐形成了吸引信众参加的重要仪式。斋醮的内容有清洁身心、设坛摆供、焚香、化符、掐诀、叩齿、存想、念咒、上章、诵经、赞颂，并配以音乐、灯烛和禹步等程式。唐代，道教因受统治者尊奉，斋醮活动频繁举行，规模宏大，从而使斋醮之风遍布天下。

斋醮活动要求道观内的道教徒亲身参加，是一项重要的教育活动。"作为仪式的践行者，他们都切身体会到仪式的庄严肃穆与神圣，受到斋醮仪式的教化最为深切"。② 道教徒在斋醮活动中，不仅可以体会到凝气养神、恬淡虚静、返璞归真的天人合一、人神一体的宗教情感，而且作为一种修炼和修行的"必修课"，斋醮活动可以引导信徒们加强自身道行的修炼，虔诚祈祷忏悔。"道教斋

---

① 上海书店出版社等编：《道藏》第 24 册，文物出版社、上海书店、天津古籍出版社联合出版1988 年版，第 769—770 页。
② 黄发友：《道教斋醮仪式的教化作用》，载《牡丹江大学学报》2014 年第 11 期。

醮形式上是道教的祀神活动，本质上却是道教教义思想的仪式化演绎。从某种意义上可以说，一次斋醮法会的举行，就是一次道教教义思想的传播宣讲。"①

第二节　民间佛教教育活动

中国佛教在隋唐两代得到了长足的发展，进入了鼎盛期。狄仁杰在圣历三年（700 年）上疏中提到"里陌动有经坊，阛阓亦立精舍"②。舒元舆在回忆那个时代各种寺庙的盛况时，描述佛教寺庙最为兴盛，"十族之乡，百家之间，必有浮图为其粉黛"③。随着佛教的兴盛发展，隋唐时期，佛教教育也得以全面确立。"至隋唐，随着佛教中国化的完成，佛教从教育制度、思想和方法等一系列方面全面确立了中国佛教教育的体系，广泛地影响了中国的传统教育。"④

一、佛教寺规教化

中国佛教发展的基础，作为其本身，基本是以佛经的传译和讲习为媒介。佛教传统教育的核心是寺院教育，依靠寺院进行传播和弘扬佛教的利他精神。寺院教育最初也是伴随佛教的传播而产生，后来随着佛教的兴盛而发展。

佛教徒尊奉佛教创始人释迦牟尼为本师，而自称为释迦牟尼的弟子。佛教徒有四类，称为四众弟子，就是出家男女二众，在家男女二众。出家男女又有四类，即比丘、比丘尼、沙弥、沙弥尼四众。出家的男众为比丘，比丘是梵文音译，又称为"苾刍"⑤，意思是乞食，也就是指僧人托钵化缘乞食。比丘就是出家后受过具戒的男僧；出家女性名为比丘尼，即俗称"尼姑"。比丘俗称为"僧人"。僧是梵语"僧伽"的简称，意思是众，凡三个比丘以上和合共处称为

---

① 张泽洪：《道教斋醮仪式的文化意义》，载《中国文化研究》2002 年夏之卷。

② 《资治通鉴》卷 207。

③ 《全唐文》卷 727《唐鄂州永兴县重岩寺碑铭并序》。

④ 丁钢：《中国佛教教育——儒佛道教育比较研究》"前言"，四川教育出版社 1988 年版，第 2 页。

⑤ 所谓"苾刍"，本意是亚热带的一种草本植物。佛典中的"苾刍"是指雪山中的一种香草，此种香草药性温和，能医疼痛。佛教认为僧人应与"苾刍"一样，能拯救民众痛苦。

众，即为僧伽。世俗还称比丘为"和尚"。和尚是印度俗语，梵文的音译为"邬波驮耶"，意译是"亲教师"，即师傅。

图 8-3　比丘法律泥三重宝塔像

佛教信仰者出离家庭独身修道是要具备一定条件的，一般的程序是按照佛教戒律的规定，先到寺院找一位比丘，请求他作为自己的"依止师"。这位比丘再向全寺院的僧侣说明情由，广泛征求意见，取得一致同意后，方可收其为弟子。然后再为他剃除须发，授沙弥戒（共 10 条），此后这人便成沙弥了。沙弥是梵语，意思是当勤受比丘的策励，息恶行慈。出家人至少 7 岁才能受沙弥戒，沙弥至 20 岁时，寺院住持、依止师经过僧侣的同意，召集 10 位大德长老，共同为他授比丘戒，才能成为比丘。受比丘戒满 5 年后，才可以离开依止师，自己单独修行，云游各地，居住各寺院中。至于女人出家，也同样要先依止一位比丘尼，受沙弥尼戒（10 条）。年满 18 岁时，受式叉摩那戒（共 6 条），成为"式叉摩那尼"（学戒女），意思是学法女。到 20 岁时，先从比丘尼，后从比丘受比丘尼戒。这样经过两度受戒之后才能成为比丘尼。当大乘佛教在印度盛行后，修大乘佛教的比丘还可以自愿（不是必需的）受菩萨戒。中国古代的梁武帝、隋文帝、隋炀帝也都受过菩萨戒，称为"菩萨戒弟子"。出家僧人如果想还俗的话，只要对任何一人做出声明，就可以放弃僧人身份。

佛教有僧团就要有制度。佛教传入中国之初，戒律不完备，出家僧尼的修行生活也不太符合佛教规范。东晋时，由于僧尼逐渐增多，道安大师（312—385）就开始提倡严肃戒律，首次制定的规式有：一是行香、定座、讲经、上讲之法，二是常日六时行道（日三时，夜三时）、饮食唱时法，三是布萨、差使、悔过等法。此后，佛教界屡屡为僧众制定法规。隋唐时期，随着佛教发展到极盛时期，佛教戒律也日趋完备。贞观二十二年（648 年），玄奘集印度大乘菩萨戒之大成，译出《瑜伽师地论》，其中的《菩萨地》便成为后世中土菩萨戒依据的主要的律典之一。① 唐代律僧释道宣（596—667）一生精持戒律，依佛制筑戒坛为人授戒，撰述疏钞解释戒律，先后撰写《〈四分律〉删繁补阙抄》《量处轻重仪》《释门章服仪》等。② 此后，举凡衣、食、住、行、修持、布萨、聚落行化等僧众的日常生活和行为方式，都有了一套细密严格的行为规范。

佛教对出家的佛教徒在服饰方面有着统一的严格要求，对于在家的居士则没有特殊规定。佛教最早规定，比丘穿的衣服只有三衣：一是五衣，即由五条布缝制而成的内衣，日常作业和就寝时穿用；二是七衣，是由七条布缝制而成的上衣，礼诵、听讲时穿用；三是大衣，由九条布以至二十五条布做成的，遇有礼仪或外出时穿用。比丘衣服的每一条布，分别由一长一短（五衣）、二长一短（七衣）、三长一短（大衣）的布块连缀而成。这种式样叫作"田相"，状似田地畦垄，纵横交错，表示众僧可以为众生的福田，故也称"福田衣"，也就是袈裟。在中国寒冷地区穿这三衣难以御寒，所以又增穿一种圆领方袍的俗服。后来一般人废弃了这种衣服的式样，而僧人却一直保持着。久而久之，圆领方袍便成为僧人专有的服装。

我国寺院清规形成于唐代，在此之前，自后秦始逐渐形成由"三纲"负责僧职的管理制度。三纲包括上座、寺主和维那。上座为全寺之长；寺主主管全寺的事务；维那管理众僧庶务。到了唐朝，由于政治统一，国力强盛，宗派林立，要求有一套适应国情的统一的寺院制度。唐武宗灭佛后，多数宗派一蹶不振，唯有简便易行的禅宗、净土宗盛行于世。自慧能创立禅宗门庭以后，百余年间禅僧剧增，可是禅僧们以道相授受，多岩居穴处，或寄住律宗寺院。有些寺院常住千余人乃至两千多人。禅宗名僧怀海认为禅僧住在律寺内尊卑不分，说法住持和集体修行生活都不合规制，于是他根据国情和禅宗特点，折中大小乘戒律，率先创意厘定了丛林清规。因怀海居江西奉新百丈山，所以后人称他为"百丈禅师"，称他制订的清规为《百丈清规》。怀海的清规受到禅僧们的普遍欢迎，又得到朝廷的推崇，风行全国，影响极为广远。

---

① 方广锡主编：《中国佛教文化大观》，北京大学出版社 2001 年版，第 179 页。
② 张弓：《汉唐佛寺文化史》，中国社会科学出版社 1997 年版，第 337 页。

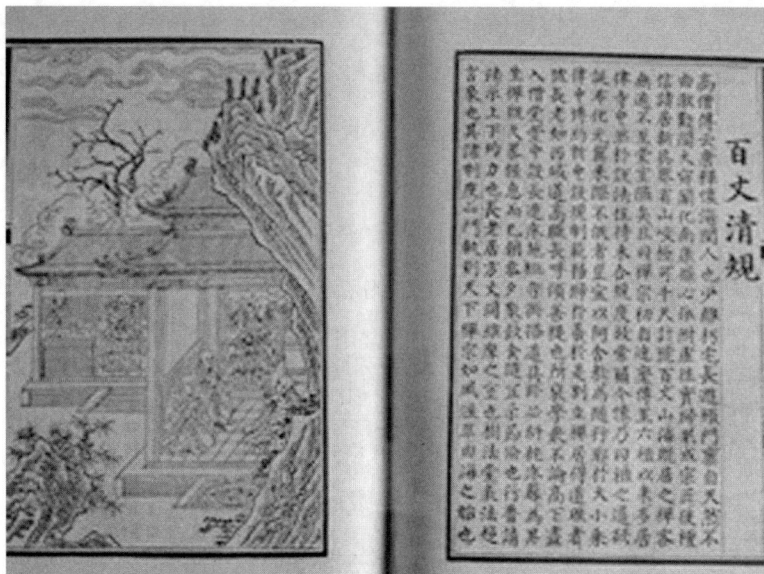

图 8-4　百丈清规

　　《百丈清规》的"清规"有清净规约的意思，是禅宗的丛林制度，也就是禅宗寺院组织的程序和寺众（清众）日常行事的章程准则。《百丈清规》对于住持、法堂、僧堂和寮舍等都作了明确的规定。其大体规定是，丛林的住持为禅众之主，地位最高，尊为长老，居于"方丈"①。寺院不立佛殿，只建法堂（后来又立佛殿）。所有禅众都依受戒先后安排在僧堂居住。怀海倡导"一日不作，一日不食"的农禅生活，实行"普请法"，即普遍邀请禅众劳作的制度，规定无论上下都参加集体生产劳动，以求生活的自给。② 怀海提倡修持和劳动生产相结合，这对印度佛教戒律是一种重大的突破和改革，具有进步意义。《百丈清规》还置十个寮舍，每舍任用首领一人，管理各种事务。

二、僧徒修行

　　佛教徒修行的方式方法一般有两种：一是学习教理，二是修习禅定。印度原始佛教学习教理的方法，最早是听释迦牟尼说法，并互相讨论。修习禅定是

---

　　① "方丈"，《维摩诘所说经》说，维摩诘居士的卧室，一丈见方，但容量无限。禅宗比附此说，以"方丈"名住持所居之室，由此住持也称"方丈"。
　　② 这与印度佛教戒律不同，印度佛教戒律规定僧人不准"掘土垦地"，认为锄头入土会截断蚯蚓，捣毁蚁窝，切碎螺蚌，也就是杀生害命，违背了首要的戒律，所以是严格禁止的。

跌坐，或是经行（在林间往来徘徊思索）。后来寺院立有佛像，又有佛经，于是有了礼拜供养佛像和诵读佛经的行仪。僧人定时念持经咒，礼拜三宝和梵呗歌赞，这些法事活动称为课诵。古印度调诵佛经奉行"三启"仪制，首先诵扬马鸣所集的赞佛诗文，其次正诵佛经，然后陈述回向发愿。这种念诵法成为我国汉地佛教课诵活动的基本仪制。

佛教传入中国初期只是弟子随师修行。到东晋时，道安的弟子多至数百人，弟子难以单独地随师修行了，于是便制定了僧尼修行的规范，其中的行香、定座、上讲之法，就是讲经仪；常日六时行道、饮食唱时法，就是课诵斋粥仪，这些规定各地寺院都普遍遵行。

（一）忏法

忏法是佛教徒自我修行的一种重要方法，是通过念经拜佛来忏悔以往所犯罪业，并发愿以后积极修行、永不退转的一种宗教仪式。历来通行的忏悔法有两类：一类是集有关佛经所说、忏悔罪过的仪则，另一类是依五悔①法门、修习止观的行法。中国佛教的忏法起源于晋代，渐盛于南北朝，至隋唐大为流行。

隋唐之间，佛教宗派形成，各派都依所宗经典撰写种种忏悔行法，如净土宗善导撰《净土法事赞》，华严宗宗密撰《圆觉经道场修证仪》八卷等。此外，唐末知玄（即悟达国师）节录宗密《圆觉经道场修证仪》述《慈悲水忏法》三卷，简称为《水忏》，至今仍在流行。

（二）关于修习止观的忏法

此系天台宗智𫖮首创。智𫖮参照以往五悔法门以及各种礼赞文和忏悔文，形成了自己独创的忏法。这就是《摩诃止观》卷二中所说的四种三昧："半行半坐三昧"和"非行非坐三昧"，也就是"法华三昧行法""方等三昧行法""请观音三昧行法"和"金光明三昧行法"。其中"半行半坐三昧"即"法华三昧"，是修习止观的重要方法。它注重在忏法中体现出三昧。它的内容和组织程序是严净道场、净身、三业（身、口、意）供养、奉请三宝、赞叹三宝、礼佛、忏悔、行道旋绕、诵《法华经》、思唯一实境界（即坐禅正观实相），共十法。这十法既是修行的方法，也是忏悔的仪式。

---

① "五悔"：指忏悔、劝请、随喜、回向和发愿。

（三）打七

打七是禅宗和净土宗的重要佛教仪式。禅宗重在直接参究心性的本原，净土宗以专心念佛愿求往生西方极乐世界为目的，这样他们的修行仪式就都不是礼拜忏法，而是于七日之中，专心参究，或专心持名，称之为"打七"。禅宗的打七称为"打禅七""禅七"，是冬天进行的参禅活动。打七活动时间有一七（一个七日）乃至十七（十个七日）的不同。通常是从阴历十月十五日起至腊月八日止，共"七七"四十九天。净土宗的打七称为"打念佛七""打佛七""佛七"，主要是念佛活动，只念阿弥陀佛，伴以敲木鱼击磬，可以随时举行，也是"七七"四十九天。

慧能发挥了达摩面壁参禅的修习方法，抛弃了"二入""四行"等烦琐规定，提倡单刀直入，直示佛性。他说：

> 本性是佛，离性无别佛。①

> 汝今当信，佛知见者，只汝自心，更无别佛。②

所以说"心即真如"，山川草木，菩提诸法皆由人心所造。

> 心生则种种法生，心灭则种种法灭。一心不生，万法无咎。③

既然真如尽在自心，那么成佛便是一件极为简单的事情。

> 万法尽在自心，何不从自心中顿见真如本性。④

禅宗反对大量读经拜佛，"菩提只向心觅，何劳向外求玄？听说依此修行，西方只在目前"⑤。

禅宗更反对头陀苦行、西行求法。"东方人造罪，念佛求生西方；西方人造罪，念佛求生何国？凡愚不了自性，不识身中净土，愿东愿西。悟人在处一般，所以佛言随住处恒安乐。"⑥ 甚至他们也反对坐禅。"生来坐不卧，死去卧不坐，一具臭骨头，何为立功课。"⑦

禅宗一扫繁杂的佛教修习仪式，提倡顿悟成佛。竺道生讲顿悟，但还不反

---

① 《坛经·般若品》。
② 《坛经·机缘品》。
③ 《古尊宿语录》卷 3。
④ 《坛经·机缘品》。
⑤ 《坛经·疑问品》。
⑥ 《坛经·疑问品》。
⑦ 《坛经·顿渐品》。

对"十住"之内的渐次修行。而慧能则将顿、渐截然分开,认为真正的觉悟完全不要过程。慧能认为人心本是一个不可分割的整体,"但直下无心,本体自现",觉悟在反身自照的一瞬间,"前念迷即凡夫,后念悟即佛。前念著境即烦恼,后念离境即菩提"①。所以,禅宗有"苦海无边,回头是岸","放下屠刀,立地成佛"的说法。同时,禅宗又强调,觉悟是一个因人而异的过程,没有统一的模式,也不能用语言来表达。②

三、佛教经典研习

随着佛教译典的相继出现,中国佛教教育开始有了基本教材,而译经过程中的副产品——佛典注疏也陆续面世,这些讲解、阐述义理的注疏结合了个人体验或研究心得所撰著的通论专书对外流通,对于带动佛教经典研究的风气与促进教义思想的普及,起到极为重要的推动作用。

据日本高僧圆仁《入唐求法巡礼记》卷二记载,圆仁曾在唐文宗开成四年(839年)六月遇山东文登县青宁乡赤山院讲经之会,详细记载了其讲经仪式:

> 辰时,打讲经钟,打惊众钟讫。良久之会。大众上堂,方定众了,讲师上堂。登高座间,大众同音,称叹佛名。音曲一依新罗,不似唐音。讲师登座讫。称佛名便停。时有下座一僧作梵。一据唐风,即"云何于此经"等一行偈矣。至"愿佛开微密"句,大众同音唱云戒香、定香、解脱香等。颂梵呗讫,讲师唱经题目,便开题。分别三门。释题目讫。维那师出来,于高座前谈申会兴之由,及施主别名,所施物色申讫。便以其状,转与讲师。讲师把麈尾,一一申举施主名,独自誓愿,誓愿讫。论义者端举问,举问之间,讲师举麈尾。闻问者语。举问了,便倾麈尾,即还举之,谢问便答。帖问帖答,与本国同。但难,仪式稍别。侧手三下后,申解白前,卒示指申难。声如大嗔人,尽音呼诤。讲师蒙难,但答不返难。论义了。入文谈经,讲讫。大众同音,长音赞叹。赞叹语中,有迴向词。讲师下座。一僧唱"处世界如虚空"偈。音势颇似本国。讲师升礼盘。一僧唱三礼了。讲师大众同音,出堂归房。更有复讲一人。在高座南,下座便谈讲师昨所

① 《坛经·般若品》。
② 牟钟鉴、张践:《中国宗教通史》,中国社会科学出版社2007年版,第400页。

讲文。至如会义句，讲师牒文释义了。复讲亦读，读尽所讲文了，讲师即读次文。每日如斯。

宋僧元照在其《四分律行事钞资持记》卷三《释导俗篇》中，补上初礼三宝，打磬静众，把唐以来的佛教讲经仪式，总归为十法。记云：

> 夜下明设座，或是逼夜，不暇陈设，故开随坐。三中六法。初礼三宝，二升高座，三打磬静众，四赞呗，五正说，六观机进止，问听如法，乐闻应说，七说竟迥向，八复作赞呗，九下座礼辞。……最初鸣钟集众、总为十法。今时讲导，宜依此式。

佛教经典义理艰涩难懂，寺院为了增强教育效果，往往会运用实物讨论佛理。这在唐代佛教教育中比较常见。比如，马祖道一在南岳怀让门下学习佛教，他独处一庵，调整呼吸和思虑，专心坐禅，谁来找他，他连看都不看。怀让认为这种外求的做法完全违背禅宗明心见性、顿悟成佛的主张，为了开导他，故意在庵外磨砖。起初，道一毫不理会，时间长了，就问怀让磨砖做什么。怀让回答说用砖磨一面镜子。道一说："磨砖岂得成镜？"怀让因势利导，说："磨砖既不成镜，坐禅岂能成佛？"终于使道一抛弃了坐禅的方式。怀让用磨砖一事教育道一，道一虽懂了不能以坐禅求成佛的道理，但依然对如何做才能成佛而不明。为此，怀让就启发他说："譬牛驾车，车若不行，打牛即是，打车即是？"这正是儒家"不愤不启，不悱不发"的做法。启发之后，怀让继续阐明道理，使得道一"闻斯示诲，豁然开悟"。[1]

对于疑经难法的人，"近取诸身，远喻于物，如理答酬，无不垂头搭翼者"。李华、崔益问起儒、释、道三教的优劣，僧人神悟便恰当运用比喻来启发思维，说："路伽邪典籍，皆心外法，味之者劳而无证。其犹泽朽思华，干池映月，比其释教，夫何远乎？"这样，双方反复问答，李、崔"拱手无以抗敌"。[2]

在佛教经典思想的诠释、阐扬与传播中，除了佛经的直接翻译与阅读外，还有转读、唱导两种重要形式。所谓"转读"，是用抑扬顿挫的声调吟诵佛教典

---

① 颐藏主：《古尊宿语录》卷1《大监下一世》，中华书局1994年版，第2页。
②《宋高僧传》卷17《神悟传》。

籍，而"唱导"则是以通俗的形式说唱佛教教义。① 据《广弘明集》卷二七说："造经流法教，燃灯发慧明。习诵及转读，决了诸义趣。"《南海寄归内法传》卷四记载："每俯涧诵经，便有灵禽萃止，堂隅转读，则感鸣鸡就听。"这是"转读"，它强调声音对意义的辅助性。正如《高僧传》卷十三《经师传论》所说，"若唯声而不文，则道心无以得生，若唯文而不声，则俗情无以得入"，这是用声音技巧提高听众对佛法的注意力，《续高僧传》卷三十《杂科声德篇论》也说："清夜良辰，昏漠相阻，故以清声雅调骇发沉情。"这种语言形式主要以它的声音效果感染信仰者。

所谓"唱导"，根据现存各种变文的情况来判断，是有设问解答，有敷演解说，又有韵文吟唱，把佛法用通俗语言一一细说，把道理用各种比喻或寓言说出，把佛经铺演成长篇故事，在故事中加上韵文的演唱，"盖以宣唱法理，开导众心也"。② 在这些讲唱中，被看重的是使"四众惊心"的声音韵调，能"适会无差"的道理阐述，显示"文藻横逸"的词采表现，和"采撮书史"的广征博引，特别是还要选择不同的方式，对于出家人，要"切语无常，苦陈忏悔"；对于上层人士，要"兼引俗典，绮综成辞"；对于普通平民，则要"指事造形，直谈闻见"；而对于山野之人，则要"近局言辞，陈斥罪目"。③

四、民众教化活动

在家信教的男众，称为"优婆塞"；在家信教的女众，则称为"优婆夷"。"优婆塞"是梵语，意思是清信士、近事男、近善男，即亲近奉事佛、法、僧"三宝"者。"优婆夷"也是梵语，意思是清信女、近事女、近善女，也是指亲近奉事佛、法、僧"三宝"者。俗称在家的佛教徒为"居士"。"居士"是梵语"迦罗越"的意译，原指居积财富的人士，后来转为居家修道人士的专称了。④

在家信仰佛教的人，愿意成为正式的在家佛教徒——优婆塞、优婆夷，即居士，也要经过一定的手续，要有法师的证明。在家居士的基本条件是受持三归：皈依佛、皈依法、皈依僧。皈依是投靠的意思。就是把自己的身心性命全

---

① 《高僧传》卷 13《经师传论》里说："天竺方俗，凡是歌咏法言，皆称为呗。至于此土，咏经则称为转读，歌赞则号为梵呗。"

② 释慧皎撰、汤用彤校注：《高僧传》，中华书局 1992 年版，第 521 页。

③ 李小荣：《变文与唱导之关系检讨》，载《敦煌研究》1999 年第 4 期。

④ 方立天：《中国佛教与传统文化》，中国人民大学出版社 2012 年版，第 121—122 页。

部投靠于佛教三宝，依照佛教三宝的教导修行。其受持仪式是，请一位法师依照《三归仪轨》为自己说明三归的意义，自己表示从此以后要终生皈依三宝，这样就可以成为居士了。如果进而再从法师受五戒，便可成为五戒优婆塞、五戒优婆夷了。如果以后再进一步从法师受菩萨戒，又可成为菩萨戒优婆塞、菩萨戒优婆夷。在家居士如果要放弃居家佛教徒的身份，也是只要对任何一个人声明一下就可以了。

在佛教教育深入发展的过程中，根据施教对象的不同，唐代的佛教教育中出现了一种新的教学方式——俗讲。这种方式对于佛教扩大施教范围、传播信仰主旨起到了重要作用。"俗讲"一词，最早见于唐初。它的起源与六朝以来的转读、梵呗与唱导很有关系。唱导与前两者也有关系。转读声音宏亮，实为一种美读。而梵呗更是以歌咏见长，随之而兴的唱导便有集两者之长处。唱导原为说唱教导之意，相对讲解经论义理，是一种杂说因缘譬喻，使大众更易理解接受佛教教义的通俗讲演方式。慧皎所谓"唱导者盖以宣唱法理，开导众心也"。其法甚为灵活简便。"为出家五众，则须切语无常，苦陈忏悔。若为君主长者，则须兼引俗典，绮综成辞。若为悠悠凡庶，则须指事造形，直谈闻见。若为山民野处，则须近局言辞，陈斥罪目，凡此变态，与事而兴。"① 所以说，唱导也是佛教讲导方式的变种。

俗讲话本的文体是韵散结合，形式上是一种说唱体作品。佛教俗讲的话本主要有两种形式：一是讲经文，敷衍经文，如《佛说阿弥陀经讲经文》《妙法莲华经讲经文》等；二是押座文，即以七言或八言韵文为主的引子、楔子之类的短品，如《维摩经讲唱押座文》《八相押座文》等。两者关系，以讲经文为正宗，押座文为引子。押即通压，又有隐括之意，作用是开讲前使听众专心一意，概括全经、引起下文。这是唐代佛教俗讲所特有的。

从性质上来说，唱导主要是就近取譬，说理为主；俗讲则是根据经义，敷演似小说。但从体制上，若对照巴黎图书馆所藏《长兴四年中兴殿应圣节讲经文》等与《广弘明集》卷十五梁简文帝之《唱导文》等，可发现二者体例上约略相似。故俗讲的一部分可能导源于唱导。另外，俗讲体例与印度佛典文体的

---

① 《高僧传》卷13《唱导论》。

韵、散结合也有内在联系。由于译经在中国的演变，是从意译向直译的进化，所以这种文体兴于唐代则是十分自然的。且俗讲的话本最始仅限于佛典，以传讲佛经故事为多，这似也可为一佐证。

以禅僧为例，如普寂深得京城士人的敬佩与仰慕，"天下好释氏者，咸师事之"，圆寂后"都城士庶谒者皆制弟子之服"。① 开元年间，僧人义福得到"缙绅士庶翕然归依"，"擅施巨万，皆委之而去"。当他赴洛阳路过蒲、虢两州时，"刺史及官吏士女皆赍旛花迎之，所在途路充塞，拜礼纷纷"，当时兵部侍郎张均、中书侍郎严挺之、刑部侍郎房琯、礼部侍郎韦陟，"常所礼谒"。②

除此之外，民间还有自发组成的集宣化、互助、施纳于一体的组织。社邑（又称"义邑""义社"）是一种除了传统家族宗法关系之外的一种民间组织。民间自古便有奉行春秋血祭的传统私社，起到民间互助的作用。在南北朝时期，就出现了由佛教徒自发组织的社邑。这种佛教性质的社邑，主要是从事集资造像、造经、修寺等宗教活动。隋唐时期的社邑，结合了传统私社和佛教徒社邑的功能，一方面接受了佛教"禁杀生"的主张，使得佛教教育活动的范围更为广泛；另一方面，寺院的一切活动几乎都有民间社邑的影子，而民间社邑又在很大程度上控制着当地居民。③ 社邑的存在时间一般都比较长，组织也更为严密。社人（又称邑人、社众、社子、经主等）入社有一定的手续，一般是自行结合，入社自愿（当然也有僧侣、社头为了集资等目的进行诱骗的因素），但一经入社，往往不许轻易退社，甚至有父死子继的规定。社邑的成员，包括村民、市民，寺院的僧尼、僧官，道观中的道士、女冠，有时还包括县令、县丞、县尉等地方官吏。社邑一般制订有社条。《僧史略》卷下收有《结社法集》："今之结社，共作福因，条约严明，愈于公法。"社邑的首领是被称为三官的社长、社官、录事。据敦煌社条规定："义邑之中，切籍三官钤辖，老者，请为社长，须制不律之徒；次者，充为社官，但是事当其理。更拣英明厚德，智有先诚，切齿严凝，请为录事。凡为事理，一定至终。只许三官获裁，不许众社紊乱。"

社人须向社定期施纳，据敦煌社条规定："社内正月福建一日，人各税粟一

① 《宋高僧传》卷9《普寂传》。
② 《宋高僧传》卷9《义福传》；《太平广记》卷97《义福》。
③ 谢思炜：《隋唐气象》，北京师范大学出版社2009年版，第90页。

斗，灯油一盏"，"社内每年三斋二社，每斋，人各助麦一斗。每社各麦一斗，粟一斗。其社官、录事行下文帖，其物违时，罚酒一角"①。这种民间性质的佛教组织，在很大程度上将佛教教育的触角广泛深入到乡村田野，为佛教教育的社会化提供了极大便利。

佛教界为了广泛传播佛教，往往会采取多种民间喜闻乐见的方式来进行教育。他们为了让广大民众对佛教虔诚膜拜，广建庙宇，修造佛像，绘制壁画，营造出一派庄严肃穆的佛教气氛，从而引发人们对于佛教的虔诚崇信情绪。

佛教界还以俗讲的方式、歌谣的体裁，广泛教育、诱掖世人。文淑是普及佛教的能手，时人赵璘从士大夫反佛的立场，记述了这一事实，说他（文淑）常常聚众讲经，"假托经论所言，无非淫秽鄙亵之事。不逞之徒，转相鼓扇扶树。愚夫冶妇，乐闻其说，听者填咽。寺舍瞻礼崇奉，呼为和尚。教坊效其声调，以为歌曲。其盯庶易诱，释徒苟知真理，及文义稍精，亦甚嗤鄙之"②。可见，文淑采用民间喜闻乐见的方式进行佛教宣传，影响极大。

佛教在隋唐时期完成了它与中国传统宗教伦理观念融合及摄取的过程，同时在这一时期的伦理教育中发挥了非常重要的作用。借着这种作用，中国化的佛教伦理观念日益深入民间。"夫孝，德之本也，教之所由生也。"③ 祖先崇拜是中国传统最为重要的伦理观念。孝敬父母、尊祖敬宗是封建社会下人们行为的基本准则。自佛教传入中国以来，佛经的翻译者和一些佛教宣传者就极力使佛典内容符合中国家族的伦理观念，并通过理论撰述调和出家与孝亲的矛盾。隋唐时期，佛教以提倡孝道、忠孝观念为中心，面向广大世俗民众，利用"因果报应""杀生报应""轮回观念"等多样手段积极宣传，教化民众。如《稽神录》"鸡井"条：

> 江夏有林主簿，虐而好赌。甚爱一女，好食鸡，里胥日供双鸡。一日将杀鸡，鸡走，其女自逐之。鸡入舍北枯井中，女亦入井，遂不见。林自往，亦入井不出。俄井中黑气腾上如炊，其家但临井而哭，无敢入者。有

---

① 唐耕耦、陆宏基：《敦煌社会经济文献真迹释录》第 1 辑，书目文献出版社 1986 年版，第 281、274、269 页。
② 赵璘：《因话录》卷 4《角部》。
③《孝经·开宗明义章第一》。

屠儿请入视之，但见大釜汤沸火炽。有人拒其足曰："事不干汝！"不得入而出。久之，气稍稍而熄，井中惟鸡骨一具，人骨二具。此数闻故老言之，不知其何年也。

诸如类似的杀生众获报应的故事在《稽神录》中不胜枚举。《稽神录》中"王姥"条则讲述了转世投胎的故事：

> 广陵有王姥，病数日，忽谓其子曰："我死，必生某西溪浩氏为牛。子当寻而赎我，腹下有王字是也。"顷之，遂卒。其西溪者，海陵之西地名也。其民浩氏生牛，腹有白毛成王字。其子寻而得之，以束帛赎之以归。

此外，便是中国僧人假托佛地名义，编造佛经，宣传孝道。最著名的是《父母恩重经》，大约产生于初唐时期，流传有多种版本。其中讲述父母养育种种恩德，描写亲伦之情及不孝之过，颇为动人：

> 父母云何可报？但父母至于行来，东西邻里，井灶碓磨，不时还家，我儿家中啼哭忆我，即来还家。其儿遥见我来，或在兰车，摇头弄脑，或复曳腹随行，鸣呼向母，母为其子曲身下就，长舒两手，拂拭尘土，鸣和其口，开怀出乳，以乳与之。母见儿欢，儿见母喜，二情恩爱慈重，莫复过此。二岁三岁，弄意始行，于其食时，非母不知。父母行来，值他座席，或得饼肉，不噉辍味，怀挟来归，向家与子。十来九得，恒常欢喜，一过不得，娇啼佯苦。娇子不孝，必有五摘。孝子不娇，必有慈顺。遂至长大，朋友相随，梳头摩发，欲得好衣，覆盖身体。敝衣破故，父母自著，新好绵帛，先与其子。至于行来，官私急疾，倾心南北，逐子东西。横上其头，即索妻妇，得他子女，父母转疏，私房屋室，共相语乐。父母年高，气力衰老，终朝至暮，不来借问。或复父孤母寡，独守空房，犹如客人，寄止他舍。常无恩爱，复无襦被，寒苦辛厄，难遭之甚。年老色衰，多饶虮虱，夙夜不卧，长呼叹息，何罪宿愆。生此不孝之子。

经中提倡造经烧香，供养三宝，为父母造福。为了向民众宣传，唐代还出现了多种与此经有关的辅助宣传材料，如《父母恩重经讲经文》《父母恩重赞文》《父母恩重经变相图》《报慈母十恩德歌辞》等。此经实际上已称得上是唐代影响最广的庶民伦理教材。

图 8-5　《父母恩重经变相》雕像介绍

五、佛教教育对女性的教化

女性与宗教，自古以来就保持着相当密切的关系。以佛教为例，在长达两千多年的中国佛教史上，广大女性不仅是佛教的忠实信众，而且在弘法传教方面，同样在其中扮演过重要角色。[①]

度脱的众生中，是不分男女性别和等级高下的。这正如刘宋时沙门沮渠京声所译的《佛说观弥勒菩萨上生兜率天经》中的记载："若有比丘及一切大众，不厌生死，乐生天者，爱敬无上菩提心者，欲为弥勒作弟子者……必定无疑当得生于兜率天上。"弥勒作为未来佛，尽管其下生于人间成佛尚需时日，但同时也给现实社会中处于社会底层的下层民众包括广大民间妇女盼望弥勒出世，解救现世苦难带来了希望和光明。

以"慈悲为怀"、救苦救难的观世音菩萨，可以说是一位影响力极大、且与女性关系最为密切的佛教神祇。唐代民间妇女对观音菩萨的崇拜和信奉，主要是依据佛经《妙法莲华经·观世音菩萨普门品》中的记载："若有无量百千万亿众生受诸苦难，一心称名，观世音菩萨实时观其音声，皆得解脱。"[②] 另据《正

---

① 释恒清：《菩提道上的善女人》，东大图书公司 1995 年版，第 1 页。
②《大正藏》第 13 册，新文丰出版公司 1992 年版，第 56 页。

华严经·光世音①普门品》记载:"若有众生,遭亿百千女亥困顿、患难、苦毒无量,适闻光(观)世音菩萨名者,辄得解脱,无有众恼。"② 从以上佛经的记载中可以看出,观世音不仅是一位超越时空的救世菩萨,而且具有救助大苦大难的广大神通。民间妇女只要称诵其名号,便可获得救助,脱离苦难。因而,"他那以慈悲为怀、普度众生的心愿,深得广大民众,特别是封建时代长期受男权歧视和压迫,对自身命运没有自主权的广大妇女的普遍信奉。"③

唐代民间社会,除了对观世音菩萨的普遍信奉外,地藏菩萨亦十分流行。"地藏"菩萨,因其"安忍不动,犹如大地,静虑深密,犹如秘藏"④ 而得名。佛典载,地藏菩萨在过去世中,曾经几度救出自己在地狱受苦的母亲,并在久远劫以来就不断发愿要救度一切罪苦众生尤其是地狱众生。据武则天时沙门实叉难陀所译《地藏菩萨本愿经》记载:善男信女们,只要"或见地藏菩萨形象,或闻地藏菩萨名、一瞻一礼、是诸天人,转增天福,受大快乐,永不堕三恶道报。"⑤ 在现实中,女性尤其是已婚女性深受封建礼教和"夫权"的压迫,常常受"地狱"之苦,且难以"超度",而地藏菩萨作为地府世界中的最高主宰,掌握着超度亡灵的大权,因而深受民间女性的尊崇。

在印度原始佛教典籍中,女性往往被视为天生"秽垢""不净"和"多欲"之人,也即所谓"业障"重的人,因此,死后入地狱,将饱受"轮回""报应"之苦,且难以超脱。与古代印度婆罗门教不允许妇女参加宗教祭祀活动,主张妇女无权获得解脱不同,经过唐代佛教徒加工改造后的唐代大乘佛教,则将解脱的大门"一视同仁"地向社会各阶层人士开放。其"众生平等"的主张,最为集中地体现在各种佛教神祇信仰与崇拜中。这便给长期以来无法接受教育的妇女提供了机会。佛教面对广大妇女开放教育与社会服务,这对处于沉重封建压迫下的中国妇女产生了很强的吸引力。⑥

---

① "光世音",为梵文 Avalokitēsˊvara 的意译,在唐代为避唐太宗李世民名讳而简称"观音"。
②《大正藏》第 13 册,新文丰出版公司 1992 年版,第 56 页。
③ 段塔丽:《唐代民间佛教神祇信仰中的女性角色与地位》,载《陕西师范大学学报》(哲学社会科学版)2011 年第 4 期。
④ 陀罗尼撰,玄奘译:《大集地藏十轮经》卷第一序品第一,上海佛学书局 1998 年版,第 14 页。
⑤《大正藏》,第 13787—13788 页。
⑥ 丁钢:《中国佛教教育——儒佛道教育比较研究》,四川教育出版社 1988 年版,第 85 页。

六、佛教对文人的浸染

佛教为了广泛传播佛理，不仅在寺院内开坛讲法，广收民众参拜习佛，而且还走出寺院，主动结交文人名士，借此扩大社会影响。

首先，文人创作出大量的佛教题材作品。唐代官僚文士中很多如权德舆、韦应物、白居易、孟浩然、王维、柳宗元、李白、贾岛、穆员、刘禹锡、李贺、韩偓等，皆信仰或者不同程度地支持佛教。佛教的教义、教理也深刻地影响着唐代文人的精神世界，为文人的文学创作提供多样的灵感、意向和题材，产生了诸多佛教题材的诗歌、散文等文学作品。士人与佛教的广泛联系，如游历佛教圣地，与僧侣交往、赠答等，大量地反映到诗歌中，《全唐诗》中此类诗多达两千首①。唐代很多作家的作品中也都有佛教的印记，或诗题直接与寺塔或僧人有关，或诗题未体现但诗中有与佛教相关的词语。有的在诗中直接讲佛理，如李颀《宿莹公禅房闻梵》"始觉浮生无住着，顿令心地欲皈依"；有的则表现禅机，如王维《终南别业》"行到水穷处，坐看云起时"。《全唐文》中直接与佛教相关的作品也不胜枚举，以佛教净土宗为例，仅题名直接相关的就有百多篇，如苏颋《净信变赞》、王维《西方净土变画赞（并序）》、李白《金银泥画西方净土变相赞（并序）》、任华《西方变画赞》、权德舆《画西方变赞》、白居易《画西方帧记》等。

其次，僧人也创作了很多的文学作品，这在诗歌领域的表现尤为明显。受空前发达的佛教文化的影响，唐代世俗诗人之诗多咏僧题材，而僧侣中能作诗者亦比比皆是。尤其是在中唐的大历时期，诗僧辈出，蔚然天下。《全唐诗》卷八〇六至卷八五一所收皆为僧人之诗，收了 115 家，共 46 卷，2800 余首，约占《全唐诗》的二十分之一。②刘禹锡曾在《澈上人文集纪》中列举了一大批的诗僧，又在《秋日过鸿举法师寺院便送归江陵诗序》中说："自近古而降，释子以诗闻于世者相踵焉。"虽然唐以前也有僧人写诗，但无论是诗僧还是僧诗的数量都相对较少，东晋至隋代近百年间，有诗僧仅 40 余人，且作品寥寥，而唐代无论诗僧人数之众，还是作品之多，都是前所未有的，大量的诗篇成为《全唐诗》

---

① 杜骞：《论唐诗里的佛教情绪》，载《西安文理学院学报》（社会科学版）2013 年第 4 期。
② 董林：《唐代诗僧与僧诗研究》，华中师范大学 2006 年硕士论文，第 1 页。

的一个重要组成部分。

葛兆光指出："从八世纪中叶以后，一度相当兴盛的佛教义学有些偃旗息鼓，似乎士人越来越倾向于相信，真正的佛教信仰，并不是在经典的阅读和研习中，而应该是在习禅与持律中得来，也就是说，以戒律严格护持自己的身心不受污染，然后以禅定去体验自己的心灵本原，或者以禅定体验到自己原本清净的心灵境界，然后用戒律小心呵护这种境界不至于失坠，这种针对心灵的实践性宗教信仰才是佛教的正途。"① 这是佛教文化本土化的重要取向。

综上所述，佛教僧侣、大德高僧与文人名士交往甚密，相互影响是因为：一方面，佛教可以获得文人名士、士大夫阶层的有力支持而得以在中土扎根壮大；另一方面是"把这种活动也作为扩大佛教影响，宣传佛理和进行佛教教育的一个重要组成部分"②。

第三节　民间风俗教育活动

风俗是长期形成的社会风尚，是人类社会物质生活和精神生活的形式，是一定时代、一定社会群体的心理表现。每个民族都有自己的风俗习惯。这些风俗习惯都显示不同民族的特质。风俗文化是沟通人类社会生活，反映某一社区或某一群体间的认同的生活方式、社会习俗，并以人作为载体而传播和传承的文化现象。英国人类学家马林诺夫斯基说，风俗文化是"一种依靠传统力量而使社区分子遵守的标准化的行为方式"③。故而，民间风俗起着很强的社会教化作用。

一、神灵崇拜风俗教化活动

道教对唐代人们的生活影响很大。道教的斋醮科仪与民众的诞生去世、祛疾避灾乃至岁时节日均有着密切的联系。

---

① 葛兆光：《中国思想史》，复旦大学出版社 2001 年版，第 41 页。
② 丁钢：《中国佛教教育——儒佛道教育比较研究》，四川教育出版社 1988 年版，第 51 页。
③ 马林诺夫斯基：《文化论》，中国民间文艺出版社 1987 年版，第 30 页。

我国民间早就有崇奉玉皇大帝的风俗。在民众的心目中，玉皇大帝掌管三界、十方、四生、六道一切祸福，是一位崇高的天神。唐代，因为朝廷对于道教的极力扶持，随之带来的便是玉皇大帝的地位显著提高。在南朝陶弘景撰写的《真灵位业图》中，玉皇大帝排在第十二位，称之为"玉皇道君"，地位还不算很尊崇。但到了唐代，玉皇大帝的地位获得了显著提升。

图 8-6　玉皇大帝

在唐人的诗词中，"玉皇"一词经常出现，如韩愈《李花二首》中有："夜领张彻投卢仝，乘云共至玉皇家。"① 柳宗元《界围岩水帘》中有："忽如朝玉皇，天冕垂前旒。"② 元稹《以州宅夸于乐天》曰："我是玉皇香案吏，谪居犹得住蓬莱。"卢拱《中元观法事》诗也有："四孟逢秋序，三元得气中。云迎碧落步，章奏玉皇宫。"③ 陆龟蒙诗中也有多处提到"玉皇"，如《白芙蓉》诗曰："澹然相对却成劳，月染风裁个个高。似说玉皇亲谪堕，至今犹著水霜袍。"另有《高道士》诗云："峨眉道士风骨峻，手把玉皇书一通。"④ 从唐人诗句来看，"玉皇"已是当时民间百姓信仰中的"至尊天神"了。

---

① 《全唐诗》卷 340。
② 《全唐诗》卷 351。
③ 《全唐诗》卷 463。
④ 《全唐诗》卷 629。

图 8-7 城隍庙

　　城隍在唐代是民间信奉的守护城池的神灵，"都邑之主，其城隍神之谓乎"①。
道教将城隍供奉为"剪恶除凶，护国保邦"的神灵，并宣称其能应人所请，旱
时降雨，保谷丰民足。② 唐代民众对于城隍神的崇拜十分兴盛，几乎每一个城市
都供奉着城隍神，以祈求风调雨顺，真可谓是"水旱疾疫必祷焉"③，尤其是江
南地区，城隍神的信奉更为普遍，"吴俗畏鬼，每州县必有城隍神"④。李白在
《天长节度使鄂州刺史韦公德政碑并序》记载了鄂州刺史因阴雨不止，在城隍庙
祈祷的事情："大水灭郭，洪霖注川。人见忧于鱼鳖，岸不辨于牛马。公乃抗辞
正色，言于城隍曰：'若一日雨不歇，吾当伐乔木，焚清祠。'精心感动，其应
如响。"⑤ 诸如张九龄、韩愈、杜牧、李商隐等在文集中也均载有祭祀城隍神的
祷文。传奇小说中，也有城隍神的踪迹，裴铏就曾专门创作了以广州城隍神为
角色的传奇小说。⑥ 出于对城隍神的崇奉，地方官新到任一方，往往会先拜祭城
隍神，举行隆重盛大的祭奠仪式，意在向民众宣扬教化，祈求神灵护佑，城邑

① 《全唐文》卷 721《段全纬·城隍庙记》。
② 《太上老君说城隍感应消灾集福妙经》，见上海书店出版社等编《道藏》第 34 册，文物出版
社、上海书店、天津古籍出版社联合出版 1988 年版，第 747—749 页。
③ 《全唐文》卷 437《李阳冰·缙云县城隍神记》。
④ 《太平广记》卷 303《宣州司户》。
⑤ 《全唐文》卷 350《天长节度使鄂州刺史韦公德政碑并序》。
⑥ 周楞伽辑注：《裴铏传奇·崔炜》，上海古籍出版社 1980 年版，第 14—18 页。

安宁。如开元五年（717 年），荆州大督府长史张说所撰写的《祭城隍文》中说道：

> 城隍以积阴为德，致和产物，助天育人。人之仰恩，是关祀典。说恭承朝命，纲纪南邦，式崇荐礼，以展勤敬。庶降福四垎，登我百谷，猛兽不搏，毒虫不噬。[1]

图 8-8　观世音菩萨

除此之外，观世音菩萨在隋唐五代时期，也成为千家万户信奉的神灵。观世音信仰指以观世音菩萨为崇奉对象的宗教信仰。"家家阿弥陀，户户观世音"，观世音信仰千百年来广泛流传。观世音菩萨是佛教诸神在中国民间影响最大、信众最广的一尊神祇，家喻户晓，妇孺皆知，在隋唐五代社会民众信仰中具有崇高的地位。不仅佛家僧众信徒开口便称"南无阿弥陀佛"，就连一般的民众日常生活中，也是常挂在嘴边的祈祷语。"从云冈石窟、敦煌石窟、大足石窟到民间的彩塑、剪纸，千姿百态的观音形象，让我们看到观音信仰的普遍；从中原大地、黄土高原、丝绸之路直至西藏雪国、云南边陲所流传的数不胜数的民间传说，我们可以体会到观音信仰的深厚；从人们对普陀观音圣殿一步一叩的礼拜到千家万户所设的观音佛龛，我们可以感受到这观音信仰的笃厚。唐宋以后直至近代，观音信仰实际上已经成了我国民间佛教乃至整个民间信仰的核心。"[2] 持诵《观音经》或造像写经，可祛邪愈病。如《太平广记》载许严患疾，造观音像两躯，病愈。[3] 在唐人的诗文中亦有大量表现观音信仰的，如段

---

① 《全唐文》卷 233《祭城隍文》。
② 党燕妮：《晚唐五代宋初敦煌民间佛教信仰研究》，兰州大学 2005 年博士学位论文，第 74 页。
③ 《太平广记》卷 111《许严》。

成式等《光天帧赞联句》："观音化身，厥形孔怪。"①《全唐文》中亦有大量造观音像、绣观音像修功德的记载，如崔绰妻李氏父亡，李氏"思求冥佑，徼福上圣"②，绣观音像。

供养千手千眼观世音菩萨，可得到息灾、增益、敬爱、降伏等四种成就法。诵"大悲咒"可以愈疾，这种信仰在唐五代小说中有诸多表现。如《报应录》记某人尝得白龟，食之，乃遍身患疮，痛苦不堪，乞于安南市中，有僧哀之，告知念大悲真言。依其言受之，一心诵念，后愈。③ 诵大悲咒也可降伏鬼怪，如《广异记》载："蔡氏以鬼，举家持千手千眼咒，家人清净，鬼即不来。"④ 持诵大悲咒可驱鬼治病，具有无上威力，故持奉者众多，莫高窟、龙门及四川等石窟中，都存有许多千手千眼观音菩萨像。

我国的龙文化源远流长，早在远古时期，先民就有较强的拜龙意识和崇龙思想。随着佛教在中土的广泛传播，掌管兴云布雨、风调雨顺的海龙王日益受到民众的崇拜。民间传说中，有关龙王龙女的故事流传很广。唐代诗人岑参曾作《龙女祠》："龙女何处来，来时乘风雨。祠堂青林下，宛宛如相语。蜀人竞祈恩，捧酒仍击鼓。"⑤

每年岁末年初之际，民众聚集在一起，在州城的四门四角，连续七昼夜作坛法，由最高长官归义军节度使主持，广大群众参与进行的祈祭活动，其用意往往是为了祈祷国泰民安、风调雨顺、五谷丰登。如敦煌写卷《诸杂斋文》中有《新岁年旬上首于四城角结坛文》，是五代节度使曹议金执政时，敦煌四城角结坛，祈请龙天等神护佑敦煌，龙王雨主保佑敦煌风调雨顺的结坛文：

> 厥今旧年将末，新岁迎初，结坛于四门四隅，课念满七晨七夜……时则有我河西节度使某公，先奉为龙天八部，护卫敦煌；梵释四王，镇安神境……先用庄严梵释四王、龙天八部：伏愿云云。使龙王雨主，九夏疰无伤苗；海圣风神，三秋霜无损谷，敦煌永泰，千门唱舜日之欢；莲府恒昌，万户舞尧年之喜。

---

① 《全唐诗》卷 792《光天帧赞联句》。
② 《全唐文》卷 519《梁肃·绣观世音菩萨像赞》。
③ 《太平广记》卷 112《长沙人》。
④ 《太平广记》卷 372《蔡四》。
⑤ 《全唐诗》卷 198。

二、礼俗教育活动

《周礼》《仪礼》《礼记》等典籍中记载"周公制礼作乐"，古有"吉、嘉、宾、凶、军"五礼，说明周公时礼制已相当成熟与完备。可以说，上下五千年文明史，也是"礼"的发展史，以至于当我们翻阅古代典籍、各种文献时，均可发现"礼"的踪影，故而有人将中国传统文化称为礼文化。当国家层面的礼制对民众的生活方式和风俗习惯产生节制与引导时，便糅合成了通常所说的"礼俗"。严格来说，"礼俗"是由"礼"和"俗"组成的复合词，并且"礼"与"俗"也各有自己丰富的内涵。但"礼俗"一词，作为一个专门的词汇，很早就出现了。《周礼·天官冢宰·大宰》讲："以八则治都鄙。……六曰礼俗，以驭其民。"《礼记·典礼》曰："道德仁义，非礼不成；教训正俗，非礼不备。"在生活实践活动中，经常将礼作为指导原则融摄进俗，从而将礼和俗不同程度地统一起来。"正因为礼与俗既有差异性，又有同一性，所以在历史的过程中，'礼俗'才联结为一个专门词语，耦合成中国文化中一个特有的系统，形成了独具特色的社会礼俗，在社会生活中发挥着极其重要的功能。"①

首先，礼俗具有维系功能。社会中的个体的行为总是受精神思想指导的，哪些能做，为何这么做，总是有一种理由的，即使当个体的行为称为一种潜意识的活动、无需思考时。自然，礼俗是一种行为规范，便会对个体行为起约束作用。一个有序的社会，必然需要建立正常的秩序，故而《管子·五辅》云："上下有义，贵贱有分，长幼有等，贫富有度，凡此八者，礼之经也。"古代社会讲"名分"，即在于不同名分的人应该遵循各自的规范，从而使整个社会生活井然有序。这便是礼俗的维系功能所在。

其次，礼俗具有导向功能。汉代以后，儒家礼教思想逐渐支配了人们的思想意识、行为方式，使社会行为趋于规范化、有序化。同时，当礼俗作为群体的行为规范时，便会在人们的心灵深处积淀，从而对传统礼俗产生广泛的认同与支持。也正因如此，当经历一次大的动荡之后，历朝历代新掌权者总要议礼修礼，编制礼制，整饬风俗，以求恢复秩序，安定民心，巩固政权。也正因如

---

① 冯建民：《科举制度对中国传统礼俗的影响及启示》，载《南京邮电大学学报》（社科版）2010 年第 3 期。

此，礼俗在中国文化中起着凝聚民心、以夏化夷、增强传承力和再生力的作用。

唐人十分重视礼制的教化作用，不仅屡次兴重典修订礼制，而且还鼓励天下民众习礼。"王者设教，劝学攸先。生徒肄业，执礼为本。……然则礼者盖务学之本，立身之端，居安之大猷，致理之要道。"① 任爽在《唐代礼制研究》中曾经说道："唐人在推广教化、普及礼乐方面不仅做了大量的工作，而且收到了一定的成效。"②

身处民众中间的士人阶层，能够将熟悉的儒家礼制通过身体力行，积极在乡野间推广，起到了礼俗的教育功能。在乡间间的日常生活中，无论是平时的接人待物还是婚丧嫁娶，都按照当时的礼文行事，给他们所在的乡间之间的老百姓做出了示范。他们用自己的实际行动，改变着一方的风俗文化，在无形当中把周围的乡党人们纳入了儒家的礼制体系。他们适应了当时隋唐之际礼制下移的进程，在推广和普及礼制上起到了很大的作用。实际上，隋唐处士在推行礼制，移风易俗中凭借自己对儒学占有的优势，逐步在当时的社会基层形成了一种影响力。

《新唐书·孝友传》所载有唐一代以孝悌名通朝廷者数十百例，绝大多数确系"闾巷刺草之民"。从中可以看到朝廷制礼乐的功效。不过，对《孝友传》的事例加以归纳和分析，可发现唐代礼制的下移还处在较为原始的阶段。对礼制的规范较为熟悉并能身体力行者，大部分仍然为官吏。但是，一些回归到基层当中的隋唐之际的处士，遵循着"儒者在本朝则美政，在下位则美俗"的原则，"以敦厚风俗，崇奖名教为己任"。③ 他们在基层，利用自己的言行身教，影响并且改变着他们所在地的一些风俗和习惯。《大唐故处士宋君甘夫人墓志铭》写道："君性敦泉石，朽腐荣班，养志丘园，逍遥坟籍，钦诗钦礼，履节蹈仁，为乡党之楷模，作生人之领袖者也。"④

① 《全唐文》卷 52《德宗皇帝·令应选人习三礼诏》。
② 任爽：《唐代礼制研究》，东北师范大学出版社 2000 年版，第 208 页。
③ 梁启雄：《荀子简释》，中华书局 2013 年版，第 68 页。
④ 周绍良主编：《唐代墓志汇编》，上海古籍出版社 1992 年版，第 1359 页。

图 8-9　乡饮酒礼

　　乡饮酒礼本是古人在迎送宾客时举行的一种礼仪，由于该礼仪活动体现了尊老重贤的内涵，故逐渐演化为一种有关社会教化的重要礼仪。自汉代以来，乡饮酒礼就开始在地方官学和中央官学中举行。贞观六年（632 年），唐太宗下令各地州县广泛推行乡饮酒礼。"比年丰稔，闾里无事，乃有隳业之人，不顾家产，朋游无度，酣宴是耽，危身败德，咸由于此。每览法司所奏，因此致罪，实繁有徒，静言思之，良增轸叹。自非澄源正本，何以革兹弊俗？可先录《乡饮酒礼》一卷，颁示天下，每年令州县长官，亲率长幼，依礼行之。庶乎时识廉耻，人知礼节。"[1] 另据《通典》记载，唐代"自京师郡县皆有学焉。每岁仲冬，郡县馆监课试其成者，长吏会僚属，设宾主，陈俎豆，备管弦，牲用少牢，行乡饮酒礼，歌《鹿鸣》之诗，征者艾，叙少长而观焉"[2]。曾任太常博士的独孤及在《福州都督府新学碑铭并序》中有一段关于地方官学行乡饮酒礼的记述。该文所赞颂的是一位福建地方长官，上任伊始，便兴学重教，"以五经训民，考校必精，弦诵必时，于是一年人知敬学，二年学者功倍，三年而生徒祁祁，贤不肖竞劝，家有洙泗，户有邹鲁，儒风济济，被于庶政"。每年学校都要举行乡饮酒礼：

　　　　宾主三揖，受爵于两壶之间，堂下乐作，歌以发德，《鹿鸣》《南陔》

----

①《全唐文》卷 5《令州县行乡饮酒礼诏》。
②《通典》卷 15《选举三》。

《由庚》《嘉鱼》《南山》《有台》，以将其厚意，由是海滨荣之，以不学为耻，州县之教，达于乡党，乡党之教，达于众庶矣。①

如此，学校通过举行乡饮酒礼，可以使州县之教达于乡党，乡党之教达于众庶，化民成俗的目标也就达到了。

"孝"作为儒家一贯倡导的治国理念和民众行为规范，在隋唐五代时期的百姓中间已是家喻户晓，出现了很多劝孝的通俗读物。其中，由唐代王刚撰写的五言律诗《劝孝篇》，历数父母爱子之情、抚育子女之苦，"其言也浅，其意也深。情切切使人生唏吁而不可卒读之感"②。

世有不孝子，浮生空碌碌。不念父母恩，何殊生枯木，百骸未成人，十月居母腹。渴饮母之血，饥餐母之肉。儿身将欲生，母身如刀戮。父为母悲辛，妻对夫啼哭。惟恐生产时，身为鬼眷属。一旦见儿面，母命喜再续。自是慈母心，日夜勤抚鞠……暴露在草中，谁念茔坟窟。才得父母亡，兄弟分财屋。不识二亲恩，惟念我之福。或谓此等人，不如禽与畜。慈乌尚返哺，羔羊犹跪足……勿以不孝头，枉戴人间屋。勿以不孝身，枉著人衣服。勿以不孝口，枉食人五谷。天地虽广大，不容忤逆族。早早悔前非，莫待鬼神录。

唐人的《八反歌》因其"老实无文，智愚咸晓，故唐以降，流传不坠"③。

儿辈出千言，君听常不厌；父母一开口，便道多管闲。非管闲，亲挂牵，皓首白头多谙练。劝君钦信老人言，莫教乳口争长短。

幼儿尿粪秽，君心无厌忌；老父涕唾垂，反有憎嫌意。六尺躯，来何处？父母精血成汝体。劝君敬事老来人，壮时为尔筋骨敝。

---

① 《全唐文》卷390《独孤及·福州都督府新学碑铭》。
② 向燕南、张越编注：《劝孝·俗约》，中央民族大学出版社1996年版，第30页。
③ 向燕南、张越编注：《劝孝·俗约》，中央民族大学出版社1996年版，第33页。

第四节　民间传艺授徒活动

中国古代的艺徒训练式教育脱胎于世袭的工艺技能传授，产生于夏商周时期，成熟和巩固于封建社会。早在原始手工业出现之后，就有了制作石器、骨器、竹木器、陶器以及纺织、房屋建造和交通工具制造等原始工艺技能的训练和传授。在隋唐五代时期，官管手工作坊得到了进一步发展，艺徒训练制度更加完备。据《新唐书·百官制》记载，唐朝专设少府监（或称内府、尚方）"掌管百工技巧之政"，供给"天子器御、后妃服饰及郊庙圭玉、百官仪物"，"监之职，掌供百工伎巧之事，总中尚、左尚、织染，掌治五署之官属，庀（即管理）其工徒，谨其善作"。少府监训练工徒还建立有一套制度，"钿镂之工，教以四年；车路乐器之工，三年；平漫刀槊之工，二年；矢镞竹漆屈柳之工，半焉；冠冕弁帻之工，九月。教作者传家伎，四季以令丞试之，岁终以监试之，皆物勒工名"。

天文历法教育被国家垄断，禁止民间私自传授天文与历法知识，违反者会被处以极其严厉的惩罚。在《旧唐书》中就记载了天文历法专科学校不可私自设立的原因，"天文著象，职在于畴人；谶纬不经，蠹深于疑众"，所以天文历法教育乃是"国禁"，"非私家所藏"，其玄象器局、天文图书、《七曜历》、《太一雷公式》等，私家不合辄有"，如果私自藏有天文历法书籍，就会被"严加捉搦"，或"敕到十日内送官……集众焚毁"，或"先决一百，留禁奏闻"。①

一、隋唐传艺授徒发展概述

艺徒制发源流觞于原始社会，据《白虎通》记载，早在原始社会就已经开始传授生产生活知识，包括早期农业生产、早期狩猎经验等在内的原始形态的技术教育已经初具雏形；农业社会时期，我国已经出现了社会分工，脑力劳动与体力

---

① 《旧唐书》卷 11《代宗本纪》。

劳动逐渐分离，逐步出现了农业、手工业与商业的雏形，并且出现了专门通过收取艺徒、从事科技知识传播的"百工之人"，这些人由官府供养，由官府统一管理，并主要为官府服务。在官府管理百工的过程之中，由于"百工"的居住区被单独划分出来，这就保证了相同技艺的百工可以在生产与生活之中相互观摩学习，不断切磋技艺，保证了"百工之人"技术的不断革新与发展。同时，由于居住地区的相对疏离，也使得"百工"在进行技艺传输的过程之中，需要收受一定的、同样是"百工"的子弟以进行教导，从而保证技术的延续。

隋唐时期，我国传统经济得到了前所未有的发展，艺徒制的发展也随之得以繁荣。从中央到地方，各级政府都管理着官营的手工作坊，正是官营手工业生产规模的迅猛发展，使得艺徒制成为官营手工作坊之中采用的最为普遍的科技教育传播方式。隋唐时期针对日益壮大的官营手工业规模，继承前代的经验建立了"少府监"，主要掌管招收工户，负责对其进行职业技术训练，规定不同职业进行科技教育的主要内容和大致修业年限，并为不同职业、不同工户指派一定的教师，进行职业与科技教育，从而形成艺徒制独特而又自成体系的科技教育培养模式。与前几代相比，隋唐时期蒙养科技教育的教材编排更加详细，内容更为翔实，并且继承了蒙养教材一贯的编写形式，采用押韵或者对偶，使得受教育者对当时一些常用的科技知识可以形成比较感性而又有趣的印象，再加之字形与字义十分简单，便于儿童在认字、识字、写字的过程之后接受更多的科技教育知识，亦可以在儿童学习有趣的科学技术知识的过程之中不断强化文化知识的修养。

通过艺徒制，使得我国一些较为传统，并对社会生活、生产具有重要意义的科技知识、职业技能。例如，医药、天文历法、算学、冶金铸造、建筑、歌舞、农稼等得以不断发展与延续。艺徒制并不像国家主办的科技教育学校，如"六学二馆"之中的算学馆、太史局等机构，对于受教育者的门第、资历、财产都有十分严格的规定，而是有其独特的较为完善的管理模式。

二、私学家传式传艺授徒

隋唐时期科技教育虽然已经出现了制度化的科技教育专科学校的办学模式，但是不能否认的是，私学家传仍然是隋唐时期科技教育采取的较为普遍的形式。

将技术以世传家授的方式传授给自己的直系亲属，且多为男性子嗣。这样不仅可以凭借这一技艺使得家族获得稳定甚至丰厚的物质收益，使得技艺与血脉传承合二为一，只要家族有后继成员的存在，这一家传技艺便不会消逝，更可以通过技艺私有的方式将科技与生产经验传承下去。

隋唐时期科技教育采取私学家传的方式，究其原因，首先可以追溯科技教育私学家传的历史。早在先秦时期，由于"学在官府""礼不下庶人"，众多知识与典籍都被掌握在任职于国家机构的政府官员手中；随着春秋战国时期学术下移，开始有掌握着科技知识的职官被迫离开宫廷，为维持生计以授业为生，而同时又将自己的知识与技能传授给自家子弟，将知识与技能作为资本，以保障家族经济来源。这样就形成了中国古代科技教育中十分普遍的现象：掌握有高超科技知识的学者大多将科技知识作为"技艺"传授给自己的子弟或是少量学徒，以保障科技教育的独特性；而社会与国家亦是出于现实与统治的需要，允许以私学家传的形式传播并进行科技教育。

我国古代的这种传统也使得统治者与民众相信，具有良好的私学家传背景，接受过良好的私学家传教育的科技人员的技艺具有更大的可信性。而这种思想早在先秦时期就有十分明确的表述——《礼》云："医不三代，不服其药。"一位医生的私学家传如果至少有从其祖父到其自身的三代传承，那么这位医生的医术才值得信任。这从另外一个层面表现了我国古代科技教育对私学家传的倚重。

高宗时期的秘书阁郎中、太史令，均为掌管天文历法并负责治教天文历法教育的职官。李淳风（602—670）除了担任职官之外，更是唐朝著名的天文学家，据《旧唐书》卷四《高宗本纪》记载："五月辛卯，以秘阁郎中李淳风造历成，名《麟德历》，颁之。"也就是说，唐朝曾经诏令全国，长时间执行的《麟德历》，就出自李淳风之手。除了颁定《麟德历》之外，李淳风还设计并制作了当时十分先进的天文观测仪器"浑天黄道仪"。据《旧唐书·太宗本纪下》记载："李淳风铸浑天黄道仪，奏之，置于凝晖阁。"在天文历法科技方面，李淳风还敢于辩难，质疑他人学说。据《旧唐书·礼仪志一》记载："得太史令李淳风等状，昊天上帝图位自在坛上，北辰自在第二等，与北斗并列，为星官内座之首，不同郑玄据纬书所说。此乃羲和所掌，观象制图，推步有征，相沿不谬。"李淳风质疑权威的天文学专家郑玄的说法，并将自己的学说与天文观测的实际相结合，制定了更为明确的历法，推翻了郑玄的观点。李淳风为隋唐时期科技教育的进步，尤其是天文历法、天文观测、观测仪器等方面做出了突出的贡献，而且为后世科技教育的发展奠定了良好的基础。

图 8-10　李淳风

李淳风所获得的成就，从其受教育背景上来讲，绝不是一时一人之力。据史料记载，李淳风之父李播在天文历法、算学方面都有不俗的造诣。据《旧唐书·李淳风传》记载："父播……颇有文学，自号'黄冠子'。注《老子》，撰《方志图》，文集十卷，并行于代"，加之"淳风幼俊爽，博涉群书，尤明天文、历算、阴阳之学"，必然受到其父言传身教，对天文学产生兴趣并接受了较为优良的私学家传教育。李播不仅精通天文、历法、算学，而且编订了《大象元机歌》《大象历》，这与李淳风后来制定的《麟德历》相比，虽然不及后者精确与科学，但是可以明显看出后者对于前者学说的继承与发展。

隋唐时期著名天文学家庾俭家族亦是如此。庾俭家族世代对天文历法之术颇有造诣。庾俭之祖父庾季才，年少时期就显露出学习天文历法的悟性。据《四库总目提要》记载，庾季才八岁诵《尚书》，十二岁懂《周易》，并且热衷于天象观测，曾经在南北朝担任过太史之职，撰写有《灵台秘苑》一百二十卷，《垂象志》一百四十二卷，《地形志》八十七卷，"并行于世"。庾季才对于儿子的教育也十分重视，

图 8-11　李淳风与袁天罡合著的《推背图》

并且通过家传这种方式传授给儿子庾质天文历法知识。

隋唐时期的著名建筑家阎立德、著名画家阎立本兄弟二人亦在家学背景方面颇有渊源。二者之父阎毗，出身于关陇世家，阎氏一门早在北周时期就以门庭高贵，工于绘画与建筑而著名。阎毗参与设计了隋代许多大型工程，其中包括从洛口到涿郡的大运河。在不断地进行建筑设计与工程实施的同时，阎毗通过严格的家庭教育，使得两个儿子在隋唐时期成为名噪一时的建筑家与画家。其中兄长阎立德在建筑与绘画两方面都成就斐然，接替其父之职，历任士曹参军、尚衣奉御、将作少匠、将作大匠、工部尚书等职务，任职期间主持设计了唐朝许多建筑，包括宫室（翠微宫与玉华宫）、皇陵（高祖献陵、太宗昭陵）等；绘画方面大多政治气息浓厚，主要包括《王会图》《文成公主降番图》等。其弟阎立本在绘画领域造诣极高，其诸多画作都成为经典之作，如《古帝王图》《步辇图》《萧翼赚兰亭图》等，有"驰誉丹青"的美誉。

图 8-12　阎立本的《古帝王图》

唐《女论语》专有学做女工一章，讲述传习蚕织的情况，颇为详尽。

凡为女子，须学女工。纫麻缉苎，粗细不同。车机纺织，切勿匆匆。看蚕煮茧，晓夜相从。采桑摘柘，看雨占风。淬湿即替，寒冷须烘。取叶饲食，必得其中。取丝经纬，丈尺成工。轻纱下轴，细布入筒。绸绢苎葛，织造重重。亦可货卖，亦可自缝。刺鞋作袜，引线绣绒。缝联补缀，百事皆通。①

三、佛道人士传艺授徒

《旧唐书》将传播与掌握科技教育知识的佛道人士划分为方伎之类，但是《新唐书》又将这部分人士划分出来。虽然在涉及科技教育与科技知识传播时，历代史书之中将佛道人士归于方伎与术士一类有例可循，但佛道人士与方伎相比，仍有诸多相异之处。

从前提条件来讲，佛道人士拥有一定的政治与民事的豁免权，诸如天文历法的观测、刻漏的确定、天象的观测、占卜厌胜等知识往往不对佛教的僧侣与道教的道士做严格禁止，这为佛教人士学习与研究科技知识，进行科技实验乃至收徒讲学提供了可能。隋唐两朝有很多科学家与能工巧匠都是通过佛道人士接受到科技教育的熏陶与训练的。从可能性来讲，佛道人士钻研探讨科技知识，往往与佛教与道教的教义、教旨有着密切联系。佛教与道教教义往往包含普度众生、阴阳和谐、灾异谶纬等理念，因此佛教人士在进行教义研究过程中不可避免要接受天文历法、医药学、数学方面的训练；再加之个体躬行实践的奋斗与积累，都使佛道人士在隋唐时期科技教育中能够承担教师的职责。

由于古代君王总是奢想长生不老，于是炼制长生不老之金丹仙药的炼丹技艺长盛不衰，尤其是隋唐五代时期，由于皇帝大都崇信道教，祈求长生不死，吸引了社会各阶层的参与。"炼丹在唐代几乎成为一种全民运动，参与炼丹的阶层之广，人数之多，是历代所无的。"② 这一时期出现了众多的炼丹家和炼丹著作，比如《黄帝九鼎神丹经诀》二十卷、《金石簿五九数快》《大洞炼真宝经修伏灵砂妙诀》《大洞炼真宝经九还金丹妙诀》等。唐元和年间（806—820 年）的西蜀江源（今四川松潘）人梅彪，自幼喜好道艺，痴迷钻研炼制金丹之术。在攻习的过程中，发现炼丹书籍中多用隐名，甚是苦闷，于是仿照《尔雅》体例，列举各种金石药物、丹药、丹法及丹书之名目，并注释其别名异号，题为《石药尔雅》。"今附六家之口诀，众石之异名，象《尔雅》词句，凡六篇，勒为一

---

① 《女论语·学作章》。
② 陈云：《试论唐五代时期巴蜀金丹道的成就》，载《中华文化论坛》2010 年第 4 期。

卷，令疑迷者寻之稍易，习业者诵之不难。"① 五代时期，与梅彪同为西蜀人的炼丹家彭晓，自幼喜好仙道，勤于修炼，并且以明经登第，累迁金堂令。社交圈中与击竹子何五云交好，后又遇高人，得炼丹秘诀，注《阴符经》《参同契》《金钥匙》《真一诀》等炼丹书籍。② 其中所注的《参同契》是仅限道教内部秘密传授的宝典，彭晓对其进行了注解，尤其是配以图形来解释，使之简明易学，广为流传。

同为佛教人士的一行，在科技教育与科技知识传播方面的贡献主要集中于天文历法。一行出身贵族家庭，年少时博览经史，尤其精通历象、阴阳五行之学，曾经师从隋朝著名的天文学家、道士尹崇，并求师于当时以算学闻名的天台山国清寺，颇得算学之精髓，因此很好地掌握了传统的天文历法知识和精湛的算学知识。一行同时精通扬雄的《太玄经》，且一生著作颇丰，撰写了《大衍论》三卷，《摄调伏藏》十卷，《天一太一经》及《太一局遁甲经》《释氏系录》各一卷。

一行在天文学方面的成就需要深厚的算学功底作支持，一行敏锐地察觉到了这一点，因此不远万里来到当时著名的佛教人士钻研学习算学的基地天台山国清寺学习算学。据《旧唐书·方伎列传》记载，一行"立于门屏间，闻院僧于庭布算声"。一行刚刚来到山门，就听见寺院之中众多僧侣布算筹的声音，从这一记载中不难看到隋唐时期的佛道人士教授科技知识的规模与水准。

四、方伎之士传艺授徒

方伎之士的社会地位不及儒士或文士，但为科技教育的发展贡献了重要力量。

隋唐时期，方伎之士的范围已经不仅仅局限于医药之士与身怀一定技能的隐逸之士了，而是扩展为包括医药学家，精通术数、音律者，及善于观测天象运转等掌握一定科技知识之人。他们游走于官宦与平民之间，结交皇族与社会边缘人士，在科技发展的历史上扮演十分重要的角色。其记载多见于《旧唐

---

① 上海书店出版社等编：《道藏》第 19 册，文物出版社、上海书店、天津古籍出版社联合出版1988 年版，第 61 页。

② 上海书店出版社等编：《道藏》第 5 册，文物出版社、上海书店、天津古籍出版社联合出版1988 年版，第 347—348 页。

书·方伎传》与《新唐书·方技传》之中。

《旧唐书·方伎传》中，共记载了崔善为等23人，其中天文历法、巫术占卜方面：崔善为"好学，兼善天文算历"；薛颐"解天文律历，尤晓杂占"；乙弗弘礼善占卜；袁天罡"尤工相术"；明崇俨、明珪擅厌胜之术，"善召鬼神"；张憬藏"少工相术，与袁天纲齐名"；李嗣真"博学晓音律，兼善阴阳推算之术"，"撰《明堂新礼》十卷，《孝经指要》《诗品》《书品》《画品》各一卷"；尚献甫"尤善天文"；严善思"尤善天文历数及卜相之术"；金梁凤"善相人，又言玄象"。

在医药学方面：甄权"尝以母病，与弟立言专医方，得其旨趣……撰《脉经》《针方》《明堂人形图》各一卷"；甄立言"撰《本草音义》七卷，《古今录验方》五十卷"；宋侠"以医术著名。官至朝散大夫、药藏监。撰《经心录》十卷，行于代"；孙思邈"当时知名之士宋令文、孟诜、卢照邻等，执师资之礼以事焉"，"自注《老子》《庄子》，撰《千金方》三十卷，行于代。又撰《福禄论》三卷，《摄生真录》及《枕中素书》《会三教论》各一卷"，提出了医药学人才培养规格："胆欲大而心欲小，智欲圆而行欲方"；张文仲"少与乡人李虔纵、京兆人韦慈藏并以医术知名"，"撰《随身备急方》三卷，行于代"；孟诜"少好方术"，"撰《家》《祭礼》各一卷，《丧服要》二卷，《补养方》《必效方》各三卷"；张果"尝著《阴符经玄解》，尽其玄理"擅"神仙方药之事"。

通过私学方式学习科技知识在隋唐时期亦十分普遍。其中十分著名例子的就是"初唐四杰"之一的卢照邻拜孙思邈为师学习医术。孙思邈（581—682）是我国隋唐时期著名的医药学家与道教人士，被誉为"药王"。

孙思邈一生授徒无数，虽然现有史料中并无孙思邈对卢照邻等名士进行科技教育的记载，但是可以从卢照邻对孙思邈为人与为学两方面的评价中看出其对孙思邈师恩的感谢："邈道合古今，学殚数术。高谈正一，则古之蒙庄子；深入不二，则今之维摩诘。其推步甲乙，度量乾坤，则洛下闳、安期先

图 8-13　药王孙思邈

生之俦也。"①

唐代庞大的宫廷乐舞机构和养伎风气的盛行以及民间频繁的艺术活动培养了大批专业乐舞艺人。这些处于奴隶或半奴隶地位的艺人，一方面受尽凌辱与摧残，另一方面也获得了进行艺术创作的物质条件和艺术实践的机会。正是他们用血泪和生命浇灌了绚丽多彩、灿烂夺目的唐代舞蹈艺术之花。②

宫廷乐舞人，老年时常被逐出宫，无以为生，只得教习歌舞糊口。王建《温泉宫行》有"梨园弟子偷曲谱，头白人间教歌舞"句。这些受过严格训练的乐师舞人，把民间乐舞带入宫廷，又将宫廷乐舞技艺传给民间。他们中间有许多人都像公孙大娘一样，既在民间献艺，又在宫廷表演。

《乐府杂录·歌》中记载了声乐教育家韦青教授张红红，并使她成为很有名的歌唱家的故事：

图8-14　韦青与张红红

大历中，有才人张红红者，本与其父歌于衢路丐食。过将军韦青所居。青于街牖中，闻其歌者喉音寥亮，仍有美色，即纳为姬，其父舍于后户，优给之。乃自传其艺，颖悟绝伦。尝有乐工自撰一曲，即古曲《长命西河女》也。加减其节奏，颇有新声。未进闻，先印可于青。青潜令红红于屏风后听之。红红乃以小豆数合，记其节拍。乐工歌罢，青因入问红红如何。云："已得矣。"青出，绐云："某有女弟子，久曾歌此，非新曲也。"即令隔屏风歌之，一声不失。乐工大惊异，遂请相见，叹伏不已。再云："此曲先有一声不稳，今已正矣。"寻达上听。翌日，召入宜春院，宠泽隆异，宫中号"记曲娘子"。寻为才人。一日，内史奏韦青卒。上告红，红乃于上前呜咽奏云："妾本风尘丐者，一旦老父死，有所归，致身入内，皆自韦青，妾不忍

①《旧唐书》卷141《列传·方伎》。
②王克芬、刘青弋：《中国舞蹈通史——隋唐五代卷》，上海音乐出版社2010年版，第186页。

忘其恩。"乃一恸而绝。上嘉叹之，即赠昭仪也。

这从一个侧面反映了宫廷乐舞者晚年的凄惨生活。

第五节　中原与边疆民间文化教育交流活动

隋唐五代时期，是中华民族大融合的时期，各区域间的文化相互学习、相互渗透，造就文化异彩纷呈。由于唐朝统治者"出身异族，声威及于葱岭以西，虽奄有中原，对于西域文明，亦复兼收并蓄"①，对于各少数民族文化采取兼容并包的政策，给各民族、各区域间的教育交流提供了良好的政治环境。李世民曾说："自古皆贵中华贱夷狄，朕独爱之如一，故其种落皆依朕如父母。"② 本节简述国内民间文化、教育交流活动，包括中原与西域、西南等边疆区域在民风民俗、生产技艺、文学艺术、儒学与宗教等方面的教育交流活动。

一、民风民俗交流活动

吕思勉曾言："从来北族之强盛，虽由其种人之悍鸷，亦必接近汉族，渐染其文化，乃能致之。"③ 由于西汉时期丝绸之路的开启和通畅，汉胡民族得以相互交往、贸易流通、迁徙娱乐及至婚嫁移民。

隋朝虽国祚短暂，但与周边诸藩属国依然保持着良好的关系。史书记载，隋文帝时周边各族，如靺鞨、突厥、吐谷浑、契丹、奚、室韦、西域诸国等，曾遣使入隋。隋炀帝大业年间，西域高昌、康国、安国、石国、焉耆、龟兹、疏勒、于阗、钹汗、吐火罗、挹怛、米国、史国、曹国、何国、乌那曷、穆国、漕国等"相率而来朝者三十余国，帝因置西域校尉以应接之"④。并且命令吏部侍郎裴矩专掌与西域贸易往来之事，"自是西域胡往来相继"⑤。

唐朝时期，西域来华者人数更多。"唐京兆府户口，在天宝初仅三十余万

---

① 向达：《唐代长安与西域文明》，河北教育出版社 2001 年版，第 7 页。

② 《资治通鉴》卷 198《唐纪十四》。

③ 吕思勉：《中国民族史》，东方出版社 1996 年版，第 93 页。

④ 《隋书》卷 83《西域传》。

⑤ 《资治通鉴》卷 180《隋纪四》。

户，贞观时当不及此，而长安一隅突厥流民乃近万家，其数诚可惊人矣。"① 如此多的流民来到中原，势必会对中原的民风民俗有所影响。唐陈鸿祖于《东城老父传》中言道："今北胡与京师杂处，娶妻生子；长安中少年有胡心矣。吾子视首饰、靴服之制，不与向同，得非物妖乎?"② 贞观四年（630 年），平定东突厥后，大批突厥人南迁，其中有不少突厥贵族入朝为官，定居长安者数千家。突厥人的生活习惯对唐人也产生了广泛的影响。史载，太子承乾"好突厥言及所服，选貌类胡者，被以羊裘，辫发，五人建一落，张毡舍，造五狼头纛……抽佩刀割肉相啖"③。

胡风浸染中原大地，也给中原的饮撰习俗烙上了"胡风"印记。西域的胡饼、胡酒在中原十分流行。《旧唐书·舆服志》记载："贵人御馔，尽供胡食。"胡食的典型代表——胡饼，在唐代的长安十分流行。日本僧圆仁求法来到长安时，便见到此饼。"开成六年正月六日，立春，命赐胡饼寺粥。时行胡饼，俗家皆然。"④ 据说，玄宗西逃时，便是以胡饼充饥。"日向中，上犹未食，杨国忠自市胡饼以献。"⑤

唐朝亦是一个酒文化发达的朝代。酒肆林立，饮酒风气浓厚，上至达官贵人，下至黎民百姓，皆尚饮酒。诗仙李白便有"斗酒诗百篇"的传世佳话。同样，"胡风"也对唐代的酒文化浸染很深。伴随中原和西域的商贸往来，西域酒也随之来到中原，深受中原人的喜爱。"有唐一代，西域酒在长安亦甚流行。唐初有高昌之蒲（葡）萄酒，其后有波斯之三勒浆，又有龙膏酒，大约亦出于波斯。俱为时人所称美。"⑥ 之所以"胡酒"广为流行，其原因除了西域酒本身醇烈外，还与擅长歌舞的胡女有关。当时，在长安、洛阳等地由胡商开设的酒肆中，有一类艳色美貌的年轻女侍，唐朝百姓习称她们为"酒家胡"或"酒胡"。

胡姬能歌善舞，在琵琶、胡琴等极具西域风格的乐器伴奏下尽兴表演，招引不少人前来，尤其是那些文人雅士更是将她们写入了诗句。如王维《过崔驸

① 向达：《唐代长安与西域文明》，河北教育出版社 2001 年版，第 7 页。
② 《太平广记》卷 485《东城老父传》。
③ 《新唐书》卷 80《常山王承乾传》。
④ 《入唐求法巡礼行记》第 3。
⑤ 《资治通鉴》卷 218《唐纪三十四》。
⑥ 向达：《唐代长安与西域文明》，河北教育出版社 2001 年版，52 页。

马山池》："画楼吹笛妓，金碗酒家胡。"① 贺朝则在《赠酒店胡姬》中生动描写了"胡姬酒肆"里的情景："胡姬春酒店，弦管夜锵锵。红毹铺新月，貂裘坐薄霜。玉盘初鲙鲤，金鼎正烹羊。上客无劳散，听歌乐世娘。"② 因此，为了胡姬而去胡人开的酒店饮胡酒，在唐代城市中成为一种风气。

当然，教育交流并非单向活动。这一时期，周边区域的文化在向中原传播的同时，也吸纳了中原文化，从而使其在民风民俗方面具有"汉化"特征。高昌"男子胡服，妇人裙襦，头上作髻。其风俗政令与华夏略同"③，高昌"其刑法、风俗、婚姻、丧葬与华夏小异而大同"。焉耆（今新疆库尔勒）在车师南，本汉时旧国，受华夏文化习染既久，故"婚姻略同华夏"。龟兹（今新疆库车）亦为汉时旧国，其"风俗、婚姻、丧葬、物产与焉耆略同"④。南诏异牟寻时期（778—808 年）是唐与南诏关系最为密切的年代，双方的文化交流最为频繁，南诏的建筑风格深受汉族影响。唐樊绰《蛮书》卷八载："凡人家所居，皆依旁四山，上栋下宇，悉与汉同，惟东西南北不取周正耳。"

二、文学艺术教育交流活动

西域与中原不仅在民风民俗方面互相影响、互相渗透，而且在语言文字、文学艺术方面也进行了广泛、深入地交流。

汉字，是汉文化的象征，也是汉文化传播和传承的载体。从西域出土的文物来分析，西域胡人在唐代就已经练习汉字书写。例如，阿斯塔那 179 号墓出土的武周时代学生的习字残纸，其中之一是令狐慈敏的手迹，写有"三不（月）十七日，令狐慈敏放（仿）书"，"令狐"是鲜卑姓，可知"令狐慈敏"可能为汉化的鲜卑人；另一个人叫和阇利，和阇利是回鹘人名，在纸上的最后落款是"和阇利仿书"。⑤ 吐鲁番出土的这些习字残纸足以说明，当时西域已经有不少人在练习汉字。出土的吐鲁番文书中还发现了几种启蒙读物，如《千字文》《开蒙要训》。《千字文》是用一千汉字组成的四字句形式、对仗工整的儿童启蒙读物，

---

① 《全唐诗》卷 126。
② 《全唐诗》卷 117。
③ 《隋书》卷 83《西域列传》。
④ 《北史》卷 97《西域传》。
⑤ 国家文物局古文字研究室：《吐鲁番出土文书》第 7 册，文物出版社 1986 年版，第 120 页。

在唐时甚是流行。《开蒙要训》也是一种流传于唐至五代的识字课本性质的读物。

唐朝是个诗歌的时代，唐诗亦是唐朝文化的代表。繁盛的唐诗必定会传播到西域。1969 年，新疆吐鲁番的阿斯塔那曾出土一座景龙四年（710 年）墓葬，内有年仅 12 岁的西域少年卜天寿所写的五言绝句："写书今日了，先生莫咸池（嫌迟）。明日是贾（假）日，早放学生归。"① 虽然错别字连篇，但是基本符合唐诗押韵的要求。那么，唐诗是如何传播到西域的呢？笔者认为，途径有三：

一是迁徙西域的汉族民众。自西汉开始，便有征调士兵、百姓去屯田的先例。入唐之后，朝廷在西域立镇设州，如高昌改置为西州，创立了安西四镇：龟兹、焉耆、于阗、疏勒，大批军民西徙定居。他们的迁徙定居，必定一同将唐诗也带到了西域。

二是西域的胡商参与诗集的贩卖。胡商在中原各地经商者甚多，尤其是粟特人擅长经商，"善商贾，争分铢之利……利之所在，无所不到"②。对于西域而言，中原的诗文也算是珍稀之物。故而胡商必定为了谋利而贩卖诗文到西域各地。当时，书肆遍布中原各地。晚唐李肇在《东林寺经藏碑铭（并序）》中言道："五都之市，十室之邑，必设书写之肆。"③ 有些诗人的作品在当时十分畅销，流传极广。例如陈子昂的诗集，"时洛中传写其书。市肆闾巷，吟讽相属，乃至转相货鬻，飞驰远迩"④。再如在社会各阶层广泛流行的白居易诗文，"禁省观寺、邮候墙壁之上无不书，王公、妾妇、牛童、马走之口无不道……自篇章已来，未有如是流传之广者"⑤。试想，如此炙手可热的诗文，必定会被善于经商的胡人贩卖到西域。

三是借助西域乐舞的渲染烘托，传播如风之疾速。诗歌配乐而歌唱，在当时是颇为流行的社会风气。诗歌为乐工、歌伎传唱，十分有利于诗歌的传播。正所谓"诗者，可以歌，可以流于竹，鼓于丝，妇人小儿，皆欲讽诵。国俗薄

① 新疆社会科学院考古研究所：《新疆考古三十年》，新疆人民出版社 1983 年版，第 369 页。
② 《旧唐书》卷 198《康国传》。
③ 《全唐文》卷 721《东林寺经藏碑铭》。
④ 《全唐文》卷 238《卢藏用·陈子昂别传》。
⑤ 《旧唐书》卷 166《白居易传》。

厚，扇之于诗，如风之疾速"①。西域乐舞在中唐以后，风靡中原。"开元以来，歌者杂用胡夷里巷之曲。"② 因此，"唐代许多诗歌，也依赖于音乐演唱而广泛传播，一些诗人及诗作扩大了社会知名度，在当时人所共知"③。

在西南方的南诏地区，隋唐时期，学习汉文化成为一种社会风气。此时期白蛮大姓的传世佳作，与唐作品相差无几。如杨奇鲲《途中诗》："风里浪花吹更白，雨中山色洗还青，海鸥聚处窗前见，林狖啼时枕上听，此际自然无限趣，王程不敢暂留停。"④

西域乐人来到中原，除了藩国朝贡、军事掠夺、宫廷招募等官方途径外，更多的是通过移民迁徙、贸易往来、宗教传播等民间方式。"西域音乐歌舞在陆续传入中原地区的过程中，尤其是北朝、隋、唐时期，许多身怀艺能的乐伎——音乐歌舞艺人，相继而来。他们上至供奉帝王和贵胄，在教坊和府邸待召，名重一时；下至闯荡市廛，在酒肆以歌舞侑饮，被称做胡姬；也有的或由于年长色衰，或由于烽火战乱，离开宫廷在江湖卖艺；总之，他们都为中外之间和民族之间的音乐文化交流做出了历史性的贡献。"⑤ 随着城市商业和娱乐业的繁荣兴旺，长安、洛阳、扬州、凉州等城市聚集了大批的西域乐工、乐伎。有研究表明，长安都城中初唐大概有 40 万人口，而盛唐到达了一百多万，其中外侨少数民族人口大约两到三万，与盛唐时期宫廷和政府机构中从事音乐的人数相当。⑥ 唐三彩骆驼的驼背上的乐人，不仅是丝绸之路繁盛乐舞交流的生动写照，同时也说明了西域乐人是随着商贸物流来到中原的。

随着西域乐舞传入内地，西域地区各类乐器，诸如琵琶、五弦、箜篌、胡笳、腰鼓、筚篥、横笛、贝、毛员鼓、檐鼓等也大量传入中原。其中的五弦琵琶早在汉魏之交便由西域乐人经"丝绸之路"带入中原，公元五六世纪时盛行于中原，后来又流传到我国的南方。"隋朝时西域乐舞、乐器大量传入中原地区，促进了西域文化与内地文化的交流，也对隋朝以后的唐代、宋代等各朝代

---

① 《全唐文》卷 755《杜牧·唐故平卢军节度巡宫陇西李府君墓志铭》。
② 《旧唐书》卷 30《音乐志》。
③ 马承五：《唐代艺术与诗歌文化传播》，载《华中师范大学学报》（人文社会科学版）1999 年第 6 期。
④ 《全唐诗》卷 732。
⑤ 冯文慈：《中外音乐交流史》，湖南教育出版社 1998 年版，第 57 页。
⑥ 李西林：《盛唐乐官编制、乐人数量问题探析》，载《交响：西安音乐学院学报》2010 年第 4 期。

的音乐、舞蹈的创作和乐器制作产生深远影响。"① 总之，西域乐曲流传中原，是不争的事实。"自周、隋以来，管弦杂曲将数百曲，多用西凉乐；鼓舞曲多用龟兹乐。其曲度皆时俗所知也。"② 唐代诗人王建在《凉州行》中写有"城头山鸡鸣角角，洛阳家家学胡乐"③ 的诗句，虽有些夸张，但一定程度上反映了当时西域音乐在中原的风靡程度。

在绘画艺术方面，隋朝时期内地与西域同样进行了交流。西域于阗（今新疆和田）贵族尉迟跋质那在隋朝就以画著名。后来他和他的儿子尉迟乙僧把西域和内地的绘画技巧融合在一起，采西域佛教绘画与内地绘画艺术之长，创造出一种新的绘画技法。唐代，段成式《寺塔记》中记载乙僧所绘光宅坊光寺普贤堂壁画，"颇有奇处，四壁画像及脱皮白骨，匠意极险。其又变形三魔女，身若出壁"④。这是形容其所画形象生动，精妙至极。其与阎立本、吴道子齐名，"国朝（唐）画可齐中古，则尉迟乙僧、吴道玄、阎立本是也"⑤，可见其绘画造诣颇深。

三、生产技艺交流活动

在酿酒技术上，用粮食酿酒是中原的传统技艺。早在《尚书·说命》中就有"若作酒醴，尔惟曲蘖"，曲为酒母，蘖为芽米，以完成糖化、酒化两个过程。而用葡萄酿酒则是隋唐之后的新发明。

唐以前，中原地区很少见到葡萄酒的酿造，所以史云："葡萄酒西域有之，前代或有贡献，人皆不识。"⑥ 至唐太宗攻破高昌，才得到酿造葡萄酒的方法。史载："及破高昌，收马乳葡萄实，于苑中种之，并得其酒法。自损益造酒。酒成，凡有八色，芳香酷烈，味兼醍醐。既颁赐群臣，京中始识其味。"⑦ 这是我国史书上首次明确记载内地用西域方法酿制葡萄酒。谢弗认为，用来酿酒的葡萄在这时传入中国，葡萄酒的酿制工艺也随之传入内地，从而产生了一种新型

① 李惠兴：《隋朝内地与西域关系述略》，载《西北史地》1996 年第 4 期。
②《旧唐书》卷 29《音乐志二》。
③《全唐诗》卷 298。
④ 段成式：《酉阳杂俎》续集卷 6《寺塔记下》。
⑤ 张彦远：《历代名画记》卷 2《论名价品第》。
⑥《太平御览》卷 972《葡萄》。
⑦《唐会要》卷 100《杂录》。

的工业——葡萄酒酿造业。而且到了适当的时候，它们就传播到了深宫禁苑以外的地方。①

从此，葡萄酒便在长安流行，西市及长安城东至曲江一带俱有胡姬侍酒的酒肆。唐朝诗人王翰在著名的《凉州词》中留下"葡萄美酒夜光杯，欲饮琵琶马上催"这一脍炙人口的名句。李白《襄阳歌》中曾说："遥看汉水鸭头绿，恰似葡萄初酦醅。"河东太原出产的葡萄酒在唐玄宗时期就成为知名酒品了。《唐国史补》中列举的唐代中期的名酒中有"河东之乾和蒲桃"，就是一种葡萄酒。刘禹锡《蒲桃歌》云："有客汾阴至，临堂瞪双目。自言我晋人，种此如种玉。酿之成美酒，令人饮不足。"② 汉人中善于酿造葡萄酒的还有魏徵。据柳宗元记载，魏徵酿造葡萄酒是学自粟特人，其云："公此酒本学酿于西胡人，岂非得大宛之法？"③

在地处西南的南诏国，唐以前手工业十分落后，"蛮王并清平官礼衣悉服锦绣，皆上缀波罗皮，俗不解织绫罗"，但是，"自大和三年蛮贼寇西川，虏掠巧儿及女工非少，如今悉解织绫罗也"。④ 四川成都是我国当时手工业技术较高的地方，军事战争使生灵涂炭，但也将一些纺织技工带到南诏，从而大大提高了南诏的手工业生产技术。

据《唐国史补》卷下《越人娶织妇》云："初，越人不工机杼。薛兼训为江东节制，乃募军中未有室者，厚给货币，密令北地娶织妇以归，岁得数百人。由是越俗大化，竞添花样，绫纱妙称江左矣。"⑤ 这表明，在薛兼训于唐代宗宝应元年至大历五年（762—770 年）任越州刺史时，越州的丝织业依然落后于北方。"越人娶织妇"的故事，讲的就是北方先进纺织技术的南传及其对南方丝织业发展的影响。

四、儒学与宗教的交流活动

中原的儒家学说，早在西汉张骞凿通西域之时就已传播到西域各地。至隋

---

① 谢弗：《唐代的外来文明》，中国社会科学出版社 1995 年版，第 310—311 页。
②《全唐诗》卷 354。
③ 柳宗元：《龙城录》卷下《魏征善治酒》。
④ 樊绰：《云南志》卷 7《云南管内物产》。
⑤ 李肇、赵璘：《唐国史补》卷下，上海古籍出版社 1979 年版，第 65 页。

唐时，西域各地的汉化、儒学化更是明显。例如，高昌故城（今新疆吐鲁番地区）的城墙上，画有"鲁公问政于孔子"的画像。"后至隋时，城有十八。其都城（即今之高昌故城）周回一千八百四十步，于坐室画鲁哀公问政于孔子像。"并且仿效中原，兴办学校，教授儒家经典。"有《毛诗》《论语》《孝经》，置学官弟子，以相教授。"①

内地人口流入南诏国对儒家思想在南诏社会的传播有着不可估量的作用。流入该地区的内地人口包括士兵、商人、避难谋生之人、朝廷流放之人等，他们带来的儒家思想，对当地的文化、价值观念、思想意识等产生了不同程度的影响。

初唐时，洱海地区就已经是"数十百部落，大者五六百户，小者二三百户，无大君长，有数十姓，以杨、李、赵、董为名家。""自云其先本汉人，有城郭村邑，弓矢矛铤，言语虽稍讹舛，大略与中夏同。"②《蛮书》云："渠敛赵，本河东州也……大族有王、杨、李、赵四姓，皆白蛮也，云是蒲州人，迁徙至此，因以名州焉。"③唐代洱海地区就有汉人进住，还有唐代"数十万人由各种途径来云南"④。杜光迁，本唐朝御史，后流寓南诏，后人常将其误为唐末五代道士杜光庭。天启《滇志》卷十三云："唐杜光庭，青城人，以文章教蒙氏之民，蒙学士爨泰，葬之玉局峰麓。"唐朝还接受南诏留学生，史载："诏王之祖，六诏最小夷也。天子录其勤，合六诏为一，俾附庸成都，名之以国。许子弟入太学，使习华风。"⑤

另外，南诏曾四次攻下西川（今四川成都），抢夺大量经书典籍，掠走众多具有儒家思想的文人学士和精于建筑的工匠等，其中最多的一次从西川沿途掠走十万人口。这些人被迁往南诏居住，对儒家思想在其居住地区及周围的区域的传播及影响起到极其重要的作用。

儒学在南诏的广泛传播，也得力于阿吒力教的阿吒力僧人将儒家思想与佛

①《北史》卷 97《高昌传》。
②《通典》卷 187《松外诸蛮》。
③《蛮书》卷 5《六贼第五》。
④ 林超民：《唐代云南的汉文化》，载云南大学中国西南边疆民族经济文化研究中心编《文化・历史・民俗》，云南人民出版社 1993 年版，第 169 页。
⑤《全唐文》卷 827《牛丛・责南诏蛮书》。

教融会贯通。劝丰佑执政时期（823—859年），大力推行佛教密宗——阿吒力教，阿吒力教的阿吒力僧人是汉文化较高的白蛮大姓，通"儒释之术，唐梵之字"，"洞明释儒之奥义，写穷天竺之梵书"。① 这些阿吒力僧人既有根深蒂固的土著文化，又有较高的汉文化修养，他们能够很好的将儒家思想和佛教融为一体。② 阿吒力教最大特点为"其流为释，其学则儒"③。阿吒力僧人在社会各领域传经布道的过程中，把儒家思想通过传授佛家经典、教义的同时传播于社会中，使儒家思想在南诏社会广泛传播开来。

在东北地区，渤海国与唐朝文化联系密切。史载，大和七年（833年）正月，渤海国"遣同中书右平章事高宝英来谢册命，仍遣学生三人，随宝英请赴上都学问。先遣学生三人，事业稍成后，请归本国，许之"④。开成二年（837年）三月，"渤海国随贺正王子大俊明并入朝学生，共十六人。"⑤ 这些反映出中原对边疆地区的文化影响。

域外移民对祆教、景教、伊斯兰教及摩尼教等传入中原或扩大影响发挥了重要作用。祆教，又称波斯教，公元前6世纪创立，北魏时传入中原，唐代广为流播。景教又称波斯经教、秦教。唐高宗时，"于诸州各置景寺……寺满百城，家殷景福"⑥。伊斯兰教是穆罕默德创立，在唐朝时流行于大食等国。7世纪中叶，伊斯兰教什叶派在波斯遭迫害，穆斯林逃到中国，加之大食与唐朝的作战，使得一部分人流入中原。据载，当时的长安、扬州、广州、泉州等地均建有清真寺，有穆斯林教徒活动。广州的怀圣寺塔就建于此期，是我国最早的伊斯兰教建筑之一。摩尼教，又称明教，波斯人摩尼在公元3世纪创立，流行于西域地区。唐玄宗开元七年（719年），一名摩尼教教徒从吐火罗国来华，在长安、洛阳等地建立了摩尼教寺院。随着回鹘的内迁，摩尼教进入中原各地，随后荆州、扬州、洪州（今江西南昌）、越州（今宁波、绍兴等地）等地建有大云光明寺，使摩尼教进一步为中原人所接受。

---

① 云南省编辑组：《白族社会历史调查》四，云南人民出版社1992年版，第230页。
② 李东红：《白族佛教密宗阿吒力教派研究》，云南人民出版社1999年版，第44页。
③ 李东红：《白族佛教密宗阿吒力教派研究》，云南人民出版社1999年版，第57页。
④《旧唐书》卷199下《北狄传》。
⑤《唐会要》卷36《附学读书》。
⑥《全唐文》卷916《景教流行中国碑》。

　　唐代政治稳定，经济富庶，文化繁荣，堪称当时世界的"文化高地"，中国与东亚其他国家及地区的民间文化教育交流异常活跃。新罗、日本等国遣使来朝，派遣留学生和学问僧，学习唐王朝的先进制度、文学艺术、宗教信仰。因本书另有专章论析，此不赘述。

第九章
少数民族的教育活动

　　隋唐五代时期是我国各民族文化教育大融合阶段，国内边疆地区少数民族与中原地区交流频繁，同时开展了丰富多样的教育活动。各少数民族教育活动包括家庭教育、学校教育和社会教育，教育内容以宗教教育为主，具有鲜明的民族文化特色。受资料所限，本章主要综述这一时期土蕃和西域地区各少数民族的教育活动。

第一节　吐蕃的教育活动

吐蕃是藏族的先民。根据《旧唐书》记载："吐蕃，在长安之西八千里，本汉西羌之地也。其种落莫知所出也，或云南凉秃发利鹿孤之后也。"[①] 又据《新唐书》记载："吐蕃本西羌属，盖百有五十种，散处河、湟、江、岷间，有发羌、唐旄等，然未始与中国通。居析支水西，祖曰鹘提勃悉野，健武多智，稍并诸羌，据其地。蕃，发声近，故其子孙曰吐蕃，而姓勃窣野，或曰南凉秃发利鹿孤之后，二子，曰樊尼，曰傉檀。"[②] 谭英华认为，"国史吐蕃一称肇始李唐，两宋金元沿用无替，稽其初义，今已晦涩"，于是对于吐蕃的源流进行了细致的考证。[③] 据近人的考证，吐蕃就是在勃窣野氏族不断兼并青藏高原其他地方势力所形成于公元 7 世纪初期的一个王朝，并且以逻些（今西藏拉萨）为根据地，不断扩张其势力范围，甚至进逼至李唐王朝的河西和陇右等地。在吐蕃王朝的建立和扩张的过程中，不可避免地和隋唐产生了政治、经济以及文化和教育上的关系。

松赞干布统一青藏地区后，建立吐蕃政权，开展多项教育活动。一方面派遣使臣和贵族子弟赴唐朝中央政府以及天竺等国交流、学习，接受汉族和印度的先进文化，并创造本民族文字；另一方面，在当地发展寺院教育和私塾教育活动。吐蕃与汉族等民族的联姻政策，特别是文成公主入藏和亲，对于汉藏文化教育交流产生了重要的推动作用。

一、藏文字的创造

任何一个民族的发展过程中，教育都是一件极其重要的事情，而教育活动的根本目的之一就在于使本民族的优秀传统文化得以世代传承和保存。只不过，

[①]《旧唐书》卷 196《吐蕃上》。
[②]《新唐书》卷 216《吐蕃》。
[③] 谭英华：《吐蕃名号源流考》，载《东方杂志》1947 年第 4 期。

在没有本民族文字的时期，这种文化的传承和保存只能通过口耳相传，吐蕃王朝的建立，即是如此。据《新唐书》记载："其吏治，无文字，结绳齿木为约。"① 没有文字，在很大程度上阻碍了与其他民族的文化交流与往来。松赞干布建立起吐蕃王朝之际，强烈地感受到没有本民族文字所带来的诸多不便。于是派遣具有智慧的人赴外学习和创立本民族的文字。根据历史文献记载，在创造藏文的过程中，松赞干布数次安排赴天竺学习文字的活动。前几次均由于所派遣人员或路途艰辛而半途而

图 9-1　松赞干布塑像

废，或有幸到达天竺而又难于担当重任等诸多原因宣告失败，最后终由大臣吞米桑布札赴天竺，在克服种种不便后，成功地创造了藏文字母。学者杨明考证，"桑布札见到学者李敬，向他学习了吐蕃文字的创制方法，构成三十个字母，加上放在字母上下的元音符号，经过组合，构成与吐蕃语音相符合的叠加的文字，并学通了翻译"②。

　　藏文字母的创造不仅对于吐蕃王朝的政治、经济、文化、军事、外交等事业的顺利进行提供了极大的便利条件，而且为吐蕃王朝的教育活动开辟了一个新的历史时代，促进了吐蕃王朝的国力强盛和进一步的势力扩张。创建本民族的文字是松赞干布的一大历史功绩。如根据敦煌本吐蕃历史文书《赞普传记·八》记载："吐蕃古昔并无文字，乃于此王之时出现也。"③ 文字创造后的一个迫

① 《新唐书》卷 216《吐蕃》。

② 杨明：《试论吐蕃王朝时期的藏族教育》，载《西南民族学院学报》（哲学社会科学版）1994年第 1 期。

③ 王小甫：《唐、吐蕃、大食政治关系史》，北京大学出版社 1992 年版，第 17 页。

在眉睫的任务就是进行文字推广的教育活动。为此，松赞干布决定从自身做起，"带头学习推广。他在一个名叫萨玛茹堡（今帕邦喀）的地方闭门勤学四年，熟练掌握了藏文"①。据《藏汉史集》记载，他为了向臣民推广吐蕃文字，最先用吐蕃文字写了《觉卧菩萨主从三尊赞颂》，作为吐蕃文字的荐新字样，以引导人们重视、学习和推广藏文。② 这样一来，藏文在吐蕃王朝的推广教育活动就赢得了民众的普遍支持。同时松赞干布采取了一系列的奖惩政策来推动民众学习藏文的积极性。事实上，藏文的创造与推广使得吐蕃王朝的教育活动实现了由量变到质变的飞跃，极大地促进了吐蕃王朝与其他民族之间的文化交流。

二、留学教育活动

吐蕃王朝的教育活动中，最为主要的内容首先体现在留学教育方面。这主要表现在派遣贵族子弟赴唐朝、天竺（今印度）以及泥婆罗（今尼泊尔）等国进行优秀文化的学习。

首先是派遣留学生的动机问题，即派遣留学生的初衷在于积极地吸纳周边国家或地区的先进文化，以促进本民族文化的发展。藏文创造以后，随着藏文推广工作的逐步展开和人才培养力度的不断加强，松赞干布进一步坚定了派遣人员赴外留学的信心。事实上，这也是松赞干布所一直着力推行的向天下四方开放政策的核心点之一。正如藏族学者多杰才旦所言："公元七世纪初，藏族具有远见卓识的伟大领袖松赞干布统一青藏高原各邦后，为了民族的进步和繁荣，实行向天下四方开放的政策，特别是吸收唐朝，以及西域、中亚、南亚等的先进文明，促进了藏民族的发展，这是（西藏）历史上的第一次重大转折。"③ 于是不断派遣本民族的优秀青年到其他民族学习先进的文化和技术。

其次是派遣留学的地点以及留学教育的内容问题。譬如曾经派人到唐朝、天竺以及泥婆罗等周边国家或地区进行文化交流和学习。其中吐蕃王朝和唐朝的文化交流具有较大的影响，因为这种留学教育在很大程度上促进了中原传统

---

① 苏发祥：《吐蕃教育刍议》，载《民族教育研究》1997年第3期。
② 杨明：《试论吐蕃王朝时期的藏族教育》，载《西南民族学院学报》（哲学社会科学版）1994年第1期。
③ 王小甫：《唐、吐蕃、大食政治关系史》，北京大学出版社1992年版，第18页。

儒学在吐蕃王朝的广泛传播。据学者何波的
研究，吐蕃子弟留学唐朝的主要内容为：其
一，关于儒家典籍的学习；其二，唐王朝的
国学尚有律学、算学及太医署的医学教育，
吐蕃子弟来唐留学是否也学习上述内容，现
在尚无直接的史料可以证明，但通过对吐蕃
时期藏族文化的剖析可发现，其中法律、天
文历算、医学药学明显带有汉族文化影响的
痕迹。① 有学者专门探究了孔子学说对于吐蕃
的影响和其传入的途径，即："孔子思想在吐

图 9-2　唐朝与吐蕃会盟碑

蕃通过文成公主的入藏，逐渐传入。吐蕃贵族统治者为了提倡儒学除了向中原
派遣留学生，还在唐朝国学中习之儒家经典《诗经》《尚书》等。唐朝国学所设
课程主要是《尚书》《左氏春秋》《诗经》《周易》《礼记》《论语》《孝经》等，其
中《诗》《书》为必修课。吐蕃遣'酋豪子弟，请入国学以习《诗》《书》'，就
是学习当时的孔子儒家思想。"② 根据该学者的考证，儒家经典大量传入吐蕃源
于唐中宗时期的金城公主入藏和亲事件所带来的契机，而且吐蕃使者还公开请
求唐朝赐予儒家典籍，据《旧唐书》记载："时（开元十八年）吐蕃使奏云，公
主请《毛诗》《礼记》《左传》《文选》各一部。制令秘书省写与之。"③ 总之，留
学教育极大地促进了吐蕃对于中原传统儒家文化的学习和传播。

三、联姻促进的教育交流

吐蕃王朝在发展过程中，还曾经与其他民族多次联姻，这种原本旨在调节
吐蕃与其他民族之间政治关系的联姻却促进了吐蕃学习周边民族优秀文化的教
育活动的深入进行。正如有学者所言："和亲政策开启了儒家文化传入吐蕃的大
门。"④ 也有学者认为："从新石器时期开始到魏晋南北朝时期，青藏高原与甘

---

① 何波：《吐蕃子弟留学唐国子监述论》，载《青海社会科学》1999 年第 5 期。
② 顾吉辰：《孔子思想在吐蕃》，载《西藏研究》1993 年第 4 期。
③《旧唐书》卷 196《吐蕃上》。
④ 韩锋：《儒学在吐蕃的传播及其影响》，载《齐鲁学刊》2007 年第 3 期。

肃、中原地区的居民早已有过相互迁徙和交流活动。特别是到松赞干布时期，实行对外开放政策，与唐朝文成公主通婚，注意吸收唐朝的政治、经济、文化，不仅有使节往来，还派专人前往唐朝国学学习。"① 与唐朝的两次联姻，更促进了中原文化在吐蕃的广泛传播以及由此而引发中原传统儒学在吐蕃的不断传播和渗透。

《新唐书》记载，太宗贞观十五年（641年），文成公主入藏和亲以后，松赞干布就"遣诸豪子弟入国学，习《诗》《书》。又请儒者典书疏"②。据林冠群研究："唐代吐蕃国祚二百余年，在此期间，不但持续向外扩张，掌握广阔疆域，并长期维系强盛国势，按吐蕃位处西藏高原，地理环境特殊，交通不便，物产不丰，其能蔚成亚洲强权，当以人为谋略的成分居多。除史书上载其族性强悍，善于征战外，在武力有所不足的情形下，其对外联姻策略的运用，为其在国际政治上，争取到实利与开展的契机。"③ 才让也坦言："随着吐蕃的对外扩张，与其周边地区的交往亦随之增多，吐蕃也因此不断地吸纳周边民族的文化。而联姻是吐蕃与其他部落间联系的重要手段之一，通过联姻来增进双方的关系也是吐蕃由来已久的传统。"④ 松赞干布就曾经迎娶了泥婆罗的赤尊公主，唐朝的文成公主，象雄的李特曼公主，党项族的甲莫尊公主。其中尤以和泥婆罗与唐朝的联姻影响为大。事实上，吐蕃对外联姻的作用远远超过其既定的初衷，即对外联姻的附带作用日益凸显。譬如，松赞干布和文成公主的联姻为吐蕃的教育活动注入了强大的新生力量。有学者提出吐蕃子弟留学唐朝的原因为：（1）藏族文化更新与发展的需要是留学唐朝国子监的间接原因；（2）文成公主远嫁吐蕃是吐蕃派遣子弟留学唐朝国子监的直接原因；（3）唐王朝对吐蕃的政策是吐蕃子弟留学得以实现的基础。该学者还探究了这种留学教育最终衰微的原因：（1）唐王朝内部就要不要继续接受吐蕃留学生问题出现了分歧；（2）唐王朝中的一些当权人士支持接受少数民族子弟继续来唐留学；（3）武则天时期唐王朝在接受吐蕃等

---

① 陈炳应：《从敦煌资料看儒学对吐蕃的深刻影响》，载《敦煌研究》2004年第4期。
② 《新唐书》卷216上《吐蕃》。
③ 林冠群：《唐代吐蕃对外联姻之研究》，见《唐研究》第8卷，北京大学出版社2002年版。
④ 才让：《吐蕃史稿》，甘肃人民出版社2007年版，第58页。

少数民族留学生的规模上有所限制；（4）吐蕃子弟留学唐国子监活动的废止。①

图9-3　文成公主塑像

吐蕃王朝与唐朝有过文成公主和金城公主两次联姻。据《新唐书》记载，太宗贞观八年（634年），吐蕃始遣使者入唐，但是，当其首领弄赞得知突厥和吐谷浑都得到唐公主的婚配时，他也特派使者求婚，但太宗不答应。使者回禀弄赞："天子遇我厚，几得公主，会吐谷浑王入朝，遂不许，殆有以间我乎？"② 于是弄赞大怒，联合羊同共同出兵吐谷浑。吐谷浑国小力弱，不能与之相抗衡，于是败退至青海。这次起于唐贞观八年（634年）而结束于唐贞观十五年（641年），迫于吐蕃势力的强大而不得已的首次联姻，以文成公主入藏而告终，文成公主入藏不仅随身携带有各种丝绸、书籍、佛像以及金银等，而且从中原带来一批能工巧匠。这就使得中原文化在吐蕃得到了前所未有的传播。这种中原文化对于吐蕃的影响是全方位的，不仅影响到政治和经济，甚至还影响到吐蕃体育教育的发展。譬如丁玲辉在《唐蕃文化交流对吐蕃体育的影响》一文中着力探究了吐蕃与唐朝文化交流对于吐蕃

图9-4　唐太宗接见藏王使臣噶尔

① 何波：《吐蕃子弟留学唐国子监述论》，载《青海社会科学》1999年第5期。
②《新唐书》卷216《吐蕃》。

体育教育的影响。①

四、寺院教育活动

吐蕃王朝的主要教育形式是寺院教育，这主要受当时大环境的影响，"从公元 7 世纪至 8 世纪 70 年代，西藏佛教还没有藏族的出家僧人，也没有僧伽组织，直至墀松德赞施行'兴佛抑苯'的一系列政策，佛教扎下了根基。墀松德赞支持教长白玛的主张，采取以佛学为内容，杂以苯教的某些形式（即民族形式），建立了喇嘛制度，形成了藏传佛教——喇嘛教。从此藏传佛教逐步成为西藏社会的主要精神支柱，寺院也成为文化教育的中心，从这个意义上说，一座较大的寺院也可作为一所学校。我们研究的藏族的学校教育的源头，应考虑寺院教育之始"②。同时，还需要说明的是，即使在吐蕃统治唐朝的部分地区之后，"也是以寺院教育形式来代替当地原本的官私学教育。张议潮就是在寺院教育的活动下，逐步成为吐蕃统治集团中的一员"③。"从某种角度来看，藏传佛教也垄断了西藏的文化教育。从吐蕃时期开始，西藏教育的最大特点就是寺院教育的高度发达。古代西藏的寺院教育力量与规模远远超过所谓的正规教育和其他形式的教育。"出现此种局面，其中很重要的原因即是："文成公主和金城公主都是虔诚的佛教徒，两位公主的入藏都带来了丰富的佛教文化。她们带来的佛像、佛经等佛教文化同印度、尼泊尔传过来的佛教文化共同作用，使吐蕃人民开始接受佛教文化、信奉佛教，同时也使西藏的寺院教育得到了突破性的发展。"④

寺院教育的师资问题，即寺院教育的师资来源。一般而言，除了吐蕃人以外，还有大量的唐朝知识分子充任了寺院教育的师资。其原因在于："受到统治集团的恩宠，寺院经济飞速发展，待遇优厚，所以有相当一部分唐朝原有官吏因求职无门，纷纷遁入空门，和少部分吐蕃知识分子一道，加入了师资队伍。张议潮父子就是在寺学接受的教育。"⑤ 外来僧人也在一定程度上成为寺院教育

---

① 丁玲辉：《唐蕃文化交流对吐蕃体育的影响》，载《中国藏学》2012 年第 2 期。
② 杨明：《试论吐蕃王朝时期的藏族教育》，载《西南民族学院学报》（哲学社会科学版）1994 年第 1 期。
③ 张延清：《张议潮与吐蕃文化》，载《敦煌研究》2005 年第 3 期。
④ 周莹、张佳茹：《唐朝文教政策对吐蕃教育的影响》，载《西藏大学学报》（社会科学版）2011 年第 4 期。
⑤ 张延清：《张议潮与吐蕃文化》，载《敦煌研究》2005 年第 3 期。

的师资来源，譬如有学者认为："在古代，异地文化的吸收和传播常常把宗教作为一个重要载体来实现。佛教在西藏是一种外来宗教或外来文化，因此外来僧人在吐蕃佛教发展史乃至吐蕃史上占据重要的地位，成为吐蕃时期佛教传播、佛经翻译、佛教本土化的重要力量。"① 公元 7 世纪初，随着唐与吐蕃友好关系的建立，开始了以佛教为主的文化交流。在整个吐蕃王朝时期，途径吐蕃去印度求法的唐朝僧人有十余人，来吐蕃传法译经的唐朝僧人则更多，他们为吐蕃佛教的形成和发展做出了突出贡献。② 因此，当寺院教育成为吐蕃王朝的主要教育形式时，其立志求学之人往往都进入寺院接受教育。

寺院教育的语言与内容问题。根据学者的研究，"吐蕃王朝寺院教育的使用语言是藏汉两种语言，即双语教学"③，其主要的学习内容是基本的文字学习、教义的记诵以及一般意义上的天文历算等。为此，吐蕃派遣子弟"益西杰瓦、藏玉谢、桌聂旦巴和惹拉钦到汉地求学，向汉地教师巴瓦匆匆学《九部续》《三部释经》《密图十五卷》等算学经书"④。吐蕃王朝通过寺院教育培养了大批人才。如张议潮和其父张谦逸，均是在寺院教育下培养的译经人才。

五、王宫教育以及民间的私塾教育活动

吐蕃王朝的教育活动除了上述诸项外，还有在本地所进行的王宫教育或民间的私塾教育。首先是王宫教育，即在王宫实行的教育活动，其教育内容为："由王后、王妃实行家庭教育；僧人为师进行藏文、佛典等教育；吐蕃的名人学者在王宫传授知识；由辅政大臣对年幼的赞普进行辅导。"⑤ 其中，文成公主和金城公主本身就具有一定的中原文化知识，这为王宫教育内容的儒学化提供了必要的基础，尤其是金城公主还曾经遣使向唐朝索取《礼记》《左传》《毛诗》等经典儒学著作。

至于私塾教育，这主要是吐蕃王朝时期民间兴学旨在进行专门技艺性质知识传授的学校，其中尤以藏医学为重。譬如，藏族医圣玉妥·云丹贡布的祖父

---

① 旺多：《外来僧人对吐蕃佛教及佛经翻译方面的贡献》，载《西藏研究》2010 年第 1 期。

② 索南才让：《唐朝佛教对吐蕃佛教的影响》，载《西藏民族学院学报》（哲学社会科学版）2008 年第 5 期。

③ 张延清：《张议潮与吐蕃文化》，载《敦煌研究》2005 年第 3 期。

④ 韩达主编：《中国少数民族教育史》（第二卷），云南教育出版社 1998 年版，第 193 页。

⑤ 杨明：《试论吐蕃王朝时期的藏族教育》，载《西南民族学院学报》（哲学社会科学版）1994年第 1 期。

加尕尔多吉、父亲玉妥·琼布多吉都是吐蕃时期著名的藏医师，他们利用世代父子相传的方法，培养子弟成为藏医人才。同时，他们还开办了藏医学校，更难能可贵的是玉妥·云丹贡布还创办了私人巡回医师学校，其教材为自编的《四部医典》。[1] 鉴于吐蕃王朝时期寺院教育的主流时代背景，宗教教育也就成为私塾教育的内容之一。尽管苯教是土生土长的吐蕃地方宗教，佛教是在松赞干布时期传入吐蕃的，但是吐蕃人对于佛教的热衷不但超过苯教，而且还使得传入的佛教经历了由宫廷到民间的转向。[2]

　　总之，在吐蕃王朝的发展过程中，其与唐朝的政治、经济、文化交流，既在一定程度上促进了传统儒学文化在吐蕃的广泛传播，同时也不可避免地存在着吐蕃文化对于唐朝的影响。如黄兆宏提出："河西地区在吐蕃统治的 80 余年间，除了吐蕃自身在这里较多地接触到中原先进的经济文化之外，更重要的是吐蕃对迁入地的影响，即出现了吐蕃化的现象。这种现象出现的原因主要是吐蕃采取强制政策的结果；同时，在吐蕃入迁河西的过程中留下了大量以藏语言命名的地名。即吐蕃对于所统治地区的'涵化'。"[3] 还有学者专门探究了吐蕃文化对于唐代西北地区的同化作用，即西北诸族军政制度、土地与赋税制度、宗教管理制度、服饰与文字等方面的"吐蕃化"。[4] 因此，通过对隋唐五代时期吐蕃王朝教育活动的历史考察，可以看出，任何民族的教育发展都深受特定历史时期的特定政策之影响，而其中最为重要的影响因素莫过于统治者个人的胸襟与抱负，而松赞干布的远见卓识和四方开放的政策则是促进吐蕃王朝教育发展的内在根源。

第二节　西域的教育活动

　　西域有广义和狭义之分，广义是指甘肃玉门关和阳关以西地区的总称，狭

---

① 韩达主编：《少数民族教育史》（第二卷），云南教育出版社 1998 年版，第 193 页。
② 马俊红：《论吐蕃时期佛教从宫廷到民间的转向》，载《西藏民族学院学报》（哲学社会科学版）2006 年第 5 期。
③ 黄兆宏：《8～9 世纪吐蕃人迁河西及其影响》，载《西藏研究》2008 年第 6 期。
④ 杨铭：《试论唐代西北诸族的"吐蕃化"及其历史影响》，载《民族研究》2010 年第 4 期。

义则是指玉门关和阳关以西至葱岭以东的地区，即现在的新疆地区。如马凡所言："新疆位于我国西部，清朝建省以前，统称西域。"[①] 在隋唐五代时期，西域由于特殊的战略地理位置而成为各方统治者的必争之地，因此其教育活动也就因为统治者不断的更替而出现内容与方式的变化。但总体而言，此阶段的教育活动以宗教教育为主，并且呈现出从佛教的衰微到摩尼教、景教、伊斯兰教以及其他宗教并存直至回教占据主导地位的依次更替的时代特点。为此，本节着重探究西域特殊的战略地理位置对于其教育活动的影响，以及在隋唐五代时期西域各宗教教育活动的变迁过程。

一、西域教育活动的特殊性

隋唐五代时期，西域沟通中西方的特殊战略地理位置不仅使得其在经济贸易和军事战争以及政治统治方面呈现出较多的特殊性，而且还使得其在教育活动方面也呈现出与众不同的特点。

首先，西域战略位置的特殊性是导致其教育活动特殊性的地理学因素。学者洪涤尘在《新疆史地大纲》一书中对新疆的古今概况进行了细致的描述："新疆古为西域地，亦称西域，西人呼之为东土耳其斯坦，盖为有别于中亚细亚之西土耳其斯坦也。"[②] 西域自古就是东西方进行文化交流尤其是经济商业贸易交流的必经之路，因而在政治与军事上备受各方统治阶级的关注。如在隋炀帝时期，裴矩就受炀帝的遣使而着手准备对于西域的经营，为此，先期的基本情况调查就成为经营西域的逻辑前提。而当时西域诸国商人多至甘肃张掖与中原进行贸易往来，于是裴矩利用这些商人遍访西域诸国，从山川、风俗及王公庶人之仪形、服饰等方面进行了精心细致的考察，最终撰写成《西域属记》三卷。[③] 这样一来，就为隋代经营西域的战略打下了坚实的基础。而唐代也在西域龟兹城设立安西都护府，专门治理西域。事实上，在隋唐五代时期，西域之所以一直是突厥与隋唐以及吐蕃等反复进行军事争夺与政治控制的区域，根源于其特殊的地理位置。这种特殊的战略地理位置，使西域教育活动充满了军事和政治

---

① 马凡：《略论新疆》，载《西北通讯》1947年第3期。
② 洪涤尘：《新疆史地大纲》，正中书局1947年版，第13页。
③ 洪涤尘：《新疆史地大纲》，正中书局1947年版，第114页。

的色彩。而这种军事和政治的目的往往通过宗教信仰教育活动而得以实现。故而，在隋唐五代时期，西域的教育活动也就在其独具特色的历史背景中随着各种宗教势力的传入、发展或覆灭而不断地更替着其主要内容。

其次，西域民族的复杂性对于教育活动有着较大的影响。隋唐五代时期，西域特殊的地理位置吸引了东西方各国各民族人民的注意力，于是西域就在交通贸易的有利环境之中成为东西各民族商业交往的必经之路，从而使得一些民族较早地开始了对于西域的经营历程。譬如，"唐懿宗时，回鹘人开始经营西域。回鹘人，即今维吾尔人之祖先也"①。而随着西域在汉代的早期开发，东西方一些民族或个人也或早或晚地迁入西域境地，因此使西域民族具有了一定的复杂性，而这种民族的复杂性对于西域教育活动的进行产生了较大的历史影响。曾经为西北科学考察团成员之一的民国学者黄文弼对此有着深刻的认识，其在新疆考察三年有余，并且在北京大学演讲关于新疆民族的分布问题，其在《新疆民族之分布》一文中提出："自汉通西域，东西交通，日渐繁密，如希腊人、罗马人、波斯人、印度人，或互相贸易，或传播其固有之文化，均集中于新疆，故新疆每经一次之改革，其种族语言文字、宗教必随之而变更，今以考古学上之证据而知其然也。"② 当然，西域的民族中必定有中原人士的不断迁入，甚至有学者认为在魏末至唐初建立的高昌国，其人民大多由中原内地迁入而成，即："一般人皆以为高昌人民，或为本地人，或为西域人，经吾考察结果，乃甘肃口内置人，多为自内地移入者，与一般人所想者完全不同。后唐灭高昌，改置西州，辖高昌、交河、蒲昌、天山地等多县。今吾人可于高昌国内找到许多其时之中文写经及诉讼之案牍，可想见其时汉化之情形。一直至唐末，未经改变。故自汉至唐，吐鲁番完全为中国之势力，中国式政治组织，中国式之生化习俗，成纯汉化之形式，至唐末后乃略有变动。"③ 中原居民的迁入尤其是大量人口的迁入，必定带来中原教育活动方式与教育内容的迁入，这是顺理成章的事情。

与此同时，也有西域人不断地迁入中原内地居住，从而把西域的文化传入中原地区，对中原地区的教育活动产生了一定程度的影响。神尾弋春指出："推

---

① 黄文弼：《吐鲁番之历史与文化》，载《西北学术月刊》1944 年第 4 期。
② 黄文弼：《新疆民族之分布》，载《民间周刊》1931 年第 14 期。
③ 黄文弼：《吐鲁番之历史与文化》，载《西北学术月刊》1944 年第 4 期。

断李唐家族为蕃性之陈寅恪氏，称盛唐一代之诗圣李白为西域人，入蜀始姓李，其诗神超迈，飘然而来，忽然而去，不屑雕章琢句，不劳镂心刻骨，有天马行空，不能羁勒之势，此为赵瓯北评李太白面貌者。……李太白之诗，咏唐代长安市中胡店、胡姬者颇多，以此既可推知其出身，更可想见当时长安市中西域风俗盛行之景况。"① 由此可见，李白对于唐代教育活动中西域内容的增加有着深远影响。

总之，胡乐及其他西域文化在中原的盛行，是塞外民族势力大增的必然结果。也正是由于西域与中原这种密切的联系，其文化教育之间也必定存在着相互联系的印记，正如有的论点所言："在隋唐盛世，中原文明的特征之一是它与周围地区，特别是西域保持着密切的联系。……人们在考察隋唐时期西域的多种文明交流情况时得到的突出印象是，这里受着中原文明的强烈影响，同时又向中原输送来自印度、西亚、中亚的宗教、艺术和某些科学技艺。"②

第三，宗教教育活动在西域民族的诞生和发展之中始终扮演着不可或缺的重要角色。教育活动对于西域民族的诞生和发展的核心作用是不言而喻的。但在隋唐五代时期，西域的教育活动主要表现为明显的宗教教育特点，换句话说，宗教教育是西域教育活动的主要形式。何心石指出："一个民族的产生，不是偶然的，是根据五种因素形成的：一是血统，二是生活，三是语文，四是信仰，五是习俗。其中除血统的前后相继，是基于自然的巧合以外，其余如生活方式的相同，语言文字的一致，宗教信仰的集中，风俗习惯的齐一，则俱赖教育活动的开化作用。因为生活是教育的历程，语文是教育的工具，信仰是教育的动力，俗习是教育的成果。有同一的教育活动，然后有统一的生活语文信仰和习俗，也归有精诚团结统一一体的民族。"③ 宗教教育活动对于西域民族的形成与发展有着巨大而深远影响。如论者所言："由唐至元末明初，在回族的形成中，伊斯兰教起了决定性的作用。"④ 此外，伊斯兰教对于西域其他民族尤其是维吾尔族的形成也有着相当人的促进作用。

---

① 神尾弌春著，温槐三译：《唐代长安文化与契丹文化》，载《西北论衡》1937 年第 6 期。
② 张广达：《论隋唐时期中原与西域文化交流的几个特点》，载《北京大学学报》（哲学社会科学版）1985 年第 4 期。
③ 何心石：《中国民族教育论纲》，载《民族月刊》1944 年第 3 期。
④ 张学强：《西北回族教育史》，甘肃教育出版社 2002 年版，第 36 页。

二、西域宗教教育的变迁过程

隋唐五代时期，西域的宗教信仰教育先后经历了佛教、道教到摩尼教、景教、伊斯兰教并存以及伊斯兰教日渐发展壮大的历史变迁过程。

（一）隋唐之初佛教教育

黄文弼曾经指出维吾尔族宗教史的转变过程，即佛教由印度传入波斯，再由波斯传入新疆，最后由新疆传入中国。最初由魏晋传入时，吐鲁番就信仰佛教。"今日新省南疆及吐鲁番地，佛教遗迹遍地皆是。如高昌交河旧城。交河城中有庙与塔，有佛洞，洞形与敦煌魏洞相似。……故自北魏至唐，为佛教最盛时期，不仅吐鲁番如此，南疆皆然也。自回鹘人入吐鲁番，形式略变，因为其国教摩尼教也顺理成章地随着回鹘人而传入吐鲁番，吐鲁番就成为两教并行的状况。"① 而此时西域尚无伊斯兰教的传播，即如柏南所言："穆罕默德于第七世

图 9-5　龟兹（库车）昭怙厘佛寺废墟

---

① 黄文弼：《吐鲁番之历史与文化》，载《西北学术月刊》1944 年第 4 期。

纪初（唐太宗贞观初），才完成了伊斯兰教的组织形式并建立了阿拉伯帝国。在贞观以前，新疆当然无所谓伊斯兰教，那时，新疆地域土著人民的宗教信仰最普遍的，无疑的只有佛教一种。"①

（二）唐中叶之后摩尼教、景教和波斯拜火教以及伊斯兰教的兴起

唐中叶后，摩尼教、景教和波斯拜火教等其他教派渐渐兴起，日本学者指出："唐代文化之多样性，至宗教已登峰，佛道两教之外，尚有新由西域输入之祆教、摩尼教、景教。祆教为波斯索罗亚斯它教，太宗贞观五年（631 年），由波斯国之穆护可录传入，同年于长安之崇化坊建祆寺，又称波斯寺。"② 而此时佛教却日渐凸显衰微之势以至最后销声敛迹。柏南认为佛教衰落的基本原因有以下两点：（一）民族部落之勃兴与覆灭，对于宗教的兴废，有重大的关系；（二）佛教只起到一个联系沃洲中王室线索的作用，而没有造成沃洲中政治的统一。③ 这样一来，佛教的衰落就给其他宗教的兴起与传播带来了有利的契机。但这些新传入的教派并没有像佛教那样能够普及于广大下层民众，而仅仅只是为一些统治者如王公贵族所信仰，故这些新兴教派从一开始就没有打下进一步深入传播和扩展的社会心理基础。此时，伊斯兰教却已经随着其教士的步伐而传播到了西域。

（三）唐末五代时期伊斯兰教的发展与壮大

伊斯兰教又名回教，是在西域传播的诸多宗教之一。柏南对于伊斯兰教的来源有着详细的解释："伊斯兰教，即通常所称的回教。阿拉伯语谓'伊斯拉穆'，一名天方教，'伊斯拉穆'是顺主而获安的意思；'天方'是指阿拉伯国家的名称，我国唐时译作'大食'，明时译作'天方'。伊斯兰教发源于此，故以其地名而名其教。"至于伊斯兰教为什么又称为回教，柏南的解释是："独回教的'回'字，则颇为费解。此误或许起自《唐书》，因《唐书》无意间将突厥中畏吾儿（或即现在之维吾尔）的一个支派误译为"回纥"，'回''畏'的语音相差不远。其后这一支派皈依伊斯兰教，改称为回鹘，而回纥之名，渐不见用。我们的先贤不详伊斯兰教内部的情形，遂将回鹘的'回'字，作为代表他们所

---

① 柏南：《伊斯兰教在新疆发展之商榷》，载《西北论坛》1948 年第 4 期。

② 神尾式春著，温槐三译：《唐代长安文化与契丹文化》，载《西北论衡》1937 年第 6 期。

③ 柏南：《伊斯兰教在新疆发展之商榷》，载《西北论坛》1948 年第 4 期。

奉宗教的名称。换句话说，回教也即回鹘人的教。后又将回鹘教讹为回回教，盖'鹘''回'两字的语音也有些相似。这是一种可能，也是笔者的判断，因为回教或者回回，这些名称只有我国才使用它。"① 洪涤尘也提出："新疆回民（回鹘人），于唐初尚多信奉景教或祆教（即拜火教），至唐末，回教始盛行于天山南北路，盖回教为一严肃之一神教。宣教方法，恒以武力为利器，遇有异教则常征服之，及大食国兴，即以武力传播其教于四方，渐入于天山南路。唐末，天山南路佛教渐衰，回教遂乘之布满其地。新疆除信奉回教之回族外，蒙古族乃崇奉喇嘛教，汉人、满人所奉宗教则与内地同。"②

三、西域宗教教育活动的基本特点

由于西域地理位置的战略性意义和西域民族的复杂性特征，使得西域的宗教教育活动在隋唐五代时期呈现出以下基本特点：

第一，具有明显的政治文化色彩。

在西域这个特殊的地域，由于各方统治者对于其军事战略要地的考虑，在取得西域的实质控制权之后，不得不进行政治上的改革，而宗教教育恰恰是实施这一改革运动的有效媒介，即如柏南所言"宗教的宣扬与扩展实质上就是政治的战争"。为此，在西域的宗教教育传入和发展的过程之中，哪一个教派的政治改革意义更具有实际的效果，其得到统治者的认可和扶持程度也就最大，而伊斯兰教恰恰在这一点上远高于其他教派一筹。这也是伊斯兰教之所以能够最终成为新疆的主要宗教信仰的内在根源。正如柏南所言，与其他教派相比，伊斯兰教具有鲜明的特点：（1）政治改革运动更为浓厚；（2）是以集团或部落的整体方式而入教；（3）坚定的信仰理念；（4）关注群体的发展；（5）教徒之间的相互关爱。③

第二，西域与中原文化教育相互影响。

隋唐五代时期，西域的宗教教育具有在西域与中原之间往返传播的复杂特点。神尾弋春曾指出："摩尼教亦为索罗亚斯它教之一分派，在武周朝之延载元

---

① 柏南：《伊斯兰教在新疆发展之商榷》，载《西北论坛》1948 年第 4 期。
② 洪涤尘：《新疆史地大纲》，正中书局 1947 年版，第 71—72 页。
③ 柏南：《伊斯兰教在新疆发展之商榷》，载《西北论坛》1948 年第 4 期。

年传入唐。初尚禁向汉人宣道，仅承认西域胡人间信仰此教。安史乱时，传之回鹘，唐室借回鹘之力平定安史之乱，回鹘势力伸张于中原，摩尼教因之遂以回鹘势力为背景，教纲大张，在长安、洛阳、太原之外，长江一带，亦常见有大云光明寺之建立，汉人信之者亦不少。后回鹘内部分裂，势力衰微，并经唐朝之压迫，会昌之初，受致命打击，已难再起。"[①] 这一论述是符合历史事实的。

总之，隋唐五代时期，西域因为特殊的战略位置而使得其教育活动具有一定的特殊性，西域民族的复杂性也对于其教育活动的开展产生较大影响。需要指出的是，在西域民族的教育活动中，宗教教育始终扮演着重要角色，具有明显的政治性和复杂性。

---

① 神尾弌春著，温槐三译：《唐代长安文化与契丹文化》，载《西北论衡》1937 年第 6 期。

第十章
留学教育活动

国际教育交流是人类文化演进的普遍现象。隋唐时期是中国封建社会的又一个鼎盛时期，在政治、经济、文化和教育各方面都十分强大、繁荣和发达，居于世界领先地位。隋唐统治者十分重视加强同外国文化教育的交流，这一时期中外文化教育交流活动极为活跃，对亚洲等国家和地区的文化教育发展做出了重大历史贡献。隋唐时期，外国留学生来华接受教育十分普遍，促进了中国与东亚各国文化教育交流。本章主要论述日本、新罗、越南等国家和地区来华留学教育活动以及中国与外国其他民间文化教育交流活动。

第一节　日本留学生在华留学活动

中日两国是一衣带水的邻邦，两国的文化教育交流可谓源远流长。早在两汉、三国时期两国人民就开始了贸易往来和文化教育交流。当时中国和九州一带交通渐多，便有了直接的交往。据《汉书》记载，公元 57 年日本曾遣使向汉光武帝朝贡，光武帝以金印相赠。从公元 238 年开始，曹魏和北九州的邪马台"倭女王国"便正式联使往来。中国的珍贵锦绣、毛织物和一般生活用品，不断传入北九州。4 世纪中叶，日本和中国的南朝开始正式通聘。不少中国的陶工、画工、鞍匠等，通过百济移居日本，成为日本社会所欢迎的有艺能的"归化人"。隋朝统一后，日本和隋朝的关系更是远远超过了前代。隋唐时期，中日两国教育交流更加频繁，涉及天文历法、文学典籍、书法艺术、宗教信仰等领域。

一、隋朝日本人来华留学活动

隋朝与日本文化教育交流，主要是通过互派使节而实现的。从公元 600 年到公元 614 年，日本曾四次派遣隋使。第一次是在公元 600 年，日本推古天皇八年，隋开皇二十年。《隋书·东夷传》云："开皇二十年，倭王姓阿每，字多利思比孤，号阿辈鸡弥，遣使诣阙。"第二次是在公元 607 年，日本推古天皇十五年，《隋书·东夷传》云："大业三年，其王多利思比孤遣使朝贡。"《日本书纪·推古天皇纪》亦云："十五年秋七月戊申之朔庚戌，遣大使小野妹子于大隋，以安作福利为通事。"第三次是在公元 608 年，日本朝廷又再次派小野妹子出使隋朝。第四次是在公元 614 年，日本推古天皇二十二年，隋大业十年。隋朝也曾派遣日使。公元 608 年，隋曾派裴世清等十三人赴日答礼，受到日本朝廷隆重的迎接。三月初抵筑紫（即北九州）时，圣德太子遣难波（即大坂）吉士雄成赴筑紫迎接，又命在难波高丽馆之上方建造迎宾馆。六月十五日隋使一行抵难波，即日由大船三十艘迎入宾馆。于八月三日入日都时举行了隆重的迎接仪式。《隋书·东夷传》载云："倭王遣小德阿辈台，从数百人，设仪仗，鸣鼓角来迎。"同年九月十一日，当裴世清等自难波启程回国之际，日皇又遣小野妹子为大使，吉士雄成为小使，安作福利为通事，同行赴隋。日皇还派留学生四人，学问僧四人，随行。

日本遣隋使的目的何在？第二次日本来华的遣隋使小野妹子说："闻海西菩萨天子重兴佛法，故遣朝拜，兼沙门数十人来学佛法。"由此可见，日本的遣隋使，其中也有来华的不少留学生的目的之一就是学习中国的佛法。① 文帝于开皇十三年（593 年），虔诚地在三宝之前忏悔北周废佛之罪。小野妹子之前所说的"闻海西菩萨天子重兴佛法"，表明了日本执政者已经十分了解当时中国的情况。正是在这一基础之上，才带了数十名僧侣去学习复兴的隋朝佛法。这支队伍同后来的遣唐使的情况相比，人数众多。在遣隋使的目的中，多半为掌握佛法，但非唯一目的。在《隋书·倭国传》中，倭王迎接抵达都城的隋使裴世清的欢迎词中写道："冀闻大国惟新之化。"当时隋朝已经统一了南北，建立了统一全中国的中央集权体制。从倭王的话中可以体察到要积极吸取隋唐新鲜的文化制度的意图。在第三次遣隋使中，包括南渊请安等留学僧，同时还包括高向玄理等留学生，正如高向玄理和僧旻作为国博士而十分活跃所表明的那样，这些学问僧和留学生，在日本大化革新中发挥了重要作用。

日本遣隋使所带去的学问僧、学生大多属于归化人。第三次遣隋使所带的 8 名学问僧、学生，其姓氏全都清楚记载。从《日本书纪》推古纪来看，学生是"倭汉直福因、奈罗译语惠明、高向汉人玄理、新汉人大国"4 人，学问僧是"新汉人日文、南渊汉人请安、志贺汉人惠隐、新汉人广齐"4 人。② 也就是说，全部都是汉人或新汉人。这大概是由于他们擅长理解中国文化，特别是理解汉语的缘故。他们的逗留时间比后来遣唐使时代的留学生要长得多。在上述 8 人中，已记录回国年代的有 6 人，回国最早的（倭汉直福因、新汉人广齐）是在推古天皇三十一年（623 年），在中国留学的时间为 15 年。新汉人日文是在舒明天皇四年（632 年）回国的，留学 25 年。志贺汉人惠隐留学 31 年，回国最晚的是高向汉人玄理和南渊汉人请安，这两人是在舒明天皇十二年（640 年）同新罗等使节一道回国的，他们的逗留期长达 32 年。

遣隋使时代，日本社会尚处于由奴隶制逐渐向封建制转变时期。日本的文化水平较低，教育不发达。圣德太子摄政以后，锐意改革政治制度，企图废除

---

① 藤家礼之助：《日中交流二千年》，北京大学出版社 1982 年版，第 81 页。
② 藤家礼之助：《日中交流二千年》，北京大学出版社 1982 年版，第 82 页。

氏族制度，建立以皇室为中心的中央集权制国家。他笃信佛教，同时尊重儒学。他不仅本人力求弄通儒学和佛学的深奥，还运用儒学和佛学治国而派留学生和学问僧到中国学习，从中国输入儒学和佛教。圣德太子所派的留学生和学问僧，有的长期居留在中国，有的回国后传播儒学和佛教。南渊汉人请安是7世纪前半期的学问僧。他于公元608年随隋遣使来中国居住了32年，于公元640年经新罗回日本，成为日本著名的学者和儒学的传播者，受到朝廷的重用和世人的尊敬，中大兄皇子及中臣镰足曾向他学习儒学。有的归国后积极支持和参与大化革新，推动了日本社会政治的改革。有的在教育方面积极兴办私学，致使大化革新前后，日本的私学有了很大的发展。如果说过去日本吸收中国的文化要经过朝鲜，自圣德太子摄政以后，便开始直接吸收和引进中国的文化。圣德太子派留学生和学问僧到中国，研究隋朝先进的政治、经济和文化教育，为日本的政治改革和文化教育事业的发展做了思想准备和人员储备。他在中日文化教育交流方面的功绩是很大的。

二、唐朝日本人来华留学活动

唐朝时期，中日教育交流活动更为频繁，文化联系更加密切。唐初中日两国往来次数尚不多；唐末由于国内局势动乱，中日两国的交往一度中断。中日两国文化教育交流的全盛时期，是在唐朝鼎盛时期（702—760年），也是日本奈良时代。中国形成完备的典章制度以及繁盛的经学、史学、天文学、历学、数学、阴阳学等学术思想，为日本当权新贵所欣慕，大规模引入唐代先进文化教育。

图 10-1 日本妹尾达彦所绘唐长安西市图

（一）来华留学概览

唐朝时期，由于客观条件限制，日本来华留学人员随遣唐使而来。在唐朝与日本的教育交流中，主要的媒介便是遣唐使、留学生和入唐求法僧。623 年，日本推古天皇采纳由唐归国留学生和学问僧惠齐、医惠日、直福因等人的建议，与唐修好。630 年，派出以药师惠日为首的第一次遣唐使。唐代日本共派遣唐使十九次，其中有三次虽然派定出使者，但并未出发。另一次虽然出发，但到朝鲜即回。因此，实际到达中国的遣唐使只有十五次。其中三次负有特殊使命，准备仓促，人数少，出使名称也有别。669 年，以河内鲸为首的第七次遣唐使是一次以恢复两国关系为宗旨的外交活动。759 年，以高元度为首的第十二次遣唐使，日本史上称为"迎入唐大使使"，是迎回在归国途中遇难而又重回中国的前任遣唐大使藤原清河。此次只派一艘船，共载 99 人，规模很小。779 年，布势清直等人组成的第十六次遣唐使，日本称为"送唐客使"，是伴送唐室派去使人孙兴进等回国。经日本学者考证，已查到遣唐使名字共约一百二三十人。木宫泰彦在《日中文化交流史》等书中，曾作表列举姓名，共得 149 人，但其中 10 人，可能仅到达新罗留学以及虽已列入唐留学名单但实未出发。

日本派出的遣唐使，每次人员最多者达五六百人，最少亦有二百余人。所派遣唐使不仅经常带领许多留学生和学问僧，而且带有医师、画师和各种艺师、工匠等，全面学习中国的儒学、佛学、哲学、文学、医学、天文历学、音乐、舞蹈、绘画、建筑、手工业技术和政治法律制度等。遣唐使是文化使节，其主要使命在于文化活动，驻唐时间一般不超过一二年。因此，日皇廷对大使、副使、判官、录事等领导层的权衡遴选极为慎重，以人才为重点，兼顾仪容、风采、言行、态度；要求出使者须是爱好学问、潜心研究的硕学俊彦，以期短期内能学得唐朝先进的学术与制度，提高学识，开阔眼界，利用他们出身名门和在朝的显贵地位，回国后推动社会政治和文化教育改革。

唐朝对日本来中国的使节，不仅热情接待，尽量满足他们所提出的要求，而且为其学习与工作提供方便条件。凡遣唐使节抵长安，照例由唐天子亲自接见。如武后长安三年（703 年），武则天亲自在麟德殿设宴招待日本来使。① 唐睿宗景云二年（711 年），"十月丁卯，日本国遣使朝贡。戊辰敕：'日本国远在

---

① 《旧唐书》卷 199《日本国传》

海外，遣使来朝，即涉沧波，兼献邦物，其使真人莫问等，宜以今月十六日于中书宴集。'乙酉鸿胪寺奏：'日本国使请竭孔子庙堂，礼拜寺观。'从之"①。唐玄宗开元五年（717年），日本使者来朝。"因请儒士授经"，唐玄宗使四门助教赵玄默到使者寓邸鸿胪传授儒经。② 又如第十一次遣唐大使藤原清河，获准综览经、史、子、集四库存书八万九千卷，并获准进入内存"九经三史"的三教殿，任其参观。遣唐使拜求名师，虚心学习中国文化。

随遣唐使入唐留学者，依其不同的研究目的可分为两类：从事学问、技术、艺能的研究者称为"留学生"；从事佛教研究者称为"学问僧"。根据《续日本后纪》等书记载，留学生又可分为学问生和请益生；留学僧又可分为学问僧和请益僧。学问生和学问僧是长期留学、志在深造的。请益生和请益僧是入唐前在某个专门领域内已有一定程度的研究和造诣，各成专家并有相当地位，不过在各自专领域内还有某些特殊问题，有待进一步研修的生与僧。唐朝为日本留学生提供生活上的各种照顾，在学期间，衣食住均予免费。如对日本文武朝的学问僧荣睿、普照、玄朗、玄法等，唐朝每年发给绢二十五匹及四季衣服。对于仁明朝的学问僧圆载，特发给五年的粮食。

2004年4月，西安发现日本遣唐使"井真成"的墓志一合，题为"赠尚衣奉御井公墓志文并序"，一百七十一字碑文。据学者考证，井真成是第十次遣唐使成员，开元二十一年（733年）四月出发来华，开元二十二年正月卒于西安官邸。③ 这是迄今为止中国发现的唯一有关遣唐使的实物资料，对研究古代中日文化交流历史具有重要的学术价值。

"遣唐使团居留时间短暂，一般只有一年左右，不及留学生和学问僧往往一住数年，少则几年，多则二三十年，甚至老死客地，魂留唐土。所以，大凡汉文化的移植，尤其书法艺术的吸收或东渡，则全凭借着留学生和学问僧的努力"④。由于这些学生在中国留学时间久，具有旺盛的求知欲和勤奋的学习

图 10-2　井真成墓志

---

① 《册府元龟》卷 974《褒异》。
② 《旧唐书》卷 199《日本国传》。
③ 荣新江：《丝绸之路与东西文化交流》，北京大学出版社 2015 年版，第 141—149 页。
④ 朱关田：《中国书法史·隋唐卷》，江苏教育出版社 1999 年版，第 268 页。

精神，因而对中国文化教育的理解和掌握比较深，回国后在传播中国的文化教育上发挥了重大作用。

（二）留学生代表人物

图 10-3　阿倍仲麻吕

在日本留学生中，最著名者是阿倍仲麻吕（698—770），后改名晁衡，在中国居住约五十四年。他出身不详，一般认为他是官至中务大辅、位至正五位的阿部船守之子。他十九岁被举为遣唐留学生，随多治比县守为首的第七次遣唐使来华。同行留学生有僧玄昉、吉备真备和大和长冈等人。

唐玄宗开元五年（717 年）九月，阿倍仲麻吕到达长安，入读太学。后参加科举考试，跨入仕途。三十多年间，历任左补阙，秘书监等官职。他交游甚广，与大诗人王维、李白等均有交往。天宝十二年（753 年），五十六岁的阿倍仲麻吕，思乡心切，乃随藤原清河带领的遣唐使归国。据说他曾吟诗一首："回首望长天，长天月儿圆。春日三笠山，明月出山前！"

离别前，中国友人纷纷作诗相送。王维《送秘书晁监还日本国》写道："积水不可极，安知沧海东。九州何处远，万里若乘空。向国唯看日，归帆但信风。鳌身映天黑，鱼眼射波红。乡树扶桑外，主人孤岛中。别离方异域，音信若为通。"[1]

回国途中，阿倍仲麻吕船队遭遇暴风雨，李白以为其遇难，十分哀痛，作诗《哭晁卿衡》："日本晁卿辞帝都，征帆一片绕蓬壶。明月不归沉碧海，白云愁色满苍梧。"[2]

两年后，天宝十四年（755 年）六月，阿倍仲麻吕和同样幸免于海难的藤原清河返回长安。十一月，安史之乱爆发，他随玄宗逃离都城。后升左散骑常侍，任镇南都护，兼安南节度使。大历五年（770 年）正月，逝于长安。

另一位日本著名留学生吉备真备（695—775），在唐留学十九年。"留学授

---

[1]《全唐诗》卷 127。
[2]《全唐诗》卷 184。

业，研览经史，赅涉众艺。"① 他研习唐代经史典籍、法律、教育、天文历法、礼仪制度等，将中国许多典籍带回日本，包括武则天时的《乐书要录》一书。吉备真备仿照隋唐时期流行的《颜氏家训》，撰写一本家训性质的书籍——《私教类聚》。作为家教书籍，该书"尊儒学重佛法，强调忠孝、修身和务实"②，推动了儒家思想在日本民间的广泛传播。

图 10-4　吉备真备

随日本使团来华的还有研习佛法的学问僧，其著名者有圆仁、圆珍、圆载。794 年，圆仁生于下野国都贺郡。长大后入比睿山延历寺，为最澄弟子，非常勤学。838 年 7 月，他作为请益僧随同以藤原常嗣为大使的第十二次遣唐使来华。最初目的，是想登浙江台州天台山，但未能如愿。他决计转向西北圣地五台山，克服种种困难，赴五台山巡礼，转而赴长安。但出乎意料，卷入会昌废佛事件，圆仁被强制驱逐，历经困苦，于 847 年归国，后成为日本第三代天台座主。

在第十二次遣唐留学僧中，圆载成为唯一获准巡礼天台山的人。圆载也是最澄弟子。在遣唐使一行归国后，他继续留在中国。据说圆载当时已娶妻生子。经过二十多年，才决心回国。877 年，搭乘唐商李延孝的船只回国，途中遇难溺亡。他在唐四十年，死时七十岁。

圆珍于 853 年搭乘唐朝商船入唐。在天台山国清寺与前辈圆载偶然相遇。圆珍因在异国碰到前辈僧人，高兴得流下了眼泪，但满脸漆黑的圆载却板着面孔，一笑也不笑。圆珍觉得奇怪，一询问，圆载说他在中国多年已把日语忘记了。于是圆珍拿出从日本带去的授圆载为传法大师的敕牒。这一来圆载高兴不已，赶忙用日语滔滔不绝地谈起来，而且再三打听圆珍带来了多少金子，有关学问的问答，则程度极低。圆珍写道："自天台山初次相见之日，迄至长安，尚有无理之事，无需具记。"③

日本留学僧在唐期间，一方面研习佛法，大量收集有关的文献典籍，使得

① 《续日本记》"宝龟六年十月二日"条，《新古典文学大系》，东京平凡社 1992 年版，第 56 页。
② 刘明翰：《论吉备真备》，载《文史哲》1997 年第 1 期。
③ 藤加礼之助：《日中交流二千年》，北京大学出版社 1982 年版，第 105 页。

众多文献书籍东传日本。与吉备真备同时归国的日僧玄昉，一人即带回经论1076部，合计5048卷。有"入唐八大家"美誉的学问僧最澄（767—822）、空海（774—835）回国时，分别带回经疏230部455卷、216部461卷。① 另一方面，与文人、僧侣广泛结交，切磋文艺、书法。拿书法艺术而言，学问僧空海自幼学习书法，入唐之后，在长安师从擅长八分书（隶书）的韩方明学习，汲取诸家草书之长，被称为"草圣"。据说他能用口及左右手足各挟一支笔，同时书写五行字，由此获得了"五笔和尚"的美称。还传说，空海出外游历，某日至河畔，见牧童在水面上书一"龙"字上缺一点，空海随手补上一点，"龙"字摇身变成一条真龙，腾空而起，直上九霄。② 其书法才能受到了唐士大夫的称赞，如朱千乘在《送日本国三藏空海上人朝宗我唐兼贡方物而归海东诗》中称赞道："威仪易旧体，文字冠儒宗。留学幽微旨，云关护法崇。"橘逸势（？—842）师从柳宗元学习书法，擅长楷书，行、草、隶、篆无所不能。沈曾植《海日楼札丛》卷八《日本书法》引《杂家言》："橘逸势传笔法于柳宗元，唐人呼为橘秀才。"

三、中国对日本文化教育的影响

由于来华留学及民间文化交流，中国儒学、佛教和文字、书法、乐舞大量传入日本。盛唐时期，日本广泛学习、吸收中国先进的典章制度、儒学、汉字、佛教以及自然科学技术等。在借鉴中不断发展。中国文化的大规模输入，极大地促进了日本政治、经济制度改革和文化教育发展。

在政治思想和教育方面，日本深受儒学文化影响。日本"大化革新"，全面吸收、引进唐朝政治法令、宗教、文化艺术以及生活方式。从这场改革过程看，其缘起就是大兄皇子、中臣镰足受南渊请安"周礼之教"的影响。新政权的施政、律令的制定等，都是在儒学强烈影响下进行的。文武天皇大宝元年（701年），仿照唐朝法律制度，制定《大宝律令》，这是一部综合性的国家法律。与《宪法十七条》的儒佛参半相比，"大化革新"中的重要文件已很少提到佛。这说明，改革的推动者更自觉使用儒学思想作为理论武器。

史籍显示，奈良王朝的诸天皇，大多对中国的儒学经典有较深的研究。淳仁天皇对中国古典经史及本国史籍都有所批阅。他的治政思想是"德惟善政，

① 池步洲：《日本遣唐使简史》，上海社会科学院出版社1983年版，第100—101页。
② 高文汉、李秀英：《论日僧空海对中日文化交流的贡献》，载《文史哲》1999年第2期。

政在养民"（《尚书·大禹漠》）。为了实现善政，他首先调查各地官吏政绩，并加以整顿。他明确宣布自己的用人标准，那些在家无孝、在国无忠、见利忘耻、施政不仁者，若屡教不改，则贬官归乡。他说，凡有上述恶劣行为的官吏，即使有"周公之才，朕不足观之"（《论语·泰伯第八》）。笃信佛教的孝谦天皇，也是一位经常研习儒家经典的人，她自己说过："朕览周礼，将相殊道，政有文武，理亦宜然。"她还以"治民安国必以孝理"[①] 为由，令全国百姓家藏《孝经》一本，若有孝行出众者，便给予奖励表扬，凡不孝、不恭、不友、不顺者，则流放东北荒凉地区。[②]

为了推动儒学传播，培养治国人才，日本仿照唐朝教育制度建立贵族学校。"大化革新"伊始，朝廷就起用留学中国多年的高向玄理和僧旻，任命为国博士。671 年，中大兄皇子即位为天智皇后，始设官办学校，任命百济归化人鬼室集思为校长。这是日本设立有组织的教育机构——官立学校的开始。其中专列"学令"，规定学校教育制度有关事项。在"职员令""选举令""考课令""医疾令"中，也涉及教育事项。《大宝律令》中有关学制规定，使日本教育制度化、法令化。中央官学由大学寮、典药寮及阴阳寮构成。

京都设有"大学寮"，招收五品以上的贵族、官僚子弟，培养官吏。教学科目以经史为主，包括儒学经典、汉字音韵、书学乃至律学。"大学寮"定员 400人。另有专攻算道的学生 30 人，叫作算生。地方设有"国学"，招收一般小康之家子弟。学生人数多少因地区大小而异。其学科科目有"明经""纪传"两道。"明经"道，习《礼记》《左传》《尚书》《周易》《毛诗》《周礼》《仪礼》，同时定《论语》《孝经》为必修课。"纪传"道，习《史记》《汉书》《后汉书》《晋书》《尔雅》等。这同唐朝国子监、州县官学所学内容如出一辙。

在"大学寮""国学"任教者，多是遣唐使及留唐归国人员。如膳大丘，留学唐朝归国即任教"大学寮"，专门传授儒学。据《扶桑略记》记载，吉备真备回国后，曾在大学寮任教，向四百余名学生教授三史、五经、名刑、算术、汉音、书法等六道。他以《史记》《汉书》《后汉书》三史为教学科目，促进经学教育发展。鉴于遣唐使随带的"译语"（译员）往往不得力，他积极促进大学寮音道的发展。他对三史的研究，并不限于中国史书训诂，还应用于日本国史的撰修。他从中国带回的《唐礼》，对修订日本礼典发挥了重要作用。他还以唐朝

---

① 《续日本纪》卷 20《孝谦纪四》。
② 王金林：《汉唐文化与古代日本文化》，天津人民出版社 1996 年版，第 247 页。

的《大衍历经》为依据，于 763 年废止日本仪风历，改用太衍历。

遣唐使在唐期间，除了与朝廷打交道，完成外交使命外，往往还在闲暇时间，出于个人嗜好，购置诗文书籍。当时，白居易诗文名扬中外，颇受日本、新罗等东亚国家的文人追捧。由日本人编纂，约成书我国唐末五代时的《千载佳句》一书，所收 1083 首诗中有 507 首系白居易的诗，约占总量的一半，而杜甫的诗仅有 6 首，李白的诗只收 3 首，可见白居易诗作广为日本人接受。日本平安时代的学者庆滋保胤在《池亭记》中，叙述其日常生活："饭餐之后，入东阁，开书卷，逢古贤。……唐白乐天为异代之师，以长诗句，归佛法也。"这表明，日本知识界对白居易诗文尊崇备至。白居易自编《白氏文集》，并在《自记》中提及："集有五本。……其日本、新罗诸国及两京人家传写者，不在此记。"这说明作者本人亦知其作品传入日本等国。唐高宗调露元年（679 年）前后，著名学者张鹭的著作东传日本等国。据《旧唐书·张荐传》记载：

> （张鹭）下笔敏速，著述尤多，言颇诙谐。是时天下知名，无贤不肖，皆记诵其文……新罗、日本东夷诸藩，尤重其文，每遣使入朝，必重出金贝以购其文，其才名远播如此。

这些在日本颇受欢迎的诗文典籍，往往会通过遣唐使携带回国，从而促进了以唐诗为代表的汉文化在日本民众间的普及和推广。从日本平安时期流行的《源氏物语》中，可以看出吟诵白居易的诗句是当时上流社会的一种时尚。

> 源公子便命取酒来饯别，共吟白居易"醉悲洒泪春杯里"之诗，左右随从之人，闻之无不垂泪。

> 源氏走到西厅，一面低声吟咏白居易"子城阴处犹残雪"之诗，一面伸手敲格子门。①

在伦理规范方面，自儒学传入后，日本社会道德观念开始发生变化，统治者重视培养民众忠孝仁义观念。759 年，淳仁天皇发布敕令，要求各级官吏以儒家的仁、义、礼、智、信为治民之道，并对其作了明确的阐释：一、不滥杀生，能矜贫苦为仁；二、断诸邪恶，修诸善行为义；三、事上尽忠，抚下有慈为礼；四、遍知庶事，断决是非为智；五、与物不妄，触事智正为信。上文还提到孝谦天皇为了把儒家学说中的"孝"推广到社会的各个阶层，明令全国，每家必藏

---

① 丰子恺译：《源氏物语》，北京人民文学出版社 1983 年版，第 289、688 页。

一本《孝经》。

祭祀孔子的释奠之礼在日本也越来越隆重。701 年开始祭孔。735 年吉备真备自唐归来，效唐制整顿礼节，祭孔规模更大。739 年，唐玄宗奉孔子为"文宣王"，日本在唐的留学生膳大丘回国后，说明孔子的"升迁"之状，日本朝廷便也于 768 年追尊孔子为文宣王。

由于日本统治者的大力提倡，儒学在日本逐渐流行起来，对日本的政治、道德、伦理等方面都产生了很大影响，特别是确立以儒学为基调的律令政治，促进日本中央集权封建国家的巩固和社会文化习俗的变革。

汉字传入日本的确切年代已很难考证，在日本一般人都认为汉字是随着王仁所带汉籍一起传入日本的，《日本书纪》也是这样记载的。本居宣长在《古事记传》中认为，《论语》《千字文》是儒学和汉字在日本普及的启蒙书籍。由于当时日本没有文字，要想理解这些汉籍必须从掌握汉字入手。汉籍开始只在皇室流传。从应神天皇令太子茧道稚郎子随王仁学习儒家经典，尔后的历代天皇对皇室子女的教育都是请大陆学者担任教师，以个人传授的方式讲解汉文典籍。所以汉字首先为日本皇室所掌握。后来随着汉籍的不断输入，汉字在日本上层社会逐渐传开，贵族公卿通过对汉籍的阅读，也掌握了汉字的使用。圣德太子执政时，日本贵族阶级对汉字的理解更加深刻，运用也更加自如，汉字已成为日本的正式书写文字。其时颁布的《十七条宪法》以及给隋文帝的国书，都已是流畅的汉文了。到了唐时，日本继续推行遣隋使的措施，派遣大批遣唐使和留学僧俗来唐朝学习汉文化，引进汉籍和唐朝的典章制度，并仿效唐朝教育制度开办学校教授汉文经典，汉字自然更为普及。

汉字毕竟是一种外来文字，并不能充分表达日本语言的意蕴，而且随着日本汉文创作的广泛深入，这种思维上的不适越发显现出来。于是，日本人便开始利用汉字来书写日本语言，借用汉字来注日本语的音。公元 771 年，日本第一部和文文学集《万叶集》编成，集中每首和歌都采用这种汉字表音方法，其所借以表音的汉字，因之被称为"万叶假名"。"假"为"借"义，"名"为"字"义，"假名"即"借字"，也就是借用汉字以表达日本语言。到了平安时代，在万叶假名的基础上陆续创造出片假名和平假名。借用正楷汉字偏旁为表音文字的叫片假名，借用草体汉字偏旁为表音文字的叫平假名。据传片假名是吉备真备创造的，平假名是空海创作的。事实上，虽然不能否认某些伟大人物的个人作用，但是假名不可能是某个人的发明，它当是日本社会大众在长期实践中积累的结果。当初日本把汉字称作真名，即实在文字的意思，假名是弃掉汉字的意义，只取其音。平假名在平安时代很流行，特别是宫中女子非常喜欢使用平假名，男子和官府的文件仍使用汉字。平安时代后期，汉字中间夹着假名的混合书写法开始流行。假名文字的创造，是日本人民吸收汉文化的一种创造，它使日本文化得以在一个新的基础上发展。

奈良时代，日本人学习书法蔚然成风，不但宗法"二王"，唐朝书法家欧阳询、颜真卿、柳公权、虞世南等的墨迹也受到高度重视。唐代名人书风"不仅有人学它，而且书风移入非常之快，某种书风兴起不过二三十年"，"即已学到手"，这表明当时日本人学习中国学问、吸收中国文化的速度非常之快。吉备真备入唐就向张旭学书法，回国后努力提倡中国书法，是日本"唐风"书法的开始。他又将张旭书法传给菅原古人。菅原氏代代相承，至菅原道真集大成。[①] 平安时代空海、橘逸势、嵯峨天皇并称日本"三笔"，完全学习中国书风，并深得其旨趣，把日本的书法艺术推向了一个高峰。遣唐使停止之后，日本的书法逐渐从"唐风"脱离，形成自己的独立风格。日本也成为中国之外唯一有此艺术的国家。

在科学技术方面，每次遣唐使随行都有玉生、锻生、铸生、细工生等能工巧匠，他们留唐期间积极吸取盛唐时代的工艺技术。日本奈良时代，大量学习、引进中国丝织、漂染、制镜、造纸、建筑等技术，并加以改进。据唐李濬《摭异记》所载，玄宗时官廷书写敕答的用纸，就是用日本所造的黄麻纸。日本广泛吸收中国寺塔和城市建筑、雕塑、壁画等技术，仿照长安城建造的奈良皇都，成为日本著名古建筑之一，保存至今。

需要指出的是，在唐朝对日本文化影响中，民间教育交流也做出了突出贡献。除了日本留学生和留学僧来唐学习中国的文化，唐朝也有不少学者、名僧赴日讲学，传播中国的儒学和佛教，有的还定居日本，其中杰出者为律宗派高僧鉴真（688—763）。

---

① 王治来：《论中亚的突厥化与伊斯兰化》，载《西域研究》1997 年第 4 期。

　　743年，日本学问僧荣睿、普照到扬州邀请鉴真东渡弘法。自749年起，鉴真应邀带领弟子六次启程东渡，十二年间，两次遇险，历尽千辛万苦，双目失明，仍百折不回，终于在754年第六次启程，六十六岁时到达日本，受到日本隆重欢迎和款待。日本朝廷为鉴真建筑了戒坛院，委托他制定授戒制度，在大东寺修建唐禅院学问所，供训练和培养僧侣之用，并委托他经营。在他的设计和指导下，日本朝廷于奈良建造了唐招提寺。

　　鉴真赴日，带去大批经书以及绣像、雕像、王右军真迹和玉环等珍贵的艺术品，为日本佛教文化艺术提供了宝贵的范例和取法的样式。鉴真同时对日本佛经进行校正。《续日本纪·鉴真卒传》载："于时有敕，校正一切经论。往往误字，诸本皆同，莫之能正。和上（尚）谙诵，多下雌黄。"[1] 鉴真到日本后，抄写经书活动的盛行，表明鉴真等人所带来的佛经被频繁使用。[2] 据说，鉴真在日本弘法时，曾遭到日本僧人的抵制。因为日本人出家一向是"自誓受戒"，没有严格的制度和法度。为此，日本的僧侣还和鉴真举行了一场辩

图 10-5　鉴真塑像

论。当双方争论不休之时，鉴真起身，依据佛教经典详尽阐述了"自誓受戒"的不合法性和产生的弊端。人们听后十分敬佩。

　　鉴真精通医学，尤精本草，在日本弘法的同时，也将医学传播到日本。鉴真早年在长安、洛阳游学时，曾随师傅弘景送诊施药，学会了种药、制药、施药，培养了深厚的医药学素养。来到日本后，他积极从事医疗活动，将医术传给日本民众，向求学者们讲授了各种丸、散、膏、丹、酒、露炮制方面的知识。他以鼻嗅辨认日本药物的真伪，为日本医药界鉴定许多中草药，留下一卷《鉴上人秘方》医书，对日本医药学发展做出重要贡献。

---

① 青木和夫等：《续日本纪》第三册，东京岩波书店1992年版，第432页。
② 中村顺昭著，葛继勇译：《鉴真东渡及其影响》，载《唐都学刊》2007年第6期。

鉴真在日本度过十个冬春，接触过成千上万的僧侣、官吏和民众，其孜孜不倦的传教活动不可胜计。跟随鉴真东渡日本的 24 名弟子，都是中国各大名寺的名僧高徒，是盛唐时培养出的学有专长的优秀人才。他们和鉴真一起，合力传播中国文化教育，其中大多数人和鉴真大师一样，对日本文化教育的发展做出重大贡献。

总之，隋唐时期，日本大量吸取、输入中国文化教育内容和典章制度，由此推动本国社会文化的变革与发展。在中日文化教育交流史上，遣唐使的官方交流和中国学者、僧人的民间交流活动，均具有特殊的历史地位，成为文明的使者。日本古代人民的生活，从物质到精神两方面，都因中国文化教育的输入而丰富起来。至今，在日本的语言、文学、宗教、思想、艺术，以致风俗习惯里，依然保存有唐朝文化的影响。历史证明，任何一个国家或民族，只有重视文化教育，并勇于和善于学习和吸收先进的文化教育，为己所用，才能推动本国民族文化教育的发展。

第二节　新罗留学生在华留学活动

新罗是朝鲜半岛的重要国家，与唐王朝关系密切。633 年，新罗王族金春秋曾到唐朝参观国学，回国后实施了"释奠之礼"。651 年，新罗曾设有舍知和奈麻的官职。"五年，置太舍二人，位自舍知至奈麻为之。"① 所谓"太舍"，即是一种国学的官职。此外，据朝鲜史籍《三国史记》《三国遗事》《三国史节要》和《东国通鉴》记载，朝鲜三国时代，曾有一种"花郎道教育"，其教育对象"花郎"，即是当时贵族子弟；教育宗旨是"入则孝于家，出则忠于国"；学习内容是"孝悌忠信""理国之要""五常""六艺"，也包括"处无为之事，行不言之教"的道教和"诸恶莫作，诸善奉行"的佛教等内容。这种"花郎道"教育，显然是吸取并杂糅了中国的儒、道、佛的思想。②

---

① 《三国史记·新罗本纪第五》。
② 毛礼锐、沈灌群主编：《中国教育通史》第二卷，山东教育出版社 2005 年版，第 473 页。

一、唐朝新罗人来华留学活动

在唐代，新罗注重全方位与唐朝发展关系。在儒学、语言文字、天文历法、医学、文学、艺术等领域均有广泛而密切的交流。前来唐朝的新罗人，有遣唐使、留学生、僧侣、商人、水手和农民，可以说包括了新罗社会各阶层。其中，遣唐使、留学生、僧侣是当时新罗与唐王朝文化交流的主要载体。新罗官员来唐虽有外交使命在身，却能够利用来华访问的宝贵机会，积极结交唐朝的知名文士，学习中国文化，极力寻求中国学者的诗文作品。唐代诗人亦有送别新罗使者的诗歌。朝鲜李德懋《青庄馆全书》卷五八"唐人送人之新罗"条记述："唐人送人之新罗诗载于《图书集成·新罗部·艺文》者凡十四人，陶翰、顾况、吉中孚、姚鹄、权德舆、钱起、李益、耿沣、皇甫冉、刘禹锡、张籍、释无可、许琳、李昌符诗各一篇，张籍独有两篇。"中国文人酬赠给新罗使者的诗作，有一部分载于《全唐诗》中。

（一）新罗向唐派出留学生的时间及数量

新罗向唐派遣留学生，始于贞观十四年（640 年）。《三国史记》卷五《新罗本纪第五》记载："（善德王德曼）九年（即贞观十四年）夏五月，王遣子弟于唐，请入国学。"此后，新罗留学生源源不断来到唐朝，绵延以至于五代中叶未曾断绝。新罗学生来华留学不仅跨时长，其人数也甚为可观。自贞观中期至五代中期，三百多年间，新罗先后派遣过 2000 多名留唐学生。[①]

《东史纲目》卷五上载："新罗自事唐以后，常遣王子宿卫，又遣学生入太学习业……又遣他学生入学者，多至百余人。……学生去来者相踵。"《东文选》卷四七《崔致远：遣宿卫学生首领等入朝状》亦提到："况遇开元阐化，大设衢樽，挹彼注此，自近及远……是时簦笈之子，分在两京，憧憧往来，多多益办。"另据《唐会要》卷三六《附学读书》、卷九五《新罗》的相关记载，开成二年（837 年）涉及新罗留学生即多达 216 人，开成五年（840 年）涉及的包括质子在内的留学生亦有 105 人。限于资料，至今确凿可知者有：金云卿、崔利贞、金叔贞、朴季业、金允夫、金立之、朴亮之、金简中、金夷鱼、金可纪、

---

① 耿虎：《新罗、日本遣唐留学比较研究》，载《厦门大学学报》（哲学社会科学版）2010 年第 3 期。

崔致远、李同、崔质、朴仁范、金渥、金装、朴充、金绍游、金茂先、杨颖、崔涣、崔承佑、崔羹、金文蔚、崔彦㧑、金鹄、朴居勿、金峻、朴邕、金仁圭、金颖、金选、金仅、崔元、元杰、王巨仁、金垂训、风训等 38 人，还有不少人在历史上未留下姓名。①

新罗学生赴唐留学众多，原因有多方面：一是由于唐的热情接待。唐当时对外国学生同样实行宾贡科制度，新罗学生亦可参加应试，这是对新罗学生的一种巨大激励。凡及第者唐皆授予官职，即使在唐为吏，回归新罗时也能得到新罗朝廷的重视，获得一官半职。二是由于新罗政府的鼓励支持。新罗政府为积极吸收唐文化，采取各种举措，鼓励学生赴唐求学。特别是 788 年，新罗政府在选拔官吏上也仿照唐朝采用读书出身科，指定中国的《左传》《礼记》等为考试科目，凡应试及第者，选任为官吏。"进士取人，本盛于唐。长庆初，有金云卿者始以新罗宾贡，题名杜师礼榜，由此以至天祐终，凡登宾贡科者五十有八人。"② 这 58 名及第者，有的被唐任命为官吏，在唐为吏几年以后始回新罗；有的则在及第后立即回国。这 58 名及第者中能够查到姓名者有：金云卿、金允夫、金简中、金夷鱼、金可纪、崔致远、李同、朴仁范、金渥、金装、崔承佑、金文蔚、崔彦㧑、朴充等 14 人。③

新罗留学生中，有所成就者，不乏其人。金云卿、金文蔚、崔致远等是其中佼佼者。金云卿曾充任兖州都督府司马，赐绯鱼袋及淄州长史，并曾充任唐朝派往新罗的宣慰副使。金文蔚在唐曾官至工部员外郎，沂王府咨议参军，并曾充任唐朝赴新罗的册命使。

崔致远自幼好学，12 岁时随海舶来唐。874 年，18 岁中进士，调授宣州溧水（今江苏镇江辖区）县尉，后为承务郎侍御史内供奉赐紫金鱼袋。其时，黄巢率农民起义，高骈为诸道行营兵马都统前往镇压，曾招致远为从事，委以书记之任。致远 28 岁时，思归故国，唐僖宗于 885 年命致远持诏书往新罗访问，新罗留为侍读。致远西事唐朝，东归新罗，皆遭乱世。自伤不遇，遂绝仕进之

---

① 杨昭全：《唐与新罗之关系》，见《中朝关系史论文集》，世界知识出版社 1988 年版，第 15—16 页。

②《东文选》卷 84。

③ 杨昭全：《唐与新罗之关系》，见《中朝关系史论文集》，世界知识出版社 1988 年版，第 16 页。

意，逍遥自放，最后携家人隐居伽耶山海印寺以终老。①

崔致远留唐时，与江东诗人罗隐相知。罗隐很有才学，自视颇高，却重视崔致远，并为其作了五首诗。崔致远与同年参加科举考试的顾云友善，将归故国，顾云以诗送别，有句云：

十二乘船渡海来，文章感动中华国。

十八横行战词苑，一箭射破金门策。

崔致远所著诗文集《桂苑笔耕》，著录于《新唐书·艺文志》，在中国艺文界颇受重视。

在唐为官的新罗人，尚有杜牧之作传的武将张保皋、郑年。杜牧赞誉："保皋与汾阳（郭子仪）之贤等耳。"②宋祁在《新唐书·新罗列传》中亦赞曰："嗟呼，不以怨毒相甚，而先国家之忧，晋有祁奚，唐有汾阳、保皋，孰谓夷（新罗）无人哉！"朝鲜《三国史记》中之张保皋、郑年列传，系录用杜牧的撰述。但对张保皋、郑年在新罗晚期政局所起的巨大作用，《三国史记·新罗本纪》的记述则与杜牧所记略有不

图 10-6 崔致远

同。此外，还有梁悦。唐德宗为避军乱，幸奉天（陕西省乾县）时，新罗入唐宿卫学生梁悦，从难有功，被命为右赞善大夫。

新罗深受唐文化影响，儒学文化发达。唐遣使新罗时，对此颇为重视。据《三国史记》上所载"（新罗）孝成王二年（738）春二月，唐玄宗闻圣德王薨，悼惜久之，遣左人赞善大夫邢璹以鸿胪少卿往吊祭。……璹将发，帝制诗序，太子以下百僚咸赋诗以送，帝谓璹曰：'新罗号为君子之国，颇知书记，有类中

① 杨通方：《前秦至后唐时期中国与新罗的双边关系》，见北京大学亚太研究中心朝鲜学丛书编辑委员会编《朝鲜学论文集》第 1 辑，北京大学出版社 1992 年版，第 31—32 页。
②《樊川文集》卷 6。

国。以卿惇儒，故持节往。宜演经义，使知大国儒教之盛。'又以国人善棋，诏率府兵曹参军杨季膺为副。国高奕皆出其下，于是王厚赠寿等金宝药物。"

在书法艺术方面，新罗曾出现金仁问、金生、姚克一、崔致远等书法家，其中金生尤为杰出。金生出身寒微，终生致力于书法，年逾八十，仍临池不休，时称其隶书行草皆入神。宗徽宗崇宁年间（1102—1106 年），高丽王朝学士洪灌随进奉使至宋汴京。宋翰林待诏杨球、李革至宾馆与高丽使臣交流书法。洪灌出示金生行草一卷，杨、李大骇曰："不图今日得见王右军手书。"洪灌曰："非是，此乃新罗时人金生所书也。"杨、李笑曰："天下除右军，焉有妙笔如此哉！"洪灌屡言之，杨、李终不信。① 新罗学人汉文书法水平之高，由此可见一斑。

整个唐代新罗留学生的总数颇多。"自太宗贞观十四年新罗始遣派留学生起至五代中叶，三百年间，新罗所派遣之留唐学生，最保留之估计当有两千人。"② 这在当时各国来华的留学生中，人数居于首位。

（二）新罗入唐留学生的种类、身份

新罗来唐留学生，从派遣性质上看，可分为官费生和自费生；在学习类别上，分为宿卫生和习业生。

官费生即是随使团来唐者。据统计，综唐一代，新罗与唐通使往来多达 150 次以上。如此频繁的通使，其重要目的之一是交涉留学生事宜。除了官费生，新罗留学生中自费生也占了不小的比例。自费生即不是随使团而是自己搭乘便船来唐者。在这方面最有代表性的如崔致远，"年十二从商舶入中原"③。上引《东史纲目》卷五上，在"王子宿卫""学生入太学习业"外，又提到的"他学生入学者"，恐亦是对自费生的说明。再者，唐代开元以后，新罗留学生"憧憧往来，多多益办"，而其背后亦是"由是海人贱姓，泉客微名，或高挂金牌，宁惭附赘，或荣升玉案，实赖余光"。④ 由这些"海人贱姓，泉客微名"的身份来看，与官派入学者还是有着明显的区别，其入唐恐怕也多是自行前往者。宿卫

---

① 杨通方：《前秦至后唐时期中国与新罗的双边关系》，见北京大学亚太研究中心朝鲜学丛书编辑委员会编《朝鲜学论文集》第 1 辑，北京大学出版社 1992 年版，第 32 页。
② 耿虎：《新罗、日本遣唐留学比较研究》，载《厦门大学学报》（哲学社会科学版）2010 年第 3 期。
③ 崔致远：《桂苑笔耕集校注》，中华书局 2007 年版，第 5 页。
④《东文选》卷 47。

生即"赴阙习业，兼充宿卫"的学生，而习业生则是单纯"请留学问"者。①

唐朝与新罗具有宗藩关系。作为唐朝的藩属国，定期向唐派出质子以宿卫唐廷是新罗必尽的一项义务，也是两国宗藩关系的一种具体体现。充质宿卫，以王子或宗室成员最为合适，但后来的新罗入唐宿卫者除了王子或宗室成员外，学生、大小首领也可担当宿卫之职，并且在宿卫的同时，配在国子监习业。由此，史籍（特别是反映唐代后期新罗留学生情况的记载）中就每每多见宿卫学生，而较少提及习业学生，以至于有论者认为"到唐朝后期宿卫竟然成了新罗留学生的代称"②。之所以如此，可能有以下两个方面的原因：

其一，由于新罗赴唐留学者众，政府为了尽可能多地保证这些学生入学，充分利用了两国之间的宗藩关系，凡入唐留学者均以"宿卫"之名，这样既体现出了新罗诚意事唐的姿态，同时唐政府也会更乐于接受。其二，在唐后期，新罗宿卫学生可能主要由官费生来承当，因为既"习业"又"宿卫"两者在官费生身上容易统一，而单纯的习业生则可能主要由自费生来承当，这样作为官方的史籍记载，多关注政府行为，而对单纯习业生的情况往往湮而不提，也是可以理解的。③

新罗入唐留学生既有官派又有自费，其人数自唐至五代中叶最保留之估计当有两千人，"憧憧往来，多多益办"，以至于"国子监内，独有新罗马道"，其入唐留学之盛，远非其他任何一个邻国可比。从身份上来看，新罗留学生中既有王子、宗室成员以及贵族子弟，更包括大量的平民子弟，所谓"海人贱姓，泉客微名"，充分反映出新罗社会对唐文化的倾慕之诚及广泛的参与性。

从汲取内容来看，新罗学生对唐文化不仅多有学习，而且对唐制度也多有体验。儒家经术是唐文化的重要组成部分，也是新罗留学生学习的主要内容，而通过学习，考取宾贡进士，进而在唐为官，这既体现出新罗学生在文化学习上的成功，也为他们参与唐朝社会，亲身体验各项制度的运作搭建了重要平台。由学校而社会，由书本知识而政治实践，应当说这样的文化汲取是全面而深入

---

① 耿虎：《新罗、日本遣唐留学比较研究》，载《厦门大学学报》（哲学社会科学版）2010年第3期。
② 姜清波：《新罗对唐纳质宿卫述论》，载《中国边疆史地研究》2004年第1期。
③ 耿虎：《新罗、日本遣唐留学比较研究》，载《厦门大学学报》（哲学社会科学版）2010年第3期。

的。① 至于配在国子监习业的宿卫质子及学生，以其特殊身份，更是兼具"攻研诗书"与"见习朝章"两方面之效，其对文化、制度等的学习观摩，亦是单纯留学者所不能比的。故此而言，认为"中国文化之四播，以朝鲜半岛所感受者为最深。……而接受华化之彻底，倾慕华风之热忱，尤以新罗为最"②，的确有其道理。

二、中国对新罗文化教育的影响

(一) 新罗留学生促进了中国与新罗的文化交流③

首先，新罗众多留学生来唐求学，应试及第入仕，以及僧侣、商人在唐定居，使两国人民得以广泛接触，加深了解。

新罗来华留学生通过科举考试，广交中国士人，情谊笃厚。在这方面，崔致远最为突出。崔致远在唐为官多年，结交众多文士，较著名者有张乔、顾云、裴铏、罗隐、吴峦、郑畋、杨瞻等。他们相互酬唱和诗，创作不少高水平的诗文。如：崔致远作有《陈情上太尉》《归燕吟献太尉》《酬杨瞻秀才送别》《留别女道士》《酬进士杨瞻送别》《楚州张尚书水郭相迎因以诗谢》《酬吴峦秀才惜别二绝句》《和友人除夜见寄》《和金员外赠峨山清上人》等多首诗歌，流传于世。④ 当吴峦远行时，崔致远赠诗惜别；而崔致远回新罗之际，其挚友顾云也赠诗，盛赞崔氏才华。

其他新罗留学生也与唐朝士人交往甚密。如朴仁范与文人张峻，朴充与诗人张乔，金可纪与章孝标，崔承佑与晚唐诗人曹松等。唐文人杜苟鹤、贯休、张蠙、裴说等亦与新罗留学生及第者有交往，彼此都有唱和、送别的诗篇，如张乔的《送朴充侍御归海东》、章孝标的《送金可纪归新罗》等。

来华求法的新罗僧侣，也与唐朝僧侣、文人广泛接触，留下诸多佳话。如大诗人李白漫游九华山，与新罗僧侣地藏相遇，两人挥拂相笑，交谈于方丈之中。也有人说，李白写的《地藏菩萨赞》，就是在地藏死后，李白赠给他的悼

① 耿虎：《新罗、日本遣唐留学比较研究》，载《厦门大学学报》（哲学社会科学版）2010 年第 3 期。
② 张曼涛：《日韩佛教研究》，大乘文化出版社 1978 年版，第 102 页。
③ 杨昭全：《唐与新罗之关系》，见《中朝关系史论文集》，世界知识出版社 1988 年版，第 19—21 页。
④ 崔致远：《桂苑笔耕集》卷 20，商务印书馆 1919 年版。

词。其中"赖假普慈力，能救无边苦"诗句，是对地藏誓愿的赞颂。新罗僧侣义相与唐朝僧人贤首，唐朝法照与新罗无著，唐诗人张乔与新罗僧侣雅觉、头陀僧，新罗僧侣弘惠山人与晚唐大家陆龟蒙、皮日休，唐诗人张籍、贯休、马戴与朴山人等，交游甚密。当新罗僧人回国时，彼此作诗相赠。《全唐诗》中就收有唐朝僧人法照、诗人张乔送雅觉，皮日休、陆龟蒙送张惠山人，张籍、贯休送新罗僧侣的诗多首。新罗僧侣义相 661 年来华，与唐朝僧人贤首师从名僧智严三藏学习华严经。671 年，义相学成回国，与贤首洒泪而别。义相后成为朝鲜华严经的开山祖师，贤首亦为唐朝华严经的高僧。两人虽分别多年，但友情不减。贤首的弟子胜诊学成归国时，带去贤首致义相的亲笔信，畅叙别后二十余年思念之情："一从分别二十余年，倾望之诚，岂离心首。加以烟云万里，海陆千重，限此一生，不复再面，抱恨怀恋，夫何可言！"[①]

其次，新罗学人来华留学，促进了两国文化交往和社会经济的发展。

唐代是中外文化交流的极盛时代，也是中朝文化交流的极盛时代。唐文化传到新罗后，新罗便依据其本身发展的需要和自己的文化传统，加以吸收发扬，使本国文化获得助益，加速发展。唐朝与新罗的文化交流，对新罗产生的影响相当重要而又极其深远。新罗吸收了先进的唐文化，对于促进朝鲜的政治、经济、文化等方面的发展起了重大的作用，从而使新罗文化丰富多彩，辉煌灿烂，成为朝鲜历史上文化发展的重要时期之一，而新罗也是朝鲜历史上国势强大的封建王朝之一。在吸收唐文化方面，新罗来华留学生和学问僧起了重大作用。

（二）隋唐时期中国对新罗文化教育的影响[②]

新罗通过留学生、学问僧吸收先进的唐文化，建立和完备本国政治经济制度，极大地促进了新罗文化教育、科学技术、文学艺术发展。

在学校教育方面，新罗深受唐朝影响，建立官学教育制度。新罗王朝崇尚儒家思想，推崇经学。640 年，新罗"遣子弟入唐，请入国学"。647 年，新罗派使节金春秋赴唐朝国学参访和听课。682 年，新罗仿唐在首都庆州设立国学，设

---

① 杨昭全：《唐与新罗之关系》，见《中朝关系史论文集》，世界知识出版社 1988 年版，第 21 页。

② 本节参考杨昭全：《唐与新罗之关系》，见《中朝关系史论文集》，世界知识出版社 1988 年版，第 25—38 页。

博士助教、大舍，招收贵族子弟入学，讲授儒家五经、三史。747 年，改为太学监，以《论语》《孝经》为五经、三史必修课，《周易》《尚书》《毛诗》《礼记》《春秋》《左氏传》《文选》为选修课。学生年龄为 15 岁至 30 岁，修业期限为 9 年。788 年，仿唐实行科举制度，设立读书出身科，以五经、三史为考试内容，根据学生的结业成绩，分为上、中、下三等，录用为各品官吏。史载："春，始定读书三品以出身，读《春秋》《左氏传》，若《礼记》，若《文选》，而能通其义，兼明《论语》《孝经》者为上；读《曲礼》《论语》《孝经》者为中；读《曲礼》《孝经》者为下。若博通五经、三史、诸子百家者，超擢用之。前祗以弓箭选人，至是改之"①。新罗将此前由武功强弱选拔官吏的制度，改为以博通儒学文化的深浅选拔官吏，从而极大地促进了新罗儒学教育的发展。

在农业知识与生产技术方面，新罗广泛吸收唐文化，其中最为引人注目的就是引入茶种。在新罗善德王时期（632—647 年），就开始引入茶树种植，"茶自善德王有之"。828 年，新罗金大廉回国时，又从唐带回茶种，新罗国王令种在地理山。此后，茶叶种植逐渐推广。

中国天文学知识很早就传入朝鲜半岛。新罗曾多次派人来唐留学学习历法，并采用唐的历法。公元 647 年，新罗派德福来唐学习唐天文学家李淳风发明创造的麟德历回国。是年，新罗遂改用麟德历。新罗派来留学生中，金严学习历法，成绩优异，他回国后任为司天大博士。692 年，新罗留学僧道证自唐带回天文图。在首都庆州建成观测天象的瞻星台，后来又制造了观测仪器和漏刻器。718 年，新罗仿唐设置漏刻博士。749 年，置天文博士 1 人，漏刻博士 6 人。这些举措促进了新罗天文事业的发展。新罗宪德王时（810—826 年），改用唐穆宗时创造的宣明历，一直沿用至高丽朝。史称："高丽不别治历，承用唐宣明历，自长庆壬寅距太祖开国殆逾百年。"②

在医学方面，中国医学也是很早就传入朝鲜半岛。692 年，新罗仿唐设医学博士，并讲授中国医书《素问》《本草》《难经》《针经》《脉经》《明堂经》。703 年，新罗遣金思让以使节的身份赴唐，学习求文，购买书籍。翌年归国，将从

---

① 《三国史记》卷 10，《新罗本纪》卷 10。
② 杨昭全：《唐与新罗之关系》，见《中朝关系史论文集》，世界知识出版社 1988 年版，第 33 页。

唐带回的阐述印度医学知识的《金光明最胜王经》献给国王，促进了新罗医学的发展。

为了吸收唐朝先进文化，新罗除了派遣学生赴唐留学并购进汉文书籍外，还学习唐朝的印刷技术，刊印各种书籍。1966 年 10 月，在朝鲜庆州佛国寺释迎塔中发现的汉译本佛经《无垢净光大陀罗尼经》，就是在褚纸上采用雕版印刷的。朝鲜史学界认为，这部佛经约在 704 年至 751 年间印刷，印刷佛经的褚纸约在 8 世纪初至 8 世纪中叶所制。这既证实了唐代造纸和印刷技术已有高度发展，也证明了新罗吸取唐造纸和印刷技术所取得的重大成就。

717 年，新罗仿唐于国学内置算博士。747 年，设"算学博士若助教一人"，为国学学生教授"缀术、三开、九章、六章".[1]《缀术》为祖冲之所撰，《九章》即东汉末的《九章算术》，可见当时新罗教授的内容都是唐朝流行的数学书籍。新罗的寺院建筑、寺塔和佛像金石，都能看出六朝的遗风和隋唐的形体。新罗首都庆州有许多古墓，在墓中发现的遗物，如服饰、武器、马具和各种器皿等工艺品都与唐式大体相似。

新罗统一朝鲜半岛前，就非常重视汉文；统一半岛后，更为积极学习唐代文学。众多赴唐留学生返回新罗，极大促进了汉文学在新罗的发展，取得辉煌成就。

新罗文学也是以散文与诗歌为主体。散文成就最卓著者为赴唐归国的留学生强首和金大问。强首是新罗前期的著名汉文大家。新罗在统一三国以前经常派遣使节赴唐，请求唐在政治上给予支持、军事上援助，以促其完成统一三国的大业。那时新罗使节呈唐朝的国书多出自于强首之手。所以新罗文武王极其称赞强首的文笔对争取唐的支持完成三国统一大业中所起的作用。金大问赴唐求学回国后，用汉文创有《花郎世记》《汉山记》《乐本》《高僧传》等，是朝鲜文学史上有名的汉文散文大家。新罗的汉文诗成就卓著者为崔致远。他一生著作甚丰，著有今体赋 501 首、五言七言今体诗 100 首、杂诗赋 30 首，《桂苑笔耕集》20 卷。公元 885 年，崔致远回国后，不但受到新罗朝廷的重视，被任命为重要官吏，而且深得新罗文人的推崇。他努力写诗著文，成为朝鲜汉文学的开山祖。朝鲜学者成砚说："我国文章始发于崔致远。致远入唐登第，文名大振。

---

[1]《新罗本纪》卷 9。

至今配享文庙。"① 在崔致远的推动与影响下，新罗的汉文诗和汉文学取得重大成就，在朝鲜文学史上占有极其重要的地位。

第三节　中国与其他国家文化教育交流活动

隋唐时期，政治、经济、文化教育处于鼎盛时代，形成以汉字为载体、儒学为主体的中华文化圈，对亚洲国家和地区产生深远历史影响。除了日本和新罗之外，还有南亚、东南亚的学生来华留学。中国和西亚、欧非各国交往也具有悠久历史。

一、与其他国家和地区教育交流概况②

隋炀帝大业年间，吐火罗（今阿富汗）即曾派遣贡使通商。隋炀帝派六骑尉李昱出使波斯（今伊朗），波斯随即遣使和李昱同来，和隋朝进行贡使通商。炀帝还派侍御使韦节、司隶从事杜行满出使南亚各地，由陆路到罽宾（克什米尔），获得玛瑙杯，到王舍城得到佛经等。隋朝与东南亚十多个国家通商，其中最著名者有林邑（越南中部），赤土（麻六甲），真腊（柬埔寨）和婆利（北波罗州）等。隋朝与上述诸国使者的往来与通商，不仅促进中外政治、经济和文化交流，也为唐朝扩大和发展对外文化教育交流奠定了良好基础。

唐朝继续发展与西亚、欧、非各国的友好往来，中外经济和文化教育交流增多。如吐火罗（今阿姆河），位于乌浒河以南，是丝绸之路南路必经之地，与唐朝关系十分密切。武德、贞观年间，一再通使唐朝。唐高宗曾派王名远出使其国。特别是开元，天宝年间，两国使节往来频繁。开元十二年（724年），吐火罗使者一次就送来药物"乾陀婆罗等二百余品"③。

---

① 转引自杨昭全：《唐与新罗之关系》，见《中朝关系史论文集》，世界知识出版社 1988 年版，第 29 页。

② 本节参考毛礼锐、沈灌群主编：《中国教育通史》第二卷，山东教育出版社 2005 年版，第 469 页。

③《唐会要》卷 99《吐火罗国》。

再如波斯，在吐火罗西边，以出产名马骏犬著称，还盛产狮子、白象、大驴、珊瑚树、玛瑙、琥珀、火珠、玻璃、无食子、香附子、河黎勒、胡椒、筚拔、石蜜、千年枣、甘露桃等特产。贞观二十一年（647年），波斯派使者来唐。开元、天宝之后，彼此往来尤多。波斯的许多特产尤其药物大量输入唐朝，而中国的丝绸及工艺品也大量输入波斯，并由此再向西方传去。

唐朝与大食（哈利发帝国）交往密切。永徽二年（651年），大食开始与唐朝通好，派使者送来良马、宝细带等物。唐玄宗时，曾赐以绯袍银带等物产，礼尚往来。中国的丝织、画法、金银制作技术和造纸法，经由大食，传入西亚、欧、非各国。

唐朝还与东罗马帝国进行文化交往活动。中国历史上称罗马帝国为"大秦"，唐朝时称东罗马帝国为"拂菻"。贞观十七年（643年），拂菻遣使来唐，送来"赤玻璃，绿金精等物"。唐太宗回信答聘，并"赐以绫绮"。此前，中国丝织品通过丝绸之路大量输入罗马，罗马皇帝、贵族"衣锦绣""妇人锦巾"。[①]而罗马的医术和吞刀吐火等杂戏，也传入中国。当时，演杂戏者称为"幻人"，"能额上为炎烬，手上作江湖，举足而珠玉自堕，开口则炎烬乱出"。[②] 这种杂戏深受中国人民喜爱，至今犹传。近些年来，在西安何家村发现的邠王府窖藏文物中，就有波斯银币、东罗马金币以及琥珀、珊瑚、水晶杯、玻璃碗、玛瑙杯等。这些文物显示，中国与西亚、欧洲国家的友好往来和文化交流源远流长。

唐朝时期，中国与南亚、东南亚各国的关系也有进一步发展，使者往来和经济文化交流日益频繁。如南亚师子国（今斯里兰卡），咸亨元年（670年）和天宝年间，两次派使者来唐，送来大珠、细金宝璎、象牙、白氎等物，双方贸易交往密切。位于印度支那半岛西边的骠国（今缅甸），贞元中，随南诏使者到唐朝，送来骠国"（乐）凡二十二曲，与乐工三十五人"[③]。

二、越南和印度与中国文化教育交流活动

在中国周边国家和地区中，除了日本、新罗之外，越南、印度与唐朝交往

---

① 《新唐书·拂菻国》。
② 《通典·边防九·大秦》。
③ 《唐会要·骠国》。

甚密。受政治、经济、文化因素推动，中国与东南亚、南亚教育交流频繁。越南来华留学生学成之后，或留在唐朝为官，或返回故里，促进了中国文化的传播和发展。唐朝高僧玄奘，历经艰辛去天竺取经，返国后译经、讲经，推动佛教文化东传与佛教教育发展。

（一）越南来华留学教育活动①

越南，古称交趾，三国时改称交州。602年，隋文帝授大将刘方为交州道行军总管，率军南下，李佛子投降，交州便隶属于隋朝。隋文帝平定交州后，又授刘方为欢州道行军总管，率军征讨林邑。林邑王范梵志逃出都城，亡于大海。刘方把在林邑得到的金铸庙像十八尊，佛经564匣共1350余部，还有梵文典籍等带回。受印度文化影响的林邑文化，也随之传入中国。隋朝攻破林邑后，将其地划为荡州、农州和冲州。不久，分别改为比景郡、海阳郡、林邑郡，共辖十二县。隋军撤退后，林邑五范梵志收拾余部，另建国邑。由此直至唐代前期，林邑一直与中国保持比较密切的朝贡关系。

隋朝灭亡后，中原地区一度群雄纷争，肖铣占据荆州以南地区，交趾太守丘和依附于肖铣。武德四年（621年），唐高祖攻破肖铣，丘和投降唐朝。次年，唐设置交州总管府，任命丘和为大总管，后改置交州都督府。贞观元年（627年），唐太宗划全国为十道，交州属于岭南道。调露元年（679年），改交州都督府为安南都护府，任命刘延祐为都护兼经略招讨使。从此，交州称为安南。至

图 10-7　姜公辅

德二年（757年），改安南都护府为镇南都护府，招讨使升为节度使。大历三年（768年），复改镇南都护府为安南都护府。唐代的安南都护府共辖交趾地区十二个州。唐代越南来华留学生中，以姜公辅的事迹最具代表性。

姜公辅（？—805）是爱州日南县（今越南清化省安定县）人，唐德宗时考中进士，为校书郎。应制策科高等，授右拾遗，召入翰林院为学士，兼京兆尹户曹参军。《旧唐书》本传记载，公辅"才高有器识，每对见言事，德

① 黄国安等著：《中越关系史简编》，广西人民出版社1988年版，第34—35页。

宗多从之"。《新唐书》本传也说："公辅有高材，每进见，敷奏详亮，德宗
器之。"

姜公辅所撰作品大都亡佚，遗存至今的只有一赋一策，即《白云照春海赋》和
《对直言极谏策》，均收录于《全唐文》卷四四六。[①]

(二) 唐玄奘赴天竺留学活动

中国与印度（天竺）交往历史悠久。隋唐时期，印度分为东、西、南、北、
中五天竺，贞观年间，天竺多次遣使唐朝。唐太宗也多次派梁怀璥、王玄策等
出使天竺。在这种使者交往中，中国的老子像和《道德经》等文化传入天竺，
而天竺的佛法、火珠、郁金香、菩提树等也传入中国。唐太宗曾派人到天竺，
"取熬糖法，即诏扬州上诸蔗，拃沈如其剂，色味愈西域远甚"[②]。在唐代中印文
化交流中，玄奘做出了不可磨灭的贡献。

1. 玄奘生平

玄奘（600—664），俗姓陈，名炜，
十三岁时出家。唐武德五年（622年）
受具足戒。早年曾游历中国许多地区，
遍访名师，先后参学了当时全国有名的
13名高僧，系统学习佛法。玄奘是中
国唐代著名高僧，与鸠摩罗什、真谛、
不空并称为中国佛典四大译师，法相宗
（也称慈恩宗、唯识宗）的创始者。玄
奘最为后人所熟知的是他去"西天"取
经的故事。史载：玄奘，"博涉经论。
尝谓翻译者多有讹谬，故就西域广求异
本，以参验之。贞观初，随商人往游西
域。……在西域十七年，经百余国，悉
解其国之语。仍采其山川、谣俗、土地

图 10-8　玄奘

---

① 何成轩：《唐代中越文化交流与姜公辅》，见李景源主编《东方哲学思想与文化精神》，中国
社会科学出版社 2009 年版，第 289 页。

②《新唐书》卷 221 上《西域列传·摩揭陀》。

所有，撰《西域记》十二卷。贞观十九年，归至京师。太宗见之大悦"①。

玄奘西游天竺，实际上是一次历经艰险的出国留学教育活动。出国之前，他已研究不少大小乘经论，如《法华经》《维摩诘经》《杂阿毗昙心论》《成实论》《大般涅槃经》《发智论》（《迦旃延论》）《俱舍论》《摄大乘论》等。其中《摄论》《俱舍论》当时属于新学，是在南方传译的，而《涅槃》《成实》《毗昙》则是在北方流行的，因此，玄奘对南北所传佛学都做了研究。他发现当时所能看到的佛典阐释存在差异，特别是南北朝以来的摄论师和地论师对佛性问题的解释有异，由此产生迷惑。这就使他下决心西行求法。

贞观三年（629 年），玄奘从长安出发，经甘肃武威、敦煌，跨新疆及中亚一些地区，历尽艰难困苦，到达古印度。他进入当时印度佛教的中心那烂陀寺，师从瑜伽行派的高僧戒贤，学习了《瑜伽师地论》《显扬圣教论》《集量论》《中论》《百论》等佛教要典，后又在印度游学四方，提高自己的佛学造诣。回到那烂陀寺后，他曾讲述《摄大乘论》《唯识抉择论》等佛典，并参与当时印度思想界的理论交锋，挫败过一些外道论师，声名远播。

贞观十九年（645 年），玄奘在印度参学 17 年后，携佛典 657 部回国，受到唐朝廷极高礼遇。他先住在长安弘福寺，后住大慈恩寺。从贞观十九年开始的近 20 年间，玄奘专心从事佛典翻译，译出佛典 75 部，共 1335 卷。他的译典以瑜伽行派的著作为主，其他类的也不少，主要有《解深密经》《瑜伽师地论》《成唯识论》（编译）《俱舍论》《大般若波罗蜜多经》等。所译佛经，多用直译，笔法谨严，丰富了我国古代文化，并为古印度佛教保存了珍贵典籍，世称"新译"。玄奘主要通过翻译来弘扬佛法。由他口述、弟子辩机撰的《大唐西域记》，对于研究印度、尼泊尔、巴基斯坦、孟加拉国以及中亚等地古代历史地理，具有重要的史料价值。玄奘弟子众多，著名的有四位：神昉、嘉尚、普光、窥基。玄奘的许多重要思想体现在其弟子的著述中，窥基等人的著作有相当一部分是根据玄奘所述而撰写的。玄奘创立唐代佛教第一个宗派——法相宗，促进了佛学在中国乃至东亚的传播与发展。

①《旧唐书》卷 191《方伎列传·僧玄奘》。

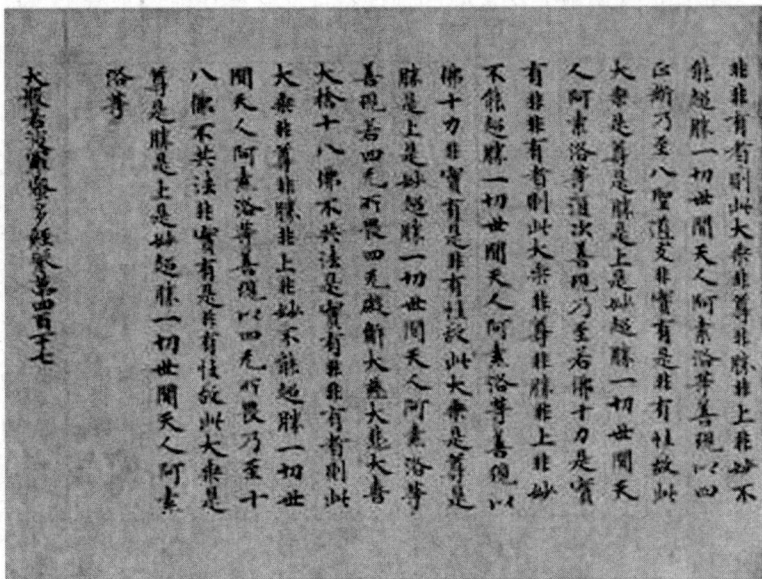

图 10-9 《大唐西域记》（唐写本），敦煌莫高窟出土

2. 玄奘对中印文化交流的重大贡献

玄奘留学天竺 15 年，加上旅途往返两年，共计 17 年。据《大唐西域记》所记，他行程 5 万多里，历经西域、中亚和南亚大小 110 个国家（多为城邦小国），所闻所履 28 国，连同附述 12 国，共 150 个国家，是一个伟大的旅行家、地理学家和社会活动家。玄奘精通天竺 90 多种方言，熟知天竺的历史文化、宗教信仰、风土人情、山脉河川、地理特征，为中印文化交流做出巨大贡献，在中国思想史、佛教史、翻译史和文化史上具有重要地位。其思想与精神成为人类共同财富，为世人所景仰。就中印文化教育交流而论，其贡献突出表现在以下四方面。

第一，确立印度的地理位置与译名。

一是对印度国名汉语译名的定位。从汉代丝绸之路开始，中印两国的经济、文化、教育交流不断。我国对印度的称谓，因时因地而异，直至玄奘，始译定为"印度"。如其所言："详天竺之称，异议纠纷，旧云身毒或曰贤豆，今从正音，宜云印度。""印度之人，随地称国，殊方异俗，遥举总名，语其所美，谓之印度。"由于古印度在吠陀时代就存在着种姓制度，且惟婆罗门种姓地位至高无上。因此，玄奘也取其特征，称印度为"婆罗门国"①。

① 玄奘：《大唐西域记》卷 2《三国》。

二是界定印度（南亚）次大陆的地理特征。玄奘在前人基础上，把古印度疆域按其方隅分为东南西北中五大块。并用四句话十六个字概述其地理特征："三垂大海，北背雪山。北广南狭，形如半月。"这一界定与印度自然地理特征基本相符。在缺少现代科学测绘仪器的条件下，玄奘凭脚踏实地的实践经验和精练的语言，十分形象地勾勒出印度的自然特征。

三是为西方人重新发现和认识东方印度文明的价值提供了极为重要的文献材料。19世纪中叶，印度沦为英国的殖民地。如何认识其历史文化、管理这个被征服的国家，英国统治阶级内部存在"英语派"和"东方派"这两种不同的观点。前者主张在印度推广英语教育和英国式管理，培养一批符合英国需求的管理阶层，改造印度传统社会；后者赞成保留和发掘东方传统文化的价值。后来"英语派"占上风，在印度大力推广英语教育，输入西方文化理念和价值。同时，英国一些考古学家，开始探索印度文化底蕴。坎宁安（1814—1893）等人，根据玄奘《大唐西域记》记述，发掘出王舍城、鹿野苑、阿旃陀石窟和那烂陀寺遗址和古迹，使这些代表和象征佛教文化的圣地、遗迹和石窟重见天日。玄奘的历史贡献于此可见一斑。

第二，谱写中印民间外交的新篇章。

玄奘学养深邃，虚怀若谷，留学印度期间，广泛接触和交往印度各阶层人士，以学为主，以教会友，以理服人。所到之处，大受欢迎，在中印文化交流上发挥了民间外交的作用。

贞观五年（631年），玄奘抵达印度著名佛学文化中心那烂陀寺访学，师从该寺住持戒贤法师，学习大乘派主要经典《瑜伽师地论》《中论》和《声明论》，修业五载，成绩非凡。其后，游访、考察东南西印度，于640年应戒贤法师之邀，重返那烂陀寺。他为全寺众僧主讲《摄大乘论》和《唯识决择论》，以其雄辩口才、渊博知识和理性论证，消除了当时印度佛教大乘派中两派——中观派和瑜加行派的对立，促使两派舍弃偏见，求同存异，和谐相处。同时，他用梵文撰写《会宗颂》（今失传），论述该两派同出"般若"，并行不悖，使中观派权威学者师子光真心折服。

641年，北印度羯若鞠阇国（即曷利沙帝国）国王戒日王为扩大大乘派教义影响，特为玄奘在京都曲女城举行法会，听众来自五天竺的18位国王、大小乘派高僧 3000 余人，婆罗门及各派教徒 2000 多人，以及那烂陀寺众僧千余人。玄奘作为论主，把《真唯识论》悬诸国门，接受挑战。他舌战群僧，对答如流，言之有据，使与会者群情悦服。各派圣贤争相赐予他"大乘天"和"解脱天"的美誉，名震五印度。这成为中印文化教育交流史上的佳话。

两年后，玄奘应邀前往钵罗耶伽参加戒日王帝国五年一度的第六次佛教无遮大会。这是印度佛教史上规模最大的一次盛会，历时 75 天，盛况空前。与会者中包括王公、贵族、僧人和学者，先后达 50 万人。访印期间，玄奘还与戒日王探讨唐乐大曲《秦王破阵乐》。回国后，他将道家经典《老子》译成梵文，推介给印度。无遮大会后，玄奘功成名遂，决心回国，并向戒日王辞行，受到热情欢送。戒日王特派 4 名官员一路护送。他本人还携当地文武官员，相送几十里路，才挥泪话别。

玄奘在中印文化交流和佛学上的巨大贡献为今人所称颂。1957 年，中国政府特地捐款，在那烂陀寺遗址上修建一座玄奘纪念堂。2007 年 2 月 12 日，这座纪念堂修复完善工程全面竣工，中印双方举行盛大庆祝仪式。此地还建有佛教博物馆、佛学巴利文研究所等，那烂陀寺已列入印度"世界文化遗产名录"。

第三，敬业报国，领译佛教经典做出巨大贡献。

贞观十九年（654 年），玄奘满载盛誉，荣归故里，回到了阔别已久的长安，时年 46 岁，正当年富力强，为国出力之时，当时摆在玄奘面前有两种选择：一是当官从政；二是执着敬业，把在印度学到的佛学知识奉献给社会。第一个选择，是进入仕官之途，前程远大，凭玄奘的学历、成就和年龄，完全符合唐朝政府择才和用才的标准。唐太宗对他非常赏识和器重，不仅在行宫亲自接见，欲对其赏金千两，还劝说他还俗从政，"参与中央政务，共谋朝政"。但是，玄奘坚决谢辞，而选择译经报国。因为后者是他一生执着追求的事业和理想，愿以此奉献余生，回报社会。

为了表彰玄奘在佛学研究和译经事业上的伟大成就，永徽三年（652 年），唐高宗钦令在长安慈恩寺西院，仿照印度佛塔模式，共建五层，专门用作收藏玄奘从印度带回国内的佛教经典和佛像。武则天长安年间（701—704 年），曾加高为十层，后经兵火，仅存七层。经历代修缮成为今天的大雁塔，耸立在西安市内。一千三百多年来，前来瞻仰此塔的中外游客络绎不绝。

　　玄奘带回大小乘佛经 520 夹，657 部经论，入住弘福寺。后迁居慈恩寺，开始了一项伟大的译经工程。这是一次大规模翻译佛教经典活动，历时 19 年，先后翻译佛教经典 75 部，1335 卷。他还应唐太宗之嘱，口述笔录而成十二卷《大唐西域记》。两相合计，玄奘著作 1300 多万字。仅就译经数量而言，已可列入当今世界"吉尼斯纪录"。此外，他还把在印度早已失传的《大乘起信论》回译成梵文，使印度得以重新保存这部佛经典籍。

　　玄奘不仅译经数量多，而且开创了一套新的翻译方法。具体做法是：由他亲自担纲，领译主译，并在此基础上充分发挥梯队、团队的作用，他组织了一支多达二三十人的译经团队，其中不乏精通大乘小乘两派的高僧和谙熟中文和梵文的大师，包括其弟子辩机等僧人，有关译经费用则由政府支付。同时，他组织了一道流水操作工序，共设十大环节。即：译主（由玄奘本人领译，采取口诵记录，并对疑难问题裁定）；证义（译主的助手）；证文；书字；笔受；辍文；参译；判定；润文；梵呗（译毕，通过梵文原音节复颂、核定，便于上口传颂）。经过这十道工序，层层把关，译经的质量是上乘的，其译笔之精当，译风之严谨，均超过其前后的译经大师，完全达到了近世严复所倡导的"信雅达"翻译标准。这是玄奘对我国译经事业上的一大贡献。玄奘是我国历史上伟大的佛经翻译家，与鸠摩罗什、真谛、不空并列为中国四大佛经翻译家，在佛学研究上享有三藏（经、律、论）法师——"唐三藏"的美誉。

结 语

　　教育活动是人类社会活动的重要组织部分，它以"文""化"人，在传承、传播、发展和创新文化等方面发挥不可替代的作用。既往的教育活动，无论是制度化的学校教育，还是非制度化的家庭教育和社会教育，都与文化演进密切相连。作为人类行为的密码和"时代的肖像"，文化是教育的永恒主题，客观的连绵不断的教育史，本质上就是文化演进的历史。隋唐时期是中国政治统一、文化高度繁荣的历史阶段，制定和创立了开放、先进的文化教育政策和教育制度，各类教育活动获得空前发展，产生广泛而深远的社会和历史影响。

　　隋唐统治者汲取南北朝以来国家分裂的深刻历史教训，总结和继承教育经验，适应政治、经济和文化发展的需要，在教育政策、教育制度和教育交流诸多方面都有创新之举，最终形成辉映日月的"盛唐气象"。儒释道三教并存，科举考试为士人提供公平竞争、读书入仕的路径，官学制度完备，私学、家学活跃，文化教育异彩纷呈。这些既是这一时期教育兴盛的外在表现，也是其教育发展的内在动因。

　　唐因隋制，建立了完备的中央官学与地方官学体系，极大地推动了儒学和汉字文化的普及与发展。当其鼎盛时期，京师学校林立，州县讲学不辍，不仅为国内学生提供教育机会，也招徕周边国家和地区的大批学子前来留学。隋唐时期，科举制度的创立与推广，是我国人才选拔史上的一大进步。科举考试对唐代政治、教育、经学、文学、法律、书法、算学乃至社会心理产生广泛影响。社会崇尚读书，文人学士赋诗作文，形成浓郁的书香文化氛围，留下大量脍炙人口的文化作品。

　　唐代中期以后，受"安史之乱"的破坏，藩镇割据，社会动荡，官学教育逐渐衰落。尽管如此，民间私学教育活动仍有发展。从唐末至五代时期，逐渐创立了一种新的教育组织形式——书院，这是中国教育史上又一创举。唐代书院主要属于藏书机构，兼有少量的教学活动。唐末民间读书、私人讲学逐渐兴盛，书院成为读书讲学的场所。五代官学衰败，而私学继续发展，正式形成了以教学为主的书院组织形式。

唐代家庭教育活动丰富多彩，发挥了重要的育人功能。家庭教育观念更新，女子教育受到重视。教育活动类型增多，影响范围扩大。唐代家庭教育的新发展是与唐代开放、开明的文化教育政策密不可分的，也体现了唐代社会文明的进步，为后世所称赞。

在民间文化教育与交流活动方面，唐代也为后世树立了光辉榜样。由于三教并存，唐代民间文化教育内容扩大。人们不仅将中原地区的儒学、科学技艺等文化输入边疆地区和周边国家，也从西域、土蕃、南方少数民族地区传入多种宗教、音乐、绘画、艺术、技艺和饮食文化。民间教育交流活动丰富了各地文化内涵，推动了教育活动发展。

在对外文化教育交流方面，隋唐政府实行开放、平等的文化政策，吸引和促进了中外教育交流。唐朝与东亚新罗、日本及南亚印度等国开展频繁的文化教育交流活动，产生重要的历史影响。近代以来，远赴异国他乡的华侨华人，称自己的祖（籍）国为"唐山"，将侨居地华人社区称为"唐人街"。这些称呼并非偶然，而有其历史文化渊源，它反映了盛世中国文化久远的影响。

综观隋唐五代教育活动史，它给我们留下了诸多启示，其中最为重要的启示就是，开放的教育政策和创新的教育制度，对于国家兴盛和民族发展至关重要。此外，我们也看到，人类教育活动既有继承性，也有发展性，会随着社会和时代的变迁而不断演化、发展。从教育活动的演变轨迹来看，隋唐五代教育处于承上启下的历史环节之中，它所开创的中古时代的儒释道融合的文化教育政策、科举选士的教育制度和教育活动，对宋代以下的教育发展产生重要影响，这些教育政策、考试制度和教育活动在新的历史条件下继续发展。

参考文献

一、古籍类

[1] 白居易. 白居易集. 北京：中华书局，1985.

[2] 白居易. 白香山集. 北京：文学古籍刊行社，1954.

[3] 班昭，等. 蒙养书集成. 西安：三秦出版社，1990.

[4] 陈梦雷. 古今图书集成. 北京：中华书局，1986.

[5] 陈尚君. 全唐诗补编. 北京：中华书局，1992.

[6] 陈增荣. 义门陈氏宗谱. 民国25年宜春德星堂刊本，江西省图书馆.

[7] 成俔. 慵斋丛话. 东方文化书局，1971.

[8] 程大昌. 演繁露. 北京：中华书局，1991.

[9] 崔致远. 桂苑笔耕集校注. 北京：中华书局，2007.

[10] 崔致远. 桂苑笔耕集. 北京：商务印书馆，1919.

[11] 戴佳臻. 高安县志. 南昌：江西人民出版社，1988.

[12] 释道宣. 续高僧传. 北京：中华书局，2014.

[13] 德安县志. 北京：中华书局，1983.

[14] 董诰，等. 全唐文. 北京：中华书局，1983.

[15] 独逸窝退士. 笑笑录. 杭州：浙江古籍出版社，1985.

[16] 杜牧. 樊川文集. 上海：上海古籍出版社，2007.

[17] 杜佑. 通典. 北京：中华书局，1984.

[18] 樊绰. 蛮书. 成都：巴蜀书社，1998.

[19] 樊倬. 云南志. 北京：中国社会科学出版社，1985.

[20] 范摅. 云溪友议. 文渊阁四库全书.

[21] 范摅. 云溪友议. 台北：广文书局，1971.

[22] 范仲淹. 范文正公集. 上海：上海书店1989.

[23] 封演. 封氏闻见记. 北京：中华书局，1985.

[24] 高文，何法周. 唐文选. 北京：人民文学出版社，1987.

[25] 耿介. 嵩阳书院志. 清康熙刊本.

[26] 顾炎武. 金石文字记. 北京：中华书局，1991.

[27] 郭嵩焘. 郭嵩焘诗文集. 长沙：岳麓书社，1984.

[28] 韩愈. 韩昌黎集. 北京：商务印书馆，1930.

[29] 韩愈. 昌黎先生集. 北京：北京图书馆出版社，2005.

[30] 蘅塘退士. 唐诗三百首. 北京：中华书局，1959.

[31] 洪迈. 容斋续笔. 北京：中国世界语出版社，1995.

[32] 胡平生. 孝经译注. 北京：中华书局，1996.

[33] 胡震亨. 唐音癸签. 上海：上海古籍出版社，1981.

[34] 皇圆. 扶桑略记.

[35] 黄维翰. 渤海国记.

[36] 黄仲昭. 八闽通志. 福州：福建人民出版社，2006.

[37] 慧皎. 高僧传. 北京：中华书局，1992.

[38] 慧能，等. 坛经. 济南：山东画报出版社，2012.

[39] 计有功. 唐诗纪事. 上海：上海古籍出版社，2008.

[40] 纪昀. 历代职官表. 上海：上海古籍出版社，1989.

[41] 金富轼. 三国史记. 长春：吉林文史出版社，2003.

[42] 孔平仲. 续世说. 清嘉庆宛委别藏本.

[43] 李翱. 李文公集. 北京：商务印书馆，1986.

[44] 李昉，等. 太平御览. 北京：中华书局，1960.

[45] 李昉. 太平广记. 北京：中华书局，1961.

[46] 李昉. 文苑英华. 北京：中华书局，1966.

[47] 李林甫. 唐六典. 北京：中华书局，1992.

[48] 李隆基，注. 孝经. 四部丛刊景宋本.

[49] 李隆基. 大唐六典. 西安：三秦出版社，1991.

[50] 李冗. 独异志. 北京：中华书局，1983.

[51] 李延寿. 北史. 北京：中华书局，1974.

[52] 李肇，赵璘. 唐国史补. 上海：上海古籍出版社，1979.

[53] 刘宝楠. 诸子集成. 上海：上海书店，1986.

[54] 阙名，刘崇远. 玉泉子·金华子. 上海：上海古籍出版社，1988.

[55] 刘清之. 戒子通录. 北京：商务印书馆，1986.

[56] 刘肃. 大唐新语. 北京：中华书局，1984.

[57] 刘昫，等. 旧唐书. 北京：中华书局，1975.

[58] 刘昫，等. 旧唐书. 清乾隆武英殿刻本.

[59] 刘昫，等. 旧唐书. 北京：现代教育出版社，2011.

[60] 刘禹锡. 刘禹锡集. 北京：中华书局，1990.

[61] 刘禹锡. 刘禹锡全集. 上海：上海古籍出版社，1999.

[62] 柳宗元. 柳河东集. 北京：中华书局，1958.

[63] 柳宗元. 柳宗元全集. 上海：上海古籍出版社，1997.

[64] 龙衮. 江南野史. 上海：上海古籍出版社，1991.

[65] 陆心源. 唐文拾遗. 清光绪刻本.

[66] 吕懋先. 奉新县志，清乾隆十五年刻本.

[67] 吕温. 吕和叔文集. 上海：上海商务印书馆，1936.

[68] 马端临. 文献通考. 台北：新兴书局，1965.

[69] 马令. 南唐书. 北京：中华书局，1985.

[70] 马其昶，马茂元. 韩昌黎文集校注. 上海：上海古籍出版社，1987.

[71] 明七真. 洞玄灵宝三洞奉道科戒营始. 上海：商务印书馆，1923.

[72] 欧阳修. 新唐书. 乾隆武英殿刻本.

[73] 彭定求，曹寅，等. 全唐诗. 北京：中华书局，1960.

[74] 瞿蜕园，朱金城. 李白集校注. 上海：上海古籍出版社，2007.

[75] 阮逸. 中说. 北京：北京图书馆出版，2003.

[76] 史崇玄，等. 道藏. 上海：上海书店出版社，1988.

[77] 释慧皎. 高僧传. 西安：陕西人民出版社，2013.

[78] 司马光. 家范. 呼和浩特：内蒙古人民出版社，1999.

[79] 司马光. 资治通鉴. 北京：北京图书馆出版社，2006.

[80] 宋敏求. 唐大诏令集. 北京：商务印书馆，1959.

[81] 宋若莘. 女论语. 光绪十四年，共赏书局刊本.

[82] 苏鹗. 苏氏演义. 北京：中华书局，2012.

[83] 孙逢吉. 职官分纪. 北京：中华书局，1988.

[84] 孙光宪. 北梦琐言. 北京：中华书局，1960.

[85] 孙平仲. 续世说. 北京：中华书局，1985.

[86] 唐太宗. 帝范. 北京：中华书局，1985.

[87] 脱脱，阿鲁图. 宋史. 北京：中华书局，2010.

[88] 脱脱，等. 宋史. 北京：中华书局，1977.

[89] 王昶. 金石萃编. 西安：陕西人民美术出版社，1990.

[90] 王昶. 天下书院总志. 台北：广文书局，1974.

[91] 王谠. 唐语林. 北京：中华书局，1985.

[92] 王定保. 唐摭言. 上海：上海古籍出版社，1978.

[93] 王明清. 玉照新志. 上海：上海古籍出版社，1991.

[94] 王鸣盛. 十七史商榷. 上海：上海书店出版社，2005.

[95] 王溥. 唐会要. 北京：商务印书馆，1935.

[96] 王钦若. 册府元龟. 北京：中华书局，1982.

[97] 王钦若. 册府元龟. 北京：中华书局影印本，1960.

[98] 王汝涛. 全唐小说. 济南：山东文艺出版社，1993.

[99] 王通. 中说. 上海：上海古籍出版社，2011.

[100] 王应麟. 玉海. 扬州：广陵书社，2003.

[101] 王禹偁. 小畜集. 长春：吉林出版集团，2005.

[102] 魏徵，等. 隋书. 北京：中华书局，1973.

[103] 魏徵，等. 隋书. 北京：中华书局，1982.

[104] 魏徵，等. 隋书. 清乾隆武英殿刻本.

[105] 吴兢. 贞观政要. 南京：凤凰出版社，2010.

[106] 吴任臣. 十国春秋. 北京：中华书局，1983.

[107] 萧嵩. 大唐开元礼. 北京：民族出版社，2000.

[108] 小野玄妙. 大正藏. 台北：新文丰出版社，1934.

[109] 谢旻，陶成，等. 江西通志. 北京：商务印书馆，2014.

[110] 徐冰云，刘功林. 奉新县志（康熙年刊本）. 北京：方志出版社，2011.

[111] 徐居正. 东文选.

[112] 徐松. 登科记考. 北京：中华书局，1984.

[113] 玄奘. 大唐西域记. 上海：上海人民出版社，1977.

[114] 薛居正. 旧五代史. 北京：中华书局，1976.

[115] 严可均. 全隋文. 北京：商务印书馆，1999.

[116] 颜真卿. 守政帖. 长沙：湖南文艺出版社，1991.

[117] 杨亿. 武夷新集. 长春：吉林出版集团有限责任公司，2015.

[118] 姚铉. 唐文粹. 北京：中华书局，1986.

[119] 一然. 三国遗事. 权锡焕，陈蒲清译. 长沙：岳麓书社，2009.

[120] 永瑢. 册府元龟. 北京：商务印书馆，1986.

[121] 元稹. 元稹集. 北京：中华书局，1982.

[122] 袁郊. 甘泽谣. 北京：中国社会科学出版社，2013.

[123] 赞宁. 宋高僧传. 北京：中华书局，1987.

[124] 颐藏. 古尊宿语录. 北京：中华书局，1994.

[125] 张读. 宣室志. 北京：中华书局，1983.

[126] 张朋寿. 中国地方志丛书. 台北：成文出版有限公司，1992.

[127] 张天. 闽清县志. 北京：群众出版社，1993.

[128] 张万福. 三洞众戒文. 南京：南京大学出版社，2009.

[129] 张彦远. 历代名画记. 北京：人民美术出版社，1964.

[130] 张宇初. 正统道藏. 天津：天津出版社，1987.

[131] 张鷟. 朝野金载. 北京：中华书局，1985.

[132] 长孙无忌. 唐律疏议. 北京：中华书局，1983.

[133] 赵璘. 因话录. 上海：上海古籍出版社，1979.

[134] 郑樵. 通志. 北京：北京图书馆出版社，2006.

[135] 郑玄，等. 十三经注疏. 北京：北京大学出版社，2000.

[136] 朱熹. 昌黎先生集考异. 上海：上海古籍出版社，2001.

二、著作类

[1] 北京大学亚太研究中心朝鲜学丛书编辑委员会编. 朝鲜学论文集. 第 1 辑.

北京：北京大学出版社，1992.

[2] 毕诚. 中国古代家庭教育. 北京：商务印书馆，1997.

[3] 才让. 吐蕃史稿. 兰州：甘肃人民出版社，2007.

[4] 岑仲勉. 隋唐史（下册）. 北京：中华书局，1980.

[5] 陈青之. 中国教育史. 上海：上海商务印书馆，1936.

[6] 陈学恂. 中国教育史研究（隋唐分卷）. 上海：华东师范大学出版社，2009.

[7] 陈寅恪. 隋唐制度渊源略论稿·唐代政治史述论稿. 北京：生活·读书·新知三联书店，2011.

[8] 成晓军. 帝王家训. 武汉：湖北人民出版社，1994.

[9] 程舜英. 中国古代教育制度史料. 北京：北京师范大学出版社，2011.

[10] 池步州. 日本遣唐使简史. 上海：上海社会科学院出版社，1983.

[11] 邓德龙. 中国历代官制. 武汉：武汉大学出版社，1990.

[12] 邓洪波. 中国书院史. 上海：东方集团出版社，2002.

[13] 邓洪波. 中国书院史. 武汉：武汉大学出版社，2012.

[14] 丁钢. 中国佛教教育——儒佛道教育比较研究. 成都：四川教育出版社，1988.

[15] 二十五史精华. 长沙：岳麓书社，2010.

[16] 方广锡. 中国佛教文化大观. 北京：北京大学出版社，2001.

[17] 冯文慈. 中外音乐交流史. 长沙：湖南教育出版社，1998.

[18] 冯晓林. 中国隋唐五代教育史. 北京：人民出版社，1994.

[19] 傅璇琮. 唐代科举与文学. 西安：陕西人民出版社，2003.

[20] 高明士. 隋唐贡举制度. 台北：文津出版社，1999.

[21] 高世瑜. 唐代妇女. 西安：三秦出版社，1988.

[22] 高世瑜. 中国妇女通史（隋唐五代卷）. 杭州：杭州出版社，2010.

[23] 葛兆光. 中国思想史. 上海：复旦大学出版社，2001.

[24] 顾明远. 教育大辞典. 上海：上海教育出版社，1990.

[25] 顾青. 唐诗三百首. 北京：中华书局，2009.

[26] 郭齐家. 中国古代学校. 北京：商务印书馆，1998.

[27] 国家文物局古文字研究室. 吐鲁番出土文书. 北京：文物出版社，1987.

[28] 韩达. 少数民族教育史. 广州：广东教育出版社，1998.

[29] 韩国磐. 卜天寿《论语郑氏注》写本和唐代的书法. 上海：三联书店，1979.

[30] 贺琛. 中国女红. 苏州：古吴轩出版社，2009.

[31] 何兆武，陈啟能. 当代西方史学理论. 上海：上海社会科学院出版社，2003.

[32] 洪涤尘. 新疆史地大纲. 台北：正中书局，1935.

[33] 黄国安，等. 中越关系史简编. 南宁：广西人民出版社，1986.

[34] 黄世中. 唐诗与道教. 漓江：漓江出版社，1996.

[35] 金贤珠. 庸五敦煌民歌. 台北：文史哲出版社，1994.

[36] 邝健行. 诗赋合论稿. 南京：江苏古籍出版社，2002.

[37] 雷通群. 西洋教育史. 上海：上海商务印书馆，1934.

[38] 李斌成，李锦绣，等. 隋唐五代社会生活史. 北京：中国社会科学出版社，1998.

[39] 李才栋. 江西古代书院研究. 南昌：江西教育出版社，1993.

[40] 李东红. 白族佛教密宗阿吃力教派研究. 昆明：云南民族出版社，1999.

[41] 李国钧，王炳照. 中国教育制度通史. 济南：山东教育出版社，1999.

[42] 李景源. 东方哲学思想与文化精神. 北京：中国社会科学出版社，2009.

[43] 李茂肃. 科举文化辞典. 济南：明天出版社，1998.

[44] 李润强. 中国传统家庭形态及家庭教育——以隋唐五代家庭为中心. 北京：人民出版社，2008.

[45] 李学勤. 十三经注疏. 北京：北京大学出版社，1999.

[46] 李约瑟. 中国科学技术史. 北京：科学出版社，1975.

[47] 李志庭. 浙江通史·隋唐五代卷. 杭州：浙江人民出版社，2005.

[48] 丽水市教育志. 西安：西安地图出版社，1994.

[49] 梁启超. 中国历史研究法补编. 北京：商务印书馆，1934.

[50] 林超民. 唐代云南的汉文化. 昆明：云南人民出版社，1991.

[51] 临海县教育志. 杭州：浙江人民出版社，1997.

[52] 刘海峰，李兵. 中国科举史. 上海：东方出版中心，2004.

[53] 刘海峰. 科举考试的教育视角. 武汉：湖北教育出版社，1996.

[54] 刘海峰. 科举制与科举学. 贵阳：贵州教育出版社，2004.

[55] 刘虹. 中国选士制度史. 长沙：湖南教育出版社，1992.

[56] 柳新华，等. 中华名门才俊·柳氏名门. 济南：泰山出版社，2007.

[57] 鲁迅. 华盖集. 北京：人民文学出版社，1973.

[58] 路远，裴建平. 石版文章——历代碑刻琐谈. 成都：四川教育出版社，1996.

[59] 鲁迅. 中国小说史略. 北京：中华书局，2010.

[60] 骆承烈. 中国古代孝道资料选编. 济南：山东大学出版社，2003.

[61] 吕思勉. 中国民族史. 北京：东方出版社，1996.

[62] 马林诺夫斯基. 文化论. 北京：中国民间文艺出版社，1987.

[63] 马镛. 中国家庭教育史. 长沙：湖南教育出版社，1997.

[64] 毛礼锐，沈灌群. 中国教育通史. 第二卷，济南：山东教育出版社，2005.

[65] 闽清县地方志编纂委员会. 闽清县志. 北京：群众出版社，1993.

[66] 牟钟鉴，张践. 中国宗教通史. 北京：中国社会科学出版社，2007.

[67] 彭南年. 日本中国文化摄取史. 杭州：杭州大学出版社，1999.

[68] 卿希泰. 道教与中国传统文化. 福州：福建人民出版社，1992.

[69] 瞿葆奎，吴慧珠，等. 教育学文集. 北京：人民教育出版社，1991.

[70] 瞿林东. 中华文化通志·史学志. 上海：上海人民出版社，1998.

[71] 曲士培. 中国大学教育发展史. 太原：山西教育出版社，1993.

[72] 任继愈. 中国道教史. 上海：上海人民出版社，1990.

[73] 任爽. 唐代礼制研究. 沈阳：东北师范大学出版社，2000.

[74] 荣新江. 唐研究. 北京：北京大学出版社，1998.

[75] 荣新江. 丝绸之路与东西文化交流. 北京：北京大学出版社，2015.

[76] 上海古籍出版社. 唐五代笔记小说大观. 上海：上海古籍出版社，2000.

[77] 释恒清. 菩提道上的善女人. 台北：东大图书公司，1995.

[78] 四川省地方志编纂委员会. 四川省志. 北京：方志出版社，2000.

[79] 孙建军，陈彦田. 全唐诗选注. 北京：线装书局，2002.

[80] 孙培青. 隋唐五代教育论著选. 北京：人民教育出版社，1993.

[81] 孙培青. 中国教育史. 上海：华东师范大学出版社，2009.

[82] 孙培青. 中国教育史研究·隋唐分卷. 上海：华东师范大学出版社，2009.

[83] 孙培青. 中国考试通史. 北京：首都师范大学出版社，2004.

[84] 孙喜亭，等. 简明教育学. 北京：北京师范大学出版社，1988.

[85] 唐耕耦，陆宏基. 敦煌社会经济文献真迹释录（第1辑）. 北京：书目文献出版社，1986.

[86] 田正平. 中外教育交流史. 广州：广东教育出版社，2004.

[87] 万绳楠. 文成公主. 中华书局，1960.

[88] 王炳照. 简明中国教育史. 北京：北京师范大学出版社，1994.

[89] 王凤喈. 中国教育史. 上海：上海商务印书馆，1935.

[90] 王凤喈. 中国教育史大纲. 上海：上海商务印书馆，1925.

[91] 王金林. 汉唐文化与古代日本文化. 天津：天津人民出版社，1996.

[92] 王克芬，刘青弋. 中国舞蹈通史——隋唐五代卷. 上海：上海音乐出版社，2010.

[93] 王小甫. 唐、吐蕃、大食政治关系史. 北京：北京大学出版社，1992.

[94] 王欣夫. 王欣夫说文献学. 上海：上海古籍出版社，2000.

[95] 王仲荦. 隋唐五代史（下）. 上海：上海人民出版社，2003.

[96] 王重民. 敦煌古籍叙录. 北京：中华书局，1979.

[97] 吴玉贵. 中国风俗通史（隋唐五代卷）. 上海：上海文艺出版社，2001.

[98] 向达. 唐代西安与西域文明. 石家庄：河北教育出版社，2001.

[99] 肖辉. 江西考试史. 北京：高等教育出版社，2008.

[100] 肖前，李淮春，杨耕，等. 实践唯物主义研究. 北京：中国人民大学出版社，1996.

[101] 谢宝耿. 中国孝道精华. 上海：上海社会科学院出版，2000.

[102] 谢弗. 唐代的外来文明. 北京：中国社会科学出版社，1995.

[103] 谢青，汤德用. 中国考试制度史. 合肥：黄山书社，1995.

[104] 谢思炜. 隋唐气象. 北京：北京师范大学出版社，2009.

[105] 新疆社会科学院考古研究所. 新疆考古三十年. 乌鲁木齐：新疆人民出版社，1983.

[106] 熊承涤. 中国古代教育史料系年. 北京：人民教育出版社，1985.

[107] 熊明安. 四川教育史稿. 成都：四川教育出版社，1993.

[108] 熊贤君. 中国教育管理史. 武汉：华中师范大学出版社，1989.

[109] 熊贤君. 中国教育行政史. 武汉：华中理工大学出版社，1996.

[110] 徐庭云. 中国社会通史（隋唐五代卷）. 太原：山西教育出版社，1996.

[111] 徐冰云，黎松竹，等. 奉新古代书院. 奉新县教育局，1985.

[112] 徐少锦. 中国家训史. 西安：陕西人民出版社，2003.

[113] 严耕望. 史学论文选集. 台北：台北联经出版事业公司，1991.

[114] 阎步克. 察举制度变迁史稿. 沈阳：辽宁大学出版社，1997.

[115] 杨通方. 中韩古代关系史论. 北京：中国社会科学出版社，1996.

[116] 杨贤江. 杨贤江教育文集. 北京：教育科学出版社，1982.

[117] 杨学为. 中国考试大辞典. 上海：上海辞书出版社，2006.

[118] 杨学为. 中国考试简史. 北京：高等教育出版社，2009.

[119] 杨仪娃. 鉴真东渡日本. 上海：少年儿童出版社，1985.

[120] 乙力. 中国古代圣贤家训. 兰州：兰州大学出版社，2004.

[121] 易中天. 文明的意志与中华的位置. 杭州：浙江文艺出版社，2013.

[122] 云南省编辑组. 白族社会历史调查. 昆明：云南人民出版社，1992.

[123] 詹栋梁. 现代社会教育思潮. 台北：台湾五南出版社，1991.

[124] 张弓. 汉唐佛寺文化史. 北京：中国社会科学出版社，1997.

[125] 张广智. 西方史学史. 上海：复旦大学出版社，2000.

[126] 张曼涛. 日韩佛教研究. 台北：大乘文化出版社，1978.

[127] 张锡厚. 王梵志诗校辑. 北京：中华书局，1983.

[128] 张星烺. 中西交通史料汇编. 北京：中华书局，1977.

[129] 张学强. 西北回族教育史. 兰州：甘肃教育出版社，2002.

[130] 张彦远. 历代名画记. 北京：人民美术出版社，1964.

[131] 杨伯峻. 论语译注. 北京：中华书局，2006.

[132] 杨昭全. 中朝关系史论文集. 北京：世界知识出版社，1988.

[133] 郑阿财. 敦煌蒙书研究. 兰州：甘肃教育出版社，2002.

[134] 郑学檬. 五代十国史研究. 上海：上海人民出版社，1991.

[135] 郑玉英，郑川水. 中国古代史. 沈阳：辽宁大学出版社，1980.

[136] 中共中央马克思恩格斯列宁斯大林著作编译局. 马克思恩格斯选集. 北京：人民出版社，2012.

[137] 周洪宇. 学术新域与范式转换——教育活动史研究新论. 武汉：华中科技大学出版社，2011.

[138] 周谷城. 民国丛书·第三编. 上海：上海书店，1991.

[139] 周谷城. 周谷城史学论文选集. 北京：人民出版社，1983.

[140] 周绍良. 全唐文新编. 长春：吉林文史出版社，2000.

[141] 周绍良. 唐代墓志汇编. 上海：上海古籍出版社，1992.

[142] 周绍良，赵超. 唐代墓志汇编续集. 上海：上海古籍出版社，2001.

[143] 朱德明. 浙江医药史. 北京：人民军医出版社，1999.

[144] 朱关田. 中国书法史. 南京：江苏教育出版社，1999.

[145] 朱明勋. 中国家训史论稿. 成都：巴蜀书社，2008.

[146] 诸葛文. 图说唐朝三百年. 合肥：黄山书社，2011.

[147] ［法］巴勒克拉夫. 当代史学主要趋势. 杨豫，译. 北京：北京大学出版社，2006.

[148] ［韩］李丙焘. 韩国史大观. 许宇成，译. 台北：正中书局，1961.

[149] ［韩］李丙焘. 韩国史（古代篇）. 乙酉文化社，2011.

[150] ［美］诺曼·邓金·K. 解释性交往行动主义：个人经历的叙事、倾听与理解. 周勇，译. 重庆：重庆大学出版社，2004.

[151] ［日］柴式部. 源氏物语. 北京：北京人民文学出版社，1983.

[152] ［日］圆仁. 入唐求法巡礼行记. 桂林：广西师范大学出版社，2007.

[153] ［日］藤加礼之助. 日中交流两千年. 北京：北京大学出版社，1982.

[154] ［日］青木和夫，等. 续日本纪（第三册）. 东京：岩波书店，1992.

三、论文类

[1] 柏南. 伊斯兰教在新疆发展之商榷. 西北论坛，1948（4）.

[2] 陈炳应. 从敦煌资料看儒学对吐蕃的深刻影响. 敦煌研究，2004（4）.

[3] 陈玺. 唐代律学教育与明法考试. 西南大学学报（社会科学版），2008（1）.

[4] 陈新夏. 人性与人的本质及人的发展. 哲学研究, 2010 (10).

[5] 陈云. 试论唐五代时期巴蜀金丹道的成就. 中华文化论坛, 2010 (4).

[6] 陈直. 古籍述闻. 文史, 第三辑, 1963 (10).

[7] 戴逸. 中国近现代史的研究如何深入. 人民日报, 1987-07-17.

[8] 党燕妮. 晚唐五代宋初敦煌民间佛教信仰研究, 兰州大学博士论文, 2005.

[9] 邓洪波. 五代十国时期书院述略. 湖南大学学报 (社会科学版), 2002 (2).

[10] 丁钢. 叙事范式与历史感知: 教育史研究的一种方法维度. 教育研究, 2009 (5).

[11] 丁玲辉. 唐蕃文化交流对吐蕃体育的影响. 中国藏学, 2012 (2).

[12] 董坤玉. 浅析唐代国子祭酒的选任变化. 贵州文史丛刊, 2005 (3).

[13] 段塔丽. 唐代民间佛教神祇信仰中的女性角色与地位. 陕西师范大学学报 (哲学社会科学版), 2011 (4).

[14] 冯建民. 科举制度对中国传统礼俗的影响及启示. 南京邮电大学学报 (社会科学版), 2010 (3).

[15] 高碧英. 唐代私学教育研究, 四川师范大学硕士论文, 2011.

[16] 高国藩. 敦煌写本《太公家教》初探. 敦煌学辑刊, 1984 (1).

[17] 高明士. 唐代私学的发展. 文史哲学报, 1971 (20).

[18] 高清海. 论人的"本性"——解脱"抽象人性论"走向"具体人性观". 社会科学战线, 2002 (5).

[19] 高文汉, 李秀英. 论日僧空海对中日文化交流的贡献. 文史哲, 1999 (2).

[20] 耿虎. 新罗、日本遣唐留学比较研究. 厦门大学学报 (哲学社会科学版), 2010 (3).

[21] 顾吉辰. 孔子思想在吐蕃. 西藏研究, 1993 (4).

[22] 韩锋. 儒学在吐蕃的传播及其影响. 齐鲁学刊, 2007 (3).

[23] 何波. 吐蕃子弟留学唐国子监述论. 青海社会科学, 1999 (5).

[24] 何心石. 中国民族教育论纲. 民族月刊, 1944 (3).

[25] 何忠礼. 科举制起源辨析——兼论进士科首创于唐. 历史研究, 1983 (2).

[26] 何忠礼. 张损之并非隋代进士. 历史研究, 1986 (3).

[27] 扈中平. 人是教育的出发点. 教育研究, 1989 (8).

[28] 黄发友. 道教斋醮仪式的教化作用. 牡丹江大学学报, 2014 (11).

[29] 黄林纳. 试论唐代皇子教育与唐代政治的关系. 重庆科技学院学报 (社会科学版), 2009 (9).

[30] 黄文弼. 吐鲁番之历史与文化. 西北学术月刊, 1944 (4).

[31] 黄文弼. 新疆民族之分布. 民间周刊, 1931 (14).

[32] 黄兆宏. 8~9 世纪吐蕃入迁河西及其影响. 西藏研究, 2008 (6).

[33] 贾真真. 唐代官学建构与影响试析. 教育理论与实践, 1996 (3).

[34] 姜清波. 新罗对唐纳质宿卫述论. 中国边疆史地研究, 2004 (1).

[35] 李国锋. 士人与五代中枢政治. 河南师范大学学报 (哲学社会科学版), 2002 (1).

[36] 李惠兴. 隋朝内地与西域关系述略. 西北史地, 1996 (4).

[37] 李西林. 盛唐乐官编制、乐人数量问题探析. 西安音乐学院学报, 2010 (4).

[38] 林冠群. 唐代吐蕃对外联姻之研究. 唐研究, 2002 (8).

[39] 刘海峰. "科举" 含义与科举制的起始年份. 厦门大学学报 (哲学社会科学版), 2008 (5).

[40] 刘海峰. 科举制的起源与进士科的起始. 历史研究, 2000 (6).

[41] 刘海峰. 唐代集贤书院有教学活动. 上海高教研究, 1991 (2).

[42] 刘海峰. 再论唐代秀才科的存废. 历史研究, 1999 (1).

[43] 刘明翰. 论吉备真备. 文史哲, 1997 (1).

[44] 刘瑞清. 试论唐朝前期的教育立法, 湖南师范大学硕士学位论文, 2005.

[45] 刘晓筝. 浅析隋朝文教事业的发展及其现实意义. 河南商业高等专科学校学报, 2012 (4).

[46] 马承五. 唐代艺术与诗歌文化传播. 华中师范大学学报 (人文社会科学版), 1999 (6).

[47] 马凡. 略论新疆. 西北通讯, 1947 (3).

[48] 马俊红. 论吐蕃时期佛教从宫廷到民间的转向. 西藏民族学院学报 (哲学社会科学版), 2006 (5).

[49] 欧阳蔓蓓. 试述民族融合的大趋势在唐朝教育中的体现. 教育理论与实践,

2009 (12).

[50] 阮志高，等. 江州陈氏东佳书堂研究. 江西教育学院学报, 1989, 专刊.

[51] 神尾弌春. 唐代长安文化与契丹文化. 温槐三, 译. 西北论衡, 1937 (6).

[52] 盛险峰. 五代官学考论. 东北师大学报, 2004 (1).

[53] 苏发祥. 吐蕃教育刍议. 民族教育研究, 1997 (3).

[54] 孙钰华, 盖金. 略论唐太宗的太子教育. 新疆师范大学学报 (哲学社会科学版), 1997 (4).

[55] 索南才让. 唐朝佛教对吐蕃佛教的影响. 西藏民族学院学报 (哲学社会科学版), 2008 (5).

[56] 谭英华. 吐蕃名号源流考. 东方杂志, 1947 (4).

[57] 唐晓涛, 吴争春. 唐代私学发展的阶段性特点. 玉林师范学院学报 (哲学社会科学), 2003 (2).

[58] 童岳敏. 唐代的私学与文学, 苏州大学博士论文, 2007.

[59] 王清. 从口述史到文本传记——以" 曹刿－曹沫" 为考察对象. 史学史研究, 2007 (3).

[60] 王瑟. 看看唐代孩子的家庭作业. 光明日报, 2015－05－11.

[61] 王治来. 论中亚的突厥化与伊斯兰化. 西域研究, 1997 (4).

[62] 旺多. 外来僧人对吐蕃佛教及佛经翻译方面的贡献. 西藏研究, 2010 (1).

[63] 文正东. 儒学变迁中的师生关系演变研究, 华东师范大学博士论文, 2011.

[64] 吴维真, 黄立群. 从文教政策看" 康乾盛世". 江西广播电视大学学报, 2012 (1).

[65] 肖永明. 唐宋之际的社会文化环境与书院的兴起. 人文杂志, 2007 (6).

[66] 徐辉. 中国唐代和西方中世纪初期学核教育制众比较研究. 西南师范大学学报, 1996 (3).

[67] 徐连达, 楼劲. 汉唐科举异同论. 历史研究, 1990 (5).

[68] 徐晓望. 唐五代书院考略. 教育评论, 2007 (3).

[69] 许邦权, 许邦官. 盛唐学校教育繁荣原因探析. 湖北教育学院学报 (社会科学版), 1999 (6).

[70] 严春华. 中唐时期的私学与家学探析. 湖南科技大学学报 (社会科学版),

2007 (5).

[71] 杨明. 试论吐蕃王朝时期的藏族教育. 西南民族学院学报 (哲学社会科学版), 1994 (1).

[72] 杨铭. 试论唐代西北诸族的"吐蕃化"及其历史影响. 民族研究, 2010 (4).

[73] 张超. 唐代教育管理制度研究——基于中央政府角度的分析, 山东大学硕士学位论文, 2010.

[74] 张广达. 论隋唐时期中原与西域文化交流的几个特点. 北京大学学报 (哲学社会科学版), 1985 (4).

[75] 张希清. 科举制度的定义与起源申论. 河南大学学报 (社会科学版), 2007 (5).

[76] 张先昌, 许瑛. 试论隋代前期的文化教育政策——兼评隋文帝"不悦儒术"说. 贵州社会科学, 2009 (9).

[77] 张亚群. 从探索规律到阐释文化——教育史研究的新路径. 华南师范大学学报 (社会科学版), 2008 (5).

[78] 张亚群. 科举制下通识教育传统的演变及其启示. 华中师范大学学报 (哲学社会科学版), 2009 (4).

[79] 张亚群. 漫议科举考试文体. 中国考试, 2007 (3).

[80] 张延清. 张议潮与吐蕃文化. 敦煌研究, 2005 (3).

[81] 周洪宇, 申国昌. 新世纪中国教育史学的发展趋势. 华东师范大学学报 (教育科学版), 2007 (9).

[82] 周洪宇. 对教育史学若干基本问题的看法. 河北师范大学学报 (教育科学版), 2009 (1).

[83] 周莹, 张佳茹. 唐朝文教政策对吐蕃教育的影响. 西藏大学学报 (社会科学版), 2011 (4).

[84] 祖惠, 龚延明. 科举制定义再商榷. 历史研究, 2003 (6).

[85] [法] 布罗代尔. 历史与社会科学：长时段. 史学理论, 1987 (3)